中国式现代化新道路
与人类文明新形态

王 东◎著

吉林人民出版社

图书在版编目(CIP)数据

中国式现代化新道路与人类文明新形态 / 王东著
. -- 长春 : 吉林人民出版社 , 2023.5
ISBN 978-7-206-20019-9

Ⅰ . ①中… Ⅱ . ①王… Ⅲ . ①中国特色社会主义—研究 Ⅳ . ① D610

中国国家版本馆 CIP 数据核字 (2023) 第 091835 号

出 品 人: 常　宏
选题策划: 吴文阁　陆　雨
责任编辑: 刘　学　韩春娇
封面设计: 观止堂 _ 未　氓

中国式现代化新道路与人类文明新形态

ZHONGGUOSHI XIANDAIHUA XIN DAOLU
YU RENLEI WENMING XIN XINGTAI

著　　者: 王　东
出版发行: 吉林人民出版社 (长春市人民大街 7548 号　邮政编码: 130022)
咨询电话: 0431-85378007
印　　刷: 吉林省吉广国际广告股份有限公司
开　　本: 720mm×1000mm　　1/16
印　　张: 35.25　　字　　数: 400 千字
标准书号: ISBN 978-7-206-20019-9
版　　次: 2023 年 7 月第 1 版　　印　　次: 2023 年 7 月第 1 次印刷
定　　价: 78.00 元

目 录

导 论

新时代两大创新焦点

——中国式现代化新道路与人类文明新形态

上篇 创造中国式现代化新道路

第一部分 中国式现代化新道路是怎样走出来的

第二部分 中国式现代化道路的七大创新

第三部分 中国式现代化道路的世界历史意义

下篇　创造人类文明新形态

第一部分　为何必须开创人类文明新形态
——西方近代资本主义文明造成的全球七大危机

第二部分　怎样开创人类文明新形态
——在“五位一体”新型文明基础上构建新时代四大共同体

第三部分　何以开创人类文明新形态

——中华原创文明蕴含的四大哲学理念、文化基因

结束语　中华民族对人类文明的重大贡献

导　论

新时代两大创新焦点
——中国式现代化新道路与人类文明新形态

2022 年金秋十月，在中国首都北京，召开了举世瞩目的中国共产党第二十次全国代表大会。

2023 年春天，新冠病毒全球大流行的阴霾日渐散去，人们欣喜地迎接春暖花开的美好时光，深入持久学习党的二十大精神与创新理论的热潮正在逐步兴起。

国内、国外，人们普遍关注一个命运攸关的时代潮流走向问题：

中国向何处去？

世界向何处去？

正是在这个中国历史、世界历史的重要关头，这部新著应运而生，试图依据党的二十大精神和党的创新理论，对于国人、世人普遍关注的这一时代课题，努力作出实事求是的科学回答。

为此，我在全书开头的导论部分，开宗明义、开门见山，首先回答两个前提性问题，也是人们在主题教育与学习热潮中普遍关注的两个焦点问题：

在学习贯彻党的二十大精神与新时代新思想时，怎样才能更好地抓住精髓，上升到一以贯之的新高度、新境界？

为什么把“中国式现代化新道路”与“人类文明新形态”作为新时代的两大创新、正副主题？

一、怎样深入理解党的二十大精神与新时代新思想理论体系
——从守正创新精髓，上升到一以贯之新境界

新时代新思想犹如一棵参天大树，深深地植根于改革开放的实践沃土中，在党的十八大后的近十年之中，逐步生根发芽、开花结果，经过党的二十大的思想升华，终于形成体大思精的科学理论体系。而怎样把握其精髓要义，乃至整个体系，成了广大干部群众学习实践中一个亟待解决的重大课题。

最初，人们是通过习近平总书记重要论述、系列重要讲话来学习把握新时代新思想的。

从2014年10月至2022年6月，外文出版社出版了《习近平谈治国理政》四卷本，其中每一卷都有二十来个专题，怎样总体把握，需要下一番功夫。

我们思想理论工作的中央领导机关中共中央宣传部，则编写了《习近平新时代中国特色社会主义思想三十讲》，有助于我们从总体上把握新时代新思想的科学体系。

2023年4月，中共中央文献编辑委员会编辑了《习近平著作选读》第一卷和第二卷，收入了习近平总书记在2012年11月至2022年10月这段时间内的重要著作，这些文献及其思想内涵非常丰富，怎样从总体上把握，这是亟待解决的问题。

实际上，以习近平同志为核心的党中央领导集体，也正在实践创新与理论创新过程中，逐步解决新时代新思想科学体系的总体把握问题，而2017年召开党的十九大以后，这一工作更进一步加强了。

党的十九大报告对新时代新思想的头五年理论创新与实践创新的重大成果作出了初步总结概括，提出了“十个明确”——这是新

时代新思想的十个基本观点，还有“十四个坚持”——这是党和国家在新时代的基本方略；

2021年，党的十九届三中全会通过的《中共中央关于党的百年奋斗重大成就和历史经验的决议》，从理论与实践相结合的层面上总结了中国特色社会主义新时代的“十三个方面成就”——这是新时代理论创新与实践创新的基本成就；

2022年，党的二十大报告进一步对新时代新成果做了再概括，在上述基础上又有所补充，总结出新时代的“十六个方面成就”——这是对新时代基本成就的最新概括。

在学习领会的过程中，特别应当注意的是，党的二十大报告、党的二十大精神，不仅丰富扩展了新时代新思想的重要内容，而且要求我们对新时代新思想的理解把握上升到一个新高度、一种新境界，这就是一以贯之的总体把握。

“一以贯之”这个成语，在新时代新思想中也曾多次使用，追根溯源，最早还是出于孔子。据《论语》记载，孔子当年曾对他的两位弟子说过，对他思想学说的理解要上升到一以贯之的高度与境界，而不是“盲人摸象”式的主观片面理解，或不分轻重、“胡子眉毛一把抓”式的表面理解。其中，第一次见于《论语》第四章，是孔子对特别忠实而又稍有迟钝的弟子曾参说的：

子曰：“参乎！吾道一以贯之。”曾子曰：“唯。”

子出，门人问曰：“何谓也？”曾子曰：“夫子之道，忠恕而已矣。”①

还有一次，见于《论语》第十五章，则是专门针对博学多才、聪明过人的子贡说的：

子曰：“赐也，女（汝）以予为多学而识之者与？”

① 金良年：《论语译注》，上海古籍出版社1995年版，第35页。

对曰："然，非与？"

曰："非也，予一以贯之。"[①]

看来，孔子这一点化，确实有"点石成金"的升华作用：曾参父子及其门人，后来成了整理《论语》及其他儒家文献的主要学术传人；子贡也成了传承发扬孔子儒学的杰出弟子，孔子过世后，其他人守孝三年，唯独子贡为孔子守孝六年，并产生重大影响。

无独有偶。1865年前后，也就是《资本论》第一卷正式出版前夕，马克思在就个性特征和两个女儿交流时，填写了一份她们要求填写的"调查表"，回答了她们提出的关于自己的十二个问题，又称"马克思的自白"。其中的一个重要问题是"您的特点"？马克思的回答就是一句话："目标始终如一。"马克思的这份"调查表"，当时是用英文填写的。

马克思对他的主要特点这个问题的答案"目标始终如一"，在译文中表述得不是完全准确。译文中客观色彩比较突出。英语"singleness of purpose"更确切的意思是："集中一切思想和意向于一个目标。"[②]

实际上，马克思的这段"自白"，与孔子讲的"吾道一以贯之"，本质上是一个意思，精神是契合的。

由此引发我的进一步思考，我们今天对于新时代新思想的学习理解能不能也上升到一以贯之的新高度、新境界呢？

而这需要我们在思想认识上有一个新的提升、新的飞跃，否则很难达到这个新高度、新境界。谨以思想理论界对于新时代新思想精髓要义的讨论为例，进一步说明这个问题。近几年来，我国思想理论界一直在讨论这个问题，先后出现了四种引人关注的重要学术

① 金良年：《论语译注》，上海古籍出版社1995年版，第183页。

② [苏]瓦·奇金：《马克思的自白》，蔡兴文等译，中央编译出版社2011年版，第189页。

观点：

一是黄坤明等领导同志提出的“六大要义论”：“蕴含其中的精髓要义、思想风范，最为鲜明的是人民至上、崇高信仰、历史自觉、问题导向、斗争精神、天下情怀。”①

二是由中共中央宣传部组织编写的相关学习辅导材料《习近平新时代中国特色社会主义思想三十讲》，则总结概括出五个基本特征，如坚定信仰、天下情怀等。

三是一些党校工作者则特别注重贯穿其中的思维方法，注重提炼出辩证思维、系统思维、底线思维等六种思维方式。

四是中共中央党校韩庆祥等人提出，要更加突出地抓住三大精髓要义：实事求是、群众路线、自信自强。

这些理论观点的提出，是有意义、有价值的，但还不能说真正完全达到了一以贯之的新高度、新境界。而党的二十大报告、党的二十大精神的学习，则为我们一以贯之地理解把握新时代新思想指明了路径，甚至应当说，提供了一把金钥匙。这就是说，用“一个精髓，两大创新”作为一个总纲来把握新时代新思想科学体系与党的二十大精神。

“一个精髓”，就是守正创新。在党的二十大报告开宗明义的第一段，鲜明昭示了大会主题，在这里把“自信自强、守正创新”作为大会的重要思想主旨之一。与此相应，在党的二十大报告第二部分“开辟马克思主义中国化时代化新境界”，提出“继续推进实践基础上的理论创新，首先要把握好新时代中国特色社会主义思想的世界观方法论”，并在“六个必须坚持”第三条，特别突出了“守正创新”：“必须坚持守正创新。我们从事的是前无古人的伟

① 黄坤明：《深刻领会习近平新时代中国特色社会主义思想的精髓要义——读〈习近平谈治国理政〉第三卷》，《人民日报》，2020年8月13日，并由《新华文摘》2020年第18期转载。

大事业，守正才能不迷失方向、不犯颠覆性错误，创新才能把握时代、引领时代。”①

“两大创新”，首先并且主要是创造中国式现代化新道路，其次是创造人类文明新形态，后者是前者蕴含的世界历史意义。

二、两大创新的六次画龙点睛
——把握新时代新思想的一把金钥匙

为什么说创造中国式现代化新道路与人类文明新形态是新时代新思想的两大创新、两大标志性成果？

这个重大判断，以习近平同志为核心的党中央领导集体，一而再，再而三地深刻阐明了这一点，让这两大创新统摄全局的划时代意义日趋明确地显示出来。像这样的重要讲话、重要论述，迄今为止，至少主要有六次，可谓“六次画龙点睛”。

第一次提出，是2021年7月1日，习近平总书记《在庆祝中国共产党成立100周年大会上的讲话》，总结建党百年的历史经验，提出“以史为鉴、开创未来”的“八个必须”，其中第三条专讲必须坚持与发展中国特色社会主义，而最终指明这条道路的最大成果、最大创新，就是“两个创造”——创造中国式现代化新道路、创造人类文明新形态：

以史为鉴、开创未来，必须坚持和发展中国特色社会主义。走自己的路，是党的全部理论和实践立足点，更是党百年奋斗得出的历史结论。中国特色社会主义是党和人民历经千辛万苦、付出巨大代价取得的根本成就，是实现中华民族伟大复兴的正确道路。我们坚持和发展中国特色社会主义，推动物质文明、政治文明、精神文

---

① 《中国共产党第二十次全国代表大会文件汇编》，人民出版社2022年版，第1、17页。

明、社会文明、生态文明协调发展，创造了中国式现代化新道路，创造了人类文明新形态。①

第二次提出，是2021年11月11日，党的十九届六中全会通过的《中共中央关于党的百年奋斗重大成就和历史经验的决议》，在讲到百年历程的重大成就之后，第三部分总结概括了这百年奋斗的历史意义，其中第四点进而上升到最高层次的世界历史意义，特别突出了“中国式现代化新道路与人类文明新形态”划时代的两大创新：

党的百年奋斗深刻影响了世界历史进程。党和人民事业是人类进步事业的重要组成部分。一百年来，党既为中国人民谋幸福、为中华民族谋复兴，也为人类谋进步、为世界谋大同，以自强不息的奋斗深刻改变了世界发展的趋势和格局。党领导人民成功走出中国式现代化道路，创造了人类文明新形态，拓展了发展中国家走向现代化的途径，给世界上那些既希望加快发展又希望保持自身独立性的国家和民族提供了全新选择。党推动构建人类命运共同体，为解决人类重大问题，建设持久和平、普遍安全、共同繁荣、开放包容、清洁美丽的世界贡献了中国智慧、中国方案、中国力量，成为推动人类发展进步的重要力量。②

第三次提出，是2022年10月，在中国共产党第二十次全国代表大会上，习近平总书记所作的报告《高举中国特色社会主义伟大旗帜　为全面建设社会主义现代化国家而团结奋斗》，进而把开创“中国式现代化新道路”，以实现中华民族伟大复兴作为新时期的中心任务，并指出，其世界历史意义就是开创“人类文明新形态”。

① 《习近平谈治国理政》第四卷，外文出版社2022年版，第10页。

② 本书编写组：《〈中共中央关于党的百年奋斗重大成就和历史经验的决议〉辅导读本》，人民出版社2021年版，第73页。

党的二十大报告不仅鲜明昭示了“自信自强、守正创新”这个新时代新思想精髓要义，而且在其第三部分“新时代新征程中国共产党的使命任务”中，开头就明确提出守正创新的中心任务与最大创新，就是“以中国式现代化全面推进中华民族伟大复兴”：

从现在起，中国共产党的中心任务就是团结带领全国各族人民全面建成社会主义现代化强国、实现第二个百年奋斗目标，以中国式现代化全面推进中华民族伟大复兴。

在新中国成立特别是改革开放以来长期探索和实践基础上，经过十八大以来在理论和实践上的创新突破，我们党成功推进和拓展了中国式现代化。①

同时，党的二十大报告还系统阐明了中国式现代化的本质要求，而其最终的归宿点、落脚点，就是“创造人类文明新形态”：

中国式现代化的本质要求是：坚持中国共产党领导，坚持中国特色社会主义，实现高质量发展，发展全过程人民民主，丰富人民精神世界，实现全体人民共同富裕，促进人与自然和谐共生，推动构建人类命运共同体，创造人类文明新形态。②

第四次提出，是2023年2月7日，习近平总书记在学习贯彻党的二十大精神研讨会开班式上发表重要讲话，题目就是《正确理解和大力推进中国式现代化》。全国主要报刊都以头版头条、通栏标题突出地报道了这篇重要讲话，“中国式现代化”更进一步成为统领党的二十大精神与新时代新思想的一个总纲。

这篇讲话的思想主旨还是有鲜明针对性的。全党全国、上上下

---

① 《中国共产党第二十次全国代表大会文件汇编》，人民出版社2022年版，第18页。

② 《中国共产党第二十次全国代表大会文件汇编》，人民出版社2022年版，第20页。

下，普遍兴起了学习贯彻党的二十大精神的热潮。但不少人采取“盲人摸象”式的方法，特别注重党的二十大报告中紧密相关本地区、本领域、本部门、本单位的具体内容，而对于党的二十大精神的核心内容、长远意义，却在相当程度上重视不够，领悟不深。

正是针对这种情况，这篇重要讲话高屋建瓴、拨云见日，一下子加深了人们对党的二十大精神的理解，可谓一次最为透底的画龙点睛。这次画龙点睛，也有两个特别重要的理论揭示。

第一个层次，是这篇重要讲话一开头就点出了“中国式现代化新道路的理论提出”，是党的二十大的一个重大理论创新，是科学社会主义的最新重大成果，将其理论意义、历史地位、全局作用、深远影响，作出了一语破的式的深刻揭示：

概括提出并深入阐述中国式现代化理论，是党的二十大的一个重大理论创新，是科学社会主义的最新重大成果。中国式现代化是我们党领导全国各族人民在长期探索和实践中历经千辛万苦、付出巨大代价取得的重大成果，我们必须倍加珍惜、始终坚持、不断拓展和深化。①

第二个层次，是这篇重要讲话紧接下来还有一个引人注目的新提法、新命题，就是党的二十大的一个重大理论创新，乃是“初步构建中国式现代化理论体系”：

党的十八大以来，我们党在已有基础上继续前进，不断实现理论和实践上的创新突破，成功推进和拓展了中国式现代化。我们在认识上不断深化，创立了新时代中国特色社会主义思想，实现了马克思主义中国化时代化新的飞跃，为中国式现代化提供了根本遵循。我们进一步深化对中国式现代化的内涵和本质的认识，概括形成中国式现代化的中国特色、本质要求和重大原则，初步构建中国式现

① 习近平：《正确理解和大力推进中国式现代化》，《光明日报》，2023年2月8日。

代化的理论体系，使中国式现代化更加清晰、更加科学、更加可感可行。[①]

第五次提出，是2023年3月15日，习近平总书记发表《携手同行现代化之路——在中国共产党与世界政党高层对话会上的主旨讲话》，重点阐明了中国式现代化的五个理念，最后还提出了全球文明倡议，使“中国式现代化新道路与人类文明新形态”这两大创新，进一步走上国际舞台、世界历史舞台。

这篇讲话指出，世界大势、时代潮流的本质特征是各国探索现代化道路的历程充满艰辛，人类社会现代化进程又一次来到历史的十字路口。

为此，这篇重要讲话提出了探索现代化，尤其是探索中国式现代化的五个新观念：现代化方向的人民性、现代化道路的多样性、现代化进程的持续性、现代化成果的普惠性、现代化领导的坚定性。

这篇重要讲话的结尾部分，还继全球发展倡议、全球安全倡议之后，提出了全球文明倡议，其深刻的内在根据就在于，“中国式现代化作为人类文明新形态，与全球其他文明相互借鉴，必将极大丰富世界文明百花园”[②]。

第六次提出，是2023年4月7日，国家主席习近平同法国总统马克龙在广州非正式会晤，谈话主题乃是中国式现代化新道路与法国和欧洲的独立自主发展道路问题。

习近平向马克龙介绍了中国式现代化的本质特征和核心要义，强调指出，中国正在全面推进中国式现代化，这是中国通过一次次

---

① 习近平：《正确理解和大力推进中国式现代化》，《光明日报》，2023年2月8日。

② 习近平：《携手同行现代化之路——在中国共产党与世界政党高层对话会上的主旨讲话》，《光明日报》，2023年3月16日。

改革开放和创新发展逐渐形成的既符合现代化一般规律又具有独特特征的中国特色社会主义现代化理论和实践。我们对中国发展前景充满信心。①

正是通过这六次画龙点睛，使“中国式现代化新道路与人类文明新形态”这两大创新日益鲜明地凸现出来、突出出来，成为我们把握党的二十大精神的一个总纲、更好地理解新时代新思想的一把金钥匙。

三、初步构建中国式现代化理论体系
——党的二十大的一个重大理论创新

在中国历史与世界历史上，党的二十大首次初步构建了中国式现代化理论体系，这是党的二十大的一个重大理论创新，是马克思主义、科学社会主义的最新重大成果，也开创了世界现代化进程与人类文明形态史上的新篇章。

这是党的二十大报告，尤其是2023年2月7日习近平总书记在学习贯彻党的二十大精神研讨班开班式上发表重要讲话作出的新判断、新命题、新定位。

要理解这一新论断的科学内涵与历史意义，需要我们结合世界现代化历史和中国现代化历史，作出三个方面的历史比较研究。

第一，党的二十大首次初步构建的中国式现代化理论体系，对世界范围内广为流行的西方自由主义现代化理论的根本超越。

第二，党的二十大首次初步构建的中国式现代化理论体系，对马克思主义、科学社会主义现代化理论的继承发展。

第三，党的二十大首次初步构建的中国式现代化理论体系，对

① 《习近平同法国总统马克龙在广州非正式会晤》，《光明日报》，2023年4月8日。

马克思主义中国化时代化头两次历史飞跃，尤其是其中对中国化现代化道路宝贵探索的守正创新。

下面就让我们分三个层次，逐步深入地做一番历史比较研究，借以更深刻地理解党的二十大的这个最为重大的理论创新。

（一）对20世纪60年代以来广泛流行的西方自由主义现代化理论的根本超越

迄今为止，在当代世界各国，甚至在相当程度上也包括中国，广为流行的现代化理论仍是20世纪60年代以来兴起的西方自由主义现代化理论。

这在一定程度上是由于自西方文艺复兴以来，虽然世界历史的时代主题已经是现代化，从古代农牧文明、农牧社会走向工业化、现代化，但明确系统的现代化概念、现代化理论，起初却鲜有存在。

正是在这种独特世界历史背景下，自20世纪60年代以来，以美国为中心，西方自由主义现代化理论应运而生，流行一时，影响广泛。

美国著名历史学家麦克尼尔1963年出版了《西方的兴起：人类共同体史》一书，提出自1500年以来近现代的世界历史主题，是走出古代传统农业社会，走向现代化工业社会，其潮头在西方，到20世纪美国是其高峰。

紧随其后，美国社会学家帕森斯1966年出版了《社会：比较观和进化观》一书，1971年出版专著《现代社会的系统》，在西方与当代世界首次比较系统地提出了现代化理论，并认为现代社会、现代国家只有一个体系，就是以美国为首的西方社会体系。

曾为美国麻省理工学院教授，后来当上美国肯尼迪总统国家安全事务特别助理的罗斯托，1960年出版了《经济成长的阶段》一书，而后又出版《从第七层楼上展望世界》，首次提出“现代化经济起飞阶段”的新概念，把“现代化社会”的形成发展分为六个阶段。但他的主要著作《经济成长的阶段》有一个副标题，就是“非共产党宣言”，并声称他的经济成长阶段论是“对马克思主义的挑战”。

美国普林斯顿大学教授布莱克运用历史比较法进行现代化历史与理论的比较研究，其代表作为《现代化的动力——一个比较史研究》。他把世界分成七类国家，西欧和北美排在前列，亚非拉排在后面，现代化程度也是从高到低依次排列。

美国学者韦伯特·摩尔和斯梅尔塞还合编了一套现代化丛书《传统社会的现代化》，共十二种，使哈佛、麻省理工、普林斯顿等美国大学，一度成为全球现代化研究中心。

20世纪七八十年代，西方开始反思把现代化仅仅归结为工业化、经济现代化的历史局限，逐步生成西方现代化研究的五大流派，其思想主流仍是自由主义现代化理论，少数属于激进主义的新左翼：

1.从西方经济学衍生出的各种经济现代化理论；

2.从西方政治学衍生出的各种政治现代化理论；

3.从西方社会学衍生出的各种社会现代化理论；

4.从左翼激进主义衍生出的世界体系论、依附论；

5.西方新马克思主义提出的新帝国主义论。

西方自由主义现代化理论往往把现代化道路分成两大类型、两种模式：第一种是西方内源先发型的现代化道路；第二种是非西方外源后发型的现代化道路，后者对前者有所谓“路径依赖”，只能是前者的模仿、照搬或移植改造。这是一个要害问题，是他们带根本性的历史局限与理论局限。西方自由主义现代化理论的思想主旨就是“现代化=西方化=美国化”。

因而，我们对于西方自由主义现代化理论，固然至今仍有认真学习借鉴的历史任务，但更重要的是，必须深入批判，根本超越，作出划时代的重大创新！

党的二十大报告，党的二十大精神，正是这一伟大转折的集中体现。

（二）对马克思列宁主义现代化理论的继承发展

现代化概念的凸现与系统理论的提出，的确是20世纪60年代以后的世界历史现象，但这只是历史长河中的一种表象而已，若把这种西方自由主义现代化、现代性理论当成现代化理论源头，甚至是唯一源头、唯一模式，那是大错特错的。

实际上，远在此之前100年，马克思主义创始人1848年发表的《共产党宣言》、1867年发表的《资本论》，才是现代化科学理论的真正源头，并且开创了不同于西方自由主义的马克思主义现代化科学理论。马克思这一理论，主要是蕴含在从《共产党宣言》到《资本论》的文本系列中，《资本论》及其“三大手稿”，加上晚年笔记、晚年续篇，堪称是其集大成者。而党的二十大提出的中国式现代化理论体系则是其继承发展。

马克思《资本论》中蕴含的现代化理论，贯穿一根思想红线，就是辩证唯物主义、历史唯物主义的“共殊观”，现代化世界历史进程共同本质、一般规律与各个民族国家现代化特殊道路的有机统一。

马克思《资本论》第一版序言和第二版序言，都强调了《资本论》研究对象是“现代社会”“资产阶级社会”，工业化先行发展起来的国家，带有现代化普遍规律的共性一面。

1877年，马克思在给俄国《祖国纪事》编辑部的书信中又特别强调，《资本论》有特定的研究对象，是西欧资本主义起源的历史概述。这就从世界历史高度指明了《资本论》研究对象——西欧资本主义现代化道路的特殊性，反对将其作为死板划一模式、万能历史哲学强行推广。

《资本论》中关于剩余价值学说的理论阐述，关于西方近代资本主义起源的历史概述，关于工业化世界历史进程的理论概述，都揭示了近代世界历史长河中西欧现代化道路的本质特征。《1857—1858年经济学手稿》中关于人的存在与世界历史三形态的理论，更进一步从最深层次揭示了现代化的本质与内在机理。

《资本论》还在不同程度上揭示与探讨了16世纪到19世纪现代化世界历史进程中不同民族国家走向现代化的不同道路：（1）16世纪地中海沿岸、意大利各个城市国家中资本主义的起源道路；（2）17世纪偏重发展金融资本的荷兰现代化道路；（3）18世纪实行产业革命、工业革命，因而比较完整典型的英国现代化道路；（4）中央集权式的庞大国家制度体系与金融贵族统制相结合，造成曲折发展的法国现代化道路；（5）较少古代历史负担、因而后来居上，并具有赌场式资本主义特点的美国现代化道路；（6）马克思晚年提出了落后俄国跨越“卡夫丁峡谷”的最初理论构想，实质上也是不同于西方资本主义现代化的东方社会主义现代化之路。

《资本论》的深层哲学底蕴是“劳动—资本—国家”的三元结构论，这是决定现代化不同道路的深层内在机理。

列宁的现代化理论，俄国现代化道路理论，看来可以分为“上下篇”。

1895年底至1899年初，列宁用狱中一年、流放三年的时间，写成他一生第一部专著《俄国资本主义的发展》，主题就是1861年改革后俄国逐步走上资本主义与现代化发展道路问题。

列宁晚年提出了落后俄国走向社会主义的特殊道路，实质上也是落后俄国现代化的特殊道路——以“市场为基础”的新经济政策道路，包括经济现代化、政治现代化、文化现代化。

中国式现代化新道路理论体系的首次提出，是对马克思列宁主义现代化理论的重大继承发展。

（三）对毛泽东思想、邓小平理论中中国式现代化思想源头的守正创新

从建党百年的历史进程来看，实现马克思主义中国化时代化，并以此为指导思想、理论基础，探索中国式现代化新道路，并借以开创人类文明新形态，成为贯穿整个党史、马克思主义中国化三次飞跃的一条思想红线：在马克思主义中国化时代化第一次飞跃中形成的毛泽东思想中就有思想源头；在马克思主义中国化时代化第二次飞跃中形成的邓小平理论中更是首次明确提出了“中国化现代化”这个新概念、新思想；新时代新思想在这条金光大道上守正创新，在2022年党的二十大上首次初步构建了中国式现代化理论体系。

毛泽东时代，没有使用“中国式现代化”这个概念，但先后在三个时期提出了这一闪光思想。

20世纪40年代，毛泽东同志提出新民主主义革命时期的革命建国纲领，其代表作是《新民主主义论》和七大报告《论联合政府》，既是新民主主义经济、政治、文化的革命建国纲领，实质上也是半殖民地半封建社会的旧中国开始走向现代化的经济、政治、文化创新纲领。

20世纪50年代初期，毛泽东同志又提出“一化三改”“一体两翼式”的过渡时期总路线，其中“一体”就是国家工业化，也是现代化的本质内容，主旨是首先强调物质技术基础的现代化，而“两翼”则是农业和个体手工业、资本主义工商业的社会主义改造，实质上也包含着生产关系、社会关系上的现代化。

1964年12月至1965年1月，第三届全国人民代表大会第一次会议在北京召开。周恩来在《政府工作报告》中，正式向全国人民提出了“四个现代化”的宏伟目标，在20世纪内，实现工业现代化、农业现代化、国防现代化、科学技术现代化。

改革开放时期，邓小平同志开头比较多地使用“中国四个现代化”这个传统提法，而后来，从1979年到1981年间，他先后七八次论及“中国式现代化”，并率先使用了这个新概念、新提法。

邓小平同志在1979年3月首次提出“中国式现代化”这个新概念，1979年12月6日会见日本首相大平正芳时初步阐明了这个新概念，1980年5月12日会见英国前首相、工党领袖詹姆斯·卡拉汉时，作出总结概括：

我们是讲实际、从实际出发的。我们头脑里开始想的同我们在摸索中遇到的实际情况有差距，比如，我们的雄心壮志是实现四个现代化，而且要在本世纪末实现，经过摸索，肯定了一点，我们的四个现代化，不同于包括你们英国在内的发达国家的现代化，中国人口太多，要达到你们那样的现代化，人均年收入五千至七千美元，不现实。所以，我们提出的现代化是中国式的现代化。日本大平首相同我谈话时，我说中国平均每人年收入达到一千美元，变成“小康之家”，这就是我们的目标。在二十年内大体上要增加三倍，这不容易。农业机械化的道路一定要走，剩余的劳动力要转到其他行业去。可以搞多种经营，搞林、牧、副、渔，还可以搞农田基本建设、修建大型水利工程。①

在毛泽东思想中，“中国式现代化”已有基本思想，而还没有这个科学概念、理论体系；在邓小平理论中，最先提出了“中国式现代化”这个新概念，当时还只是闪光思想，并未形成理论体系。

① 中共中央文献研究室编：《邓小平年谱》，中央文献出版社1994年版，第631、632页。

正是在2022年党的二十大上，在百年党史的历史经验基础上，尤其是改革开放40多年的实践基础上，其中特别是新时代十年实践求索基础上，首次初步构建了中国式现代化理论体系，包括四个层次上的基本内容：

中国式现代化新道路的基本特征；

中国式现代化新道路的本质要求；

中国式现代化新道路的战略部署；

中国式现代化新道路的基本原则。

四、中国式现代化新道路五大特征
——中国特色的集中体现

党的二十大报告把马克思主义哲学中的共殊统一观作为一条思想红线，贯穿于中国式现代化理论体系中，要求既体现各国现代化的一般共性、普遍规律，更要体现中国的特殊国情、独特创造。因而在初步构建的中国式现代化理论体系中，第一个层次，就首先阐明了中国式现代化新道路的五大特征，作为其不同于其他国家现代化道路尤其是西方资本主义现代化道路的鲜明特点、独特创新。

（一）人口众多

这是一个最直观、最基本的基本国情、历史特征。党的二十大报告在第三部分“新时代新征程中国共产党的使命任务”中首先指出了这一点：

中国式现代化是人口规模巨大的现代化。我国十四亿多人口整体迈进现代化社会，规模超过现有发达国家人口的总和，艰巨性和复杂性前所未有，发展途径和推进方式也必然具有自己的特点。我们始终从国情出发想问题、作决策、办事情，既不好高骛远，也不因循守旧，保持历史耐心，坚持稳中求进、循序渐进、持续推进。[①]

从世界现代化长河的比较中，可以更清楚、更深切地看清这个历史特征：

18世纪，现代化的第一次浪潮中，英国的本土面积只有24万平方千米，人口不过2000万；

19世纪，现代化的第二次浪潮中，法、德、美等西欧北美国家走向现代化，人口不过一两亿；

20世纪，日本及亚洲“四小龙”兴起的世界第三次现代化浪潮中，人口也不过两三亿；

经过三个世纪，现代化经历的三次浪潮，已经实现现代化的人口，加到一起，也不到10亿，所谓“G7”的七个发达资本主义国家总人口不到10亿。

与此形成鲜明对照的是，作为世界历史上的第四次现代化浪潮，中华巨龙的腾飞，却是近1000万平方千米土地上的14亿人口，一举实现现代化，一下子将超过以往三次现代化浪潮国家中的人口总和，使整个欧亚大陆，乃至整个世界格局，都发生重心倾向现代化的划时代历史巨变。

（二）共同富裕

西方资本主义现代化道路，近500年来也曾取得划时代的巨大历史进步，而其最根本的历史局限，就是如马克思《资本论》剩余价值学说所揭示的，由于资本逻辑的主导作用，资本垄断了主要生产资料与劳动条件，因而必然造成现代化过程与贫富两极分化如影随形，相伴而生：资本这一头是财富的积累，而另一头则是贫困的积累。这是资本主义现代化的必然产物与不治之症。当代拉丁美洲

① 《中国共产党第二十次全国代表大会文件汇编》，人民出版社2022年版，第18、19页。

的一些国家，也曾尝试移植欧美现代化道路，也曾一度加速发展，结果却造成两极分化，贫富不均，矛盾重重，社会动荡。

党的二十大报告把防止两极分化，促进社会公平，走向共同富裕，作为中国式现代化的鲜明特征之一。改革开放40余年，尤其是近十年精准扶贫、共建小康的当代中国主潮，有力地证实了这一点：

中国式现代化是全体人民共同富裕的现代化。共同富裕是中国特色社会主义的本质要求，也是一个长期的历史过程。我们坚持把实现人民对美好生活的向往作为现代化建设的出发点和落脚点，着力维护和促进社会公平正义，着力促进全体人民共同富裕，坚决防止两极分化。①

（三）两个文明协调发展

早在20世纪初期，韦伯等西方思想家也曾发现，现代资本主义现代化、现代性的一个固有症状，就是工具理性大大发展，而价值理性却严重滞后。因而，必然带来的一个社会弊端，就是物质的极大丰富与精神的特别贫乏形成强烈反差，乃至造成整个社会出现道德危机，价值观念、价值体系处于严重畸形的病态之中。

而中国式现代化新道路却要求社会主义新型文明是物质文明与精神文明的协调发展，比翼齐飞，通过中国特色社会主义市场经济新型体制，犹如长成一株并蒂莲——“物质富足与精神富有”“物的全面丰富与人的全面发展”共同发展，相得益彰：

中国式现代化是物质文明和精神文明相协调的现代化。物质富足、精神富有是社会主义现代化的根本要求。物质贫困不是社会主义，精神贫乏也不是社会主义。我们不断厚植现代化的物质基础，

① 《中国共产党第二十次全国代表大会文件汇编》，人民出版社2022年版，第19页。

不断夯实人民幸福生活的物质条件，同时大力发展社会主义先进文化，加强理想信念教育，传承中华文明，促进物的全面丰富和人的全面发展。[①]

（四）天人和谐

在西方文明发展的历史长河中，主客二分，乃至天人对立的传统哲学观念源远流长，根深蒂固。而一旦走向近代资本主义现代化世界进程，这种狭隘的哲学理念必然和资本逻辑相结合，特别是宰制劳动的垄断资本，立即生成对外征服型的单主体性观念，对大自然进行野蛮开发、无情掠夺、竭泽而渔，严重破坏生态环境。20世纪70年代以来，已造成全世界范围内的生态危机、环境破坏、全球问题、人类困境。所谓气候变暖、新冠病毒全球大流行，等等，正是反映这种危机的一面镜子。

而中国式现代化新道路，则要求传承中华文明天人合一、天人和谐的文化基因、哲学理念，努力开创“人与自然和谐共生”的新境界：

中国式现代化是人与自然和谐共生的现代化。人与自然是生命共同体，无止境地向自然索取甚至破坏自然必然会遭到大自然的报复。我们坚持可持续发展，坚持节约优先、保护优先、自然恢复为主的方针，像保护眼睛一样保护自然和生态环境，坚定不移走生产发展、生活富裕、生态良好的文明发展道路，实现中华民族永续发展。[②]

（五）和平发展

西方文明中，个人本位、自我中心、零和博弈型、对外征服型

① 《中国共产党第二十次全国代表大会文件汇编》，人民出版社2022年版，第19页。
② 《中国共产党第二十次全国代表大会文件汇编》，人民出版社2022年版，第19页。

单主体性哲学观念，可谓树大根深，广泛流行。其在近现代世界历史500年长河中，也曾在打破古代人身依附性、解放个性、自由发展中起到历史性的重大进步作用。然而，这种文化基因、哲学理念，一旦和资本逻辑相结合，必然走向新老殖民主义，靠掠夺战争，大发不义之财，乃至走向独一无二的资本垄断、全球霸权，战争成了资本主义现代化、帝国主义霸权的必然产物，给劳动人民与整个人类带来苦难深重。20世纪两次世界大战以及当代乌克兰危机，都在昭示着这种惨痛的历史教训。

而中国式的现代化，植根于富于和平传统的中华文明，仁者爱人的互主体性观念，是中华民族特有的文化基因与哲学理念，由此决定中国现代化必然突破“国强必霸”“争霸必战”的资本逻辑、帝国逻辑，开创一条人与人、国与国、民族与民族、文明与文明之间，和平共处、合作共赢的新型社会关系、国际关系：

中国式现代化是走和平发展道路的现代化。我国不走一些国家通过战争、殖民、掠夺等方式实现现代化的老路，那种损人利己充满血腥罪恶的老路给广大发展中国家人民带来深重苦难。我们坚定站在历史正确的一边、站在人类文明进步的一边，高举和平、发展、合作、共赢旗帜，在坚定维护世界和平与发展中谋求自身发展，又以自身发展更好维护世界和平与发展。①

五、中国式现代化的本质要求
——三大层面、九个要求

党的二十大报告初次提出的中国式现代化理论体系，还有一个重要内容，就是在指出中国式现代化五大特征的基础上，进一步强

① 《中国共产党第二十次全国代表大会文件汇编》，人民出版社2022年版，第19、20页。

调指出了中国式现代化的本质要求，共包括九条内容。

现在的问题是：这九条本质要求是按什么样的内在逻辑提出来的呢？如果不弄清这个问题，一条一条孤立地讲，就有把这九条本质要求碎片化的倾向，不易做到总体把握。反之，我们如果厘清这九条本质要求的内在逻辑，就可以一目了然地做到纲举目张，总体把握。

具体分析起来，这九条本质要求实质上分为三大层面、九个要求，值得我们提纲挈领地逐条把握，这三个层面是：

第一层面，政治方向上的本质要求，包括前两条；

第二层面，总体布局上的本质要求，包括中间五条；

第三层面，国际大局上的本质要求，主要是最后两条。

下面，让我们大体上按照“三大层面、九个要求”的内在逻辑，深入考察一下“中国式现代化新道路”的本质要求，也就是“中国式现代化新道路”不同于西方式资本主义现代化道路的本质特征是什么，这条新道路究竟新在哪里？

第一层面，政治方向上的本质要求。

第一条，党的领导。一千条一万条，党的领导第一条。这是中国式现代化的最大、最鲜明的本质特征，是坚定正确政治方向的根本保证，也是最大的政治优势。对于这一点，讲得最透底、最全面、最有力的，正是习近平总书记在学习贯彻党的二十大精神研讨班开班式上的重要讲话：

党的领导直接关系中国式现代化的根本方向、前途命运、最终成败。党的领导决定中国式现代化的根本性质，只有毫不动摇坚持党的领导，中国式现代化才能前景光明、繁荣兴盛；否则就会偏离航向、丧失灵魂，甚至犯颠覆性错误。党的领导确保中国式现代化锚定奋斗目标行稳致远，我们党的奋斗目标一以贯之，一代一代地接力推进，取得了举世瞩目、彪炳史册的辉煌业绩。党的领导激发建设中国式现代化的强劲动力，我们党勇于改革创新，不断破除各方面体制机制弊端，为中国式现代化注入不竭动力。党的领导凝聚建设中国式现代化的磅礴力量，我们党坚持党的群众路线，坚持以人民为中心的发展思想，发展全过程人民民主，充分激发全体人民的主人翁精神。[①]

第二条，中国特色社会主义道路。道路问题非常重要，道路决定方向，决定成败，决定命运。因而坚持中国特色社会主义道路，成为政治方向上的又一条本质要求，与党的领导休戚相关，相得益彰。

这也意味着中国式现代化新道路能够做到“两大突破”：

一是要根本突破西方式、欧美式的自由主义的资本主义现代化道路；

二是要根本突破传统计划经济的、苏联模式社会主义现代化道路。

如果再加上一条，那就是也要突破“日本与亚洲‘四小龙’”式的所谓“儒家资本主义”现代化道路。

第二层面，是按照“五位一体”总体布局，分别列出了中国式现代化在经济、政治、文化、社会、生态五个方面上的本质要求：

第一条，实现高质量发展——中国式现代化在经济建设上的本质要求，也是中国式现代化新道路赖以成功的现代化全新物质技术基础。

第二条，发展全过程人民民主——中国式现代化在政治建设上的本质要求，也是我们在国家治理体系和治理能力现代化上的本质要求，也堪称是这条新路在国家制度、民主政治上的最大创新。

第三条，丰富人民精神世界——中国式现代化在文化建设上的

① 习近平：《正确理解和大力推进中国式现代化》，《光明日报》，2023年2月8日。

本质要求，超越单打一式的只搞经济建设、忽视精神文明的金钱挂帅、经济主义倾向。

第四条，实现全体人民共同富裕——中国式现代化在社会建设上的本质要求，根本超越西方式现代化带来的贫富对立、两极分化，使现代新型的和谐社会关系成为中国式现代化的本质特征，创造“经济起飞”与“社会稳定”两翼齐飞的两大“中国奇迹”。

第五条，促进人与自然和谐共生——中国式现代化在生态建设上的本质要求，也是根本超越西方资本主义现代化造成的生态危机、环境危机、生存危机的时代呼唤，创造现代新型生态文明的重大创新。

第三层面，国际大局上的本质要求，主要就是两条：

第一条，推动构建人类命运共同体，同周边国家乃至世界各国，寻求和平共处、合作共赢、共同发展，不走国强必霸、争霸必战的西方式现代化老路。

第二条，创造人类文明新形态，认真借鉴吸收西方近代工业化文明的有益成果，乃至人类文明的一切成果，根本超越西方近代资本主义文明的历史局限，解决资本逻辑、全球霸权带来的一系列全球问题、全球危机，努力开创给世界带来新的希望、新的可能性的现代新型文明。

六、中国式现代化的战略部署

——“两步走”的总体战略

党的二十大报告初步构建的中国式现代化理论体系，比以往更加明确具体地提出了中国实现现代化与民族复兴的总体战略，提出了“两步走”的总体战略，并且对今后五年的开局起步作出了具体部署。

中国现代化是一场持久战，也是一场比耐力的马拉松长跑，急于求成是不行的，从苏联到我国，这样的历史教训实在是不少。党的二十大明确了今后三十年的总体目标是全面建成社会主义现代化强国、全面实现中华民族伟大复兴。我们的总体战略是分“两步走”，两个“十五年”：

第一个“十五年”，从2020年到2035年，基本实现社会主义现代化；

第二个“十五年”，从2035年到21世纪中叶，也就是2050年前后，中华人民共和国成立百年大庆之际，全面建成社会主义现代化强国，达到综合国力和国际影响力领先的世界历史地位。

为此，党的二十大报告对中国式现代化总体战略的第一步，作出了具体明确的战略部署，提出了八个方面的总体目标：

1.经济实力、科技实力、综合国力要迈上一个新台阶，达到中等发达国家水平；

2.科技自立自强，进入创新型国家前列；

3.建成现代化经济体系，基本实现新型工业化、信息化、城镇化、农业现代化；

4.基本实现国家治理体系与治理能力现代化，全过程人民民主的政治制度更加健全，基本建成法治国家、法治政府、法治社会；

5.建成教育强国、科技强国、人才强国、文化强国、健康中国；

6.居民人均可支配收入与共同富裕再上一个新台阶；

7.生态环境根本好转，美丽中国目标基本实现；

8.基本实现国防和军队现代化，国家安全体系和能力全面加强。

不仅如此，党的二十大报告还进一步提出未来五年是全面建设社会主义现代化国家开局起步的关键时期，与此相应，更具体、更细致、更明确地提出了“开局五年”的八项主要目标任务……

七、中国式现代化的遵循原则

——应对“百年未有之大变局”的五个支点

古希腊物理学家阿基米德曾经提出一个物理学格言：“给我一个支点，我就能撬起整个地球。”

20世纪的伟大革命家列宁则提出一个政治学格言：“给我们一个革命家组织，我们就能把俄国翻转过来！”

在新时代起点上的党的二十大，则提出一个顶天立地的新格言：给我们一个新的强大支点，就一定能积极应对整个世界历史上的“百年未有之大变局”，在激烈动荡期实现中华民族的伟大复兴！

为此，党的二十大初步构建的中国式现代化理论体系，提出了应对“百年未有之大变局”的五项重大原则。这些原则每一条都有鲜明的针对性、迫切的现实性、理论上的超前预见性，在一定意义上，甚至相当于五声警钟、五个重大的预警信号：

第一项原则，坚持和加强党的全面领导。这是领导中国式现代化的核心力量，也是新时代的新长城：确保中国式现代化的社会主义正确方向，确保全体人民万众一心、共克时艰。

第二项原则，坚持中国特色社会主义道路。这里一连讲了“七个坚持”，重申了“两个不走”：既不走封闭僵化的老路，也不走改旗易帜的邪路，要把中华民族命运牢牢掌握在中国人民自己手中。

第三项原则，坚持以人民为中心的发展思想。真正体现人民主体论的国家体制，做到发展为了人民，发展依靠人民，发展成果人民共享。

第四项原则，坚持深化改革开放，要深入推进制度上的改革创新，坚定不移地扩大开放，着力破解深层次体制机制障碍。改革开放只能向前推进，决不能停滞不前，更不能倒退。

第五项原则，坚持发扬斗争精神，面对世纪之交、千年之交，国内外先后出现的各种严峻挑战，必须百倍发扬斗争精神，知难而进，迎难而上，转危为安，化危为机，开创新时代，发展新天地。

八、开创人类文明新形态
——中国式现代化新道路的世界历史意义

中国式现代化新道路的国际意义、世界历史意义何在？

从形式上、表面上看，“中国式现代化”好像只是一个国家、一时之事，未见得有什么了不起的国际意义、世界历史意义，实则不然。

党的二十大报告首次向国人、世人鲜明昭示出“中国式现代化”的国际意义、世界历史意义：从根本上说，这乃是突破西方近代资本主义文明统治世界500年，在世纪之交、千年之交开创人类文明新形态的伟大创举、伟大开端、伟大奠基！

这层深意，需要我们细读文件，字里行间，反复学习，细细体味。具体地说，就是在党的二十大报告第三部分讲“中国式现代化理论体系”时，在讲“本质要求”时，第三层面，第八、九两条，“推动构建人类命运共同体”“创造人类文明新形态”，相当于讲中国式现代化世界意义的总纲。党的二十大报告接近尾声的第十四部分“促进世界和平与发展，推动构建人类命运共同体”，则既是讲中国对外政策、外交关系，又是讲中国现代化的国际影响、世界历史意义，旨在以根本超越西方金融资本、全球帝国霸权体系、构建人类命运共同体为主要抓手，实施开创人类文明新形态的伟大奠基之业。

突破西方近代以来500年资本主义工业文明与现代化道路的一统天下，开创人类文明新形态——这乃是中国式现代化新道路的重大世界历史意义之所在。为了讲清这个道理、学理、哲理，需要从以下几个层次，细细琢磨，深入研讨。

2023 年 2 月 7 日，习近平总书记在学习贯彻党的二十大精神研讨班开班式上发表的重要讲话，对我们深入研讨这个问题，有重大的启迪作用与理论指南作用。

中国式现代化，打破了“现代化=西方化”的迷思，展现了现代化的另一幅图景。在20世纪60年代兴起的西方自由主义现代化理论，甚至在相当程度上也包括20世纪下半叶西方新兴的大历史观，实际上仍据守“现代化=西方化=美国化”的死板公式，核心内容是“西方中心论”的“三单”：西方单一源头论、从西向东的单向传播论、现代化道路的西方单一模式论。他们自认为这是不可越雷池一步的“天条”，实际上却是“现代化=西方化”的迷思，今天必须根本打破！

与此相应，必须突破西方世界乃至国际学术界长期流行的中华文明“外来论”“模仿论”“落后论”，真正还中华文明以本来应有的世界历史地位：距今1万年前，中国、两河流域新月地带、中南美洲是世界农牧业起源的三大发源地；距今5000年前，中国与两河流域、古埃及、古希腊、古印度河流域，加上中南美洲（时间稍晚），是世界历史上的六大原创文明、原生国家，并且与环地中海相应，是环太平洋国家与文明体系的东西两大源头、两大区系之一；中华文明还是多元一体、连续进化、万年持续、唯一没有中断的原创文明。把中华文明说成是“突然崛起”的“暴发户”，乃是一种西方广为流行的错误说法，并不科学，更不准确。

中国式现代化新道路，打破了西方自由主义、资本主义现代化道路的一统天下，开创了一条与西方现代化道路迥然有别的新型现代化道路，也根本超越了传统计划经济的苏联模式现代化道路，因而开辟了现代化世界历史图景的新篇章、新天地，为为数众多的发展中国家走向现代化提供了一种新的选择、新的道路、新的可能性。

中国式现代化新道路，还为解决西方近代资本主义文明发展500年造成的全球问题、普遍危机、人类困境开辟了一条新道路，创造了新的可能性，贡献了中国智慧、中国方案。这一系列全球问题，集中表现为世纪之交、千年之交的七大全球危机：生态危机；战争危机；南北关系上两极分化危机；所谓文明冲突危机（实为国家体系及其意识形态对立冲突危机）；金融与经济危机；道德危机；价值观危机。

中国式现代化新道路不仅创造了连续起飞40年的“中国经济奇迹”，在经济起飞中保持了社会稳定的“中国政治奇迹”，而且有更为深远广阔的文化哲学底蕴，孕育着世界文化史、文明史上的“中国文化奇迹”。其最深层的文化底蕴，就是把上下五千年古老中国的原创文明基因，与世界最新颖深刻的马克思列宁主义科学理论、哲学世界观、价值观相结合，并广泛吸收包括西方现代化在内的人类一切文明成果，因而使古老原创文明在当今时代发出核裂变、聚变式的巨大活力，获得了新生命、新发展，以中国式现代化新道路，开创人类文明新形态。

西方近现代资本主义造成的全球问题、七大危机，深层的根源除了资本逻辑、制度根源之外，就是理论根源、哲学危机。而其最集中的表现，就是个人本位、自我中心、零和博弈型、对外征服型的单主体性观念。马克思主义哲学世界观、价值观，与中华文明原创基因中蕴含的宇宙观、价值观相结合，恰恰是医治这种哲学危机症的良丹妙药与出路。

把马克思主义哲学世界观、价值观作为指导思想，重新发掘中华文明原创基因、四大哲学理念，是新时代哲学创新的源头活水：（1）天人合一的宇宙观；（2）仁者爱人的互主体观；（3）多元兼容的文化观；（4）义利统一的价值观。这是中国式现代化的重要哲学创新理论源头，也是开创人类文明新形态的源头活水。

中华文明的优秀传统、原创基因、哲学理念，堪称是中国式现代化新道路的一大法宝、文化宝藏，必然赋予中国式现代化新道路以特有的历史文化哲学底蕴，这是使之必然开创不同于西方资本主义现代化文明形态的首要内在根据。

中国式现代化新道路，从马克思列宁主义现代化理论中获取了源头活水与哲学宝藏，尤其是马克思主义创始人的主要著作《资本论》，还有列宁晚年的理论创新与思想飞跃。许多人把20世纪60年代以后兴起的西方自由主义现代化理论作为现代化科学理论的源头。实质上，比他们早100年以上的《共产党宣言》《资本论》，才是现代化理论的源头，更是中国共产党人探索中国式现代化道路的理论源头活水。列宁晚年理论创新的两次飞跃，从1917年十月革命道路的开辟到1921年新经济政策道路的开辟，乃至晚年论著、“政治遗嘱”中经济、政治、文化“三位一体”的系统改革论，不仅探索的是东方落后小农国家俄国走向社会主义、建设社会主义的新道路，而且也是走向现代化的新道路。从20世纪80年代起，中国思想理论界就注意开掘马克思、列宁这两大思想源头活水，从而使之成为中国式现代化新道路的第二大文化宝藏、思想法宝。

中国式现代化新道路，在新时代做了大胆开拓创新，在党的二十大报告中首次初步构建中国式现代化理论体系，继承发展了20世纪中国探索现代化的三位伟大先行者——孙中山、毛泽东和邓小平留下的闪光思想、理论创新，堪称是我们手中的第三大文化宝藏、哲学法宝。其中，孙中山先生提出了三民主义现代化理论，晚年还提出了“联俄、联共、扶助农工”三大政策，三民主义皆本于民，蕴含着人民主体论的宝贵思想萌芽；毛泽东同志提出的新民主主义革命建国理论实质上也是那个时代的中国式现代化理论雏形，中华人民共和国成立初期又提出“一化三改”“一体两翼”式的过渡时期总路线，1964年提出“中国四个现代化”的理论纲领，都是中国式现代化的理论奠基；而邓小平同志是改革开放的总设计师，而且是“中国式现代化”概念的首倡者，突破了苏联模式与西方资本主义现代化，是改革开放、中国特色社会主义道路的开拓者。这是中国式现代化道路的三块奠基石，也是中国式现代化新道路特有的第三大文化宝藏。

正是这三大法宝、文化宝藏，赋予中国式现代化不仅有特别丰富的社会经济内容，而且具有不同于西方近代资本主义文明形态的思想文化哲学底蕴，形成了新时代中国特色社会主义的世界观和方法论，为开创人类文明新形态奠定了坚实的思想文化哲学根基。

正基于此，2023年3月15日，习近平总书记的《携手同行现代化之路——在中国共产党与世界政党高层对话会上的主旨讲话》，继全球发展倡议、全球安全倡议之后，又提出了全球文明倡议，强调“中国式现代化作为人类文明新形态，与全球其他文明相互借鉴，必将极大丰富世界文明百花园”[①]，堪称对中国式现代化世界历史意义的画龙点睛。

① 习近平：《携手同行现代化之路——在中国共产党与世界政党高层对话会上的主旨讲话》，《光明日报》，2023年3月16日。

九、科学社会主义的最新成果

——对马克思《资本论》、列宁晚年创新与毛泽东思想、邓小平理论的继承发展

怎样科学评价党的二十大首次系统提出的“中国式现代化新道路与人类文明新形态”这两个新命题、新概念、新思想及其重大意义、历史地位？

不少专家、学者，不少报刊、文章，都对此进行了有益的学术探讨、理论研究，但仍一时难以完全到位，并取得共识，还处于百花齐放、各美其美的思想局面。正是在这样的关键时刻，2023年2月7日，习近平总书记在学习贯彻党的二十大精神研讨班开班式上发表了重要讲话，题目就是《正确理解和大力推进中国式现代化》。在这篇重要讲话的一开头，他就开宗明义，对党的二十大提出的中国式现代化理论的重大意义与历史地位，作出了一语破的、一锤定音式的科学总结和理论概括：

概括提出并深入阐述中国式现代化理论，是党的二十大的一个重大理论创新，是科学社会主义的最新重大成果。①

为什么会作出如此高度、如此力度的科学评价和历史定位呢？

为了理解此中深意，就必须了解整个马克思主义、科学社会主义形成发展的三大阶段、三大形态，弄清这一新时代新思想新命题对马克思主义、列宁主义、马克思主义中国化时代化的继承发展。

19世纪中后期的1845—1895年，是马克思主义、科学社会主义的创立时期，时代主题是使社会主义空想变为科学，唯物史观与剩

---

① 习近平：《正确理解和大力推进中国式现代化》，《光明日报》，2023年2月8日。

余价值学说为之奠定了理论基石。《资本论》是马克思主义、科学社会主义的主要奠基之作。今天看来，也是马克思主义现代化理论的主要奠基之作和首要理论源头。《资本论》不仅是一部政治经济学著作，而且是马克思主义哲学、科学社会主义的奠基之作。马克思《资本论》通过剩余价值学说，揭示出货币转化为资本的逻辑，从而揭示出西欧资本主义现代化道路的深层本质。他在此基础上还初步揭示出资本主义现代化在不同民族国家中的不同道路：16世纪意大利城市国家的道路；17世纪荷兰道路；18世纪英国道路；19世纪法国道路、美国道路；19世纪中后期德国道路，乃至19世纪中后期落后俄国能否走出一条跨越资本主义“卡夫丁峡谷”的东方道路。后者在马克思晚年只是一种最初理论构想，中国式现代化新道路，才破天荒使之从理论变为现实，变为东亚大陆、中华大地上的活生生现实，14亿中国人民生机勃勃的鲜活创造。

20世纪列宁主义的重大理论创新与实践创新，标志着马克思主义、科学社会主义发展的新阶段，时代主题是在帝国主义战争和无产阶级革命时代，使社会主义进一步从科学理论变为鲜活实践。列宁在狱中一年、流放三年中写成的第一部专著《俄国资本主义的发展》，主题就是俄国如何走上资本主义现代化道路。列宁主义的最大理论创新是提出了帝国主义论的新时代观，并开始探索落后的小农国家俄国走向社会主义、建设社会主义的新道路。从1917年十月革命道路，到1921年列宁晚年开辟的“以市场为基础”的新经济政策道路，乃至提出经济、政治、文化“三位一体”系统改革的最后论著、最后构想，实质上也是落后俄国走向社会主义工业化、现代化的新道路。可惜，后来的苏联模式僵化了，再加上戈尔巴乔夫走上改旗易帜之路，终于导致1991年的东欧剧变。只有中国成功地开创了改革开放、中国特色社会主义，乃至中国式现代化新道路与人类文明新形态。这里继承发展的不正是列宁主义，特别是其晚年创新的思想真谛吗？

中国共产党的百年求索，马克思主义中国化时代化的三次飞跃，贯穿其中的一条红线、正副主题，正是创造中国式现代化新道路与人类文明新形态。

毛泽东思想、新民主主义论，为开创中国式现代化新道路和人类文明新形态，奠定了最初的理论基础，提供了最初的源头活水。

邓小平理论，中国特色社会主义理论体系，为通过改革开放、中国特色社会主义，创造中国式现代化新道路与人类文明新形态，开了一个好头，进一步奠定了基础。

正是中国特色社会主义新时代，尤其是2022年党的二十大，可谓“十年磨一剑，利刃冲破天”，提出了“创造中国式现代化新道路与人类文明新形态”，作为新时代的两个重大创新、最新成果，可谓守正创新的重大飞跃，马克思主义中国化时代化新飞跃的鲜明标志，科学社会主义的最新重大成果。

这是21世纪与当代中国马克思主义理论创新的正副主题，统摄全局的两大突破口与生长点。

十、马克思主义中国化时代化新飞跃的两大突破口与生长点
——我为什么对两大创新情有独钟

习近平总书记2021年七一讲话中，在讲到中国特色社会主义新时代的历史性成就时，最后画龙点睛，提升为“两个创造”：创造了中国式现代化新道路，创造了人类文明新形态。

这不仅是对中国特色社会主义新时代的点睛之笔，实际上也是对建党百年、马克思主义中国化时代化三次飞跃主要创新成果的重点阐释。

我深切地感悟到这一点，但当时并没有想到一定要在较短时间

内作出成果，简明扼要地加以阐明。

2022年10月，党的二十大召开后，通过反复深入学习党的二十大精神，并且对照反思自己人生之道与治学之道，深深感到这两大创新不仅为理解党的百年求索有画龙点睛的作用，对于总结自己上下求索的治学之道、理论创新，也有“拨云见日”、点拨升华的作用。

有一首歌，名字叫作《我和我的祖国》。我不怎么会唱歌，而伴随着歌声，我也会不时地扪心自问，甚至陷入深深的沉思：

我为祖国做了什么呢？我今年75岁了，从自然生命来说，我是新中国的同龄人；而从学术生命来说，我可谓改革开放的同路人。我从1963年在北京师范大学第二附属中学读初二时，开始自学研究马列著作，至今整整60年了；“文革”十年，上山下乡到北大荒当了10年知青、10年农民；改革开放之后，我有幸到北大，先后师从黄枬森、张岱年两位先生，从事马列主义教学研究40年。

40年乃至60年来，我为祖国做的就是一件事：寻根铸魂求创新，“民族根、马列魂、全球范”的综合创新。创什么新呢？原本不那么明确集中，一目了然。深入学习党的二十大精神之后，我恍然大悟——“中国式现代化新道路与人类文明新形态”，这不正是我学术创新40年的两大焦点问题吗？应当把自己的学术研究成果，上升到新时代新思想的新境界上来，上升到党的二十大精神的新高度上来——这不正是我不断学习、终身学习的最好机会吗？

我对“中国式现代化新道路”的长期系统研究，始于1986年出版的《社会主义建设中的哲学问题探索——改革之路的哲学沉思》一书，基本成型于1996年出版的中国学第一部《中华国富论》，而后有《中华腾飞论——毛泽东、邓小平、江泽民三代领导集体的理论创新》等一系列著作。1992—1996年，我与罗荣渠先生有过学术交流与思想互动，我写的关于中国式现代化起飞新道路的系列论文发表在《北京大学学报》上，有的题目还上了《新华文摘》封面。

我对“人类文明新形态”的研究，始于1991年到莫斯科大学访学。半年多里，目睹东欧剧变之后，痛下决心，以“十年磨一剑”的功夫，2002年出版了《中华文明论——多元文化综合创新哲学》三卷本，176万字，主旨就是通过中国式现代化创新道路，实现中华复兴，开创人类文明新形态。《中国龙的新发现——中华神龙论》《龙是什么——中国符号新解密》《文化创新论——中国文化从何处来，向何处去》等系列著作，也都紧扣中华复兴与“人类文明新形态”这个主题。

1997年，“北大五四论坛”上，我与张岱年先生合作发表了论文《中华文明的现代复兴与综合创新》，后来登载在《教学与研究》1997年第5期上，并由《新华文摘》全文转载，题目还上了封面要目。那里讲了中华文明在改革开放时代的十大创新，第九条讲创造中华文明现代复兴的新形态，第十条就是讲创造世界文明、人类文明新形态。

能否把我多年的学术研究成果在习近平新时代中国特色社会主义思想最新理论成果指引下概括起来，用普通干部群众、青年师生能懂爱读的方式表达出来，结成一部学术新著，由亲密合作十年的吉林人民出版社正式推出？

同时我也注意到，近两年间，就上述两大创新这个重大时代课题，在报刊上也发表了不少论文，但有关的学术专著，却寥若晨星，十分少见；按照党的二十大精神，系统研究中国式现代化新道路与人类文明新形态的学术专著或研究性著作，几乎一本都没有买到。因而，我这部新著也算是在多年学术研究基础上，这方面的一个初步尝试、大胆创新吧！

可喜的是，我的这个思想火花得到吉林人民出版社的常宏社长、吴文阁总编辑、陆雨副总编辑等人的热情支持。于是大家一齐努力，就有了眼前的这部学术新著，献给大家批评指正！

这部新著，也作为一名北大学者献给新时代的一块铺路石子……

上篇
创造中国式现代化新道路

创造中国式现代化新道路——这是中国特色社会主义新时代提出的一个新命题，也是对中国共产党建党百年历史经验的新概括，中国新走向的新揭示。因而怎样科学系统地回答这个重大问题，是一个亟待解决的重大理论问题与时代课题。

本书的思想主旨，是力图在习近平新时代中国特色社会主义思想指导下，从逻辑与历史统一的新高度，科学系统地阐明中国式现代化新道路的探索历程、重大创新及其世界历史意义，旨在澄清国内外，特别是西方对“中国道路”的偏见误解。

本篇围绕“创造中国式现代化新道路”这个主题，简明通俗地回答三个基本问题：

中国式现代化新道路从何而来？

中国式现代化新道路特点与创新何在？

中国式现代化新道路在世界历史上的意义何在？

第一部分 中国式现代化新道路是怎样走出来的

第一部分“中国式现代化新道路是怎样走出来的”，回答的一个中心问题就是：中国现代化道路是简单照搬西方与外国现代化模式，还是历经千辛万苦自己走出来的一条独特道路？

在西方乃至国内许多流行的现代化论著中，多半把现代化道路分为两大类型：西方内源先发型现代化道路和东方外源后发型现代化道路。后者对前者有所谓“路径依赖”，因而多半只能是对前者的模仿。他们把中国现代化道路，简单归结为东方外源后发型道路，认为是在西方现代化先行优势的强大压力下，被迫走上现代化道路，因而只能照搬与模仿西方与国外现代化模式。改革开放前的30年主要是模仿苏联模式，改革开放40多年主要是模仿西方模式、美国模式。

本书提出的新观点是，中国式现代化道路不是对西方模式、苏联模式的简单照搬；也不能把中国现代化道路简单归结为东方外源后发型。纵观宋代以来近1000年历史，其历史特点是：萌芽超前，起飞滞后；六次失机，延宕千年；改革开放，经济起飞；大器晚成，独特道路。

第一部分分三章，概述了中华民族近 1000 年来，经历种种曲折磨难，百折不回，艰辛探索，改革开放，终于借鉴并超越现代化的西方模式、苏联模式，走出了一条独具特色的中国式现代化新道路。

第一章　九死一生，百折不回
——中国走向现代化的千年历程、六次磨难

现代化是不是西方的舶来品？中国现代化道路是从西方照搬过来的，还是自己走出来的？这个问题是我们首先遇到的一个不可回避的问题。

20世纪60年代从美国等西方国家开始兴起的现代化理论，本质上是西方自由主义的现代化理论。他们把世界各国的现代化道路分成两大类型：一类是西方内源先发型现代化道路；另一类则是东方外源后发型现代化道路。他们认为后者只能模仿、移植前者，难以越雷池一步。他们往往也简单化地把中国现代化归于东方外源后发型现代化。时至今日，这种观点在国内外仍很有市场。

实际上，不管这种观点流行多么广泛，却并不符合中国实际，根本没有注意到中国的复杂国情与特殊发展道路，以及古老中国从宋代开始走向现代化的千年曲折历程，更无法准确再现世界现代化史的千年复杂图景。

第一节　必须超越简单化的现代化模式“东西二分法”
——探寻中国式现代化道路的千年历程

通常在讲现代化世界历史进程时，人们往往关注的只是1500年以来这500多年的历史。如美国加州大学教授斯塔夫里阿诺斯的名著《全球通史》，就是分为世界现代化前后两大段，上下卷分别题为《1500年以前的世界》《1500年以后的世界》。

然而，要追溯中国现代化的历史源头，则需要追溯到1000年前宋代火药、罗盘、活字印刷术这三大发明，还有曾被列宁称为“11世纪的改革家”的王安石推行的变法，注意到中国走向现代化的千年曲折历程……

为了更好地看清中国现代化经济起飞的发展大势，我们采用了上下千年的超长时段，进行中西现代化道路的千年比较（公元1000—2000 年）。

布罗代尔倡导了当代史学中的长时段研究新潮流。他所讲的长时段，通常以百年为单位，是“以百年计算的长时段”[①]。为了追溯现代资本主义起源，他写出了三卷本巨著《15 至 18 世纪的物质文明、经济和资本主义》，纵览近现代 300 年历史长河。

马克思的《资本论》为了阐明资本主义历史命运，追踪考察了西方资本主义从起源到形成的 350 年历史：从 1500 年到 1850 年，从资本主义原始积累到工场手工业，再到 1750 年产业革命以后的机器大工业。

① [法]布罗代尔：《历史和社会科学：长时段》，中译文见《史学理论》，1987年第3期。

对于中国这条特别古老的东方巨龙来说，百年时间的长时段已经显得不够用了。这条巨龙的一动一静、一起一伏、一周一始，从酝酿准备到发动完成，都需要更长的时间。因而在这里，我们初次尝试着采用了长达千年的超长时段。

为什么中国古代封建社会长期延续？为什么中国资本主义萌芽总是萌而不发？为什么中国科技古代辉煌却近代“难产”？以往的回答，往往归结于某种单一因素决定论。实际上，三大层面、九个要求构成障碍机制的综合作用，才是问题的深层症结。

中西异同论——前人曾就中西文明发展做过总体比较、百年比较、近500年比较，而为了更好地梳理出来龙去脉、异同之点，这里初次尝试作千年比较：就公元1000—2000年之间的千年历史，对中国与西方走向近代化的不同道路，作出历史的、具体的比较研究，揭示欧亚大陆东西两端千年发展的同一性和差异性。

这千年之间，中西文明的总体走向、时代主题、发展大势是基本一致的：在公元1000年之际，中西文明都处于中世纪封建主义社会走向高峰时期；又都面临如何“走出中世纪，走向近代化”的时代课题；又都以商业革命和文化革命为两翼和先导，开始了近代化的最初准备过程；千年之间的发展大势，都是逐步走向近代工业化、现代社会化。

公元1000年后，中国最突出的现代化三大萌芽是：火药、罗盘、活字印刷术三大发明；商业革命、城市革命萌芽；王安石变法。而西方“走出中世纪，走向近代化”的三个新因素则是三项制度创新：地中海沿岸城市共和国革命；罗马法；中世纪大学兴起。

这千年之间，中西文明的历史基点、发展道路、进展速度，又有极其鲜明的个性差异。中国文明走向近代化道路的典型特征是：高起点，迟发展。其症结在于国家权力过于膨胀，只能萌发出国家附庸型市场经济、市民社会、市民阶层；西方文明走向近代化道路的典型特征却是：低起点，先发展。其原因首先在于国家权力与市场经济、市民社会、市民阶层取得了相对均衡的独立发展。

中西文明的千年发展，比较而言是大同小异：方向相同而道路各异。

决定中西文明统一性的基础是：世界市场的一体化；世界文化的一体化；世界历史的一体化。

决定中西文明差异性的基础是：地理生态环境差异的自然基础；人种形成差异的生理基础；主体活动方式差异的实践基础；人的思维方式差异的心理基础；文化定型期差异的历史基础。

文化的多元化与一体化并存，是主导世界文化的千年大势。

中国模式论——中国近代化发展严重滞后，因而在这一过程中曾经广泛借鉴各种模式；但中国现代化要取得成功，必须走自己的道路，开创独具特色的中国模式。这种中国现代化模式，既与早发性、内源性的西方现代化模式有本质区别，也与所谓迟发性、外源性的东亚现代化模式有重大差异。

在20世纪近百年间，中国在寻求现代化强国富民之路的过程中，尝试过、参考过、实验过世界现代化过程中的各种模式。1898年戊戌变法中，康有为力倡仿效日本模式、俄国模式；1919年五四运动中，陈独秀倡导走法兰西革命道路，李大钊倡导走俄国十月革命之路；孙中山制定三民主义建国方略初期，一个重要蓝本是林肯倡导的民治、民享、民有的美国式民主模式；20世纪三四十年代，蒋介石转而企图模仿德国、意大利、土耳其模式；20世纪50年代，传统计划经济的苏联社会主义模式又盛行一时；20世纪80年代改革开放初期，南斯拉夫模式、匈牙利模式、瑞典模式又各领风骚几年；20世纪90年代改革开放新阶段，又有人企图模仿“儒家资本主义”的日本模式、新加坡模式，乃至“市场化+私有化”的美国模式。

概括起来说，在现代化模式选择问题上，主要是两种倾向至今较有市场。长期以来的传统观点认为现代化等于西方化，只有西方式一种模式，中国现代化只能走西方式道路，只能照搬西方现代化模式，来个“全盘西化”；20世纪后期以来，人们开始把现代化道路区分为东西方两大类型、两大模式：西方现代化模式的特点是早发性、内源性，东方现代化模式的特点是迟发性、外源性。应当看到，从西方式的“唯一模式论”到东西方的“两大模式论”，或可算是认识史上的一个不大不小的进步。但是，把中国现代化道路简单归结为东方式的迟发性、外源性现代化模式，却未免过于简单化，未能真正把握中国的特殊性。我们必须百尺竿头再迈进一步，从“两大模式论”再前进到“多元模式论”“中国模式论”。

在19世纪和20世纪的交汇点上，恩格斯有句名言：“伟大的阶级，正如伟大的民族一样，无论从哪方面学习都不如从自己所犯错误的后果中学习来得快。”①

今天，在两个世纪、两个千年的历史交汇点上，中国又一次面临新的历史机遇。为了更好地把握这次历史性机遇，我们迫切需要把前六次痛失机遇的历史教训，做一番刨根问底式的比较研究。这好比从理论思维高度，给近千年、近百年的中国历史梳梳辫子。

第二节　六次机遇的时间间隔

首先，让我们从时间间隔上，对前六次痛失机遇做一番比较研究：究竟间隔多长时间中国会碰到一次近代化、现代化的历史

① 《马克思恩格斯全集》第22卷，人民出版社1965年版，第381页。其典型代表是郑和七次下西洋、资本主义萌芽的产生、张居正的重商主义改革等。

机遇？

这里也许需要预先说明一下，首先把火药、罗盘、活字印刷术作为世界历史“走出中世纪，走向现代化”的科技创新引擎的，并不是我们中国人，而是17世纪英国大思想家培根，还有19世纪德国伟大思想家马克思、恩格斯。马克思《资本论》手稿留下的千古名言就是：“最伟大的发明——火药、指南针和印刷术”“这是预告资产阶级社会到来的三大发明”。[①]

而首先从这种世界历史高度评价王安石的则是20世纪伟大思想家列宁，列宁称其为“11世纪的改革家”。

第一次机遇，公元1000年前后，两宋时期，与春秋战国之际的大变革已相距1500年，典型代表是火药、罗盘、活字印刷术三大发明，带有东方重商主义色彩的王安石变法，还有近代商业革命、城市革命、文化革命的先兆等；

第二次机遇，公元1500年前后，明朝中期，与上次机遇相隔500年；

第三次机遇，公元1750年前后，清朝前期的“康乾盛世”，与上次机遇间隔250年，商品经济、社会生产力、科学技术、资本主义萌芽，都在那个历史时期有较高的发展水平；

第四次机遇，公元1840年前后，清朝后期鸦片战争前后，与上次机遇相距近100年，外贸规模空前扩大，再度出现近代商业革命、货币金融革命的萌芽；

第五次机遇，公元1937年之前，辛亥革命之后、全面抗日战争爆发之前，与上次机遇相距近100年，借助1911年辛亥革命之后及第一次世界大战后的历史影响，交通运输、近代商业革命、民族资本，曾一度获得了黄金季节式的发展良机；

---

① 《马克思恩格斯全集》第47卷，人民出版社1979年版，第472、427页。

第六次机遇，公元1957年之前，中华人民共和国成立之初，与上次机遇相隔20年，中国经济在战后迅速恢复，工业化开始起步，成功地推进了“一化三改”的社会主义改造，经济发展加速；

如果再加上第七次机遇，公元1978年之后，中国改革开放新时期，与上次机遇相隔20年。

由此看来，头三次历史机遇相隔三五百年；中间两次历史机遇相隔近百年；最后两次机遇仅仅相隔20年。中国走向近代化、现代化的历史机遇，出现频率增加了，时间间隔大大缩短了。这说明现代社会发展加速了，世界历史的一体化趋势加强了，历史机遇出现的频率提高了，中国走向现代化的趋势越来越强了。

这种态势，好像波涛汹涌的时代大潮，一次又一次地逼近传统社会形态的堤岸，早晚有一天要冲决传统社会形态的堤坝，直奔现代化的世界历史大海。

这种态势，又像一场激烈的足球比赛，射门频率越来越高，虽然一次又一次踢出界外，十分可惜，但正是这频繁射门中，孕育着破门得分的机会。

这种态势，又像一次万米长跑，虽然开头也像一次又一次的接近终点，但并没有真正撞线；而正是这一圈又一圈的努力，终于迎来了最后冲刺，最后撞线！

第三节　六次机遇的时代特征

第二层，让我们从历史机遇的时代特征上，对中国的前六次机遇做一番较为深入的对照分析：在这六个历史关节点上，中国遇到的或失掉的究竟是什么样的历史机遇？

公元 1000 年，两宋时代，中国失去的第一次历史机遇是先于西方世界率先走向相对独立的商品经济、自治城市，率先开始近代商业革命、工业革命，率先“走出中世纪，走向近代化”；

公元 1500 年前后，明代中期，郑和下西洋之后，中国失去的第二次历史机遇是先于西方国家率先开辟世界市场，率先开始近代商业革命，率先酝酿近代工业革命；

公元 1750 年前后，清代前期，“康乾盛世”，中国失去的第三次历史机遇是与西方世界的英国几乎大体同时开始工业革命、同时开始近代化经济起飞；

公元 1840 年鸦片战争前后，中国清代后期，失去的第四次历史机遇是中国保持民族独立地位，参与平等竞争，赶上西方近代化历程；

公元1937年之前，辛亥革命之后、全面抗日战争爆发之前，中国失去的第五次历史机遇是利用第一次世界大战造成的市场空位，中国在近代化中奋起直追；

公元1957年，中华人民共和国成立之初，中国失去的第六次历史机遇是利用第二次世界大战之后的和平发展时期，利用现代科技革命成果，利用战后初期社会主义改革势头，后来居上地追赶西方现代化；

而公元 1978 年后，中国改革开放面临的第七次历史机遇则是利用现代科技革命浪潮，利用东亚地区现代化奋起之势，利用世界历史、世界文化转型期的潮头，在现代化中奋起直追、后来居上。

对中国近代化历程来说，宋代、明代的两次机遇，是最早的两次机遇，也是早熟的历史机遇、早产的历史机遇，由于缺少必要的土壤而注定夭折，否则东西方的世界历史格局、政治经济地图，会与当今时代大相异趣。

从中西方对比来说，对世界历史格局来说，起了最关键性作用的是中国“康乾盛世”失去的第三次历史机遇：中国从此由强变弱，西方从此由弱变强。否则，近代工业化将不是西方一枝独秀，而是欧亚大陆桥东西两端的并驾齐驱，双峰并峙。那么，整个世界历史都将改写。正如《停滞的帝国——两个世界的撞击》一书中作者所说：“如果这两个世界能增加它们间的接触，能互相吸取对方最为成功的经验；如果那个早于别国几个世纪发明了印刷与造纸、指南针与舵、炸药与火器的国家，同那个驯服了蒸汽并即将驾驭电力的国家，把它们的发现结合起来，那么中国人与欧洲人之间的文化交流，必将使双方都取得飞速的进步，那将是一场什么样的文化革命呀！”①

最可惜的一次机遇，就是中华人民共和国成立初期，几乎已经开始了现代化经济起飞进程，至少是开始了加速助跑阶段，然而却因“左”的教条主义和僵化模式而中途退坡，岂不是太可惜了吗？

最宝贵的一次机遇，是当代中国面临的重大机遇。抓住了这次机遇，中国会在21世纪腾飞于世，一举实现萦绕千年的飞天之梦；否则，中国错过20世纪现代化的末班车，21世纪恐将面临新的更严峻的挑战。

第四节　内因外因的难得契合

第三层，让我们更为深入地分析一下六次丧失机遇的历史根源，内因与外因所起的作用：在丧失机遇过程中，内因与外因究竟是什么关系？

---

① [法]佩雷菲特：《停滞的帝国——两个世界的撞击》，三联书店1995年版，第3页。

第一次丧失机遇，是以宋代经济的内因为主，“地主经济 + 官僚特权 + 投机商业”的“三位一体”；

第二次丧失机遇，是以明朝封建经济的内因为主，官商一体，闭关锁国；

第三次丧失机遇，是以“康乾盛世”时代的封建制度腐败内因为主，官商一体，皇商一体，闭关自守，坐失良机；

第四次丧失机遇，清代末期封建制度的腐败无能固然是内因、是根据，但英法帝国主义先后发动的两次鸦片战争，作为一种外因，确实起了明显的，甚至重要性的作用；

第五次丧失机遇，国家权力的消极不抵抗政策、官僚资本的垄断特权、民族资本的软弱无力，固然是内在根据，但日本帝国主义1937年发动的全面侵华战争，显然起了关键性作用；

第六次丧失机遇，内因明显起主导作用，“左”的教条主义指导思想抬头，传统计划经济体制的僵化模式，使中华人民共和国成立初期虽如壮丽日出，却在 1957 年后痛失良机。而帝国主义的封锁禁运，则起辅助作用。

在六次痛失机遇中，明显内因为主的占两次——“康乾盛世”，加上中华人民共和国成立初期这一次；外因起了明显作用，甚至关键作用的占两次——鸦片战争前后这一次和抗日战争以前这一次。

以上六次痛失良机，前三次在古代，后三次在近代，真可谓“上至千年，下至眼前”。回首这曲折道路，坎坷历程，我们应当更加百倍珍惜当代中国的历史机遇——对中国现代化经济起飞来说，这真是百年不遇、千载难逢的机遇！

第五节　东方智慧中的机遇理论

为了真正抓住机遇、用好机遇、创造机遇、发展机遇，我们要进一步上升到理论思维和历史哲学高度，深入思索这样两个深层问题：究竟什么是历史机遇？怎样抓住中国现代化起飞的机遇？

机遇机遇，顾名思义，就是“与机会相遇”。所谓“历史机遇”，就是历史发展中的各种有利机会、内外契机、转变枢纽、关键环节、主客观条件，都巧妙地凑合到一起，从而使主体发展有重大转变和生机。法国年鉴学派的当代著名历史学家布罗代尔，正是从这一角度谈论历史机遇的，称之为“各种因素的巧妙凑合”。

中国自古以来的道家、兵家、法家、商家等各家学派，都十分注重机遇问题的深入研究。其中特别是《孙子兵法》开创的兵家辩证法思想，对一个“机”字有种种说法：“知彼知己，胜乃不殆，知天知地，胜乃不穷。”“将必上知天道，下知地理，中知人事。”“机也，其道有三：一曰事，二曰势，三曰情。事机作而不能应，非智也；势机动而不能制，非贤也；情机发而不能行，非勇也。善将者，必因机而立胜。”“势之维系为机，事之转变为机，物之要害为机，时之凑合为机。”“夫必胜之术，合变之形，在于机也。非智者孰能见机而作乎？见机之道，莫先于不意。”“兵无定势，谋贵从时。苟势或因地而异便，则事宜量力以乘机。”[①]

概括起来说，历史机遇是天、地、人、时、事、势这六个要素的巧妙综合。天机，首先指的是自然条件、客观条件、必然规律的

① 吴如嵩主编：《中国古代兵法精粹类编》，军事科学出版社1988年版，第66、68、250、251、257页。

机缘；地机，主要指的是地理位置、地理环境、地缘政治关系造成的机缘；人机，则是指主体因素、人的因素、领导者因素构成的机缘；时机，则是时代、时局、时势、时态、时运等时间因素的机缘；事机，是事件、事态、事变、事情造成的机缘；势机，是指客观形势、发展趋势、发展势头、主体势能造成的机缘。

第六节　中国走向现代化道路的三大历史特征
——千年蓄势，其发必速，大器晚成

对于中国现代化的历史机遇来说，上述六个要素可以综合为两大矛盾的对立统一、和谐结合：客观天机与主体人机、内部契机与外部契机。

世界历史正处于一个新型期，和平与发展成了主导潮流，而中国所在的东亚地区、太平洋地区成了发展潮头，这就促成了天机与人机的有机统一。

中国实行改革开放，转向社会主义市场经济，必将促成与世界市场接轨；从现代科技革命中汲取动力源泉，势必造成现代化内外契机的和谐结合。

总的来说，中国现代化道路，走的是一条萌芽超前、起飞殿后的独特道路。

中国现代化模式的典型特征，或许可以用以下三句话来做简要勾画，可称三大特点：

1. 萌芽大大超前，发展迟迟殿后——中国近代化的历史萌芽，产生于公元 1000 年前后的两宋时期，出现了近代商业革命、政策革命、科技革命、文化革命的胚芽，大大早于东西方所有国家，比

西方超前三五百年。然而中国现代化的发展过程却严重滞后，经济起飞的历史机遇一失再失，不仅比英国产业革命、经济起飞足足晚了 200 年之久，甚至也后进于东方的日本、亚洲“四小龙”，直到 20 世纪 80 年代才赶上世界现代化经济起飞的第四次浪潮。

2. 蓄之千年既久，今日起飞必速——“蓄之既久，其发必速”，中国走向近代化、现代化的发展势头，从公元 1000 年的宋代开始，积蓄到了今天，足足有千年之久，人们摆脱贫困、走向富裕的要求可谓备受压抑。改革开放的历史机遇，使中国一下子进入了现代化经济起飞的高速发展轨道，长期以来深受压抑的发展势头、致富欲望，大有火山爆发之势，整个中国都活像一个红红火火的大工地、大市场、大赛场，GDP 以 5%—10% 的高速发展，持续 40 年，创下现代化经济起飞速度之快、持续之长的世界纪录。

3. 两步并作一步，综合再创新路——近代工业化、现代社会化，是世界历史上相隔 200 年之久的两大潮流，从世界格局来看，中国已不可能按部就班地分两步走，在战略上看只能两步并作一步走（战术上还要具体分析，可另当别论），实际上是在经济起飞的三五十年间，迅速走完西方国家二三百年走完的路。这就要求中国更加注重开放引进，综合创新，以国内市场为基础、世界市场为中介，广泛消化吸收世界各国的最新文明成果，最终要走出大器晚成的创新之路。

这些历史特征，使中国现代化模式独具个性，既与先发性、内源性西方现代化模式有显著不同，又与迟发性、外源性的所谓东亚现代化模式有所区别，这种个性、特殊性是十分微妙、不容忽视的，有时甚至是本质差异。

第二章　改革开放，起飞起点
——中国现代化起飞 40 年新起点

中国式现代化道路、中国现代化起飞之路和中国特色社会主义道路的真正开创都有一个十分特殊的历史起点，这就是 1978 年党的十一届三中全会后开始启动的改革开放。

“蓄之既久，其发必速。”改革开放大潮来得如此汹涌澎湃，使中国式现代化道路一开始就独具特色，气势不凡！

第一节　起飞时间的延宕性

起飞时间的延宕性，这是中国现代化经济起飞之道的第一个基本特点。

从起飞时间上看，中国现代化经济起飞之道，显然不具备西方经济起飞道路的早发性，但也不能简单地归结为东方经济起飞道路的后发性，其特殊个性在于萌芽在先、完成滞后、一再延误的延宕性。

大多数东方国家之所以走上一条后发性现代化经济起飞之路，往往是由于他们在经济文化上长期落后，资本主义萌芽的产生晚于西方，近代化进程的起步也晚于西方。

中国的发展道路有其独具个性之处，在很长的一段历史时期内，甚至直到1750年英国工业革命之前，中国还是世界上最先进、最发达、最强大的国家之一。因而，中国在公元1000年至2000年之间的奇特历史命运是：一次又一次地出现资本主义萌芽，一次又一次地接近近代化经济起飞的起跑线，却一次又一次地延误了经济起飞的历史机遇。因而，我称之为长期反复延宕性的近代化和经济起飞之路。

“六次失机，延宕千年。”中国近千年的历史上先后出现六次近代化、现代化历史机遇，实际上正是接近经济起飞起跑线的六次机会。“公元1000年前后的两宋时代—公元1500年前后的明代中期—公元1750年前后的康乾盛世—1840年以前商业革命萌芽—1937年以前中华民族资本昙花一现的黄金季节—1957年以前新中国的壮丽日出”，这六次痛失机遇，实质上正是经济起飞的六次延期。如果从公元1000年前后两宋时代的第一次机遇算起，中国经济起飞几乎整整延宕了1000年之久！否则，中国的近代化经济起飞进程，将比西方超前500年以上，而结果却比西方拖后近250年！

“两次中断，拖延百年。”上述六次机遇中的最后两次，20世纪前期和中期，中国先后两次已经进入了经济起飞的助跑轨道，开始了准备阶段，结果却两次中断，戛然而止。20世纪前期，从1911年辛亥革命到1937年全面抗日战争前这20多年间，借帝国主义列强忙于第一次世界大战之机，中国的民族工业、民族资本、民族经济，一度出现了加快发展的黄金季节：整个国民经济增长速度接近3%，工业经济增长速度接近5%，正在向起跑线上奔走。而日本帝国主义的全面侵华战火却使这一历史机遇付之一炬，中国经济起飞延误近半个世纪。20世纪中期，中华人民共和国成立之初的前八年，工业近代化和农业社会化齐头并进，经济增长速度近于9%，已经进入经济起飞助跑阶段。后来却出现了1957年的“反右”

斗争扩大化，1958年开始的三年“大跃进”，乃至1966年开始的十年“文化大革命”，又使经济起飞推迟20年。

因而，1978年中国开始改革开放、经济起飞之时，已经是一误再误，赶上的是世界经济起飞第四次浪潮的末班车。从世界历史的宏观视角来看：

18世纪后半叶，近代工业化经济起飞的第一次浪潮首先从英国开始。当时正值“康乾盛世”的中国，本应与其并驾齐驱，却把国门禁闭起来。

19世纪中期，出现了近代工业化经济起飞的第二次浪潮，大西洋两岸的法国、美国、德国等欧美国家，乘势实现了产业革命和经济起飞。中国却因两次鸦片战争的失败，走上了向半殖民地半封建沉沦之路，中断了19世纪初业已开始的近代商业革命萌芽，丧失了经济起飞希望。

19世纪末期，开始了近代工业化经济起飞的第三次浪潮，俄国以1861年改革为契机，日本以1857年明治维新为动因，赶上了这次浪潮。而中国虽有太平天国、洋务运动、戊戌变法、义和团运动的四次抗争，却在中法战争、中日战争、八国联军侵华战争的连续打击下，进一步向殖民地、半殖民地沉沦。

20世纪中期以后，在世界范围内，特别是东亚地区，又掀起了现代化经济起飞的第四次浪潮。在这次浪潮中，20世纪五六十年代，日本坐上了东亚经济起飞的头班车；20世纪六七十年代，亚洲“四小龙”也乘上了东亚现代化经济起飞的二班车；20世纪70年代末80年代初，中国以改革开放为契机，终于赶上了东亚经济起飞的第三班车，也是20世纪东亚经济起飞的最末一班车。

俗话讲：“起个大早，赶个晚集。”这或许对中国经济起飞的延宕性来说，实在是一个生动写照吧！

试看中国的东、西、南、北诸方邻居，好多都已经处于现代化经济起飞之中，而中国的现代化和经济起飞，多少年来却是“千呼万唤始出来，犹抱琵琶半遮面”。中国现代化起飞之道，真是开始得何其艰难也！

中国现代化经济起飞，既非单纯的内因驱动，也非简单的外力压迫。中国经济近千年来的长期发展，一再发生的近代化萌芽，是内因，是根据；外部因素的“逼上梁山”，则是外因，是推动力和催化剂。

第二节　起飞开始的突发性

起飞开始的突发性，这是中国式现代化新道路起点上的第二个特点。

中国经济起飞虽有长期酝酿，但真正开始之时，却又缺少一个渐进加速的助跑期、预热期，表现为一种爆发式的急转弯。

这就造成了中国经济起飞在历史起点上的一个独特矛盾：有长期酝酿的准备过程，却没有直接铺垫的助跑阶段。

按照东西方经济起飞的一般规律来讲，在经济起飞过程之前，通常有一个长达一二十年，乃至三四十年的助跑阶段，作为历史铺垫和直接准备，中心任务是为经济起飞奠定四大支柱：生产力的初步发展、经济体制的革新、政治局面的稳定、民族精神的奠基。

应当说，“先助跑，后起飞”，这是经济起飞中的一般规律，通常二者之间没有时间间隔。而中国的特点是：经济起飞的助跑准备分了两次；在助跑与起飞之间，又插进了一段长达 20 年之久的中断期、间隔期。

20 世纪前期，1911—1937 年，中国一度接近经济起飞的助跑阶段（没有完全达到），但后来却因为日本帝国主义的全面侵华战争，经济发展势头中断十年之久。

中华人民共和国成立伊始的头八年，特别是三年恢复时期之后的1952—1957年间，中国再度进入经济起飞的助跑阶段，但在1957—1976年这20年间，却再度逐渐陷入了发展缓慢、社会动乱的曲折发展之中，失去了经济起飞的助跑势头。

在1966—1976年的“文化大革命”之后，又经历了一个极为短暂的“两年徘徊时期”，1978年底，以党的十一届三中全会确立的改革开放政策为转机，中国一下子开始了经济起飞的黄金时代。

中国现代化的经济起飞和改革开放，同时开始，同时起步，事先并没有一个直接的准备期、助跑期，因而显得非常突然，似乎突兀而来。真是“忽如一夜春风来，千树万树梨花开”；又如“黄河之水天上来，奔流到海不复回”。

由于这个历史特点，就造成了中国经济起飞历史任务的多面性，不仅包括一般经济起飞阶段的基本任务，还包括助跑阶段的某些补课任务，其中特别是经济体制的革新任务。

如何判断当代中国所处的发展阶段？改革开放后的中国经济究竟是处于起飞阶段，还是起飞之前的助跑阶段？直至20世纪80年代末，有的人认为只能说是起飞之前的助跑阶段，不能说是起飞阶段。[①]为什么会作出这种判断？也许是囿于“先助跑，后起飞”的西方一般模式，忽视了中国经济起飞之道的独特个性。

---

① 《吴敬琏选集》，山西人民出版社1989年版，第6、320页。

第三节　千载难逢的历史良机

临近2000年，中国再度出现了现代化经济起飞势头。

在1000—2000年这上下千年之间，是中华民族碰到的第七次历史机遇了。

可以毫不夸大地说：这是一次百年不遇、千载难逢的历史良机，由此构成了中国式现代化道路起点上的第三个特点，就是内外契机的巧妙结合。

首先，从内部契机来看，中国正好具备了现代化经济起飞的六个有利条件：

第一，我们不仅有了独立自主的新型国家，而且开始找到了独具特色的建设道路——迥然不同于苏联僵化模式的中国特色社会主义。

第二，出现了较为稳定的政治局面，在经历了“文化大革命”之后，整个民族痛定思痛，毅然决然把工作重心转向经济建设，坚决摒弃“以阶级斗争为纲”的“左”的教条，全国上下人心思定：中国绝不能再内乱，再折腾下去！

第三，中国科学技术和社会生产力经过近代以来一个半世纪的渐进发展，特别是中华人民共和国成立以来的30年建设历程，已经打下了较为坚实的基础，可以支撑经济起飞。

第四，中国经过体制改革，市场机制正在逐步发育形成，社会主义市场经济的新型体制已经初具轮廓，中国共产党领导中国人民正在开创中国特色社会主义新型体制，足以为经济起飞提供可靠的制度保证。

第五，中国对外开放，已经彻底打破了几百年来闭关锁国的封闭状态，积极参与世界市场的全球一体化进程，成为世界上经济开放程度最大的国家之一，从而为汲取现代科技革命最新成果开辟了广阔渠道。

第六，历尽沧桑、饱受磨难的中国人民，已经痛下决心，要一劳永逸地彻底摆脱落后挨打的屈辱地位，再加上世界历史转型期的背景下出现了东西方文化交融的新潮流，因而中华民族精神空前高涨，“万众一心，振兴中华”成为时代主潮，足以为经济起飞提供强大精神支点。

在全球格局和国际环境中，也形成了有利于中国经济起飞的六个外部契机：

第一，在过去的1000年间，尤其是近代100多年间，强敌压境、外族入侵的利剑，曾经长期悬在中华民族的头上，如今这种外部威胁已经不复存在。

第二，从全球格局来看，两极对立的冷战格局已经过去，正在走向一个多极世界，和平与发展已经成为新时代的主题，这种国际大环境有利于中国集中主要资源，用于国内经济建设。

第三，现代科技革命的全球浪潮，对中国经济起飞来说，既是巨大压力，更是巨大动力；既是严峻挑战，更是历史机遇。

第四，世界市场正向全球一体化方向发展，而且重心向太平洋沿岸倾斜，因而为中国积极参与世界市场，通过开放取得新的动力源，提供了良好的区位优势。

第五，中国的周边国家有相当一批分别在20世纪50至80年代进入经济起飞态势，形成了区域经济的起飞势能，这对中国既是压力，又是动力。而从20世纪80年代以后，中国经济渐已成为东亚经济持续发展的龙头，这为我们化压力为动力，充分利用东亚区域经济的奋起势头提供了良好条件。

第六，西方国家在20世纪六七十年代发展速度较慢，20世纪80年代以来逐渐有所回升，因而有资金转移、市场转移、技术转移的国际化趋势，并且转移趋向于看好东亚地区和中国大市场，这一趋势非常有利于我们利用发达资本主义国家的资金、技术、人力、智力、信息，加速中国现代化经济起飞。

虽然国际国内也有一些不利的消极因素，存在一些潜在危险，但总的来说，上述内外契机碰到一起，已经殊为不易。

这是20世纪，乃至公元1000—2000年间的最后一次历史机遇；也是21世纪，乃至公元2000—3000年间的第一次历史机遇。

紧紧抓住这次历史机遇，对中华民族的生存发展之道来说，真是命运攸关的头等大事！

第四节　三大转型的综合性

三大转型的综合性，这算是中国式现代化新道路在起点上的第四个特点。

中国现代化经济起飞之道，有一个别开生面的鲜明特征：以世界历史、世界文明的新兴期为广阔背景，“体制转轨关键期—经济发展起飞期—社会现代化临界期”，这三大转型十分奇特、微妙地赶到一起，构成了一幅色彩斑斓的流动画卷。

以经济体制的革新为经济起飞创造前提条件——这个任务本来应当是起飞之前助跑阶段的历史任务，准备阶段的主要课题，但由于中国经济起飞缺少一个直接助跑阶段，是与改革开放同时起步的，而改革开放的中心任务是经济体制的革新，因而这个任务也归并到经济起飞阶段中来。“一面体制转轨，一面经济起飞”，这是改革开放时期当代中国的一大特点。

社会现代化转型——在西方这是一个长达上百年，乃至几百年的自然历史进程，从公元1500年起，甚至从公元1000年起，逐步渐进地推进“走出中世纪，走向现代化”的历史进程，最后在经济起飞过程中达到临界期、升华期。中国走出封建主义、走向近代化的历程特别艰难，几度起步，又几度挫折，真可谓“长路漫漫，举步维艰”。这个社会转型的长期历史课题，在很大程度上也集中到经济起飞历史时期中、改革开放的时代大潮之中。

因此，从一定意义上可以说，中国改革开放、经济起飞，就是要在三五十年的较短历史时期内，像实行古代神话中的“缩地术”那样，闪电式地、浓缩式地走完西方国家上百年，乃至几百年的历史进程。这是中国大历史、世界大历史上的一种神奇“缩地术”，是历史上的“大跃进”，历史上的弯道超车，历史上的腾飞之道。

这条颇为奇特的赶超之道，历史地决定了中国经济起飞阶段任务的多面性，不仅要完成自身规定的历史使命，还有助跑阶段、酝酿阶段的补课任务。

这条别具一格的跃进之道，也历史地决定了中国经济起飞阶段历史使命的复杂性，不是单一经济增长——生产力革命任务，还包括更为广泛、更为深刻的体制转轨、社会转型问题。

这条别开生面的现代化腾飞之道，同样历史地决定了中国经济起飞阶段时代主题的综合性，不仅限于单一的经济发展课题，而是把“体制转轨—经济起飞—社会现代化”这三大转型熔为一炉，在战略上看是毕其功于一役。

第三章　中国特色社会主义
——根本超越西方与苏联模式的中国式现代化新道路

“中国特色社会主义”这个概念，是1982年邓小平同志在党的十二大开幕式上正式提出来的，而其形成的历史起点，则应上溯到作为改革开放起点的1978年。

以1978年改革开放为起点，走上了中国特色社会主义新道路——这正是中国式现代化道路形成的重要历史特征，由此也开始了马克思主义中国化时代化的第二次飞跃。

在这一历史过程中，邓小平同志以及由他开创的中国特色社会主义理论，起了统摄全局的指导作用。

中国式现代化道路的探索，乃是20世纪中华复兴的时代主题，在这一伟大历史转折过程中，孙中山先生是先驱者，毛泽东同志是奠基者，而邓小平同志则是开创者。

第一节　中国特色社会主义
——中国式现代化道路本质特征

邓小平——中国现代化的伟大开创者。

中国特色社会主义理论——中国现代化起飞阶段的主要理论旗帜。

20 世纪后期的邓小平，他的历史性功绩首先在于从理论与实践的统一之中，开辟了中国社会主义现代化的新道路。在中国特色社会主义理论指导下，改革开放的时代大潮，把中国现代化推上了经济起飞、体制转轨的关键阶段，为 21 世纪的中华腾飞奠定了坚实基础。

为什么说邓小平同志是中国现代化的伟大开创者？他的开创之功究竟表现在哪里？

第一，他开创了中国现代化的新道路：通过改革开放，探索中国特色社会主义的新路子。这条道路，既不同于苏联僵化模式的工业化道路，也不同于西方发达资本主义的传统现代化道路。

第二，他开创了中国社会主义现代化的新体制：以社会主义新型市场经济为基点，逐步配套发展新型民主政治、新型精神文明，构成“一体两翼”的新型体制。这种中国特色社会主义新型体制，创造了科学社会主义的现代新形态，根本有别于过去那种丧失活力的苏联僵化模式，也彻底告别了“农业自然经济—封建专制政治—文化蒙昧主义”的中世纪框架。“改革是第二次革命”的深刻命意，不正在其中吗？

第三，他开创了中国现代化的新阶段：本质特征就是体制现代化的关键期、经济发展的起飞期、整个社会机体现代化的临界期，这三者综合到一起，中国现代化真的起飞了！不仅如此，从孙中山到毛泽东，他们讲的现代化，核心内容都首先是指工业化，从世界历史的角度来看，其实这只是近代化的本质特征，不足以称之为严格意义上的完整现代化。从 20 世纪 70 年代末改革开放开始，中国开始卷进了现代科技革命的世界浪潮之中，甚至有被推进世界历史新型期的前沿之势。这是严格意义上的走向现代化的真正起点，将把近代工业化作为一个历史环节包含在自身之中，而最终目标则是更高水平的现代社会化。

第四，他开创了中国现代化理论的新篇章：直接继承发展了毛泽东的新民主主义论和探索中国特色社会主义新道路的基本思想，从理论思维高度汲取了“文化大革命”的深刻历史教训，第一次比较完整、比较系统地创立了中国特色社会主义理论。这就为中国现代化的起飞阶段提供了伟大纲领和哲学基础，为中华民族的腾飞奉献了理论思维之翼。从世界文明、世界历史的广阔背景来看，中国特色社会主义理论又直接继承发展了马克思主义、科学社会主义的思想主流，根本扬弃了苏联僵化模式和“左”的教条主义，因而创造了当代中国马克思主义新形态、科学社会主义的现代新形态。这就代表了“融汇中西、综合创新”走向21世纪的世界文化时代主潮。

第二节　中国式现代化道路最初探索
——一个主题，三大课题

从中国现代化理论新形态的角度，怎样理解中国特色社会主义的思想实质和理论体系？“一个主题，三大课题”这个提法也许有助于我们把握其中的思想主线。

“一个主题”，就是中国特色社会主义的现代化新道路：通过改革开放的崭新道路，来体现发展生产力、走向共同富裕的社会主义本质要求，并达到中国现代化的宏伟目标。

“三大课题”，就是说从中国现代化角度看，中国特色社会主义理论主要从理论思维高度回答了三个全局性、根本性、历史性的问题：中国现代化道路是什么？体制改革的现代化目标是什么？中国现代化新型主体确立的关键问题是什么？

围绕这“一个主题，三大课题”，中国特色社会主义理论展开了上、中、下三篇的理论内容。

上篇是中国现代化道路论，中心问题是中国现代化应当走什么样的道路？其中包含以下五个要点，回答了以下五个深层问题：

一是探寻中国现代化道路的思想路线问题——实事求是、解放思想的有机统一论；

二是中国现代化的目标问题——在发展生产力基础上的共同富裕论；

三是中国现代化的动力问题——改革开放活力源泉论；

四是中国现代化的战略步骤问题——“三步走”的持久战方略论；

五是中国现代化前提问题——四项原则的稳定基石论。

中篇是中国现代化新型体制论，主要问题是中国要实现社会主义现代化需要什么样的新型体制？围绕经济、政治、文化三大层面，逐层展开三个论点：

新型体制的建构基点问题——中国特色社会主义的新型市场经济论；

新型体制的政治难点问题——中国特色社会主义的新型民主政治论；

新型体制的文化基础问题——中国特色社会主义的新型精神文明论。

中国改革的总体目标、系统方略，是以中国特色社会主义为主旨，逐步构建“新型市场经济+新型民主政治+新型精神文明”的“三位一体”新型体制，最终建设一个富强、民主、文明的现代化新中国。

下篇是中国现代化主体关键论，中心问题是中国现代化的深层问题、关键问题究竟在哪里？这里从现代化新型主体力量如何确立的新角度，逐层深入地展开四个要论：

第一层回答四个现代化的关键在哪里——科技关键论；

第二层回答科技现代化的关键在哪里——人才关键论；

第三层探讨造就人才的关键在哪里——教育关键论；

第四层探索抓好教育和现代化全局的关键在哪里——党风关键论，或叫党的领导关键论，用邓小平同志的话讲，就是“关键在党”。

第三节 中国式现代化新道路初探
——七个新要点

可以说，中国特色社会主义是中国化、现代化的马克思主义。以改革开放为典型特征的中国特色社会主义，既凝聚着邓小平同志的丰富阅历和大智大勇，又集中了全体中国共产党人和中国人民的实践经验和集体智慧。因而，这一理论总结了国际、国内当代社会主义的正反两方面历史经验，代表了改革开放初期的马克思主义，1997 年十五大称之为“邓小平理论”。

为什么说邓小平开创的中国特色社会主义乃是改革时代的马克思主义？

从根本上说，这是由于中国特色社会主义立足当代、扎根国情，既继承又发展了马克思主义、科学社会主义的核心观念和基本原理。

更具体地说，中国特色社会主义的新体制、新理论，紧紧扣住“什么是社会主义，怎样建设社会主义”这个深层主题，在理论与实践的统一之中，作出了富于时代精神与中国特色的七大创新，可以简称为“七大新论”。

第一，新方法论——把实事求是、解放思想的统一，作为马克思主义思想精髓，开创了理论思维的新风气、新方法。

把世界的客观性和人的主体性有机地统一起来，这是当代科技革命和哲学思维的主导方向。“实事求是与解放思想的统一”，这个提法用中国老百姓喜闻乐见的语言形式，超前反映了这种时代精神的哲学底蕴。

实事求是与解放思想相统一的新方法，绝不仅仅是理论家书斋里的抽象命题。邓小平同志倡导和支持了“实践是检验真理唯一标准”的大讨论，打破了“两个凡是”的思想僵化坚冰，迎来了思想解放的春天。正是这种新方法、新学风，开创了一代新风，为党的十一届三中全会以来的改革开放基本路线做了最根本、最深层、最重要的理论铺垫。

有人说，毛泽东思想的本质特征是实事求是，邓小平理论的基本特点是解放思想。我认为，从马克思、列宁到毛泽东、邓小平，一以贯之的方法论和思想红线，就是实事求是与解放思想的统一，二者紧密结合、不可分割。

邓小平同志的个性特征和独特创造，在于他善于用言简意明的中国老百姓语言，突出了马克思主义哲学方法论的这个出发点、根本点，并且在新的形势下，独树一帜地恢复和发展了这一马克思主义的思想真谛。

第二，新时代主题论——把马克思主义世界历史时代论的基本原理运用于具体分析当今时代特点，指出以战争与革命为主题的历史时代，已让位于以和平与发展为主题的崭新时代。

对世界历史、时代特征的基本判断，是探讨每个时代、每个国家社会主义道路的必要理论前提。

从马克思到列宁、毛泽东，他们都曾经长期生活在以战争与革命为主题的历史时代中。当时所创造的高度集中的社会主义体制，主要也服从于这种历史时代主题的要求。

然而，从第二次世界大战之后，特别是从20世纪50年代中期以后，世界历史、世界格局、世界形势却发生了不可忽视的重大变化，全球性的现代科技革命浪潮，更加剧了这种历史转变的深刻性。

但是，在当代马克思主义内部，却出现了认识严重滞后的被动局面。在第二次世界大战中立下丰功伟绩的斯大林，依然固守现代资本主义危机总爆发的形势估计，强调社会主义与资本主义两个世界市场的平行对立；在革命战争和中华人民共和国成立初期有伟大建树的毛泽东，直至晚年仍念念不忘世界大战难以避免，要求把“准备打仗”“备战、备荒、为人民”作为一项重要战略方针。

对时代认识的严重滞后，必然造成社会主义模式转换的严重滞后。社会主义长期滞留于高度集中的战时体制、传统模式之中，乃至蜕化为背离科技革命时代潮流的僵化模式。

新的时代，使一个历史性难题凸显出来：如何根据世界形势的崭新变化，来探寻适合新时代、新国情的社会主义具体体制，从而使社会主义根本制度历史地、具体地发挥优越性，达到发展生产力、强化综合国力、改善人民生活的根本目标。真是“世界潮流，浩浩荡荡，顺之者昌，逆之者亡”！社会主义的成败兴衰、生死存亡，皆系于此。

邓小平同志高瞻远瞩，对世界潮流的走向做了崭新概括，把“和平与发展”作为当今时代的真正主题，扬弃了以“战争与革命”为主题的时代论。

这是当代马克思主义的新时代主题论，也可以叫作“时代主题转换论”。这种富于求实创新精神的新时代论，为社会主义的模式转换论、新型体制论、改革开放论奠定了崭新的理论基础、哲学基础。

第三，新历史经验论——对当代社会主义大曲折的历史教训、中国改革开放的历史经验作出了理论总结，为21世纪的社会主义复兴指出了希望之路。

邓小平理论上升到理论思维高度，总结了战后东方、西方的历史经验，对当代社会主义正反两方面的历史经验，作出了言简意深的科学总结。在所有历史经验中，最突出的鲜明对比就是：当代社会主义的大曲折和中国特色社会主义的新生机。

在20世纪八九十年代的交汇点上，当代社会主义发生了前所未有的大曲折。在这多事之秋的惊涛骇浪之中，以邓小平同志为代表的中国共产党人却处变不惊，沉着冷静，稳住阵脚，大胆创新，开拓新路，终于走出一条社会主义市场经济的新道路。

在邓小平开创的中国特色社会主义理论中，凝聚着改革开放30多年历史经验的理论升华；凝聚着中华人民共和国成立60多年历史经验的理论升华；凝聚着十月革命后社会主义实践近100年的历史经验的理论升华；凝聚着马克思主义、科学社会主义诞生170年来历史经验的理论升华——这是现代社会主义历史经验的新总结和大宝库。

因而，中国特色社会主义支撑着中华民族21世纪的腾飞之路，也支撑着社会主义在21世纪的复兴希望。

第四，新国情论——用马克思主义、科学社会主义一般原理，具体分析中国特殊国情，特别是提出了社会主义初级阶段论的基本理论，探寻一条东方落后国家建设社会主义的新道路。

马克思主义史上的三个50年，分别把三类不同国家推上了社会主义历史舞台。怎样用科学社会主义一般原理分析本国特殊国情，走出自己的路，成了决定马克思主义历史命运的关键所在。

尽管马克思晚年把理论视线东移，但19世纪马克思主义创立时期的第一个50年，思想根基无疑主要还是在西方发达资本主义国家之中，探讨的主要是西方文明发达国家的通向社会主义之路。

列宁的创造性和伟大之处，在于他把马克思主义移植于地处东西方之间、经济文化比较落后的国家——俄国。他植根于俄国大地，开辟了一条俄国走向社会主义的新道路。这是马克思主义史上第二个 50 年的时代主旋律。

在马克思主义史上的第三个 50 年，中国这样一个原先更加落后的东方大国，通过新民主主义这座独特的历史桥梁，走上了社会主义建设之路。这就必须独立地分析中国国情，真正把握中国的特殊性。

毛泽东同志为科学分析中国国情奠定了基础，但晚年却偏向了“左”的一边，固守“以阶级斗争为纲”。

解决这个时代难题，具体分析中国特殊国情的历史使命，历史地落在了邓小平同志肩上。他提出的当代中国特殊国情论、主要矛盾论、特殊矛盾论，以社会主义初级阶段论为主题，为改革开放奠定了理论基础，为马克思主义增添了新的一页。

第五，新社会主义本质论——把马克思关于社会主义本质的一般原理和中国社会主义初级阶段的特殊国情相结合，对社会主义本质作出了中国人民喜闻乐见的新概括。

为了更好地回答“什么是社会主义，怎样搞社会主义”的深层理论问题，首先遇到的一个根本问题就是：什么是社会主义本质？

马克思的社会主义本质二重性论，列宁的“社会主义 = 大合作社”的新观念，为进一步解决这个问题指出了正确路径。

问题是在 20 世纪 30 至 50 年代形成的苏联僵化模式和教条主义僵化观念，实质上把社会主义本质简单化地归结为国家垄断制，或者再具体化为“工业国有化”加上“农业集体化”，越大，越公，越纯，越接近于清一色的国家垄断制，似乎就越接近于社会主义本质。这就把社会主义引向一条死胡同。

邓小平同志依据世界历史一般趋势，再结合中国特殊国情、中华民族心理，对社会主义本质作出了一个独具特色的理论概括："社会主义的本质，是解放生产力，发展生产力，消灭剥削，消除两极分化，最终达到共同富裕。"[①] 这五句话，是两个基本点的统一：一是发展生产力；二是走向共同富裕。

这个新颖独特的理论概括，创造性地应用了马克思的"劳动二重性——社会主义本质二重性"方法，体现了以下三个层次的统一：劳动实践活动物质内容（天人关系）和社会形式（人际关系）的统一；生产力与生产关系的统一；客观物质手段与主体价值目标的统一。

这个理论概括的独创性还表现在，把社会主义一般本质与中国社会主义初级阶段的特殊国情相结合，突出了在中国现实国情下发展生产力、解放生产力是社会主义的当务之急和根本途径。

这个理论概括还表现出一种独特性，就是试图把社会主义本质的科学规定，与中华民族的民族心理、价值观念有机地结合在一起，使社会主义成为中国广大老百姓喜闻乐见的东西。从富国富民走向天下为公，这是中华民族几千年来的共同理想、价值目标。近代以来，摆脱贫穷落后、走向共同富裕，更成为民族心理的最强音。

列宁在生前最后一次讲演的尾声，画龙点睛式地提出了一项历史任务："社会主义现在已经不是一个遥远将来，或者什么抽象图景，或者什么圣像的问题了……我们把社会主义拖进了日常生活，我们应当弄清这一点。这就是我们当前的任务，这就是我们当今时代的任务。"[②] 邓小平同志那段理论概括，不正是把社会主义与千百万群众的日常生活、切身利益有机结合的很好尝试吗？

第六，新工作重心论——把现代化建设作为中心，在理论与实践的统一之中，坚定不移地实现工作重心转移。

---

① 《邓小平文选》第3卷，人民出版社1993年版，第373页。

② 《列宁全集》第43卷，人民出版社1987年版，第302页。

在马克思主义创始人那个时代，社会主义尚未从理论转化为实践，因而工作重心问题尚未突出出来。列宁在 1918 年春天和 1923 年的新经济政策时期，两次提出工作重心转移，但是未能完全实现，他就溘然长逝。20 世纪 30 年代，斯大林在理论上提出了“社会主义越发展、阶级斗争越尖锐化”的错误论点，在实践中推行了“肃反”扩大化运动，结果使工作重心发生从经济建设向阶级斗争的逆转。第二次世界大战以后，这个问题仍然没有很好解决。

在这一点上，毛泽东同志在中华人民共和国成立前夕的七届二中全会上，最早提出了把重心转向生产建设的科学预见，可是他在实践中又往往把阶级矛盾看成压倒一切的主要矛盾。他在前期提出的新民主主义论重点强调的是新民主主义建国论，而到后期真正能够建设新中国时，他却转向了“以阶级斗争为纲论”“无产阶级专政下的继续革命论”，最后导致“文化大革命”，重心逆转。

从党的十一届三中全会开始，邓小平同志总结了正反两方面的历史经验，在理论与实践的统一之中，彻底实现了工作重心的根本转移。他在理论上理顺了工作重心与主要矛盾的关系，提出了“三个有利于”的价值标准，阐明了新时期阶级斗争的特点和范围，澄清了姓社姓资问题的理论争论，为工作重心转移奠定了坚实可靠的理论基础。他在实践中开拓了一条把重心转向现代化建设的新道路，即使在20世纪八九十年代交汇点上，遇到那样的大风大浪，也毫不动摇，坚定不移，不可逆转地实现了工作重心转移。

第七，新社会主义道路论——把改革开放作为新时期社会主义现代化道路的本质特征，解决了落后国家社会主义道路上的最大历史性难题。中国是一个原先经济文化相当落后的东方国家，没有经历过充分完整的资本主义发展阶段，在前资本主义经济成分大量存在的历史前提下，试图超越资本主义的“卡夫丁峡谷”，走上一条社会主义的发展道路。这条道路上的一个最大历史难题就是：如何从前资本主义起点出发，既避免资本主义发展前景，又汲取资本主义文明成果？

马克思晚年提出的思路是，在外部要充分利用发达国家控制的世界市场。列宁后期补充的思路是，在内部要充分利用“国家调节下的市场”和国家资本主义，作为中介环节和特殊桥梁。与此相反，斯大林却提出了“不依赖资本主义国家”的原则，和“两个世界市场平行”的截然对立理论，终于导致苏联模式蜕变为封闭体系和僵化模式。

新中国最初八年，以毛泽东的新民主主义建国论为主导思想，搞得生机勃勃，并未照搬苏联僵化模式。从1957年起的20年间，“左”的教条主义与僵化模式逐步抬头，甚至一度占据主导地位，导致“文化大革命”。

在20世纪七八十年代的交汇点上，以邓小平同志为核心的党的第二代中央领导集体，以反思“文化大革命”历史教训为契机，力挽狂澜，锐意革新，大胆开拓，终于开启了改革开放的新道路。

这条新道路的基本特征是：对内改革，以打破国家垄断制，利用市场机制焕发经济活力；对外开放，通过世界市场，利用发达资本主义国家的资金、技术、智力、管理技巧，来建设中国特色社会主义。

同时，邓小平同志提出，把改革开放与坚持四项基本原则作为相互支撑的两个基本点，从而保证中国改革渐进、可控、稳健，防止某些国家出现的大曲折、大动乱。

中国的改革开放道路是使当代社会主义重焕生机的伟大创举。

第四节　中国特色社会主义理论体系
——贯穿中国式现代化道路的一根思想主线

中国特色社会主义的理论创新、实践创新、制度创新，自始至终地贯穿了改革开放40年的历史过程，先后形成了邓小平理论、“三个代表”重要思想、科学发展观，以及习近平新时代中国特色社会主义思想，由此构成中国特色社会主义理论体系，标志着马克思主义中国化的第二次伟大飞跃。

这是贯穿中国式现代化道路的一根思想主线，也是中国式现代化道路根本突破现代化西方模式与苏联模式的伟大旗帜与鲜明标志。

要完整全面地阐明这一点，可能需要很多文字。但我们可以找到一面镜子，一目了然地理解这个本质之点，这就是改革开放40年来历次党代表大会报告的题目：

1982年，党的十二大报告的题目为《全面开创社会主义现代化建设的新局面》；

1987年，党的十三大报告的题目为《沿着有中国特色的社会主义道路前进》；

1992年，党的十四大报告的题目为《加快改革开放和现代化建设步伐　夺取有中国特色社会主义事业的更大胜利》；

1997年，党的十五大报告的题目为《高举邓小平理论伟大旗帜　把建设有中国特色社会主义事业全面推向二十一世纪》；

2002年，党的十六大报告的题目为《全面建设小康社会　开创中国特色社会主义事业新局面》；

2007年，党的十七大报告的题目为《高举中国特色社会主义伟大旗帜　为夺取全面建设小康社会新胜利而奋斗》；

2012年，党的十八大报告的题目为《坚定不移沿着中国特色社会主义道路前进　为全面建成小康社会而奋斗》；

2017年，党的十九大报告的题目为《决胜全面建成小康社会　夺取新时代中国特色社会主义伟大胜利》。

在这里，不难看出，实现中国现代化是始终如一的伟大目标，开创中国现代化道路是统摄全局的时代主题，而中国特色社会主义则是一以贯之的伟大旗帜，由此构成中国式现代化道路根本超越现代化西方模式与苏联模式的本质特征。

中国特色社会主义理论体系，随着改革开放与现代化建设的发展，其基本问题、时代课题也是在不断深化发展的。

在改革开放初期，中国现代化起飞起点上，邓小平理论率先提出了探索中国特色社会主义的基本问题，这就是要求从根本上弄清楚：什么是社会主义，怎样建设社会主义？

在世纪之交，江泽民同志提出“三个代表”重要思想，在此基础上进一步抓住了建设中国特色社会主义的关键问题：建设一个什么样的党，怎样建设党？

在21世纪起点上，胡锦涛同志提出科学发展观，要求在前人基础上，进一步深入回答中国现代化发展中的基本问题：我们在现代化中需要什么样的发展，怎样才能实现科学发展？

在中国特色社会主义新时代，以习近平同志为核心的党中央则从理论与实践结合上，总结性地系统回答了中国式现代化道路的关键问题与时代课题：新时代坚持和发展什么样的中国特色社会主义，怎样坚持和发展中国特色社会主义？

第二部分 中国式现代化道路的七大创新

在国际社会，尤其是在西方政治思想界，对于中国现代化道路的总体评价，主要存在两种流行看法：

一种看法认为，中国现代化道路属于外源后发型东方现代化模式，只能是西方现代化模式的照搬移植。从 20 世纪西方兴起的现代化理论，直至当代美国“新左派”代表人物哈维等人，大体都持这类看法。

另一种看法则认为，中国现代化道路是在20世纪中期开始的，模仿的是工业化的苏联模式。美国最大的汉学家费正清就持这种看法。

这两种不同看法有一个共同特点，就是认为中国现代化道路是移植外国模式，因而并没有什么自己的重大独特创新。

本书上篇第二部分分为七章，通过世界现代化史的比较研究，阐明中国式现代化道路的鲜明特色，就是作出了根本超越西方与苏联现代化模式的七大创新：

第一章“人口众多、东方大国的现代化起飞新路”。中国式现代化乃是人口众多、东方大国的现代化，具有不同于西方现代化的鲜明特色。

第二章“社会主义市场经济新型体制”。中国式现代化道路，通过改革开放，特别是1991年苏联解体后，1992年邓小平南方谈话和中共十四大，提出社会主义市场经济的目标模式，开创了社会主义和市场经济结合起来的新型体制，既根本突破了传统计划经济的苏联模式，又超越了只有市场经济、没有社会主义的西方现代化模式。

第三章“党的领导、人民主体的现代新型民主政治”。中国式现代化道路，因为有了中国共产党的坚强领导，因而能够“解放劳动—创新国家—驾驭资本”，体现了“人民主体”的现代新型民主政治，并且要求在新时代更好体现“全过程人民民主”，根本突破以资本为中心的西方式现代化道路，也有别于以国家垄断制为中心的苏联模式现代化道路。

第四章“物质文明、精神文明的全面发展”。中国共产党与中国特色社会主义，始终坚持物质文明与精神文明的“两手抓”方针，反对“一手硬，一手软”，因而根本超越了西方现代化模式物欲横行、金钱至上、精神文明匮乏的固有弊端。

第五章“全面小康，共同富裕”。为了克服苏联模式下平均主义大锅饭的弊端，改革开放初期，实行了“让一部分人先富起来”的特殊方略。随着改革开放深入，越来越重视共同富裕。2012年党的十八大后，实行了“精准扶贫”，强化社会保障制度，根本超越了势必引起两极分化的西方现代化道路。

第六章“生态文明，永续发展”。为了克服西方近代工业文明造成的全球生态危机，也克服改革初期盲目发展、生态破坏的问题，在新世纪、新时代，更加明确地提出建设中国特色社会主义现代化新型生态文明，实行可持续发展的新的发展方式。这是中国式现代化根本超越西方现代化发展方式的一大创新。

第七章“自主开放，和平共赢”。中国特色社会主义对内主张共同富裕、和谐发展，对外主张和平共处、融入世界、合作共赢，根本超越了资本垄断、对外扩张、追求霸权的西方现代化道路。

正是这七大创新综合到一起，构成了中国式现代化新道路，既突破了国家中心论的现代化苏联模式，也根本突破了资本中心论的现代化西方模式，在党的领导下，开创了人民中心论的社会主义现代化新道路。

第一章 人口众多、东方大国的现代化起飞新路
——中国式现代化道路第一大创新

人口众多，东方大国，这是中国最基本、最显著的国情。它给中国现代化起飞之路带来了一系列特殊矛盾，甚至几度成为难以解脱的历史包袱。

如何处理好天人关系、人际关系、人力资源与自然资源的关系，乃是走持续发展道路的根本问题。我们要解决这一系列课题，就不能回避中国人口众多这个巨大难题。

在跨世纪的历史交汇点上，中国要实现发展战略、发展模式上的重大转变，就必须面对人口问题的严峻挑战，实行化难为易、化包袱为动力的新方略。

正基于此，当我们探讨中华腾飞的现代化发展战略时，首先把理论视线转向中国特殊国情——人口众多的问题。

也正基于此，我们把解决这个“老大难”问题，在改革开放中使东方巨龙现代化起飞持续40年，创造了现代史上的“中国奇迹”，作为中国式现代化道路的第一大创新。

第一节 人口增长超前，经济起飞滞后
——中国现代化中的一大特殊矛盾

纵观中国历史长河，人口增长超前，经济起飞滞后，曾是影响社会经济发展的重要原因之一。

例如，公元 1750 年前后，即所谓“康乾盛世”时代，中国之所以失去了走向近代化的历史机遇，除了封建主义、皇权专制、官僚腐败、官商一体、闭关锁国等原因之外，“人口增长超前”也是一个因素。

1750年以前，中国的社会、经济、文化发展一直走在世界前列。在所谓“康乾盛世”时期，中国资本主义曾经萌芽。令人遗憾的是，登峰造极的皇权专制、腐败到家的皇商制度、封建蒙昧的思想专制，像九头怪兽那样，绞杀了中国社会走向近代的生机活力。在这个过程当中，人口超前增长的巨大压力，也起了拖后腿的消极作用。

从 1646 年至 1706 年，中国人口始终徘徊在 1 亿左右，既没有急剧增长，也没有根本突破两宋时代的峰期值。从 1706 年开始，以 1 亿人口为基数，中国人口增长率急剧提高，到 1759 年为止，中国人口翻了一番，突破 2 亿人口大关；到 1787 年为止，中国人口又突破了 3 亿大关；到 1830 年为止，中国人口数量突破了 4 亿大关。

20世纪50年代，初创时期的新中国曾一度走近了现代工业化经济起飞的助跑线，但后来却痛失机遇。首要原因是：1957年以后，“以阶级斗争为纲”的“左”的教条主义严重抬头，简单照搬传统

计划经济体制的苏联模式，发展战略上搞了“大跃进”式的大折腾。然而，忽视计划生育，造成人口失控，也是一个不容忽视的重要原因。

到 1949 年，中华人民共和国成立伊始，经过长期战乱之后，中国人口的基数是 5.4 亿；

到1954年，由于和平环境、经济恢复，加上没有及时控制人口，短短五年间，人口就增长6000万，中国人口第一次突破6亿大关；

到 1957 年，由于缺少控制人口的有效方针，中国人口急剧增加到 6.5 亿；

到 1964 年，中国人口继续快速增加，突破 7 亿大关；

到 1969 年，中国人口保持每年 25‰以上的高增长率，五年创纪录地增长 1 亿，人口突破 8 亿大关；

到 1974 年，中国人口又在五年之间增长 1 亿，突破 9 亿大关；

到 1981 年，由于从 20 世纪 70 年代起中国开始抓计划生育，因而人口增长率开始回落，但仍在八年间增长 1 亿，中国人口突破 10 亿大关。

上述资料表明，我们在短短 30 多年中，人口几乎翻了一番，从 5 亿人口登上了 10 亿人口的历史性大台阶。正是这种人口增长超前的历史现象，给 20 世纪 50 年代的中国经济起飞准备阶段带来巨大难题，加之我们在经济建设上存在着指导思想和发展战略等方面的失误，因此丧失了良机。

总结历史的教训，我们认识到：人口增长大大超前，经济起飞严重滞后，结果是人口包袱压制了经济起飞，挤跑了现代化机遇。人口问题固然不是压制经济起飞的单一决定因素，却是不可忽视的基本要素之一。

在跨向 21 世纪的历史关头，中华民族再一次面临着这样的历史抉择：是继续走“人口增长超前，经济起飞滞后”的历史老路，还是改弦易辙，从此走上“生产力革命 + 人口革命”双翼起飞、持续发展的新道路？

在跨向 21 世纪的过程中，如果不能真正解决中国人口这个历史性的大难题，可持续发展的新战略，就很难真正实行。

第二节　东方大国，人口众多
——世界现代化史上第四次浪潮的特殊国情

与人民生活和经济建设息息相关的一个迫切问题，就是人口增长与经济发展的平衡问题。按照历史唯物主义的精确术语说，就是人自身再生产与社会物质生产的平衡发展问题。这个问题的重要性，在今天看来几乎是不言自明的。谈到民生问题，首先就得考虑有多少人口。人的存在，人口的数量与质量，是中国一切社会存在中最基本的存在。中国是世界人口最多的国家，人口基数大、增长快，对经济发展形成了巨大压力。

也许可以毫不夸大地说，在中国的特殊国情下，人自身再生产与社会经济的平衡发展问题，对中国社会主义建设具有命运攸关的决定意义。如何处理天人关系、人力资源与自然资源的关系，也是能否走上可持续发展道路的根本问题。在改革开放新时期，在中国经济起飞的现代化关键期，在跨向 21 世纪的持续发展过程中，中国人口问题显得比以往任何时候都更加突出、更加尖锐、更加迫切。我们对世界现代化史上第四次浪潮的中国人口问题加以梳理，梳梳辫子，至少有以下十个难题：

一是基数大。改革开放初期的 1981 年，中国人口已经突破 10

亿大关；1995年，中国人口已经达到12亿；在我们采取一系列控制措施前提下，到21世纪初期，中国人口也已经增长到14亿左右。如此巨大的人口基数，实在是世界第一。

二是增长快。中国人口增长率，20世纪50年代是20‰左右，60年代上扬到25‰以上，70年代、80年代回落到15‰左右，90年代进一步降低到12‰乃至10‰左右。而对于12亿人口的巨大基数来说，每年增长10‰，就是1200万人；每年增长12‰，就是近1450万人。这个净增长的数字，几乎就相当于一个中等规模国家的人口总数。中国人口总数，已从1949年中华人民共和国成立之初的5.4亿人，增长到1995年底的12亿人，在短短的46年间增长了1.2倍。

三是农民多。中国人口多，主要不是城市市民多，而是农民多。改革开放初期，大体上是“十亿人口、八亿农民”。改革开放头二十来年，大约有1亿多农民转入乡镇企业或流入城市，不过基本格局还没有变，大概还是“十二亿人口，近九亿农民”。我们说“中国是世界上人口最多的国家”，实际上是说“中国是世界上农民最多的国家”。这是中国人口结构的本质特征，势必在经济结构、人的素质、城市化道路、现代化道路、可持续发展道路等一系列重大问题上，打上国情特殊性的深深烙印。

四是文化素质不高。世界现代化史上的第四次浪潮中国人口中近80%是农民，因而必然面临着科学文化素质不高的问题。据1990年全国人口统计数字表明，大学文化程度的仅占1.4%，高中文化程度的占8%，这两项加起来不到10%；初中文化程度的占23.3%，小学文化程度的占37.1%，二者加起来超过了60%；另外还有文盲，占总人口的22.3%，几乎近于1/4。如何提高整个民族的国民素质问题，实在是一个不可回避的历史性难题。

五是分布不平衡。任何国家人口分布都有不同程度的不平衡性，中国的地理差异、经济发展、历史变化，使这种不平衡性表现得尤为突出，特别是在东南与西北两大部分之间。1935年，胡焕庸教授指出：以“爱辉—腾冲”线为界，把中国分为东南与西北两大部分。东部面积占全国的36%，人口却占全国的96%；西部面积占全国的64%，人口却仅占全国的4%。半个多世纪以后，到1990年，有关专家按照略做调整的东西部划分标准，再次测得的结果是：东部面积占全国的42.9%，人口占全国的94.2%；西部面积占全国的57.1%，人口却仅占全国的5.8%。这个统计数字的历史比较表明，经过近60年的重大社会变迁，这种人口分布极不平衡的基本格局并没有变。在中国十多亿人口中，实际上约60%的人口集中在离海500千米以内的环太平洋东南沿海地带。因而，中国东南沿海地区人口密度很高，高于西方许多人口密度高的发达国家；而大西北、大西南的人口密度又很低，低于人口密度低的一般国家。

六是农村剩余劳动力多。据统计，1987 年我国劳动力总量为 65 607 万人，实际就业者 52 783 万人。劳动力的利用率为 80.5%，还有 19.5% 的剩余劳动力主要集中在广大农村。大体上可以说，当时农村有近 1.3 亿现实的剩余劳动力。随着农村向机械化、现代化、专业化方向发展，看来会有更多的潜在剩余劳动力逐步转化为现实剩余劳动力。随着工业化、机械化、现代化在中国农村的纵深发展，可能将有两三亿农村剩余劳动力，或转向乡镇企业，或转为城镇人口。如何解决这样一个巨大的产业大军的转业就业问题，不是一个轻而易举的事情，资金问题、社会问题都很棘手。

七是就业压力大。通常，世界现代化史上第四次浪潮中，西方发达国家的劳动力增长率为每年 1% 左右，发展中国家劳动力增长率为每年 2% 左右。而 20 世纪 80 年代和 90 年代中国劳动力增长率每年高达 3%。因而，每年约有 1400 万人进入就业人口大军。即使按每个劳动就业者需要 1 万元固定资产投资的话，那就需要 1400

亿元的巨额资金。城市本身存在的这支就业大军，使城市本身持续承受着巨大的就业压力，因此在吸纳一部分农村剩余劳动力方面，必然受到较大局限。

八是流动人口多。中国国情的原有特点是户籍管理严，流动人口少。改革开放后，出现了新趋势、新特点。随着改革开放的时代大潮，社会主义市场经济的发展，不少农村剩余劳动力到处寻找出路，经商大潮驱使人们南来北往、东来西去，再加上自由选择职业的潮流，国内国际的旅游热潮——这一切都使流动人口急剧增加。据统计，1988 年我国流动人口已高达 7000 万人；20 世纪 90 年代前期，这支流动人口大军已经扩展到 1 亿人以上。以同期北京为例，城市固定居住人口 1000 万人左右，而流动人口则有 1300 万人左右。中心城市成了外来人口的大熔炉、大转运站。已往的户籍关系、人际关系、邻里关系，全都发生了急剧变化，这给社会管理、社会秩序、社会治安、城市建设，全都提出了前所未有的历史性难题。

九是计划生育难度大。改革开放、走向社会主义市场经济以来，计划生育、控制人口的难度大大提高了。第一是农村计划生育难，据统计，1980—1987年，我国农村妇女总体生育率平均值是 2.84，也就是说平均每户生两胎，少数人家生三胎、多胎。第二是广大边远地区计划生育难，行政管理、医疗设备、避孕措施都难以保证。第三是流动人口计划生育难，几千万人乃至上亿人的流动大军，如同难以控制的“超生游击队”。如何在搞活经济的同时，把人口增长控制死、控制严，是一个新课题。

十是人口老龄化问题开始冒头。通常，人口老龄化问题主要是出现在经济发达国家，是现代化经济起飞以后遇到的问题。中国这个问题出现得有些超前，几乎与现代化经济起飞同步发展。60 岁以上的老年人，1953 年我国有 4200 万人，占总人口比重的 7.27%；1990 年增加到 9700 万人，几乎接近 1 亿，占总人口比重的 8.6%；

2000 年前后，这个比重上升到 10% 左右；到 2020 年前后，这个比重进而上升到 15%；到 2050 年时，这个比重会高达 27% 左右，也就是说每三四个中国人里，就会有一个 60 岁以上的老人。老龄化问题来得超前，来得迅猛，来得严重，会给 21 世纪中国现代化持续发展带来一系列新问题、新困难。

还有学者提出男女比例有所失调，也是一个尚待专门研究的问题。

上述十个问题，大体分为两组：其中头五个是一组，主要是改革开放以前就长期存在的老问题；后五个是一组，主要是改革开放以后，尤其是跨世纪发展当中出现的新问题。解决中国人口的这些难题，势必对中国社会的安定团结，建立改革、发展、稳定的协调机制，实行可持续发展的新战略，产生不可忽视的深远影响。因而，我们有充分理由判定：正确解决中国人口问题这个历史性难题，是实行可持续发展新战略的关键性环节。

第三节　东方巨龙的现代化起飞之道
——10 亿人口高速发展持续 40 年的“中国奇迹”

世界历史上头三次现代化浪潮，共有十来个发达资本主义国家实现了现代化，其总人口加到一起不足 10 亿。

20 世纪 80 年代，在改革开放、经济起飞的起点上，中国最大国情集中体现在人口结构上，就是“十亿人口，八亿农民”。直至 21 世纪初，中国的人口结构依然是“十三亿人口，七八亿农民”。

怎样才能使有十多亿人口的东方巨龙实现现代化的持续起飞？这实在是世界现代化史上的一道大难题，破解这个“老大难”问题，堪称是世界现代化历史上的一大创新。

一般说来，任何国家的经济完全实现现代化起飞，都需要一定时期的持续发展，少则一二十年，多则三五十年以上。

特殊地说，中国经济起飞更需要体现出发展的持续性、长期性、不间断性。

这是由于：中国经济起飞的起点较低，又缺少一个直接助跑阶段；而中国经济起飞的任务又特别繁重，目标特别远大，人口规模更巨大。

如何使中国经济起飞获得更长久的持续性呢？目前看来，改革开放40多年，东方巨龙的起飞自有其特殊的“腾龙术”，就是像“三级火箭”式的持续加速机制。

第一步，从1978年改革开放开始至1992年，中国经济增长速度接近9%，可以说这一阶段中国现代化起飞的主要动力机制是改革开放，犹如第一级火箭；

第二步，靠社会主义市场经济新型体制将这种起飞势头持续到2012年，这个时间已超过东西方各国的一般尺度，新的主要动力机制是社会主义市场经济，犹如第二级火箭；

第三步，2012年党的十八大以来，靠习近平新时代中国特色社会主义实行的创新驱动发展新战略，再加上21世纪初中国加入世贸组织之后，融入全球一体化世界市场，取得了新的加速度，中国现代化起飞期已40年之久，这种全新的动力机制，犹如第三级火箭。

我们对中国经济起飞前景、持续时间，本质上抱乐观态度；同时，我们对中国发展中的某些严重弊端、潜在危险，保持清醒的忧患意识：由于中国经济起飞过程中各种矛盾特别集中，有些矛盾甚至还相当尖锐，因而也存在中断起飞、半途而废的潜在危险。

从根本上说，中国经济起飞能不能获得更长久的持续性，要看三大关系、三大矛盾如何处理。

第一是天人关系——能不能正确处理人与自然之间的矛盾，以生态环境和自然资源支撑中国经济起飞的持续性？

第二是人际关系——能不能正确处理人与人之间的社会矛盾，以避免社会动乱、保持稳定和谐，支撑中国经济起飞的持续性？

第三是主体发展的自我关系——能不能正确处理人口数量与文化素质的自身矛盾，以稳定人口数量、提高人的素质支撑中国经济起飞的持续性？

为了保持经济起飞的持续性，中国有三宝：第一宝是中国市场特别大，内部动力源泉大；第二宝是中国特色的社会主义市场经济，有助于协调社会矛盾，走向共同富裕；第三宝是中国特有的东方智慧，以大综合的方法，求大和谐的目标，有助于协调人与自然、生产与生态、资源与发展，以天人和谐保证持续发展。

中国现代化起飞的任务等于翻越一道更陡、更险的八达岭长城，等于打一场更大、更长的人民战争。我们应当借鉴詹天佑的修路智慧，借鉴中国 14 年抗战的成功历史经验，在中国的现代化起飞道路中，我们也要采取两条奇策：

第一条奇策，就是为了根本解决中国现代化道路上低起点与大目标的尖锐矛盾，从战略上看不打速决战，要打持久战，以持续发展取胜，以拉长起飞期时间取胜。因而要调整速度，更新战略，把发展速度调整到 5%—10% 之间，并以科教兴国方略延长起飞后劲；打破通常只有一二十年起飞期的东西方历史惯例，使中国经济起飞期持续延长，中国的现代化腾飞大势将不可逆转。

第二条奇策，就是为了根本解决中国现代化大目标与人的素质低水平的尖锐矛盾，在面向21世纪的经济竞争中，不打单纯的资源仗、资金仗，要充分发挥科技教育的力量，民族精神的力量，用科技革命作为先导在前边拉动，用民族精神作为后盾在后面推动，用“科技先导—民族精神”的双翼，带动中国经济起飞。

一般地说，任何国家的经济起飞，都不是单纯的经济过程，都需要有民族精神作为重要支柱；特殊地说，中国经济起飞，意味着一个曾经在近代长期落后的东方大国，要在三五十年的时间里迅速走完西方国家一二百年走过的现代化历史进程，这需要民族精神作为强大动力。

西方资本主义发达国家实际上是通过各种方式，利用全球资源，实现了少数人口的现代化起飞过程，迄今为止总量不超过10亿人口。

而在中国这样一个东方大国，人口已达10亿以上，超过所有发达资本主义国家人口总和，究竟能不能主要依据自身的力量实现现代化经济起飞呢？这真是世界历史上的一道空前难题。

通常西方发达资本主义国家保持5%—10%的高发展速度，现代化经济起飞期的延续时间一般在十年左右。

日本及亚洲“四小龙”，实际上是借助中国改革开放大势，把现代化经济起飞期延长到20年左右。

而作为东方巨龙的中国，承载着十几亿人口的重压，却创造了现代化经济起飞40年的世界奇迹，并且社会保持稳定，避免了两极分化、社会动荡，这就是世界现代化历史上的“中国奇迹”！这就是中国式现代化道路的第一大创新！

第二章　社会主义市场经济新型体制
——中国式现代化道路第二大创新

1992年以前，“资本主义=市场经济”“社会主义=计划经济”的僵死公式、僵化观念，一直像“紧箍咒”一样束缚着人们的头脑。

从1945年至1991年，战后苏联东欧各国改革，曾经三次来潮，又三次受挫，一个基本原因就是无法根本突破“计划经济为主，市场调节为辅”的僵化体制、僵化观念束缚，结果导致东欧剧变和苏联解体，当代社会主义遭受了前所未有的大曲折。

正是在这个危急时刻，在此前近15年改革的基础上，1992年邓小平南方谈话与中共十四大，百尺竿头更进一步，破天荒地把“社会主义市场经济”作为中国改革的目标模式。

2012年党的十八大后，中国特色社会主义进入新时代，特别值得注意的是，2013年十八届三中全会作出具有重大历史意义的《中共中央关于全面深化改革若干重大问题的决定》。其中，一个特别引人注目的新命题、新论断、新观念，就是在“以市场为基础”的基本思想上，又向前迈出一步，提出“使市场在资源配置中起决定性作用”——这是彻底突破传统计划经济的苏联僵化模式，向前推进社会主义市场经济体制创新的新时代新进展；这是中国改革开放、中国式现代化道路上的关键一步，一个命运攸关的双重重大创新：既突破了传统计划经济的苏联模式，也突破了只有市场经济没有社会主义的西方现代化模式。

第一节　邓小平南方谈话及其社会主义本质论的哲学底蕴

1992 年春天，已是耄耋之年的邓小平，接连视察武昌、深圳、珠海、上海等地，发表谈话。这在外人看来，似乎是没有想到的惊人之举，而对这位中国改革开放的总设计师来说，却是经过深思熟虑的。

1992年是一个很不寻常的特殊年份：从1987年党的十三大以来已经过了5年，需要召开党的第十四次全国代表大会，分析现状，总结经验，制定纲领。而从1978年十一届三中全会算起，中国改革开放已经过了近15个年头，取得了举世瞩目的伟大成就，也发生了跌宕起伏的重大风波，15年的实践经验与认识经验，需要作出科学总结。20世纪八九十年代之交，当代社会主义发生了前所未有的大曲折，“太平洋世纪”即将到来的说法也盛极一时。在这个关节点上，“中国向何处去”的历史抉择，不仅影响到中国整个90年代的发展态势，而且必将深刻影响到21世纪中华民族的历史命运。

此时，邓小平同志完全退休已有两年多的时间，这使他有可能摆脱日常事务、紧迫问题的压力，比较从容地从理论思维高度，对中国改革开放15年、建设有中国特色社会主义理论形成15年的历史经验，作出总体思索和深入反思。邓小平同志的个性是比较超脱、豁达的。周恩来同志在区分“举重若轻”和“举轻若重”两类政治家气质时，曾把邓小平同志列为“举重若轻”的一个典型。邓小平同志在第三次“复出”以后，在改革开放的头十年中，刻意培养第三代领导人，而自己则有意逐步退居二线。尽管如此，邓小平同志作为改革开放和现代化建设的总设计师，作为第二代领导集体的核心人物，在几次关键时刻，特别是1989年的关键时刻，不能不站到政治舞台的中心上来，不能不走进政治风浪的旋涡中来。这使他的多半精力，不能不较多地集中于迫在眉睫的现实问题，而对一些影响长远的理论问题、战略问题，却难以集中精力，进行长期、深入的思索。1989年春夏之交的政治风波一过，邓小平同志急流勇退，在当年11月的十三届五中全会上辞去了他所担任的最后公职——中央军委主席。这就使得邓小平同志的观察视角有了较大变化：原来多半是处于改革开放第一线，至少是接近第一线，现在却处于第二线、第三线上；原来是长期处于政治生活旋涡中心的“当事者”，现在在一定意义上成了看得更客观、更冷静的“旁观者”；过去考虑的首先是近在眼前的紧迫事务，现在则可以凝神思索那些关系全局、关系长远的战略问题、理论问题。

邓小平同志视察南方的谈话，采取了调查研究、相互对话的方式，采取了理论与实践相结合的方式。话题仿佛完全是随机的，非常随意，但从实质上看，谈话的主题与基本观点，却是邓小平同志思索已久的、胸有成竹的。其原有思想在与实践的碰撞中得到了检验，得到了印证，得到了升华，也得到了酣畅淋漓的充分表达。从深圳、珠海到上海，途经鹰潭火车站，邓小平同志同江西省委书记毛致用、省长吴官正谈话，又说起“胆子要更大一点，放得更开一点”“有机遇能跳还是要跳”，《邓小平文选》第3卷提供的历史文献可以印证这一点。实际上，从1989年春夏之交的政治风波刚刚平息开始，特别是20世纪90年代初期以来，站得高、看得远的邓小平同志反复思索的一个问题就是：平息动乱、反对资产阶级自由化只是改革开放大潮中的一段历史插曲，在排除这个干扰之后，解放思想怎样才能有新举措，改革开放怎样才能有新举措，经济发展怎样才能有新举措？《国际形势和经济问题》《善于利用时机解决发展问题》《视察上海时的谈话》《总结经验，使用人才》这四篇谈话，其中心都是这个问题，这为南方谈话做了重要思想铺垫。

在1992年南方谈话之后，邓小平同志还有几次谈话谈到了一些闪光思想，但没有南方谈话这么系统，也没有收入《邓小平文选》。

1992年南方谈话，是邓小平同志本人系统探索中国特色社会主义的集大成之作，是这位总设计师对中国改革开放的最后构想，也是邓小平同志本人对自己理论体系的最后、最成熟的表述，因而可以称之为邓小平理论最主要的代表作，是把握邓小平理论体系的一把金钥匙。

1992年邓小平同志的南方谈话，有深刻的双重历史背景：复杂微妙的中国历史背景和风云激荡的世界历史背景。

我们首先要把南方谈话放到广阔深远的世界历史背景中，才能真正理解这个关键时刻的关键谈话的深层内涵。

20世纪八九十年代之交，是当代世界历史中一个急剧变化的转折点，对于中国来说具有双重影响：既有当代社会主义大曲折带来的严峻挑战，又有东南亚经济起飞带来的历史机遇。

当代社会主义经历的前所未有的大曲折，给中国的改革开放带来了前所未有的巨大压力。20世纪50年代中期以后，以和平发展、科技革命为主题的新时代逐步到来，但有些社会主义国家却长期固守传统计划经济的战时体制和“左”的教条主义僵化观念，到20世纪80年代中期以后，又受戈尔巴乔夫“新思维”的影响，急剧右转，根本放弃马克思列宁主义、社会主义，于是人心大乱，政局大变。世界上的一些反华敌对力量，认为社会主义大失败的时代已经到来，各个社会主义国家会像多米诺骨牌那样，一个接一个地垮下去，下一个就要轮到中国了。于是他们把“和平演变”的主要矛头转向中国，采取了制裁中国、封锁中国、孤立中国的强权政策。一时间，还真有点“黑云压城城欲摧”的势头，这个压力不可谓不大。

邓小平的南方谈话，一个最为新颖、最为独特、最为深刻的理论贡献，就是提出了社会主义本质论的新观念、新思想、新理论，从理论思维的最深层次，根本突破了支撑传统计划经济的苏联僵化模式的三个僵化公式，即“社会主义本质 = 激烈化的阶级斗争”“社会主义本质 = 清一色国有制”“社会主义本质 = 大一统计划经济”，从而实现了社会主义观念上的根本转变与根本创新。

在提出“三个有利于”价值标准的基础上，邓小平的理论思维又上了一个新的台阶，上升到一个新的高度，提出了一个中国特色社会主义理论中最富于整体性、全局性、统摄性的总体范畴——社会主义本质，并做了言简意赅的科学概括：“社会主义的本质，是解放生产力，发展生产力，消灭剥削，消除两极分化，最终达到共同富裕。”①

对于邓小平社会主义本质论这一简要概括，对于这五句话的逻辑联系和层次关系，有种种不同的解释，这里暂且不做具体辨析与回答。需要指出的是，从马克思《资本论》到邓小平社会主义本质论，贯穿着一条一脉相承的思想红线，这就是矛盾二重性和劳动二重性的辩证法。这既是理解马克思《资本论》的一把钥匙，也是理解邓小平社会主义本质论的一把钥匙。借助这把钥匙，我们来理解邓小平社会主义本质论的思想底蕴。首先我们要注意社会主义本质论在方法论上的六个特点，或叫六个统一：

一是劳动实践活动二重性的统一，即人与自然的天人关系与人与人的社会关系的统一；二是劳动实践活动物质内容与社会形势的统一，即生产力与生产关系的统一；三是社会主义手段论与价值论的统一，即发展生产力的根本途径与共同富裕的价值目标的统一；

---

① 《邓小平文选》第3卷，人民出版社1993年版，第373页。

四是过程论与目的论的统一，即社会主义发展过程与最终目标的统一；五是物质基础与主体发展的统一，即生产力的解放与人的解放双重目标的统一；六是社会主义合规律性与合目的性的统一，即生产力发展的必然王国与人的全面发展的自由王国的统一。

我们需要从这种理论思维的新高度、新层次，来深入理解邓小平社会主义本质论的深层内涵。应当进一步指出的是，邓小平南方谈话中的社会主义本质论，不是书斋学者的抽象思辨，它有极其鲜明的针对性、战斗性和实用性。它的矛头所向，直指传统计划经济僵化模式和“左”的教条主义僵化观念中长期流行、根深蒂固的三个僵化公式，力图从理论思维的最高层次，从社会主义本质的高度，澄清“什么是社会主义”的基本问题。

第二节　社会主义观念的根本转变

邓小平南方谈话中社会主义本质论的新观念、新理论，是20世纪90年代新一轮解放思想、转变观念的源头活水，它把解放思想、换脑筋，把社会主义观念大转变，都提高到了一个前所未有的新高度、新水平。

在列宁晚年的重要著作《论合作制》（1923年1月）中，他提出了一个振聋发聩的崭新论断：“我们不得不承认我们对社会主义的整个看法根本改变了。”[①]

值得注意的是，这里讲的是“整个看法”“根本改变”，实际

① 《列宁全集》第43卷，人民出版社1987年版，第367页。这篇文章的题目多年以来一直译作《论合作制》，1987年中文第2版《列宁全集》改译为《论合作社》，值得商榷。一字之差，有微妙区别，这里仍用了原来译名。

上指的是整个社会主义观念的根本变化，简称“社会主义观的大转变”，而不是个别提法、个别论点上的枝节变化。

今天我们或许可以说，在近70年之后的当代中国，在邓小平南方谈话中，也发生了极其相似的深刻变化。甚至可以说，邓小平南方谈话是沿着当年列宁后期新经济政策开辟的方向，推进了社会主义观更深刻、更全面、更系统的大变革。

1992 年邓小平南方谈话，尤其是作为思想契机和理论中枢的社会主义本质论，推动了整个社会主义观在四个层面上全面深化、全面突破、全面变革、全面创新。

第一个层面，是问题深化了。改革开放以来，特别是 20 世纪 80 年代中期以来，通过实践探索和理论反思，邓小平同志提出探索中国特色社会主义必须在理论思维上重新认识深层问题——“什么是社会主义，怎样建设社会主义”，这成为邓小平理论的基本问题，犹如椭圆形的两个焦点。而在 1992 年南方谈话中，他把这个基本问题更加深化了，深化到了“什么是社会主义本质”的层次，要求从社会主义本质问题、深层问题、核心问题的高度，重新审视与回答“什么是社会主义，怎样建设社会主义”这个基本问题。

第二个层面，是方法深化了。前人原来多半是从“制度论”“模式论”“特征论”的角度，直接或间接地回答“什么是社会主义”“什么是社会主义本质”的问题。在传统计划经济的苏联模式和“左”的教条主义流行的历史时代，实际上是把20世纪30—50年代特殊历史条件下形成的苏联传统计划经济模式看成是社会主义本质的典型化身。20世纪50年代中期以后，僵化模式更使社会主义本质在相当程度上扭曲变形。改革开放新时期，邓小平南方谈话却独树一帜地要求从“目的论”“功能论”“价值论”的高度，重新思索社会主义本质问题，并且把传统计划经济的僵化模式看成是特殊历史条件下社会主义本质的不完全体现。

第三个层面，是观念深化了。原来多半是把那种特殊历史条件下形成的特殊体制、特殊模式、特殊形式，如国有化、计划经济、按劳分配等作为社会主义本质，其只抓住了社会主义的某些时过境迁的历史特点、历史表象。邓小平南方谈话则提出了一个全新观念："社会主义本质=解放和发展生产力+走向共同富裕"这双重目标的统一。这里为揭示社会主义本质，提出了社会主义的义利统一价值观，而且是别开生面的"义力统一"观：从道义的"义"发展为社会主义的"义"，从功利的"利"发展为社会生产力的"力"。这是富于时代精神的社会主义义利统一价值观。

第四个层面，是突破对象深化了。1978年十一届三中全会前后邓小平同志倡导的思想解放，突破的对象是教条主义的"两个凡是论"、"左"倾僵化症。1992年邓小平南方谈话，以崭新的社会主义本质观为思想利剑，有的放矢地突破了"左"倾僵化观念的三个公式："社会主义本质 = 激烈化的阶级斗争""社会主义本质 = 清一色国有制""社会主义本质 = 大一统计划经济"。

1992年邓小平南方谈话，特别是社会主义本质论这个核心观念的提出，标志着社会主义观的重大转变、重大升华，也标志着邓小平理论深化、发展到一个新高度、新阶段：

继承发展了列宁晚年倡导的"对社会主义的整个看法根本改变"；

根本突破了苏联模式中社会主义僵化模式的三个公式；

开创了中国特色社会主义本质的新理念、新境界。

第三节　突破“社会主义本质 = 阶级斗争不断激化”的僵化公式

邓小平南方谈话中的社会主义本质观，彻底突破了“社会主义本质 = 激烈化的阶级斗争”的僵化公式，从而彻底突破了“以阶级斗争为纲”的苏联模式僵化观念。

首先应当指明的是，把生产力作为科学社会主义的物质基础和首要之点，在马克思主义形成和发展 150 年的历史长河之中，是“马克思主义—列宁主义—毛泽东思想—邓小平理论”一以贯之的思想主流和思想红线；而把“激烈化的阶级斗争”夸大为社会主义本质的，只是传统计划经济的苏联模式和“左”的教条主义的一段思想迷津和理论岔道。

上述僵化公式的最早思想渊源，是在 1934 年 1 月苏共十七大上，斯大林出现了理论上的重大失误，提出了“社会主义阶级斗争激化论”的基本观点：“例如拿建成无阶级的社会主义社会的问题来说吧。党的第十七次代表会议说过，我们正向着建立无阶级的社会主义社会前进。当然，无阶级社会是不会按所谓自流的方式到来的。它是必须由全体劳动者共同努力，用加强无产阶级专政机关、展开阶级斗争、消灭阶级、消灭资本主义阶级残余等手段，在反对内外敌人的战斗中争得和建成的。”[①] 在 1937 年“肃反”扩大化过程中，斯大林进一步扩大了这个理论失误：“必须粉碎和抛弃这种腐朽的理论，随着我们的每一进展，我们这里的阶级斗争似乎就会日益停

① 《斯大林选集》下卷，人民出版社1979年版，第331、332页。

息了，随着我们的胜利，阶级敌人似乎就会日益驯服了。”“相反地，我们的进展愈大，胜利愈多，被击溃了的剥削阶级残余也会愈加凶恶，他们愈要采用更尖锐的斗争形式，他们愈要危害苏维埃国家，他们愈要抓紧最绝望的斗争手段来作最后的挣扎。”[①]社会主义条件下阶级斗争激化论、暴力机关强化论的观念，又被写进了1938年“肃反”扩大化以后出版的、在斯大林主持下编写的《苏联共产党（布）历史简明教程》之中，并且进一步发展为党内斗争激化论：“必须记着，敌人处境愈是绝望，他们也就会愈加乐于采取‘极端手段’，作为他们同苏维埃政权斗争惟一最后挣扎手段。应该记着这一点，并保持着警觉精神。”“这些成功使已被击破的各阶级应声虫，即一群小得可怜的布哈林分子和托洛茨基分子余孽疯狂起来。”[②]这本书因曾被称为社会主义的“百年总结”、“百科全书”式的权威性著作，而在当代社会主义中影响特别长期和广泛，至今仍先入为主、根深蒂固地影响着许多人的社会主义观念。

应当指出的是，在毛泽东思想长期发展过程中，包括20世纪三四十年代创立的新民主主义论中，1949年中华人民共和国成立前夕的七届二中全会报告中，乃至1956年党的八大前后，毛泽东同志一直是主张社会主义时期要把工作重心转向现代化经济建设和文化建设的。令人痛心扼腕的是，由于传统计划经济的苏联模式和“左”的教条主义影响，再加上国际国内复杂的历史背景，毛泽东同志晚年在思想上发生了“左”的逆转。从1957年下半年“反右斗争扩大化”开始，这种社会主义条件下“以阶级斗争为纲”的僵化观念逐步抬头，到“文化大革命”时期，进而发展成“无产阶级专政下继续革命”的指导思想和系统理论。从1957年下半年算起，

---

① 《斯大林文选》，人民出版社1962年版，第128、129页。

② 联共（布）中央特设委员会编：《苏联共产党（布）历史简明教程》，人民出版社1954年版，第435、430页。

这种把社会主义本质归结为“以阶级斗争为纲”的“左”的僵化观念禁锢了人们头脑 20 多年；如果追溯到 20 世纪 30 年代苏联模式形成之时，则已有 40 多年的时间。它影响了一代人乃至几代人的思维方式、价值观念，甚至成为一种固定不变的思维定式、习惯势力。虽然长期以来我党也曾多次纠正“左”的失误，但此前主要限于纠正政治运动中的过火行为和所带来的严重后果。

邓小平南方谈话提出了“社会主义本质=解放和发展生产力+走向共同富裕”的崭新公式、崭新观念，可谓从“什么是社会主义，什么是社会主义本质”的理论思维最深层次，彻底突破了“社会主义本质=激烈化的阶级斗争”的僵化公式和僵化观念。

第四节　突破“社会主义本质=清一色国有制”的僵化公式

邓小平南方谈话中的社会主义本质观，根本突破了“社会主义本质=清一色国有制”的僵化公式，从而根本突破了追求“一大二公三纯”的僵化观念。

1938年在斯大林主持下编写出版的《苏联共产党（布）历史简明教程》，是20世纪30年代传统计划经济的苏联模式形成时期的理论总结，最早也最为明确地提出了上述僵化公式：“所有这一切都是工业化政策所应做到的，因为社会主义国家工业化实质就在于此。”“苏维埃国家把十月社会主义革命从资本家地主手中夺取过来的一切工厂，一切土地，以及运输业、银行、对外贸易和国内商业，都一律收归自己掌握。”[①]1952年在《苏联社会主义经济问题》一书中，斯大林承认国有制与集体所有制并存的历史事实，但他认为真正体现社会主义本质与方向的，只有国家所有制，他也称之为“全民所有制”。他向往的充分体现社会主义本质的发展方向、发展目标，仍然是清一色国有制：“问题在于：这种产品的大部分，即集体农庄生产的剩余品，进入市场，从而列入商品流通系统。正是这种情况现在阻碍着把集体农庄所有制提高到全民所有制的水平。所以正应该从这一方面展开工作，来把集体农庄所有制提高到全民所有制的水平。”“在我国现今条件下，要把集体农庄所有制提高到全民所有制的水平，这将是实际的和有决定意义的办法。”[②]

从社会主义观、社会主义本质观的高度，重新反思我国社会主义道路的历史经验就会发现：“社会主义本质＝清一色国有制”，是社会主义观念转变中一道特别难以突破的巨大沟堑，这种僵化观念根深蒂固。中华人民共和国成立初期，以毛泽东同志为核心的党的第一代中央领导集体在社会主义建设实践中有巨大建树，只可惜理论上却未能突破这道难关。中国新民主主义论时期之所以改变初衷，过早结束，社会主义改造后来之所以过快过急，其深层思想理论根源皆系于此。1956年党的八大前后，毛泽东同志在《论十大关系》中讲得很好，可惜在体制、观念的彻底突破上功亏一篑，差就差在这一步上。毛泽东同志在1957年下半年后思想发生逆转，起了推波助澜作用的理论根源，就是1958年他又先后三次重新阅读斯大林的上述著作。1959年底、1960年初他系统阅读苏联《政治经济学教科

① 联共（布）中央特设委员会编：《苏联共产党（布）历史简明教程》，人民出版社1954年版，第373页。

② 《斯大林选集》下卷，中共中央编译局编译，人民出版社1979年版，第610、611页。

书》，进一步强化了“社会主义本质＝清一色国有制”的僵化观念，甚至还嫌苏联保留农业集体所有制太久：全民所有制和集体所有制长期并存，总有一天不能适应生产力的发展，不能充分满足人民生活对农业生产不断增长的需要，不能充分满足工业对农业原料不断增长的需要；而要满足这种需要，就不能不解决两种所有制的矛盾，不能不把集体所有制转变为全民所有制；就是要把农业生产资料统统变为国有，将来我们的农村，不只是土地国有化，而是一切国有化。在后来的“文化大革命”中，中国的传统计划经济模式发展得比苏联模式更集中、更“左”、更极端，其理论根源盖源于此。

“社会主义本质=清一色国有制”这个僵化公式，禁锢了人们头脑足有半个世纪之久。邓小平的社会主义本质论，彻底摒弃并超越了上述僵化公式和僵化观念。有的人总是对邓小平同志的新提法犯嘀咕，认为这里既没有提公有制，也没有提国有制，是不是他的理论疏忽？提出这种问题本身，就是在思路上没有跳出原有框框，没有注意到邓小平同志根本摒弃并超越了从某种具体所有制形式、具体经济模式角度规定社会主义本质的旧思路，而是另辟蹊径，从目的论、价值论的新高度、新角度，更为科学、更为深层地揭示社会主义本质。在邓小平社会主义本质论这里，资本主义私有化的主张钻不了空子，而奢求“一大二公三纯”的社会主义僵化观念则被彻底突破。

第五节　突破“社会主义本质＝大一统计划经济”的僵化公式

邓小平南方谈话的社会主义本质观，彻底突破了“社会主义本质=大一统计划经济”的僵化公式，从而彻底突破了“社会主义=计划经济”“资本主义=市场经济”要求固守传统计划经济体制的僵化观念。

马克思主义创始人在谈论西方发达资本主义国家的社会主义道路时，确曾一度认为在这种历史条件下资本主义市场经济已经发展到顶，社会生产已经高度社会化、一体化，因而社会主义应当超越市场经济，走向计划经济。马克思晚年从世界市场和世界历史高度来看俄国等东方落后国家的社会主义道路时，已经萌生了外部利用世界市场、内部利用发达商业机构，汲取发达资本主义世界文明成果，以打破孤立性、封闭性、落后性的思想萌芽，这实际上就是社会主义与世界市场兼容性的最初思想萌芽。

列宁早年也曾有过把社会主义与市场经济对立起来的言论和思想，但十月革命后经过反复实践、反复认识，特别是经过战时共产主义向新经济政策道路的重大转变，他已看到落后的俄国根本不存在超越商品经济的历史条件，相反只能利用“国家调节下的市场”，迂回渐进地、间接地走向社会主义，建设社会主义。这正是新经济政策道路不同于战时共产主义的本质之点。

可惜的是，斯大林并没有沿着这条道路继续往前走，在基本思路上反而从列宁后期新经济政策向战时共产主义后退。把社会主义简单等同于指令性计划经济的僵化观念，实际上也是形成于斯大林时代的苏联模式和“左”的教条主义。1934年在《和英国作家赫·乔·威尔斯的谈话》中，斯大林提出了“社会主义=计划经济”“资本主义=市场经济”，二者水火难容的僵化观念：“我相信在资本主义条件下不可能实行计划经济”“如果不从资本家下面解放出来，如果不废除生产资料私有制原则，那么你就不能建立计划经济”。“什么是计划经济呢，它有一些什么特征呢？计划经济力求消灭失业现象”，“计划经济要求加强产品为人民群众所特别需要的那些工业部门的生产”。[①]更早些时候，在1930年苏共十六大上，斯大林就以《资本主义经济制度还是社会主义经济制度》为题，简单化地批驳了布哈林要求坚持列宁晚年新经济政策道路、充分利用市场关系的正确意见，教条式地把计划经济与社会主义之间画上等号：“什么是苏维埃经济制度呢？苏维埃经济制度就是：（一）……（三）生产的发展所服从的不是竞争和保证资本主义利润的原则，而是计划领导和不断提高劳动者物质和文化生活水平的原则。”[②]一直到1952年《苏联社会主义经济问题》一书尾声，斯大林一方面不得不承认商品交换的存在，另一方面更多的却是把实现大一统计划经济作为社会主义的目标所在：“为了把集体农庄所有制提高到全民所有制的水平，必须将集体农庄生产的剩余品从商品流通系统中排除出去，把它们纳入国家工业和集体农庄之间的产品交换系统。问题的实质就在这里”，“应该一往直前、毫不犹豫地推行这种制度，一步一步地缩小商品流通的活动范围，而扩大产品交换的活动范围”，“这样的制度既缩小着商品流通的活动范围，就使社会主义易于过渡到共产主义。此外，它使我们有可能把集体农庄的基本财产即集体农庄生产的产品纳入全民计划的总系统中”。[③]

毛泽东同志在反复研读斯大林的有关著作与苏联《政治经济学教科书》过程中，接受了大一统计划经济是社会主义本质要求的观念。从三年“大跃进”到十年“文化大革命”，理论根源都是追求大一统计划经济：在社会主义社会的生产领域中，价值规律不起调节作用，起调节作用的只是有计划按比例发展的规律和能够反映这种规律的国家计划；要满足这种需要，就不能不解决两种所有制的

① 《斯大林文选》，人民出版社1962年版，第3、2、3页。
② 《斯大林全集》第12卷，人民出版社1955年版，第280页。
③ 《斯大林选集》下卷，中共中央编译局编译，人民出版社1979年版，第611页。

矛盾，不能不把集体所有制转变为全民所有制，不能不在全国单一的全民所有制的基础上来统一计划全国工业和农业的生产与分配；苏联集体农庄市场的自由太大了，他们是国营、合作社经营两套系统，我们实际上是一层，即合作商业并入国营商业，这不仅好办事，而且比较节省。此外，在这方面还有一个独特的理论根源，就是他把市场经济、商品货币、按劳分配这些市场关系范畴，一概归入政治学、法学范畴，称之为“资产阶级法权”，认为这就是产生修正主义的社会基础，对其进行限制是无产阶级专政下继续革命的本质内容。1969年党的九大期间；1974年10月20日同丹麦首相保罗·哈特林的谈话；1974年12月26日同周恩来总理的谈话；1975年6月21日会见外宾时的谈话；1975年底，毛泽东同志至少五次讲到这个基本观点：列宁说建设没有资本家的资产阶级国家，为了保障资产阶级法权；我们自己就是建设了这样一个国家；总而言之，中国属于社会主义国家，解放前跟资本主义差不多；现在还实行八级工资制，按劳分配，货币交换，这些跟旧社会没有多少差别，所不同的是所有制变更了；我国现在实行的是商品制度，工资制度也不平等，有八级工资制，等等，这只能在无产阶级专政下加以限制；所以，林彪一类如上台，搞资本主义制度很容易。[①]

“社会主义本质 = 大一统计划经济”，这种僵化公式和僵化观念，足足流传了半个多世纪，真可谓源远流长、根深蒂固了。

邓小平南方谈话总结了改革开放的新鲜实践经验，总结了当代社会主义曲折发展近一个世纪正反两方面的历史经验，也总结、借鉴了当代资本主义从亚当·斯密时代到凯恩斯时代的最新发展趋势，在提出社会主义本质论的同时，根本突破了“社会主义本质 = 大一统计划经济”的僵化公式和僵化观念：“计划多一点还是市场多一

① 毛泽东：《关于理论问题的谈话要点》，载《红旗》1975年第5期；《人民日报》，1975年2月22日。

点，不是社会主义与资本主义的本质区别。计划经济不等于社会主义，资本主义也有计划；市场经济不等于资本主义，社会主义也有市场。计划和市场都是经济手段。”①

第六节　苏联模式的体制突破
——社会主义市场经济体制创新的四大转变

1992 年邓小平南方谈话中社会主义价值观念与本质观念的根本突破与根本创新，是 20 世纪 90 年代中国改革开放开始走向经济体制转换的根本突破与根本创新。

经济体制转换的总的主题，是以中国特色社会主义市场经济的新型体制，根本取代传统计划经济的苏联僵化模式，其中包含着相互联系、相互支撑的四大根本转变：在体制目标上，从“以阶级斗争为纲”转向以现代化经济建设为中心；在经济结构上，从追求“一大二公三纯”的单一经济结构，走向社会主义公有制为主体、多种成分共同发展的多层次经济结构；在运行机制上，从传统计划经济，转向有宏观控制的社会主义市场经济；在对外关系上，从封闭半封闭的禁锢阻塞状态，转向独立自主的全面开放状态。

以这四大转变为支柱，将诸种转变汇总到一起，完成了一个社会主义体制创新的时代课题：彻底突破传统计划经济的僵化模式，开创中国特色社会主义市场经济的新型体制。

在20世纪八九十年代之交，坚持市场取向为主的改革方向，还是向传统计划经济体制复归，成为“中国向何处去”的一个焦点问

① 《邓小平文选》第3卷，人民出版社1993年版，第373页。

题。从薛暮桥、吴敬琏等经济学家的回忆录中可以看出，1989年那场“政治风波”结束后，有些人把计划与市场的关系问题作为姓“社”还是姓“资”的问题提了出来，认为“社会主义只能是计划经济”“市场取向只能是资本主义取向”。在1990年7月5日中央政治局常委会召集的经济学家座谈会上，以及1991年10月17日到12月14日中央领导召开的中央各部门研究人员十次理论座谈会上，都就“市场取向”还是“计划取向”问题进行了激烈争论。

面对当代社会主义大曲折，有的人主张退守传统计划经济才能防止“和平演变”。而邓小平同志高屋建瓴、一针见血地指出，只有彻底突破传统计划经济的苏联僵化模式，才能走出死路，闯出活路。从20世纪70年代末到80年代初，他就此问题讲了十来次；20世纪90年代头三年，他更加坚决、更加尖锐、更加透彻地一连讲了三次：

1990年12月24日，他在同党的第三代中央领导集体的谈话《善于利用时机解决发展问题》中强调指出：“我们必须从理论上搞懂，资本主义与社会主义的区分不在于是计划还是市场这样的问题。社会主义也有市场经济，资本主义也有计划控制。”①

1991年初，他在《视察上海时的谈话》中再次提道：“不要以为，一说计划经济就是社会主义，一说市场经济就是资本主义，不是那么回事，两者都是手段，市场也可以为社会主义服务。”②

1992年春天的南方谈话，邓小平同志更从社会主义本质观的新高度，彻底突破了“社会主义 = 计划经济”“资本主义 = 市场经济”的教条主义僵化公式：“计划多一点还是市场多一点，不是社会主义与资本主义的本质区别。计划经济不等于社会主义，资本主义也有计划；市场经济不等于资本主义，社会主义也有市场。计划

① 《邓小平文选》第3卷，人民出版社1993年版，第364页。
② 《邓小平文选》第3卷，人民出版社1993年版，第367页。

和市场都是经济手段。”[①]

以1992年邓小平南方谈话为思想动力，又经过3月中央政治局会议、6月9日江泽民同志在中央党校的重要讲话，到这一年10月党的十四大，总设计师的闪光思想，通过党中央第三代领导集体的努力，终于成为中国历史、世界历史上的一个重大抉择：努力创建中国特色社会主义市场经济新型体制，彻底突破传统计划经济的苏联僵化模式！

为了支撑这个体制转换的系统工程，邓小平南方谈话还相应提出了四大转变，作为四大支柱。

第一，在体制目标上的根本转变：从多年以来“以阶级斗争为纲”，坚定不移地转向以现代化经济建设为中心。

过去形成的那种高度集中的指令性计划经济体制，其实也并非什么本来意义、科学意义上的计划经济，实质上是在以战争与革命为时代主题的特殊历史条件下形成的一种战时体制，或称备战体制，其特点就是以国家垄断、国家强制为主要手段，把一切资源最大限度地集中起来，用于国内国际阶级斗争的目标。应当实事求是、历史主义地指出，在战争与革命为主题的特殊历史条件下，这曾是唯一正确的体制选择。但是在以和平与发展为主题的崭新时代，这种传统计划经济体制却根本无法适应科技革命、加快发展、改善民生的崭新目标。

因而，体制转换，首先是目标转换，重心转换。然而，以姓“社”姓“资”唯一价值标准论为典型特征的“左”的习惯势力，却企图把“一个中心、两个基本点”的基本路线向“左”逆转为“反和平演变、经济建设”两个中心，而只要“一个基本点”——去掉改革开放。这种逆转苗头，是对体制转换的最大干扰。邓小平

① 《邓小平文选》第3卷，人民出版社1993年版，第373页。

南方谈话，不仅充分肯定了十一届三中全会以来的重心转移，反对“左”的逆转，而且从理论思维高度提出了三个新论点，使这个体制目标的转换空前坚定、不可逆转：革命是解放生产力，改革也是解放生产力，社会主义基本制度确立以后，还要从根本上改变束缚生产力发展的传统计划经济体制，建立充满生机活力的社会主义经济体制，促进生产力的发展，这就是改革，所以改革也是解放生产力；要坚持党的十一届三中全会以来的路线、方针、政策，关键是坚持“一个中心、两个基本点”，这条基本路线要管一百年，动摇不得，不坚持社会主义，不改革开放、发展经济、改善人民生活，都只能是死路一条；发展才是硬道理，抓住时机，发展自己，关键是发展经济，要尽可能搞快点，低速度就等于停步，如果我们不发展或发展得太慢，老百姓一比较就有问题了。

有了邓小平南方谈话这一系列理论铺垫，再加上苏联解体、当代社会主义大曲折作为参照系，可以说工作重心转移、体制目标的转移已经不可逆转。这是创立新型体制的一大突破、一大创新。

第二，在经济结构上的根本转变：从“一大二公三纯”的单一僵化经济结构，转向以社会主义公有制为主体，多种经济成分共同发展的多层次经济结构。

传统计划经济的苏联僵化模式，形式上是两种公有制并存的二元结构——“工业中的全盘国有化 + 农业中的全盘集体化”。实际上，集体化农业只是国有化工业的附庸，为了构成大一统的传统计划经济体制，必然过早、过快、过急地消灭除国有化之外的多种经济成分，走向清一色的国有化，或者是变相地全盘国有化。

20 世纪八九十年代之交，以姓“社”姓“资”唯一价值标准论为典型特征的“左”的习惯势力，企图退守“一大二公三纯”的单一结构和僵化模式，他们拿出的“撒手锏”，就是经济领域中多种成分的发展是资产阶级自由化的根源。

邓小平南方谈话从三个层次上进行了理论剖析，彻底缴了“左”倾思潮的械：中国要警惕右，但主要是防止“左”，把改革开放说成是引进和发展资本主义，认为“和平演变”的主要危险来自经济领域，这些就是“左”；这次十三届八中全会开得好，肯定农村家庭联产承包责任制不变，一变就人心不安，乡镇企业异军突起，功不可没，因而农村改革不容否定；特区改革、城市改革，同样不容否定。从深圳情况看，公有制是主体，外商投资占 1/4，有的人认为多一分外资，就多一分资本主义，“三资”企业多了，就是资本主义的东西多了，就是发展了资本主义，这些人连基本常识都没有，“三资”企业受到我国整个政治、经济条件的制约，是社会主义经济的有益补充，归根到底是有利于社会主义的。

中国处于社会主义初级阶段是中国最大的国情，其中最深层、最普遍的“存在”，就是生产力发展极不平衡，而总体上又相当落后，不仅是“二元结构”，而且是有中国特色的“四世同堂”。因而，脱离实际追求“一大二公三纯”，追求清一色的全盘国有化，势必形成僵化模式，严重束缚生产力发展。这种僵化模式，从 20 世纪 30 年代到 80 年代，在苏联延续了半个多世纪，最后在 20 世纪 50 年代中期以后的和平发展、科技革命时代，终于使社会主义的生机活力消失，给右的复辟提供了机会。这种僵化模式，在 20 世纪 50 年代中后期到 20 世纪 70 年代中后期的当代中国，也曾延续了二十来年，不仅使中华人民共和国成立初期头八年本来已经进入现代化起飞助跑轨道的中国经济的起飞势头戛然中断，而且在“文化大革命”和“穷过渡”的热潮中，使国民经济走向崩溃边缘。

值得庆幸的是，邓小平倡导的改革开放，不仅抓以市场取向为主的表层改革，而且从“农村改革—对外开放”这两头入手，一开始就注重所有制层次的深层改革，首先从最深层次上，根本突破苏联模式深层实质——国家垄断制。邓小平南方谈话更使这一改革大势不可逆转。这是创立新型体制的又一突破，又一创新。

第三，在运行机制上的根本转变：从传统计划经济，转向有中国特色的社会主义市场经济新型体制。

“社会主义 = 计划经济”“资本主义 = 市场经济”这两个公式，长期以来在东西方广泛流行，似乎成了不可更改的金科玉律，甚至写进了许多具有权威地位的百科全书、经济辞典。

20 世纪 30 年代以来，传统计划经济的苏联模式在当代社会主义历史长河中，一度成了唯一的正统，任何国家、任何人都不得越雷池一步。第二次世界大战后，苏联也搞了几次改革，但是直到 1990 年为止，在基本思路上一直拘泥于枝枝节节的小修小补，没有根本突破和根本创新，其大体格局就是：固守传统计划经济体制本体 + 有限利用商品货币关系。也就是说，保持传统计划经济体制不变，做局部改良，调换个别零部件，加点市场作为润滑油。1990 年以后戈尔巴乔夫等人在理论上走向另一个极端，提出走美国式的“私有化 + 市场化 + 自由化”道路，但实际上根深蒂固的传统计划经济体制基本未变，意识形态上却改旗易帜，终于导致人心大乱，社会动乱，国家解体。“冰冻三尺，非一日之寒。”可以说，长期固守传统计划经济的僵化模式和“左”的教条主义，束缚了生产力的发展，无法进一步改善人民生活，这是当代社会主义大曲折的主要历史根源。而不能很好地解决体制转换、体制更新问题，匆匆忙忙走向右的极端、改旗易帜的邪路上去，则是当代社会主义大曲折的直接现实根源。

总结当代社会主义历史经验，可以说，如何处理政府与市场、社会主义与市场经济的关系问题，是一个命运攸关的关键问题。这个历史难题又分为两个方面：一是能不能自始至终抓住这个体制改革的“牛鼻子”，抓住计划与市场、政府与市场关系这个体制转换中的主要矛盾；二是能不能正确解决这个矛盾，实现体制上的根本创新。

有邓小平同志作为我们的总设计师，中国改革开放一开始就抓住这个“牛鼻子”紧紧不放，头十年就迈出了有重大突破的三大步：1978 年十一届三中全会前后提出“计划经济为主，市场调节为辅”、1984 年十二届三中全会提出“有计划的社会主义商品经济”、1987 年十三大提出“国家调节市场，市场引导企业”。确实像龚育之、吴敬琏等专家学者指出的那样，到了 1987 年党的十三大的时候，离确认有国家调控的市场经济，只隔一层窗户纸了。

有一点要说明的是：捅破最后这一层窗户纸，看似简单，实际上却是很艰难的一件事，关键是要突破“计划经济与市场调节”的主辅关系，这需要很大的理论勇气和创新胆识。“计划经济为主，市场调节为辅”，这个提法在 20 世纪 80 年代改革开放初期有进步作用，是改革起步时期的正确提法，而到了 20 世纪 80 年代中后期，已经逐步暴露出其历史局限和思想局限。如果我们固守这个“过渡性提法”，那就意味着我们没有走出第二次世界大战后苏东各国局部性、折中性、修补性改良的老路子，终究不能达到突破旧体制、创立新体制的最后临界点。20 世纪八九十年代之交，迫于国内外复杂形势的压力，有不少人主张退守“计划经济为主”这道防线，如果那样的话，将最终难以走出苏联模式这条死路、这条封闭僵化老路。

1992 年春邓小平南方谈话，独树一帜，出奇制胜，在当代世界社会主义大曲折的形势下，带领中国迈出了体制转换中有决定意义的一大步：根本突破传统计划经济的苏联僵化模式，努力创建有中国特色的社会主义市场经济新型体制。这就根本突破了传统计划经济体制、苏联模式的最后防线，是创立新型体制的又一突破、又一创新。

第四，在对外关系上的根本转变：从封闭半封闭状态，转向独立自主的全面开放状态。

封闭状态并不是社会主义的固有本质，而是传统计划经济和“左”的教条主义的一条歧路、一段迷津。马克思主义创始人一再申明，社会主义、共产主义一般只有作为“世界历史性的”存在，才有可能真正实现，它只能是劳动社会化、交往普遍化的世界历史的产物。马克思、恩格斯从来没有把社会主义与自然经济混为一谈。这种流行见解，其实是毫无根据的。

列宁后期的新经济改革道路，主张利用国家资本主义作为桥梁，沟通世界市场，积极引进外国资金、技术、管理技巧，作为落后国家加速社会主义建设的一条历史必由之路。列宁还提出了一个全面开放、大胆引进的公式：“乐于吸取外国的好东西：苏维埃政权 + 普鲁士的铁路秩序 + 美国的技术和托拉斯组织 + 美国的国民教育等等等等 ++= 总和 = 社会主义。”[①] 列宁主张开放的大门有多大，由此可以窥见一斑。

传统计划经济的苏联模式，本质上是一种自我封闭模式，它把对内对外的商品交往活动、社会交往活动、文化信息交往活动全部阻塞起来。在这里，把主要问题归结为外部环境是难以服人的，因为后来 20 世纪 30 年代以后的国内国际环境，除了第二次世界大战之外的大多数时间，无论如何要比列宁所处的时代和缓得多，稳定得多，有利得多。可是，20 世纪 30 年代斯大林却把列宁新经济政策时期提出的实行对外开放、利用国家资本主义的原则修改为“不依赖于资本主义”的原则，形式上看更“左”、更革命了，实质上却是导致自我封闭起来，割断了落后国家建设社会主义的历史必由之路。第二次世界大战之后，本来是一个恢复对外开放、重新走向世界的历史良机，可惜从 1947 年起，斯大林就对丘吉尔、杜鲁门等人“打破苏联铁幕”的叫嚣作出了过激反应，乃至批判“世界主

① 《列宁全集》第34卷，人民出版社1985年版，第520页。

义”，再次关闭了刚刚打开的国门。在1952年出版的《苏联社会主义经济问题》一书中，在世界形势的判断与对外关系的选择上，斯大林再次发生了重大理论失误，他认为统一的世界市场已经瓦解，在社会主义与资本主义两大阵营之间，出现了两个平行的也是相互对立的世界市场，因而更应该贯彻“不依赖于资本主义”的原则。这种“左”的自我封闭的僵化观念，影响了苏联模式几十年之久，也在一定程度上影响了中国的社会主义建设道路。大量证据确凿的历史文献表明，毛泽东从1936年8月同斯诺的谈话开始就已提出对外开放的基本主张，在20世纪三四十年代创立新民主主义论的过程中，他曾先后十几次阐述面向世界、对外开放、引进外资、加速建设的战略思想，其中包括1945年党的七大报告《论联合政府》及六届七中全会上所作的说明。

毛泽东同志晚年的指导思想与中国的社会主义模式，是一个逐步走向自我封闭的“左”的进程，是一个极其复杂的历史过程，大体上可以分为20世纪50、60、70年代三个历史阶段：

20世纪50年代初，以毛泽东同志为核心的党的第一代中央领导集体，本来是打算采取全面开放的基本国策的，但是当头遇到了以美国为首的西方列强的封锁政策，客观上需要苏联的经济、政治援助，再加上斯大林在当时的崇高威望与理论影响，因而中国被迫采取“一边倒”战略，处于半封闭半开放态势之中；20世纪50年代末60年代初，毛泽东同志在反复研读斯大林著作和苏联《政治经济学教科书》过程中，思想进一步向“左”逆转，加上苏联企图对我国实行霸权主义控制，中苏关系彻底破裂，到“文化大革命”时期，中国走上全封闭道路；20世纪70年代初以后，为了防止侵略，保证国家安全，在毛泽东主席、周恩来总理巧妙周旋下，中国开始建立同美国等西方国家的联系，采取了“一条线”的战略，但基本上还是半封闭状态。

虽然不可忽视国际环境的外因作用，但从根本上来说，封闭半封闭状态是传统计划经济体制表现在对外关系上的本质特征，而“左”的指导思想和僵化的社会主义观念才是更深层、更根本的症结所在。

邓小平同志倡导的改革开放，一大历史功绩就是使中国彻底走出了封闭半封闭状态。

邓小平同志首倡的新体制、新方针、新战略，是对内改革、对外开放，实质上是内部利用市场机制搞活经济，外部利用世界市场汲取发达资本主义国家的文明成果，内外结合，加速中国社会主义现代化建设。对内改革、对外开放，本质上都是利用市场机制，实际上是利用世界市场的外因作用来推动国内市场健全地发育，又利用国内市场的搞活促进中国参与世界市场竞争的发展。

邓小平同志在首倡创立特区充当对外开放窗口和龙头时，曾对习仲勋、杨尚昆讲过一句分量很重、意味深长的话：“要杀出一条血路来。”这说明他当时就预见到，中国对外开放、打破封闭状态之路不可能一帆风顺而没有阻力、没有波折。20世纪80年代，中国克服了重重阻力，初步形成了全面开放的崭新格局，初步突破了自我封锁的禁锢状态。

20世纪八九十年代之交，国际风云突变，西方列强又对中国搞制裁、搞封锁，而少数思想上有“左”的影响的同志则以反对“和平演变”为名，企图就势龟缩起来，重新退守封闭半封闭状态。

在这个错综复杂的关键时刻，邓小平同志充分显示出他的政治成熟性与理论成熟性、高瞻远瞩的战略眼光和超越常人的大智大勇。

在这个紧要关头，邓小平同志处变不惊，沉着冷静，以“任凭风浪起，稳坐钓鱼台”的稳健态势，一方面顶住了西方制裁的强大压力；另一方面又利用矛盾，巧妙周旋，化解僵局，继续开放。

他一再敲起警钟，防止发生“左”的逆转，重新回到封闭状态：“关门可不行啊”“切不要把中国搞成一个关闭性的国家”“闭关自守不行”“要把进一步开放的旗帜打出去”“要有点勇气”。①

从1990年开始，邓小平运筹帷幄，以上海浦东开放为龙头，带动长江流域乃至整个中国进一步走向开放。

1992年春天邓小平南方谈话，在打破封闭状态、扩大对外开放方面，提出了五个关系全局的闪光思想：改革开放，只能向前，只能发展，不能动摇，不可逆转，“谁要改变三中全会以来的路线、方针、政策，老百姓不答应，谁就会被打倒”；要抓住时机，扩大开放，加快发展，“能发展就不要阻挡，有条件的地方要尽可能搞快点，只要是讲效益，讲质量，搞外向型经济，就没有什么可以担心的”，“我就担心丧失机会”；要把上海浦东开发作为龙头，带动20世纪90年代全国开放跃上一个新台阶，“上海在人才、技术和管理方面都有明显的优势，辐射面宽。回过头看，我的一个大失误就是搞四个经济特区时没有加上上海。要不然，现在长江三角洲，整个长江流域，乃至全国改革开放的局面，都会不一样”；②要从根本上改变束缚生产力发展的经济体制，社会主义也可以搞市场经济，要通过这种体制转变，积极参与全球一体化的世界市场，为中国彻底走出闭关自守提供坚实可靠的体制保证，保证中国一劳永逸、不可逆转地走向全面开放；中国全面开放的纲领性任务，就是做到“两个一切”——“社会主义要赢得与资本主义相比较的优势，就必须大胆吸收和借鉴人类社会创造的一切文明成果，吸收和借鉴当今世界各国包括资本主义发达国家的一切反映现代社会化生产规律的先进经营方式、管理方法。”③

① 《邓小平文选》第3卷，人民出版社1993年版，第299、306、367、313页。
② 《邓小平文选》第3卷，人民出版社1993年版，第371、375、376页。
③ 《邓小平文选》第3卷，人民出版社1993年版，第373页。

以1992年邓小平南方谈话为标志，世纪之交、千年之交的中国，对外开放跃上了一个新台阶，走向了一个新阶段。

上述四大转变，从四个不同层面上全面系统地提出了体制改革问题：工作重心的根本转变——提出的是体制目标的转换问题；经济结构的根本转变——提出的是体制基础的转换问题；运行机制的根本转变——提出的是经济体制内在机理的转换问题；封闭状态的根本转变——提出的是经济体制对外关系的转换问题。

在1988年中国改革开放十年之际，邓小平同志在《形势迫使我们进一步改革开放》《以和平共处五项原则为准则建立国际新秩序》两次谈话中，先后两次提出了体制改革的三大转变问题。1992年南方谈话更补充和突出了一个大主题：根本突破传统计划经济的苏联僵化模式，大胆创立社会主义市场经济新型体制。

这是中国社会主义体制转换的四大契机。

这是邓小平理论对传统计划经济体制苏联模式的四大突破。

这是中国根本突破传统计划经济的苏联僵化模式的四大标志。

这是中国特色社会主义市场经济体制创新的四大支柱。

第七节 使市场在资源配置中起决定性作用
——2013年十八届三中全会的新时代新突破

从1992年到2022年，已经过去了30年，中国特色社会主义市场新型体制，一直是统摄全局的体制创新、制度创新，堪称是中国式现代化道路的主心骨与顶梁柱。

从世纪之交江泽民同志提出的“三个代表”重要思想，到21世纪最初十年，胡锦涛同志提出的科学发展观，直到习近平新时代中国特色社会主义思想，一条一以贯之的思想红线，就是坚持与完善中国特色社会主义市场经济的体制创新。

2013 年十八届三中全会作出了《中共中央关于全面深化改革若干重大问题的决定》，在推进社会主义市场经济体制创新上迈出了重要一步，就是从“以市场为基础”，进一步提出“使市场在资源配置中起决定性作用”。这是彻底突破传统计划经济苏联僵化模式的重要一步，值得特别加以重视。

中国特色社会主义市场经济体制创新在新时代的又一新进展，是中国经济更加全面深入地融入全球一体化的世界市场、全球经济之中。

这就使社会主义市场经济新型体制，从 1992 年开始确立为中国改革目标模式，经过 30 年开拓创新，补充完善，不断修改，已经逐步健全，形成初步成熟、比较健全、趋于完善的新型制度体系。

这就使中国式现代化新道路，第一次把“社会主义”和“市场经济”有机地结合在一起，既超越了传统计划经济的苏联僵化模式，又超越了只有市场经济、没有社会主义的资本主义现代化的西方模式。

第三章　党的领导、人民主体的现代新型民主政治
——突破资本中心论的第三大创新

在国际上，特别是西方思想界，长期流行一种似是而非的错误看法，即认为中国改革开放是“单打一式”的经济改革，只搞经济改革，不搞政治改革。

近年来，某些西方霸权主义者，更把中美关系说成是“民主与专制的价值观之争”，企图把中国打成专制主义的国家典型。

上述两种国际上的流行说法，其实都是根本站不住脚的历史表象，甚至是历史假象。

中国改革开放40多年，不仅把社会主义与市场经济相结合，而且进一步和国家制度创新结合起来，创造了党的领导、人民主体的现代新型民主政治，正在努力发展全过程人民民主，不仅突破了国家主体化的苏联模式，而且突破了资本主体化的现代化西方模式。

第一节　中国特色社会主义制度创新与国家制度创新
——新时代“两位一体”的总体目标

首倡以中国特色社会主义制度创新为主题，实现两大层面制度

创新有机统一：中国特色社会主义制度创新和现代化新型国家制度创新，有助于根本解决世界历史上的一大普遍难题——“市场经济改革孤军深入、国家制度政治改革相对滞后”，这是2013年十八届三中全会《中共中央关于全面深化改革若干重大问题的决定》作出的第一个重大理论创新。

《中共中央关于全面深化改革若干重大问题的决定》，在开头的总论部分有一个新的提法十分引人注目，就是开门见山地提出了全面深化改革的总目标：完善和发展中国特色社会主义制度，推进国家治理体系和治理能力现代化。

把制度创新作为全面深化改革新阶段、未来十年的总目标，是引人深思、影响长远的一个新提法、新战略。这是中国改革开放35年确立的第三个大目标、新阶梯：

1978年，十一届三中全会提出的总口号、总目标，是解放思想、实事求是、团结一致向前看，把工作重心从“以阶级斗争为纲”转向现代化经济建设，由此开启突破苏联模式的改革开放时代大潮；

1992年，邓小平南方谈话和党的十四大提出的总目标，是从传统计划经济的苏联模式转向中国特色社会主义市场经济的新型体制，旨在为中国现代化持续起飞提供制度创新的可靠保证；

2013年，十八届三中全会则把完善发展中国特色社会主义制度创新，国家治理体系和治理能力的现代化，作为全面深化改革的两大总体目标，标志着中国改革开放、中国特色社会主义制度创新从十一届三中全会的萌芽阶段、1992年体制创新关键期的开花阶段，进一步上升到深化改革和完善结果阶段。

总目标这两句话，集中体现了中国特色社会主义两大制度创新的有机统一。头一句话，这个总目标首先突出一个大目标，就是中国特色社会主义的社会制度要更加完善，把这个制度创新坚持下去。从1982年党的十二大提出了“中国特色社会主义”这个新概念以后，一直坚持了30年，现在还要把这一基本社会制度创新旗帜鲜明地继续坚持下去。另外更加有特色的，就是加了一个国家制度上的创新，中国特色社会主义现代化的新型国家制度体系和现代国家的治理能力上，要更加完善，有所创新，而这里更加突出了国家制度创新。

多年以来，我也一直在研究这个问题：我们经济上搞了市场经济，国家制度上怎么办？政治体制改革怎么办？这是一个非常大的难题，许多年来一直困扰当代社会主义。多年以来我也持续研究苏联的问题，苏联1991年前后发生事变的时候，我就正好在莫斯科大学做访问学者。其实，他们多年来就是没有解决好这两大制度创新及其怎样统一的问题，乃至临阵易帜，自乱阵脚，自毁长城，由此产生了苏联解体的历史悲剧、历史曲折。我们现在是非常鲜明地提出这个问题，把中国特色社会主义制度创新作为总体背景，并特别突出了国家制度的创新，这是一个非常突出的重大创新。如果实践中贯彻了，从社会主义500年历史长河角度看，我们就解决了列宁晚年留下来、后来苏联模式又没有很好解决的一个重大时代课题。

我们提出这么一个总目标，还等于提出了实际上当代西方国家也普遍没有很好解决的国家制度创新问题。西方国家的制度创新问题，他们解决得比较好的是近代第一次转型，就是解决怎么走出中世纪的专制主义和蒙昧主义。但是在当今时代条件下，在资本垄断的条件下，在经济全球化的条件下，国家制度怎么创新，却至今没解决好，甚至根本没提出来。实质上，他们后来发生的一连串问题，包括1998年东亚金融危机也好，2008年美国引起的金融危机也好，2011年欧洲的主权债务危机也好，背后本质上都是他们国家制度的危机，是国家制度上的创新滞后。市场经济、公司体系，现在的跨国公司，乃至全球公司制度，在世界市场、经济层面上，他们都有比较大的制度创新。但是，就是国家制度创新层面，无论是美国、英国，甚至于包括德国这样的国家，更别提意大利、英国、日本这样的国家，不但没有解决，而且根本就没有能够明确提出这个问题。我们从2013年十八届三中全会非常鲜明地提出这个问题，这个当代人类面临的重大时代课题，我觉得非常好。

把现代国家制度创新提得如此突出，不光是咱们中国的第一次，实际上也是国际上的第一次。之所以这么说，是因为我也注意到各个国家，比如说英国的国家制度，从1642年英国革命到1688年所谓“光荣革命”，君主立宪制初步定型，曾经是近代国家的制度创新先锋。然而，今天大家都这么关注时代变迁，当今时代发生这么大的划时代变化，国际金融危机也好、生态危机也好，他们在国家制度创新上有什么革新变化呢？目前并没有听说过国家制度有什么重大转变。美国金融危机这么大的事情，其实他们本来应该有国家制度上的重大制度创新，而他们实际上都没有认真明确提出这个时代课题——国家制度的创新问题。

当年马克思写出《资本论》的时候，同时还想进一步解决国家问题。列宁十月革命前写了《国家与革命》，我们都知道，十月革命后，他晚年也是想实行经济改革，走上新经济政策改革道路之后，解决国家制度与改革协调问题。十八届三中全会作出的《中共中央关于全面深化改革若干重大问题的决定》最鲜明的一个特点，就是把中国特色社会主义制度创新和与此相应的国家制度创新结合起来。我们经济层面是社会主义市场经济，把社会主义和市场经济结合起来，构成中国特色社会主义不同于苏联模式的本质特征。同时，我们在国家制度上，也要有相应的重大制度创新。

第二节　国家治理体系和治理能力的现代化
——全面深化改革新阶段的国家制度创新目标

十八届三中全会作出的《中共中央关于全面深化改革若干重大问题的决定》，把“国家治理体系与治理能力现代化”作为全面深化改革新阶段的两大总目标之一，堪称是一个关系全局、影响深远的重大理论创新。

所谓“国家治理体系”，本质上就是国家制度、国家结构、国家要素的体系结构。而所谓“国家治理能力”，本质上就是国家职能、国家作用、国家体系的功能机制。国家治理体系与国家治理能力又是什么关系呢？二者是体用关系，是体用一致、不可割裂的关系，是结构与功能、系统结构与系统功能的辩证统一关系，体用不二的对立统一关系。

所谓“国家治理体系与治理能力现代化”，既包括国家制度体系结构的现代化创新，又包括国家职能治理能力的现代化创新。这两个方面，相互区别，相互联系，又相互作用。如果要用一个词简要概括其本质内容、本质关系，一言以蔽之，就是国家制度创新。

《中共中央关于全面深化改革若干重大问题的决定》，不仅提出了把国家制度创新作为全面深化改革新阶段的总目标，而且提出了当务之急的三大举措：

一是设立国家安全委员会，完善国家安全体制和国家安全战略，为全面深化改革设定安全线、警戒线；

二是中央成立全面深化改革领导小组，专门负责改革的总体设计、制度创新的顶层设计，加强改革的系统性、整体性、协调性；

三是更加注重加强社会主义民主政治制度建设，特别是要强化权力运行制约和监督体系，强调用制度管权、管事、管人，让人民监督权力，让权力在阳光下运行，是把权力关进笼子的根本之策。

把推进国家治理体系和治理能力现代化作为中国特色社会主义制度创新的正副主题、两大总体目标之一，从而把国家制度创新作为改革新阶段总揽全局的总目标之一，可以说，这是继马克思《资本论》体系中资本与国家；列宁《国家与革命》及其“政治遗嘱”；改革开放起点上邓小平同志首倡经济体制改革与国家制度创新并举的基本思路之后，在新的历史条件下再次提出的“改革与国家”“全面深化改革与国家制度创新”的重大时代课题。

《中共中央关于全面深化改革若干重大问题的决定》的总论部分，开宗明义地提出改革新阶段总目标，特别提出要加强改革的“系统性、整体性、协调性”，这是一个很好的提法。因为改革开放35年，在总体上我们创造了“中国奇迹”，我们的改革在当代世界历史上独树一帜，是最成功的。然而，我们也留下了一些问题，主要是经济上走得比较快，社会有机体其他方面发展不同程度上有点滞后，或者也做了一些配合，但是现在看起来还有很大不足。举个例子：有三次三中全会是最有标志性的，多半都是讲经济改革的。一是1978年十一届三中全会，当然那是改革的起点；二是1984年十二届三中全会，主要是提出有计划的社会主义商品经济，还是在经济体制上怎么解决这个问题；三是1993年十四届三中全会，也是讲社会主义市场经济体制，只是在不同程度上牵扯到了政治体制和政治文明的问题，但没有把它变成系统改革，因此还是以经济为主。

十八届三中全会应该是一个历史标志性的里程碑，改革思路有了一个重大的提升：经济还是基础，现代化经济建设依然还是中心，而实际上是把经济体制改革、政治体制改革、生态文明建设、社会关系体系的创新、文化的创新这五个方面全都统筹起来了，形成了“五位一体”制度创新总布局。

从2013年十八届三中全会起至党的二十大，更加突出了“五位一体”总体结构，并且每一个方面都提出了相应的重大举措。当然，这里面有一些问题可能还有待今后进一步来解决，但总体上给人的印象是成龙配套的系统改革。全面深化改革也好，“五位一体”总体布局也好，都是围绕一个主题，实际上就是中国特色社会主义制度创新。制度创新又是两个层面的有机统一，一个是总体上的社会制度创新，一个是国家制度的创新，可谓一个大主题、两个聚焦点。

第三节　21世纪创新型国家
——改革开放40年的新起点、新目标

从改革开放初期1980年邓小平同志发表重要讲话《党和国家领导制度的改革》，到2002年江泽民同志提出“三个代表”重要思想及至2013年十八届三中全会，政治改革与经济改革、市场经济与民主政治，一直是中国改革的两大抓手。

领跑21世纪的创新型国家——这是当代中国科学发展的新起点、新目标。

事实上，我们党和国家已经在新世纪起点上提出了这个具有世界历史高度的新的战略目标。

2006年1月9日，胡锦涛同志在全国科学技术大会上的讲话，题目就是《坚持走中国特色自主创新道路，为建设创新型国家而努力奋斗》，这里确定的总体目标是：“到2020年，使我国的自主创新能力显著增强……进入创新型国家行列，为全国建设小康社会

提供强有力的支撑。”①

2006 年 1 月 26 日发布的《中共中央、国务院关于实施科技规划纲要增强自主创新能力的决定》更为具体地指出：“中央确定，全面实施《规划纲要》，经过 15 年努力，到 2020 年使我国进入创新型国家行列。”②

2007年10月，胡锦涛同志在十七大报告中进一步明确提出：“提高自主创新能力，建设创新型国家。这是国家发展战略的核心，是提高综合国力的关键。”③

2008 年爆发的当代国际金融危机，使中国创新问题、中国成为 21 世纪创新型国家的时代主题更加突出了，更加迫切了，更加现实了，决不应当淡化这个新起点、新目标。

为什么说我们今天应当更加突出地把创建“21世纪创新型国家”作为中国科学发展的新阶段、新目标？

至少可以列出六条主要根据：

第一，中华人民共和国成立 60 年，尤其是改革开放 30 年，中国已经从根本上突破了传统计划经济的苏联模式，开创了中国特色社会主义市场经济新型体制，从而为中国成为 21 世纪创新型国家开辟了新道路，奠定了重要的经济基础。

第二，在改革开放、推进中国现代化过程中，中国在科学创新、技术创新、文化创新、大学教育创新、哲学创新等方面，也打下了一定的基础，积累了一定的历史经验，这为中国走向综合创新的新阶段、新目标，奠定了一定的历史基础。

---

① 胡锦涛：《坚持走中国特色自主创新道路，为建设创新型国家而努力奋斗——在全国科学技术大会上的讲话》，人民出版社2006年版，第7、8页。

② 《中共中央、国务院关于实施科技规划纲要增强自主创新能力的决定》，人民出版社2006年版，第2页。

③ 《中国共产党第十七次全国代表大会文件汇编》，人民出版社2007年版，第21页。

第三，在世纪之交的近 20 年间，尤其是 2008 年当代国际金融危机、2009 年哥本哈根气候变化大会之后，当代资本主义遭遇的全球性普遍危机已经充分暴露，促使人们重新思索全球问题、人类困境，呼唤变革，呼唤创新。

第四，世纪之交出现的一系列突出事件，如“9・11”事件、阿富汗战争、伊拉克战争，特别是 2008 年从美国爆发的当代国际金融危机，使人们对自由主义、资本主义的西方模式、美国模式越来越产生根本动摇和深刻怀疑，这便使人们把希望的目光转向中国，寻求新的希望。

第五，2004 年美国学者雷默提出“中国模式”“北京共识”问题，引起了广泛关注，尤其是在 2008 年当代国际金融危机爆发以后，许多进步人士、左翼力量、有识之士，更加关注中国模式、中国道路、中国创新问题，已经形成这个时代的主旋律与最强音。

第六，从 2006 年全国科技大会上胡锦涛同志的讲话，到 2007 年党的十七大报告，构建 21 世纪创新型国家的战略目标已经受到国内外广泛关注，而“创新型国家”等理论问题，尚缺少从哲学深度与世界历史高度的独立研究与科学阐述，这正是一个刻不容缓的重大时代课题。

令人感到十分欣慰与鼓舞的是，2017年10月召开的党的十九大，更进一步把“基本实现社会主义现代化……跻身创新型国家前列”作为2035年中国要实现的新目标。

2022 年党的二十大，为中国 2035 年确定的总体目标之一，就是实现高水平科技自立自强，进入创新型国家前列。

这是中国改革开放40多年，走向中国特色社会主义新阶段、中国创新新时代重新确立的新起点、新目标，影响长远，至关重要。

第四节 中国创新的“两个突破”
——国家主体论的苏联模式与资本主体论的西方模式

中国成为21世纪创新型国家，就意味着我们必须确立“双重突破”的创新目标：中国不仅要彻底突破传统计划经济的苏联模式，而且要根本突破自由主义、资本主义的西方模式、美国模式。

这就意味着，我们在解决两极分化、官僚腐败、文化失落、生态破坏、价值倾斜这五大难题上，必须走出综合创新、自主创新的中国道路，开创中国模式，既超越传统计划经济的苏联模式，也超越自由主义、资本主义的西方模式、美国模式。

这就意味着，中美关系必然具有二重性、复杂性，既有合作的一面，也有竞争的一面，最大的竞争就在于究竟美国和中国谁是21世纪最重要的创新型国家。

彻底突破传统计划经济的苏联模式，应当说已经取得重大突破，不可逆转，但要达到彻底突破，还有许多重要工作，特别是经济体制上突破国家垄断制的最后底线，还有就是政治体制改革也必须有相应的重大突破。

传统计划经济体制苏联僵化模式的深层实质，是国家垄断制。从列宁晚年思想到邓小平理论，都向我们鲜明昭示了这一点。

列宁要求从社会主义观的高度，重新反思这种战时体制，并把国家垄断制作为反思这种战时体制的深层经济实质：“为什么我们需要以实物税来代替余粮收集制呢？余粮收集制是以征收所有的余粮，建立强制性的国家垄断制为前提的。当时我们不可能有其他的办法，因为我们处于极端贫困的状态。在理论上，不一定要认为国家垄断制从社会主义观点看来是最好的办法。”列宁还指出，这种国家垄断制的战时体制，在运行机制上的一个典型特征，就是以国家强制排斥市场机制，由国家直接组织生产和分配。有时，列宁干脆径直称之为“国家生产和国家分配的制度”。[①]

列宁当年生活在社会主义实践与改革的初期，他的许多思想是处于萌芽之中的，探索之中的。近60年之后，在中国改革开放的初期，邓小平同志对传统计划经济体制的本质与特点也作出了深刻反思。1980年，在《党和国家领导制度的改革》一文中，邓小平同志为中国经济体制改革、政治体制改革拟定了基本思路。在这里的一个重要理论前提，就是对传统计划经济体制的反思。邓小平同志是从剖析中国官僚主义根源的角度论及这一深层问题的：“我们现在的官僚主义现象，除了同历史上的官僚主义有共同点以外，还有自己的特点，既不同于旧中国的官僚主义，也不同于资本主义国家中的官僚主义。它同我们长期认为社会主义制度和计划管理制度必须对经济、政治、文化、社会都实行中央高度集权的管理体制有密切关系。我们的各级领导机关，都管了很多不该管、管不好、管不了的事……这可以说是目前我们所特有的官僚主义的一个总病根。”[②]在这里，邓小平同志一针见血地点出了传统计划经济体制的实质所在，症结所在，弊端所在。

传统计划经济体制僵化模式，表现在经济体制与政治体制两个层面，由此决定它有阻塞机制的两大弊端：

传统计划经济体制阻碍生产力发展的阻塞机制，从内在机理上具体分析，集中表现在“物质生产力和主体生产力”两个层面上：一个层面，是由于排斥市场机制，阻塞商品流通，自我封闭起来，自外于世界市场之外，从而使“地不能尽其力，物不能尽其用，货

---

① 《列宁全集》第42卷，人民出版社1987年版，第220、221页。
② 《邓小平文选》第2卷，人民出版社1994年版，第327、328页。

不能尽其流”，因而阻塞了物质生产力的发展之道；另一个层面，则是由于排斥了市场机制，国家把宏观、中观、微观经济活动决策权都集中到自己手中，从而压抑了广大劳动者和劳动集体的主体性、能动性、创造性，使“人不能尽其才”，因此阻塞了人的主体生产力开发之道和人的自由、和谐、全面发展之道。

更进一步具体分析，国家垄断制表现在三个层面上：一是在经济体制层面，表现为对生产资料与劳动成果的国家垄断；二是在政治体制层面，表现为对政治权力、公民权利，乃至个人人权的国家垄断；三是在意识形态、思想文化层面，表现为对思想资源、文化创造上的国家垄断。

从更广的视角来看，传统计划经济体制还进而产生了对社会全面发展的阻塞机制。因为高度集中的产品经济，必然要求与此相应的高度集中的政治体制、文化观念，因而自然而然地阻塞了中国走向现代化的三个最重要的主动轮——中国特色社会主义的现代新型市场经济、现代新型民主政治、现代新型精神文明。

简而言之一句话，在国家问题上，我们的基本立场是一清二楚的：

国家垄断，必须打破；

国家命脉，必须坚守。

应当说，中国改革开放 40 年，已经从根本上突破了传统计划经济的僵化模式，但要讲“完全彻底突破”，还有三重任务：

第一，经济体制还有些深层次问题有待解决。比如近几年人们议论纷纷的“国富民穷”“国进民退”的问题。随着近年来国民收入分配格局失衡，导致社会矛盾加剧和内需不足，收入分配不合理，居民消费不断下降。最终消费占GDP比重，从20世纪80年代的62%，下降到2008年的48.6%。有数据显示，从1998年到2007年，政府占国民可支配收入的比重从17.5%上升至24.2%，居民人均可支配收入所占比重从68.1%下降至57%。2008年，城镇居民人均可支配收入增速为8.4%，低于国内生产总值9%的增速0.6个百分点，农民人均纯收入则低1个百分点。与之形成鲜明对比的是，政府收入却保持20%以上的增速，从2004年到2008年，国家财政收入从25 723亿元增长至57 862亿元。

第二，政治体制改革与经济体制改革不够配套、相对滞后的问题。所谓“官本位”的问题，为什么痼疾严重，甚至愈演愈烈，盖源于此。与经济运行市场机制配套的，应当是权力运行的人民监督机制；与社会主义市场经济体制相配套的，应当是社会主义新型民主、法治国家。政治体制改革、人民监督机制发展有所滞后，这也是官僚腐败之风的重要根源。

第三，在思想文化、教育领域中，个性自由、创造自由的发展空间仍受到较大局限。所谓“大学行政化”之类的问题，盖源于此。“大学去行政化”的呼声虽强，却雷声大，雨点小，难见成效。

在改革开放30年乃至40年后的今天，在发生当代国际金融危机与生态危机的世界历史背景下，“中国创新”又增加了一项世界历史性的时代课题，那就是根本超越资本主义、自由主义的西方模式、美国模式。这是一个新的课题，十分艰难，而又十分迫切，不可回避。

为什么要提出这个新的课题?

中国现代化初期，改革开放初期，我们移植一些西方文明成果，有助于突破传统计划经济的苏联模式；而发展到了今天，我们不仅有继续学习借鉴西方文明成果的历史任务，而且要超越西方文明成果，创造中国特色社会主义现代新型文明成果。

在改革开放头 30 年中，我们大胆引进西方文明成果，起了很大推动作用。问题是引进过程中消化不够，分析不够，创新不够，简单移植西方思想文化的现象几乎到处流行，变成一种风气，再这样走下去，怎能保持与弘扬中国特色、中华民族精神？

开创新时代面临的许多问题，尤其是分配不公、两极分化的突出问题，如果没有对自由主义西方模式的根本突破，就无法找到真正的出路。

怎样才能真正突破与超越自由主义西方模式、美国模式？

在这里，要害问题是严格分清个人自由与资本放纵。

个性自由、人权自由以及个人财产权保障、个性解放，这些东西是反对封建专制的，是现代化、原创性的好东西，我们应当学习借鉴；而给资本以过度自由，甚至自由放纵的资本主义、脱缰野马式的资本主义，势必发展到资本垄断、绑架国家、宰制劳动——这一点我们决不能照着学、跟着走，这正是现代资本主义、自由主义之症结所在。

第五节　中国创新的深层实质
——劳动、资本、国家三者关系的重新建构

中国经验、中国道路、中国模式、创新之处的本质特征是什么？

对于这个问题的回答，可谓众说纷纭，五花八门。

从根本上说，中国经验、中国道路、中国模式、中国创新，最本质的特征乃在于以社会主义市场经济体制的形式，开辟了一条人民主体论的现代化新道路、新模式，从而根本上超越了国家主体化的苏联模式、资本主体化的西方模式。

市场经济中形成的资本，权力系统中升华出的国家，大多数人从事的劳动——这是现代发达社会复杂机体的三大要素、三大支

柱。问题在于，这三者之间的关系不同，由此决定了现代化道路的不同历史抉择。

资本主义、自由主义的西方现代化模式，本质特征是资本主体论，或叫资本主体化，以资本最高利润为目的，资本自由放纵，过度膨胀，绑架了国家，宰制了劳动，带来了社会不公、两极分化的社会后果。

传统计划经济的苏联现代化模式，本质特征是国家垄断制基础上的国家主体论，或叫国家主体化，形式上简单化地消灭了资本，劳动群众、劳动集体全成了消极被动客体。在这里，追求国家实力、军事实力的高速增长，成了压倒一切的价值目标，造成了“国富民穷”的贫富分化格局，少数官僚特权既得利益集团大发横财，而广大劳动群众仍陷于平均主义“大锅饭”的普遍贫困之中。

第六节　中国创新的本质特征

——从国家主体论、资本主体论到人民主体论

在中国特色社会主义市场经济新型体制中，资本不应当再成为至高无上的主体，国家也不应当是至高无上的主体，共产党领导的广大人民群众，千千万万的普通劳动者、劳动集体，才是独立自主、充满活力的真正积极主体。

在这里，国家权力、国家系统、国家机构，应当首先同广大劳动群众相结合，为人民服务，坚持人民当家作主，实行人民监督。

在党的领导下，国家与劳动相结合，这是既利用资本、发展资本，又制约资本、规范资本的强大力量，保证整个社会朝着劳动社会化、经济全球化、交往普遍化的方面发展，保持巨大活力，而又

不至于陷入资本垄断化、劳动者贫困化的历史误区。

中国特色社会主义，本质上也是人民主体论的社会主义，造福人民的社会主义。其最高目的既不是资本利润，也不是国家膨胀，而是服务人民，造福人民。

正是在这个本质之点上，中国创新代表了公平正义的创新之道，既超越"富了资本，穷了百姓"的自由主义、资本主义的西方模式，也超越"富了国家，穷了百姓"的传统计划经济的苏联模式。

当然，在这里必须明确提出的是：怎样才能使人民群众上升为真正主体？一个必不可少的、最重要的政治保证，就是中国共产党的领导，特别是党的思想政治领导权。没有党的坚强领导，人民群众就是一盘散沙，面对庞大的资本优势，又怎么可能夺取政权，巩固政权，改造国家，创新国家？

没有党的坚强领导，一盘散沙式的人民群众，只能是望资兴叹，望权兴叹。

第七节　加强党的领导与人民当家作主有机相结合
——建设学习型、服务型、创新型的马克思主义执政党

加强和改善党对全面深化改革的领导核心作用，并强调党的思想政治领导权，与人民主体、人民监督相结合，建设学习型、服务型、创新型的马克思主义执政党——这是十八届三中全会以来近十年的又一重大理论创新。

十八届三中全会作出的《中共中央关于全面深化改革若干重大问题的决定》结尾点明关键，落脚到加强党的领导、党的建设，提出要加强建设学习型、服务型、创新型的马克思主义执政党，从而

在全面深化改革的攻坚克难中，起到总揽全局、协调各方的领导核心作用。当然，这里最重要的历史经验，首先是理论建党、思想建党为先，还是坚持用马克思列宁主义、中国特色社会主义武装全党，坚定理想信念，从而保证党在思想政治上的领导权。出发点与归宿点，就是最后一条，讲党的领导，最后画龙点睛，突出党的宗旨、群众路线，强调我们党充分肯定人民是改革主体，坚持党的群众路线。

这是一个全面深化改革的中国创新宣言，可以使中华民族站在一个改革开放的新起点上；这是一个新的出发点，新的历史丰碑，也可以说是 21 世纪中国的“共产党宣言”。当年，马克思和恩格斯两个人面对整个世界，只是“共产主义幽灵”。今天当代中国，共产主义已不再是一个“幽灵”，14 亿中国人民，9800 多万中国共产党党员，有这么一个核心力量和鲜明旗帜，引领我们进入一个世界历史上的制度创新伟大工程，并且旗帜鲜明地继承了马克思主义的创新精神，改革创新的时代精神。

应该说，十八届三中全会作出的《中共中央关于全面深化改革若干重大问题的决定》为实现中国梦，从理论与实践的统一上确立了路线图和时间表，对中华民族振兴也是关键时期的一个行动纲领，让我们更好地看到中国的希望，人类世界的光明。从总体上看，党的十八大加上这次十八届三中全会，再加上2017年党的十九大，2022年党的二十大，对中国的发展方向，指引得更加明确，使人更加充满信心。中华人民共和国也好，中华民族也好，我们将成为21世纪的创新型国家。我们能够吸收借鉴现代世界的文明成果，包括发达资本主义国家文明、世界文明的最新成果，同时又把中华文明原创性的民族精神发掘出来，开创一个新局面。

这里面提出了好多问题，怎样进一步解决，可能还需要走很长的路。其中特别重要的一个问题，就是这次在总体目标上，把中国特色社会主义制度创新和国家制度的创新，首次放在一个相互配套的正副主题的高度；而这个问题怎么解决，怎样具体操作，怎样才能有相应的理论创新和制度创新，可能还是一个很大的世界历史性难题。

中国特色社会主义新时代，对党的建设比过去更加重视，反对腐败更加有力度，要说近来新气象，最突出的就是这点。反腐败是真的有举措、真的有决心。当然也有一些复杂的问题，主要问题是怎么通过制度创新，怎么落实到国家制度创新上面？我有时候在想，和经济运行的市场机制相配套的，应该是权力运行的人民监督机制。起决定作用的，首先是这种制度创新，而不光是“老虎”也打，“苍蝇”也打。而“老虎”“苍蝇”怎么能越打越少，还是主要靠相应的制度创新。要解决这个问题，可能还是需要一些更重大的理论创新，把党的领导与人民群众监督有机结合在一起的重大制度创新，这还有很长的路要走。

我们要用党的二十大精神作为火炬，引导我们更好地做学术研究，作出相应的理论创新，用马克思主义的理论创新和哲学创新，支撑中国特色社会主义制度创新和国家制度创新。

这是中国改革开放新阶段的强烈呼唤。

这是中国梦的伟大呼唤。

这也是对我们社会责任、历史使命的时代呼唤！

第八节　全过程人民民主
——中国特色新型民主的显著特色

把“全过程人民民主”作为中国式现代化新道路的本质要求之

一，是 2022 年党的二十大的另一个重要理论创新。

西方式民主的一个显著特点，是特别注重民主形式、民主程序的“选举制民主”“选票制民主”，或叫“票决制民主”：一人一张选票，投票选出代表或官员，就算完事大吉了，其实难以保证整个过程真正由人民当家作主。

中国式新型民主制度的一大特点，则是旨在超越西方“选举制民主”“选票制民主”的历史局限，努力开创“全过程人民民主”：在解决事关国计民生的重大问题的全过程中，包括民主决策之前、民主决策之中、民主决策之后，自始至终地体现人民民主原则，确保人民根本利益得到有力维护。

在解决重大问题的决策之前，要保证广大人民群众有知情权、发言权、参与权。要有政治上的公开性，各级领导把各种情况如实告诉广大民众，让老百姓也能实事求是地了解问题全貌、各种不同的意见、各种不同的选择。在充分知情的基础上，还要广开言路，也就是说，让人民群众有发言权，有讲话的地方，有发表各种意见、包括少数群众发表不同意见的权利，并且受到切实保护。特别复杂的科学技术、经济社会、文化历史问题，应在有关专家集体中进行广泛深入咨询，充分讨论。这也是一种形式特殊而又十分必要的群众路线，或许可以称之为专家集体参与决策的现代新型群众路线、民主政治。而基层群众的直接民主、直接参与，更应当成为全过程人民民主的第一块基石，也是新型民主不同于西方代议制民主的一个鲜明特色。

在解决重大问题的过程之中，要使人民群众及其代表机构充分行使民主决策权、人民立法权——这是全过程人民民主的关键环节与集中体现。基层单位的重大问题决策，最好是实行直接民主，使每个普通群众都能参与到民主决策过程之中，体现人民民主、人民自治的原则，而不是“上边”作主、少数人说了算、普通群众只有照着执行的权利。广大区域中的重大问题，则需要各级人民代表大会作出民主决策。而一些特别重大而又普遍、长久的问题，则需要全国人民代表大会彻底充分发挥作用，真正体现人民立法权，确保人民群众在立法过程中起到主体作用，这是全过程人民民主的最主要环节。

中国共产党领导的多党政治协商制度，发展了中国特色全过程人民民主，在协商民主上有重大创新，既超越了苏联模式下的“一党制”，也超越了西方模式中的“多党制”，堪称是中国式全过程人民民主的一大制度创新，值得认真发扬。

在民主决策、民主立法之后，全过程人民民主还有一个十分重要的后续功能，就是人民监督、弹劾权、罢免权。人民群众及其代表机构，有权力对决策与立法的执行情况、实际效果进行人民监督，提出批评意见；对于执行不力的官员、机构，有批评建议，直至弹劾的权力；对严重失职者、官僚腐败者有实行罢免的权力。

人民监督权与人民监督制度创新，这是全过程人民民主的最后一道关口，也是发扬全过程人民民主、防治官僚腐败症的新的长城，在今天应当引起特别关注、特别重视。

“党的领导—人民民主—法治国家”，这三者的“三位一体”、有机结合，乃是中国特色新型民主的鲜明特征，也是贯穿全过程人民民主的一条红线。

全过程人民民主，是党的二十大在阐发中国式现代化新道路本质要求时的一个引人注目的新提法，怎样从理论上升到实践中使之落地生根，并且形成一整套制度体系，是我们今后的一个重要努力方向与奋斗目标。

第四章　物质文明、精神文明的全面发展
——超越西方物欲主义的第四大创新

在现代化的西方模式中，由于资本逻辑起着深层决定作用，资本主义国家制度、社会制度存在着根本性的历史局限，因而物欲主义横行一时，而精神文明却陷于匮乏，是一种难以根治的传统痼疾。

中国改革开放、中国式现代化道路能否在创造经济起飞奇迹的同时，也克服物欲泛滥的资本主义弊病？这个问题近三四十年也曾几度引起国内外广泛关注、普遍热议。

从 1978 年十一届三中全会到 2013 年十八届三中全会，正好是 35 年。由此，改革开放与文化创新，都走向一个新阶段、新起点。

在两个世纪、两个千年的历史交汇点，中国社会主义精神文明建设问题，正成为国内、国际普遍关注的焦点问题。

世纪之交、千年之交再度兴起的文化热，标志着中国文化现代复兴的大势已成，文化讨论的理论热点，逐步集中到以下三个问题上来：

一是改革开放 40 多年来中国文化现状的基本估计——是文化滑坡，还是文化爬坡、文化创新？

二是精神文明建设的问题何在、根源何在——是不是搞改革开放、市场经济的必然结果？

三是21世纪的中国文化向何处去——是走全盘西化论和传统复归论的路，还是走中国特色社会主义综合创新大道？

从2012年党的十八大到2022年党的二十大，标志着我们国家进入了一个新的历史时期。改革开放40多年来，我国社会生产力获得了快速发展，综合国力得到了极大增强，人民生活水平有了巨大提高。社会主义物质文明建设取得巨大历史进步的同时，社会主义精神文明建设也取得了巨大的历史成就，二者是统一的。中国文化与民族精神的综合创新，表现为以下七大历史性成就，堪称是“七朵金花”。

第一节　中国特色社会主义理论体系创新

第一大历史性成就，是与改革开放、经济起飞同行的中国特色社会主义基本理论实现了马克思主义中国化的第二次飞跃与新时代新飞跃，为中华民族的伟大复兴提供了科学的指导思想和强大的精神支柱。

中国特色社会主义理论体系——这是改革开放40多年来，我们在思想文化建设上一个最大、最成熟、最宝贵的思想果实，比其他具体成果更富于全局性、长远性、历史性的影响。

这个新时期的基本理论的形成发展过程，与改革开放大体同步，至今已经走过了三个阶段，有七个明显的历史关节点：

第一个关节点，1978年的十一届三中全会，邓小平同志为准备这次会议所作的主题报告《解放思想，实事求是，团结一致向前看》，为这一理论奠定了哲学基础与思想路线；

第二个关节点，1982年党的十二大，邓小平同志在开幕词中第一次提出了“建设有中国特色社会主义”的明确概念，作为总结历史经验的基本结论，具体内容尚待充实；

第三个关节点，1987 年党的十三大，总结了改革开放十年的历史经验，形成了以“一个中心、两个基本点”为核心内容的社会主义初级阶段基本路线，为中国特色社会主义理论奠定基本框架；

第四个关节点，1992 年邓小平南方谈话和党的十四大，这一理论经受了 1989 年春夏之交的政治风波和东欧剧变的实践检验，进一步总结了当代社会主义正反两方面的历史经验，充实了一系列新观点，在思想内容和理论形式上都上了一个新台阶，标志着这一基本理论已经形成科学体系，逐步走向成熟，成为统摄全局的指导思想；

第五个关节点，在世纪之交，以江泽民同志为核心的党的第三代中央领导集体，继承发展邓小平理论，提出了“三个代表”重要思想；

第六个关节点，在新世纪起点上，在邓小平理论和“三个代表”重要思想指导下，以胡锦涛同志为总书记的党中央领导集体提出了科学发展观，作为统摄全局的指导方针，至此完全实现了马克思主义中国化的第二次飞跃；

第七个关节点，2012年党的十八大报告，2013年十八届三中全会作出的《中共中央关于全面深化改革若干重大问题的决定》，乃至2017年党的十九大、2022年党的二十大以来习近平总书记发表的系列重要讲话，为21世纪中华复兴提出了中国特色社会主义伟大纲领，进而实现了马克思主义中国化的新时代新飞跃。

这是中华民族文化的现代结晶，其中不仅凝聚着邓小平同志个人的独创风格，大起大落的传奇经历，大智大勇的非凡智慧，而且是全党同志全国人民集体智慧的结晶；其中既有一代又一代党中央领导集体的共同探索，也包括广大工人农民活生生的实践创造，还应包括一大批专家学者、专业理论工作者的科研成果。

这是改革开放新鲜实践经验的科学总结，又是国内国际正反两方面丰富历史经验的智慧升华。它不仅总结了中国现代化建设新时期的鲜活经验，而且总结了中华人民共和国成立70多年来的不惑之道，乃至中国共产党人奋斗百年的丰富经验智慧；它不仅总结了中国近现代的历史经验，也总结了当代社会主义正反两方面的历史经验，既包括十月革命以来社会主义实践的上下求索，更包括了当代社会主义大曲折的惨痛历史教训；它不仅总结了社会主义现代化的历史经验，而且广泛借鉴了西方近现代化的正反历史经验、日本及亚洲“四小龙”开创现代化东亚周边模式的鲜活历史经验。

这是实现中国现代化的百年建国大纲，为中国体制改革、经济起飞、国家统一、文化复兴，提供了民族精神的强大支柱。

2012年党的十八大，2017年党的十九大，2022年党的二十大，标志着改革开放走上新起点、新阶段。同时，也标志着中国特色社会主义进入一个新时代，中国特色社会主义精神文明建设也随之开辟一个新时代。2021年十九届六中全会作出的《中共中央关于党的百年奋斗重大成就和历史经验的决议》，对此作出一锤定音式的科学结论：习近平新时代中国特色社会主义思想是当代中国马克思主义、21世纪马克思主义，是中华文化和中国精神的时代精华，实现了马克思主义中国化新的飞跃。

第二节　解放思想、实事求是的思想路线与民族精神

第二大历史性成就，是通过实践标准的大讨论确立了解放思想与实事求是相统一的思想路线，在真理尺度和价值尺度的统一中实

现了中华民族精神的现代革新。

经历“文化大革命”，加上两年徘徊的犹疑未决，人们都苦苦思索着一个问题：中国向何处去？人们期盼着中国革新、中华腾飞，如大旱之望云霓。真是“好雨知时节，当春乃发生”。正是在这样一个历史关口上，在邓小平同志倡导支持下，一场关于实践是检验真理唯一标准的大讨论，在全党、全国的广阔范围内深入展开了。1978年底召开的十一届三中全会，把这场大讨论推向一个新的高度。1992年邓小平南方谈话进一步提出衡量工作得失的“三个有利于”标准，把真理尺度与价值尺度统一起来，则是这场思想解放运动的深化，同时也推动了改革开放的深化。

这是一次规模空前的思想解放运动，确立了实践标准的最高权威，根本突破了“两个凡是”的死教条，去掉了长期以来禁锢在人们头脑中的紧箍咒，打破了思想牢笼，迎来了精神解放。

这是继五四运动、延安整风以来，中华民族在20世纪的第三次伟大的思想解放运动，其广度、深度、高度，都大大超越了此前的任何一次思想启蒙运动。

这次大讨论根本克服了唯心主义猖獗、形而上学盛行的“左”的教条主义，重新确定了解放思想与实事求是相统一的辩证唯物主义思想路线。

这样一条思想路线本质上代表了一种主体性与客观性、辩证法与唯物论有机统一的崭新哲学观念，根本突破了把人的主体性单纯归结为主观性的中国古代传统哲学和西方近代哲学的主体性观念，对东西方主体性观念作出了马克思新唯物主义的现代新综合，开创了一种面向新世纪的全新的时代精神。

这是中华民族精神中真理观念、价值观念的时代更新。这场大讨论不仅意味着真理标准、真理尺度的大转变，而且意味着价值标准、价值尺度的大转变。千百年来人们总是习惯于把祖宗遗训、圣贤之道、意识形态当成判定真理和衡量价值的最高尺度，而今这把尺子却转向千百万人民群众的生活实践、历史实践、创新实践。

这是中华民族精神的现代革新，要求把上下五千年中华文明积淀升华成的中国古代民族精神，“更上一层楼”式地升华为现代化的中华民族精神。在这里核心问题是把解放思想与实事求是、主体性与客观性有机结合起来，打破一切老教条、古教条、洋教条，真正确立起现代化的实践精神、科学精神、民主精神、创新精神。

这次思想解放运动是改革开放的历史起点和思想动力，今天在新世纪起点上，习近平新时代中国特色社会主义思想进一步推动着思想解放的深化，并成为改革开放全面深化的历史起点和思想动力。

2022年党的二十大有一个十分引人注目的新提法，就是把中国式现代化新道路提到世界历史与哲学世界观新高度，要求把握好习近平新时代中国特色社会主义思想的世界观和方法论，并且首次将其概括为“六个必须坚持”。

这是中国近3000年来，继“春秋战国百家争鸣”“两宋时代文化复兴”之后的第三次思想大解放，是中华文明走向现代复兴的哲学先声、中华民族走向现代腾飞的精神奠基。

第三节　独立自主、改革开放的崭新时代精神

第三大历史性成就，就是独立自主的全面开放不仅带来了举世瞩目的中国经济起飞，而且推动着全面深刻的中华文明复兴，使中国现代化带上了改革创新时代精神。

对内改革、对外开放，这是中国新时期相互支撑的两大基本国策。

在对外开放方面，40 多年来先后经历了七个步骤，循序渐进、稳健可控地走向全面自主开放。

第一步，20 世纪 70 年代末 80 年代初的改革初期，首先是个别“点”上的开放——广东、福建两省，深圳、珠海、汕头、厦门 4 个特区，起投石问路的开放窗口作用。

第二步，20 世纪 80 年代中期，走向沿海一条线式的开放态势，东南沿海形成一条线式的经济开放带，先后开放 14 个沿海城市，跨 11 个省份、200 多个县（市），面积 42 万平方千米。

第三步，20 世纪八九十年代之交，以上海浦东开发为龙头，带动中国东部的扇面式开放：以广州为龙头的珠江三角洲城市群、以上海为龙头的长江三角洲城市群、以北京为龙头的渤海湾城市群“三位一体”，构成环太平洋的中国沿海城市带，在开放中起到扇面式的辐射作用、龙头作用。

第四步，1992年以来，体制转轨，扩大开放，更进一步走向沿海、沿江、沿边的全面开放；沿路、沿市（城市市场）、沿网（信息网络）的全面开放；近水楼台，中心开花，西部边境的全面开放，形成了全方位、立体化、多层次的开放格局。

第五步，2001 年中国加入世贸组织，表明中国社会主义市场经济独立自主地全面融入世界市场、世界经济体系。

第六步，2008 年北京奥运会，2022 年北京冬奥会，使北京成为世界上首个“双奥之城”，标志着中华文明重新融入世界文明主潮之中。

第七步，党的十八大、十八届三中全会、党的十九大、党的二十大，开创了全面深化改革的新阶段，同时也迎来对外开放新阶段，以体制创新推动面向全球化的开放、以面向全球化的开放逼近全面深化改革，成为新阶段的新战略。2014年的亚信峰会、亚太经合组织北京峰会，“一带一路”倡议的确立，使中国成为经济全球化、太平洋时代的重要引擎与发展龙头。

对外开放、全面开放，也形成了促进体制改革、制度创新的某种“倒逼机制”，运用得好，可起到促进作用。

这种层次递进的全面开放，既有立竿见影的经济效应，也有潜移默化的文化效应，对于文化形态、民族精神、生活方式、交往方式、心理结构，都注入了现代革新的源头活水。

全面开放不仅引进了资金、技术，而且广泛引进了西方近代化的文明成果，引进了现代化的文明形态，引进了世界文化的潮头，从而给古老的中国文明注入了新的动力机制，促进了中国文化的现代化转型。

全面开放不仅是借助世界市场作为中介系统而进行的经济交往，而且是借助全球市场而进行的文化与经济交往。我们不仅引进了他们的商品、资金、设备等物化劳动成果，而且引进了国外的科学、技术、人才、智能、管理技巧、经营方式、文化信息；不仅引进了作为现代化硬件的国外物质文明成果，而且广泛引进了作为现代化软件的精神文明成果；不仅引进了国外的自然科学、技术科学成果，而且有选择、有批判地引进了国外的人文科学、社会科学成果；不仅是个别方面、个别成果的开放引进，而且是整个中国市场与世界市场、中国文化与世界文化的沟通接轨。

独立自主的全面开放推动了中华民族文化、中华民族精神的现代化。明清时期闭关锁国、自我封闭的政策占据主导地位。鸦片战争时期则被迫实行丧权辱国的门户开放政策。而改革开放以来的全面开放则如春潮澎湃，彻底打破了长期以来闭关锁国的封闭僵化状态，可以说近 500 年来中国国门从来没有像今天这样打开得如此之大！还应当说，尽管对外开放过程中，特别是 20 世纪 90 年代中期以来，我们正在着手纠正有些方面主体性、预见性、规范性、防范性不够的问题，但从总体上讲，这一次我们是独立自主对外开放，根本扭转了鸦片战争以来“被迫开放，落后挨打”的近代屈辱局面。

中国对外开放采取了“借鸡生蛋”“借船出海”“借花献佛”的巧妙方略，利用西方现代化的文明成果，迅速改善了中国人民的物质文化生活。电视机、照相机、洗衣机、电话、录像机，乃至电子计算机、个人电脑、多媒体全球化信息网络，相当迅速、相当普遍地进入了城乡居民的千家万户，大大改变了每个人、每个家庭的日常生活方式、交往活动方式、文化存在方式。真可谓“旧时王谢堂前燕，飞入寻常百姓家”。

对外开放不仅改变了中国社会的经济结构、社会交往结构，而且改变了人的精神状态乃至整个民族的心理结构。古代的封闭僵化状态，形成的是自我中心的夜郎自大心理；近代的落后挨打状态，形成的是崇洋媚外或盲目排外的畸形心理；只有独立自主地全面开放，才能形成平等交往、共同发展的健康民族心理结构。

全面开放使中国文化走向世界，融入世界文化的大潮之中，并为世界新型文明带来了东方曙光。

第四节　爱国主义与文化复兴的时代洪流

第四大历史性成就，是弘扬中华民族文化的优秀传统与爱国主义思想主流，出现了中华民族走向现代复兴的时代洪流。

在 20 世纪 80 年代“文化热”的讨论中，十二届六中全会通过的《中共中央关于社会主义精神文明建设指导方针的决议》，旗帜鲜明地提出了中华文明走向现代复兴的伟大历史任务。1989 年，江泽民同志在庆祝中华人民共和国成立 40 周年和 1991 年在庆祝中国共产党成立 70 周年重要讲话中，重申了这个历史任务。1994 年

8 月，中央正式印发了《爱国主义教育实施纲要》。

2007年党的十七大上胡锦涛同志所作的报告中，提出我们思想文化建设的一项重大课题，就是弘扬改革创新的时代精神、爱国主义的民族精神。十七届六中全会把弘扬中华民族文化作为中国共产党自创立以来贯穿始终的历史使命。

2012年党的十八大、2017年党的十九大，把爱国主义民族精神、中华民族文化现代复兴提到更加突出的地位上来。习近平总书记倡导的中国梦，正在成为中国主旋律，时代最强音。

这一系列重大举措，有力地匡正了五四以来、中华人民共和国成立以后、主要是“文化大革命”中长期流行的“左”的教条主义和民族文化的虚无主义，有力推动了民族文化的发掘热潮。

这是中华民族文化优秀传统的伟大复兴。系统整理、认真发掘、考古发现、大量出版的中国古典文献，耗资之巨，投入之多，规模之大，数量之多，种类之繁，大大超过以往任何一个时代。一系列震惊世界的重大考古发现，为多元一体的中华文明的历史起源和历史纪年，正在作出重新解释，在相当程度上要求重新改写中国文明史与世界文明史。要对京剧等中国古典文化艺术瑰宝进行重点保护，让古老的文化遗产重新焕发青春，保持其永久魅力。

这是中华民族文化传统中爱国主义传统的伟大复兴。在当代世界的大多数国家中，爱国主义文化传统往往只是近二三百年伴随近代民族国家形成而崛起的历史现象；而在中国文化中，爱国主义传统可谓源远流长、根深蒂固、影响至广，可以上溯到屈原《离骚》，乃至溯源到公元前1000年初步形成的《诗经》、5000年前的炎黄时代。在这上下几千年的中国文化传统中，爱国主义的光辉传统几乎一直占据主导地位。这样一条思想红线，只是在“全盘西化论”和“左”的教条主义冲击下一度受到干扰。而随着改革开放、经济起飞的历史进程，“爱我中华，振兴中华”正成为海峡两岸、海内海外一切中华儿女的共同理想，爱国主义精神空前高涨。

这是维护国家统一的中华民族凝聚力的伟大复兴。中华民族自古以来就有注重维护统一、反对分裂的优良传统。从两千多年前的秦始皇、汉武帝时期，就形成了中央集权的统一民族国家。自此以后的两千多年间，国家统一占 2/3 的主导趋势，分裂割据只占 1/3 的支流地位。而且即使在暂时分裂时期，力求国家统一、民族团结，也是大势所趋、人心所向。这种维护国家统一、民族团结的凝聚力、向心力，在改革开放、经济起飞时期充分发扬，形成了一种强烈的文化氛围，以中华民族文化传统为媒介，促进香港、澳门、台湾回归祖国，实现国家统一千秋大业。

这是中华民族精神的现代革新与伟大复兴。以大综合之道，求大和谐目标，这种综合创新的中和精神，是中华民族精神自古以来的核心内容。在近代历史上，在中华民族精神中，则突出了振兴中华的民族自信意识与忧国忧民的民族忧患意识的有机结合。今天，“万众一心，振兴中华；发愤图强，后来居上”，正成为中华民族精神的时代主旋律。

党的十八大、党的十九大、党的二十大，习近平总书记倡导的中国梦、系列重要讲话中蕴含的“中华文化论”“中华复兴论”，要求我们把爱国主义、民族精神放在更加突出的地位上来，构建中华民族共有的精神家园，铸牢中华民族共同体意识。

这是古老的中华文明在现代化中的伟大复兴！

第五节　社会主义精神文明的新创造

第五大历史性成就，是提出中国文化现代化重要目标，创造中国特色社会主义新型精神文明，在精神文明建设中涌现出一批艰苦奋斗、无私奉献的先进典型，真正代表两个文明一起抓的主导方向。

在改革开放的新形势下，尤其是在向社会主义市场经济体制转轨过程中，由于种种复杂的社会历史原因，的确有人丢掉了艰苦创业的奋斗精神，出现了拜金主义、享乐主义、极端个人主义有所抬头的社会风气，有的人甚至走上了官僚腐败、以权谋私、违法乱纪的邪路。

1982 年，党的十二大提出了“两个文明一起抓”的战略思想；20 世纪 90 年代党的十四大、党的十五大要求与社会主义市场经济、民主法治新型体制相适应，开展社会主义精神文明建设，形成中国特色社会主义“经济—政治—文化”总体格局；21 世纪头十年，文化创新的工作部署提到了更加重要的地位上来。

“疾风知劲草，烈火炼真金”，正是在这种新时期、新体制、新形势的严峻考验面前，一大批充分体现社会主义精神文明建设正确方向的先进典型脱颖而出，大放光彩。论个人，有孔繁森、张鸣岐、李润五式的好干部，有韩素云、徐洪刚、徐虎式的好党员、好群众；论地区，有两个文明一起抓的张家港市的成功经验；论单位，有全心全意为人民提供优质服务的济南工商银行和济南交警队；等等。

2021 年，在庆祝中国共产党建党百年之际，更在全国各条战线树立了一系列先进典型与光辉榜样，堪称是“共和国英雄谱”。

榜样的说服力是无穷的，这些先进典型足以有力地驳斥改革开放、市场经济必然使精神文明滑坡的悲观论调，充分证明了一个颠扑不破的朴素真理：物质文明建设与精神文明建设本质上是一个有机整体，完全应当也完全可能做到两手抓，两手都要硬。

榜样的感召力是无穷的，他们代表了中国共产党与中国人民的浩然正气，鼓舞千百万群众树立信心，为建设中国特色社会主义新型文明的大厦添砖加瓦。

榜样的生命力是无穷的，这些先进典型多半出自普通群众、普通党员、普通干部、普通知识分子，但他们乃是中华民族的真正脊梁，是中国特色社会主义文化大厦的擎天柱，也是反对腐败、端正党风、使社会风气根本好转的支点所在，中华文明现代复兴的希望之光。

2008 年，恰逢改革开放 30 周年，发生了两件大事，集中展现了中国社会主义精神文明的崭新创造：

一是 2008 年 5 月，发生了举世震惊的四川汶川大地震，而四川人民，乃至整个中华民族在抗震救灾中表现出来的现代革新的民族精神，更深深地感动了世界；

二是 2008 年 8 月，北京奥运会的成功举办，“北京精神”的集中展现，表明中华文明、中国人民以其独特风采，重新融入世界文明主潮。

2011 年 10 月 18 日，十七届六中全会通过了《中共中央关于深化文化体制改革推动社会主义文化大发展大繁荣若干重大问题的决定》。这是继 1986 年十二届六中全会《中共中央关于社会主义精神文明建设指导方针的决议》、1996 年十四届六中全会《中共中央关于加强社会主义精神文明建设若干重要问题的决议》之后，改革开放新时期 30 多年第三个关于精神文明建设的重要决定。

2012年党的十八大、2017年党的十九大、2022年党的二十大，标志着中国改革开放的新阶段、新起点，其本质特征之一，就是把中华民族文化的传承与创新、中国特色社会主义精神文明建设放到更加重要、更加突出的地位上来，从而开创一个全新阶段。

其中一个重要的突出表现，是 2021 年在庆祝中国共产党成立 100 周年之际，提出了弘扬伟大建党精神，并且注意中国共产党的红色文化基因与精神谱系传承。

第六节　百花齐放、百家争鸣的新局面

第六大历史性成就，就是根本克服了“左”的禁锢和文化萧条，开始出现“百花齐放，百家争鸣”“高扬主旋律，提倡多样化”的文化繁荣景象。

文化领域和知识分子，在僵化模式和“左”的教条下，是一个备受磨难的重灾区。从 1957 年“反右斗争扩大化”开始，“以阶级斗争为纲”的“左”的教条主义逐步抬头，发展到“文化大革命”时期，走到了极左路线的两个“基本估计”：“文化大革命”前 17 年文教战线基本上是“黑线专政”；大多数知识分子基本上是资产阶级知识分子。结果百家争鸣变成了一家独鸣，百花齐放变成了一花独放，甚至发展到了八亿人只看八个样板戏的萧条局面。

“九州生气恃风雷，万马齐喑究可哀”，正是改革开放的风雷，开始迎来了文化繁荣的春天。

“忽如一夜春风来，千树万树梨花开”，用这句诗来形容新时期的科学技术、文化教育领域，可能再贴切不过了。

“百花齐放，百家争鸣，批判继承，推陈出新”的文化繁荣景象，真正开始出现了。

“高扬主旋律，提倡多样化”的思想文化格局已经初步形成，正在探索如何在保持多样化的文化繁荣前提下，更加突出中国特色社会主义的时代精神与民族精神。

在新世纪、新千年起点上，现代化的高科技，现代化的大众传媒，现代化多样化的文化交往手段，全球化信息网络，更为中国文化复兴锦上添花。

2008年，北京奥运会开幕式、闭幕式，还有2022年北京冬奥会，正是中国文化创新开出的灿烂之花，足以使整个世界为之振奋，为之惊叹，为之叫好。

2011年10月十七届六中全会通过的《中共中央关于深化文化体制改革推动社会主义文化大发展大繁荣若干重大问题的决定》，把文化的多样化、产业化、大发展、大繁荣，作为开创文化建设新局面的重要任务。

2012年党的十八大、2017年党的十九大开创了改革开放新阶段、新起点，在习近平总书记主持下，召开了新时期的文艺工作座谈会，有理由期待百花齐放、百家争鸣的文化界春天真正到来。

2016年5月17日，习近平总书记在哲学社会科学工作座谈会上，提出要增强文化自信，大胆创立充分体现中国特色、中国风格、中国气派的学科体系、学术体系、话语体系，乃至整个哲学社会科学体系。

2022年4月25日，习近平总书记在中国人民大学考察调研时，进一步指明了中国文化教育、哲学社会科学在新时代的新目标，他说：我国有独特的历史、独特的文化、独特的国情，建设中国特色、世界一流大学不能跟在别人后面依样画葫芦，而是要扎根中国大地，走出一条建设中国特色、世界一流大学的新路；加快建构中国特色哲学社会科学，归根到底是建构中国自主的知识体系，使中国特色哲学社会科学真正屹立于世界之林。

一个“百花齐放，百家争鸣”的文化黄金时代，正在向我们走来……

第七节　科教兴国的新战略

第七大历史性成就，是制定了以科教兴国为龙头的跨世纪持续发展战略，力求把经济建设的路子转到全面提高人的思想文化素质的现代化轨道上来，并在中国特色社会主义新时代，形成了以科技创新驱动发展的新战略。

改革开放40多年来的历史进程与文化建设，为这个跨世纪的伟大战略转变做了种种铺垫。

1978年改革开放的历史起点上，在首次召开的全国科学大会上，邓小平同志率先提出：四个现代化，关键是科学技术的现代化；科学技术是生产力；社会生产力在现时代的大幅度提高，最主要的是靠科学的力量、技术的力量。

1985年，党中央、国务院先后作出了《关于科学技术体制改革的决定》《关于教育体制改革的决定》，力求使科学技术与教育发展适应体制改革、经济起飞的需要。

1988年，邓小平同志进一步提出“科技是第一生产力”的科学论断，首次提出要把科技教育作为中国跨世纪发展的战略重点。

1989年12月，江泽民同志提出推动科技进步是全党全民的历史性任务。

1995年5月，以江泽民同志为核心的党的第三代中央领导集体作出了《中共中央、国务院关于加速科学技术进步的决定》，首次明确系统地提出了科教兴国的重大战略。

1996年3月，第八届全国人大四次会议以科教兴国战略为龙头，系统制定了中国跨世纪的持续发展战略，为中华文明的现代复兴勾画了跨世纪的宏伟蓝图。

在21世纪起点上，以胡锦涛同志为总书记的党中央领导集体进一步提出了创立国家创新体系，乃至建设创新型国家的发展战略。这方面的一件大事，是在2010年7月，党中央、国务院召开了全国教育大会，胡锦涛同志发表了《推动教育事业科学发展》重要讲话。同时，颁布了《国家中长期教育改革和发展规划纲要（2010—2020年）》，标志着科教兴国战略在新世纪起点上的新发展。

改革开放时期，是中国科技教育大发展的黄金时代。在中华人民共和国成立之际，经历了旧中国近代史的百年历程，全国只有科技人员5万人，专职科研人员500人，专业科研机构30来个。改革开放初期，中华人民共和国成立30年之际，中国科技人员达到500万人。而到20世纪90年代中期，改革开放近20年，全国科技人员已发展壮大为3000万人的大军，独立研究机构6000多个。

全中国的大学，在中华人民共和国成立之际只有 100 多所，改革开放初期发展到 600 来所，世纪之交发展到 1000 多所。截至 2014 年底，全国共有普通高校 2529 所，各种形式的高等教育在学总规模达到 3559 万人，毛入学率达到 37.5%。中国已成为在学规模世界第一的高等教育大国。

改革开放新时期，是中国科学发展的春天，中国教育发展的春天，在经历了中国近代的百年磨难和“文化大革命”之后，我们倍感这种大好形势的来之不易。

改革开放新时期，中国社会生产力大解放，中国科学技术大解放，中国知识分子大解放。

改革开放深化时期提出的科教兴国伟大战略，使工作重心转移进一步深化。

科教兴国、持续发展的跨世纪战略，是中华腾飞的重要保证。

2012年党的十八大、2017年党的十九大、2022年党的二十大，开创了中国改革开放新阶段、新起点，同时也开创了中国科教兴国战略的新阶段，显著特征就是突出努力跟上世界科教革命的时代潮流，全力推进中国的科学创新、技术创新，力图使中国成为21世纪创新型国家。正是在这一新时代，更加明确、更加系统、更加突出地提出了以科技创新驱动发展的新战略。

回顾改革开放45年来的历史进程，纵观精神文明建设的七大历史成就，我们应当对中国精神文明现状得出一个总体性的基本估计：改革开放—经济起飞—文化复兴，这是中国改革开放以来“三位一体”的发展过程；社会主义现代化精神文明的确立——这是中国社会划时代的伟大变革；中国特色社会主义精神文明正在走向世界，成为世界文明的重要组成部分。

纵观七大历史成就的总和，从实质上说，这不是一般性质的文化爬坡，而是中国文化走向现代化的伟大变革；是名副其实、真正科学意义上的文化革命；是中华人民共和国成立70多年来、中国近代以来180多年，乃至“春秋战国百家争鸣”2000多年来，中华文明发展的黄金时代。改革开放以来中国文化变革的划时代性质，这是问题的根本所在。仅仅用一般性的“文化爬坡论”，远远不足以科学说明这一文化变革的划时代意义，这是一个中国文化发生着大变革、大发展的伟大时代。

“不畏浮云遮望眼，自缘身在最高层”，只有站到理论思维的高度上来，真正看到改革开放以来文化变革的这种划时代性质，才能跳出“爬坡论—滑坡论”各执一端的纷纭状态，彻底摸清改革开放新时期中国文化发展的时代脉搏和时代主潮。

改革开放 45 年来，中国文化的主流是大变革、大发展的统一：从质上看，这是中国文化走向现代化的大变革；从量上看，这是中国文化建设事业的大发展、大繁荣。在这里体现了质与量、质变与量变的对立统一。

中国文化的大变革、大发展，从文化发展规律的角度讲，走的是大综合、大创新的道路，是走向 21 世纪世界新型文明的大道。

同时，我们也应该实事求是地指出，改革开放新时期头35年，文化建设中也曾存在一些重大问题，有时甚至是严重不足、重大失误，中国特色社会主义精神文明建设至今仍有一系列迫切问题有待我们着力解决。

总体而言，物质文明与精神文明的双翼起飞、全面发展，这是中国式现代化新道路根本超越物欲主义泛滥的西方现代化模式的一大创新。

第五章　全面小康，共同富裕
——超越西方模式两极分化的第五大创新

在一国乃至全球范围内，造成贫富两极分化、阶级对立，使广大工人阶级、劳动群众长期处于贫困状态——这是西方资本主义现代化模式的传统痼疾，甚至是一种必然趋势。

传统计划经济的苏联模式，曾经试图用平均主义“大锅饭”的方式来解决这个问题，工业化初期，曾有一定历史成效，但更有根本性的历史局限明显不适宜科技革命新时代。

而中国式现代化新道路，则通过社会主义市场经济新型体制，走出一条消灭剥削，消除两极分化，最终走向共同富裕的金光大道，这是世界现代化史上的一大创新。

第一节　贫富分化是资本主义必然趋势

在资本主义社会制度、国家制度下，出现整个社会的贫富两极分化，并不是个别人物、个别时期的偶然过失，而是资本逻辑与市场经济结合的必然趋势，因而是西方资本主义现代化模式普遍存在的传统痼疾，并且在全球化时代进一步走向全球范围，是更为极端化的两极分化。

我们不必在某个发达资本主义国家中工人阶级是否走向绝对贫困倾向问题上过分纠缠（做些实事求是的实证比较研究当然也是必要的），而应把理论焦点首先集中在两极分化的必然趋势上，弄清其症结所在。

我们可以从以下四个层面上层层深入分析，由此弄清两极分化何以成为资本主义制度下的必然趋势：

1. 在自由资本主义时代，在市场经济条件下，自由竞争、人权自由固然是基本原则，但劳动与资本，在与生产资料关系上形成对立两极，因而必然蕴含着两极分化的可能性，甚至必然性。

单纯从形式上看，劳动与资本、工人与资本家，好像是完全平等的，每个人的选择是自由的，竞争机会也是平等的。问题在于，资产阶级一方占据着机器、工厂、工地、矿山等主要生产资料作为资本，实际上垄断了主要资源。而工人阶级则是一无所有，没有工地、工厂、机器等生产资料，唯一占有的是自己的劳动力，唯一的自由是出卖劳动力的自由。在这种不均衡条件下，产生资本主义雇佣劳动，资本家无偿地占有工人剩余劳动，一头积累的是财富，另一头积累的是贫困，岂不是历史必然趋势？

在资本主义市场经济中，由于各种条件的不均衡，广大无产阶级、雇佣劳动者中，总有相当一部分人由于天灾人祸，越来越走向贫困；而某些资产者则占据优势，大发横财，赚得盆满钵满。这时，两极分化的趋势，就自然而然地，也就是带有历史必然性地发生了。

2. 在垄断资本主义时代，资本必然会利用自身的垄断地位，千方百计地攫取垄断利润，而处于垄断资本重压下的工人阶级则无力反击，因而在垄断资本主义条件下，两极分化趋势必然会比自由资本主义时代加快加剧。

18世纪英国亚当·斯密时代的资本主义，还处于自由竞争资本主义时代，他也曾幻想，自由竞争资本主义会带来天然合理、天然和谐的黄金时代。然而，世界历史发展趋势表明，自由竞争资本主义必然会走向垄断资本主义阶段——这个划时代的必然趋势，就发生在19、20世纪之交的历史时代。

资本垄断就像滚雪球一样，必然越滚越大，从垄断土地、工厂、机器、矿山等生产资料，走向垄断商品市场，垄断先进技术，垄断一切资源，由此形成垄断价格、垄断利润。因而，垄断资本一极，必然是社会财富的巨额增长，走向全面垄断、全面异化。资本垄断的另一极，必然是工人阶级长期处于没有资本、没有资源、没有权力，走向贫困化加剧倾向。

现代发达资本主义，从北欧开始到欧美，采取了一些改良措施，部分缓解了资本垄断造成的两极分化加剧趋势，但这种根本趋势却又是难以避免的。

3. 垄断资本主义的发展趋势，必然是资本绑架国家，形成国家垄断资本主义，国家与资本捆绑到一起，使两极分化趋势更上升到一个新的高度。

在亚当·斯密的经济学理论中，对于国家的作用，曾提出“守夜人”的假说，但似乎在劳动与资本关系中，不起什么大作用。实际上，国家并不是什么可有可无、不偏不倚的“守夜人”角色。在劳动与资本的天平中，国家必然站到了资本这一方。从历史上看，本质趋势是垄断资本过分膨胀式地发展，必然绑架国家，让国家俯首帖耳地为垄断资本服务。这种情况在资本主义近代发展史上可谓屡见不鲜。

在劳动与资本这本来就不平衡的天平中，资本绑架了国家，如虎添翼，形成国家与资本的优势叠加，也就是国家资本主义，或者叫国家垄断资本主义。这种国家垄断资本主义如同现实生活中的“利维坦”巨兽，使身无长物、手无寸铁的工人阶级更处于无权地位，两极分化趋势必然上升到一个新的高度，并且不可逆转。

4. 国家垄断资本主义的进一步发展，是必然走向帝国主义，在20世纪中后期还走向美国一家独大、独霸世界的新帝国主义，金融资本、美元霸权、全球垄断的“全球帝国”，由此必然使一国之间的两极分化走向全球范围内的更加剧烈的两极分化。

国家垄断资本主义固然在一国之内已达顶峰，而从世界历史的近现代发展趋势来看，却并不是资本逻辑的发展极限。资本的本性是具有无限发展的趋势、无限扩大的趋势、无限膨胀的趋势，因而必然走向跨国式的发展，各式各样的跨国公司应运而生，成为20世纪现代资本主义发展的一大趋势。

国家垄断—跨国垄断—全球垄断，这是20世纪现代资本主义的历史发展链条。其典型代表、最高顶峰，就是美国式的新帝国主义，以金融资本、美国霸权、独揽全球的方式称霸全世界，由此攫取全球垄断利润。

这就必然使得两极分化从国内扩展到国际范围，并进一步扩展到全世界。经济全球化也使两极分化在当代登峰造极——一极是人数极少、富可敌国的华尔街金融资本；另一极则是众多发展中国家，尤其是最不发达国家中人数众多的贫困群众。

第二节　防止两极分化，走向共同富裕
——中国特色社会主义本质要求

怎样才能防止两极分化，走向共同富裕？中国特色社会主义先后回答了以下三个重大问题：

第一，解放和发展生产力与走向共同富裕的关系问题。

邓小平同志从社会主义本质论的新高度提出了解放和发展生产力与走向共同富裕的关系问题。他把解放和发展生产力作为根本途径，把走向共同富裕作为价值目标，从而科学地揭示了中国特色社会主义的核心理念、基本精神和本质要求。

在马克思主义—列宁主义—毛泽东思想的发展过程中，曾从不同层次、不同方面探讨过社会主义本质问题。马克思晚年不仅用劳动二重性方法分析资本主义本质，也触及了社会主义本质问题，强调“生产力—劳动者”的两个全面发展的统一：“它同时给社会劳动生产力和一切个体生产者的全面发展以极大的推动”“以便最后都达到在保证社会劳动生产力极高度发展的同时又保证人类最全面的发展的这样一种经济形态”。[①]这样，社会主义就从根本上继承了资本主义的重要文明成果，又超越了资本主义的根本历史局限——在使物质生产力高度发展的同时，却使人的发展走向异化、片面化。

问题在于，由于“左”的教条主义的影响，20 世纪 30 年代至 50 年代，在战争与革命为主题的特殊历史条件下形成了苏联战时体制——传统计划经济的苏联模式，并被当成社会主义本质的直接体现。且从中形成三个普遍流行、根深蒂固的僵化公式：“社会主义本质 = 激烈化的阶级斗争”“社会主义本质 = 清一色国有制”“社会主义本质 = 大一统计划经济”。

这种僵化模式的社会主义本质论，在当代社会主义中曾一度占据主导地位，甚至在改革开放新时期还像紧箍咒一样禁锢着人的头脑。姓“社”姓“资”唯一价值标准论，就是由此派生出来的僵化观念，进而非难改革开放和邓小平理论姓“资”不姓“社”。

---

① 《马克思恩格斯全集》第19卷，人民出版社1963年版，第130页。

正是针对这种情况，邓小平南方谈话别开生面地提出了社会主义本质论的新观念：社会主义的本质是解放生产力，发展生产力，消灭剥削，消除两极分化，最终达到共同富裕。

这里，邓小平同志提出了一个富于时代精神与中国特色的崭新公式：社会主义本质 = 解放和发展生产力 + 最终走向共同富裕。

从科学社会主义观发展的解放来讲，这是邓小平理论在最深层次上的拨乱反正、正本清源，它根本突破了传统计划经济体制的苏联模式及其社会主义深层理论基础的上述三个僵化公式。

从社会主义观的角度来讲，这也是邓小平社会主义观在最高层次上的理论概括，对“什么是社会主义，怎样建设社会主义”的基本问题作出了独具特色的三大创新：把解放生产力、发展生产力，作为社会主义根本之道；把消灭剥削，消除两极分化，最终走向共同富裕，作为社会主义根本目标；把解放和发展生产力与走向共同富裕这双重目标的统一，作为社会主义本质。

第二，贫穷与富裕、先富与共富、国富与民富的关系问题。

邓小平同志旗帜鲜明地主张“贫穷不是社会主义”，并首倡中国特色社会主义的富国富民、共同富裕之路，提出分三个阶段，辩证地解决先富与共富、富民与富国的关系问题。

贫困愚昧不是社会主义，社会主义是消灭贫穷、走向共同富裕之道。这是马克思主义、列宁主义、毛泽东思想、邓小平理论的共同观点。

传统计划经济的僵化模式，曾在指导思想上发生“左”倾错误，搞平均主义“大锅饭”，名为共同富裕、同步富裕，实为共同贫穷，甚至一度发展到极左，认为“穷则革命，富则变修”，越穷向共产主义过渡越容易。

从改革开放开始，一直到 1992 年南方谈话，邓小平同志代表灾难深重、历经坎坷的中华民族，代表埋头苦干、世代受穷的劳苦大众，喊出了“摆脱贫困、富国富民”的强烈呼声：“贫穷不是社会主义，发展太慢也不是社会主义”“我们坚持走社会主义道路，根本目标是实现共同富裕”[①]“对国家要爱哟！中国要发达起来，中国穷了几千年了，现在是改变这种状况的时候了，是时候了，现在就要抓住这个机遇，要抓呀，要抓呀……”[②]

第三，走向共同富裕三个阶段的关系问题。

邓小平理论为我们指出了改革开放、建设有中国特色社会主义道路、实现全国人民共同富裕的三个阶段，大体上相当于中国现代化的“三部曲”：第一步，改革开放开始起步的头十年，重点解决温饱问题的20世纪八九十年代，要让有条件的一部分地区、一部分人先富起来，带动整个经济活起来，发展起来，这是一个大政策；第二步，在20世纪末达到小康水平的时候，要适时地、突出地提出“先富带动后富，大家共同发展，避免两极分化”的问题，要通过国家利税、技术转让、资源共享等形式形成“传动纽带”；第三步，到21世纪20年代至50年代，东部沿海地区要发挥现代化先行区的优势，而广大中西部地区则发挥资源优势与后起优势，促进中国持续发展，达到先富与后富、富国与富民的共同富裕目标。

从2012年党的十八大，中国特色社会主义进入新时代，消除两极分化，走向共同富裕，也开始了一个新阶段，重心进一步转向：如何在转向高质量发展的新时代，更加突出克服分配不公、两极分化倾向，建立健全社会保障制度体系，确保小康社会全面建成，确保全体人民共同富裕……

① 《邓小平文选》第3卷，人民出版社1993年版，第255、155页。

② 中共中央文献研究室编：《回忆邓小平》下卷，中央文献出版社1998年版，第498页。

第三节　中国特色社会保障制度体系
——中国道路制度创新的一个重点

有些相当有名的经济学家，总是说我们搞的是“市场社会”“商品社会”，这类提法并不科学，并不准确。我们搞的是社会主义市场经济：运行机制是市场经济，基本制度还是社会主义社会制度。社会主义在这里不是可有可无的，而是起画龙点睛、提纲挈领作用的。

把整个中国改革简单地概括为“市场化改革取向”，并不完全科学准确。实质上，社会主义与市场经济的有机结合，才是中国特色社会主义的制度创新关键所在。简单照搬西方资本主义市场经济的新自由主义，对中国来说，到头来只能是死路一条。

体制创新的一个重点：着力创立健全中国特色社会保障体系。

社会保障体系的建立，是社会化、现代化市场经济的题中应有之义，更应是中国社会主义新型市场经济体制的重要支柱。现代市场经济的发展趋势，不仅应包括国家的宏观调控这一基本要素，而且应把社会保障体系也作为一大要素包括进来。把市场经济与社会保障融为一个有机整体，是德国、瑞典等一些发达国家保持社会相对稳定、经济持续发展的成功之路、成功经验。

缺少社会监督保障体系的单纯市场经济，必然导致两极分化、社会不安。市场经济是铁面无私的竞技场，在这里必然要区分出强者与弱者、成功者与失败者。

市场经济，本质上是鼓励强者的竞争机制；社会保障，则是保护大众、保护弱者的补救措施。这种社会保障体系，至少应包括以下六个方面：老年退休的社会保障制度、疾病患者的社会保障制度、失业待业者的社会保障制度、残疾人的社会保障制度、妇女的社会保障制度、儿童的社会保障制度。当然，最重要的还是覆盖全社会的医疗保险制度体系。

社会监督保障体系有利于我们化解先富与同富的矛盾，走出一条在中国特色社会主义市场经济新型体制下共同富裕的康庄大道。通过市场经济，可以保证经济搞活，并使一部分人先富起来；如果再加上社会监督保障体系，就可以进一步保证广大劳动群众走向共同富裕之路，使社会保持稳定。这两手加起来，就使我们找到一条把“先富之路”与“同富之路”衔接起来的可靠路径。

从2012年党的十八大到2017年党的十九大、2022年党的二十大，在加强社会保障制度建设以确保民生改善方面，迈出了重要步伐。

党的十八大报告已经提出了加强社会建设、社会保障体系建设的重要任务：

加强社会建设，必须以保障和改善民生为重点。提高人民物质文化生活水平，是改革开放和社会主义现代化建设的根本目的。要多谋民生之利，多解民生之忧，解决好人民最关心最直接最现实的利益问题，在学有所教、劳有所得、病有所医、老有所养、住有所居上持续取得新进展，努力让人民过上更好生活。①

党的十九大则把社会主义市场经济条件下的社会保障体系建设作为中国特色社会主义制度创新的重要方面，作出了更加具体翔实的规定：

加强社会保障体系建设。按照兜底线、织密网、建机制的要求，

---

① 胡锦涛：《坚定不移沿着中国特色社会主义道路前进　为全面建成小康社会而奋斗》，人民出版社2012年版，第34页。

全面建成覆盖全民、城乡统筹、权责清晰、保障适度、可持续的多层次社会保障体系。全面实施全民参保计划。完善城镇职工基本养老保险和城乡居民基本养老保险制度，尽快实现养老保险全国统筹。完善统一的城乡居民基本医疗保险制度和大病保险制度。完善失业、工伤保险制度。建立全国统一的社会保险公共服务平台。统筹城乡社会救助体系，完善最低生活保障制度。①

党的二十大要求在新时代进一步健全社会保障体系，强调社会保障体系是人民生活的安全网，社会运行的稳定器。

社会保障覆盖率已成为全面建成小康社会的基本指标之一。其中，基本养老保险的参保人数已经超过了9亿人，基本医疗保险覆盖人数已经超过13亿人，也就是覆盖城乡全民医保已经基本实现。

当然，在这方面还有一系列重大问题，甚至是“老大难”问题，有待今后进一步攻坚克难，得到解决。

第四节　精准扶贫，全面建成小康社会
——世界减贫史上的“中国奇迹”

通过精准扶贫，全面建成小康社会，借以实现消除两极分化、走向共同富裕的社会主义制度创新，这是党的十八大后习近平新时代中国特色社会主义思想的一个显著特点。

如何使14亿中国人口一起摆脱贫困，走向共同富裕？这的确是世界历史上的一道难题。

---

① 《中国共产党第十九次全国代表大会文件汇编》，人民出版社2017年版，第38页。

改革开放的头35年，已经使中国人口绝大多数解决了长期以来困扰我们的温饱问题、短缺经济问题，超越了经济与文化上的贫困线。但仍留下了一块难啃的硬骨头，就是还有约9000万人口仍然生活在贫困线以下。据2014年调查数据，建档立卡，共精准确定12.8万个贫困村，8962万贫困人口。这些贫困人口，大多数比较集中地分布在“老、少、边、穷”的农村地区，少数分布在城镇之中。实际上，全国贫困人口的60%左右，大部分集中在上述12.8万个贫困村。

党的十八大以后，以习近平同志为核心的党中央，明显加大了扶贫工作力度。作为党和国家主要领导人的习近平同志，在扶贫事业中，更是亲自挂帅出征，身体力行。这不仅是出于领导职责、示范作用，更出于他在陕北7年，身在农村最基层的知青经历、真情实感：

回顾中国几十年来减贫事业的历程，我有着深刻的切身体会。20世纪60年代末，我还不到16岁，就从北京来到了陕北一个小村庄当农民，一干就是7年。那时，中国农村的贫困状况给我留下了刻骨铭心的记忆。我当时和村民们辛苦劳作，目的就是要让生活能够好一些，但这在当年几乎比登天还难。40多年来，我先后在中国县、市、省、中央工作，扶贫始终是我工作的一个重要内容，我花的精力最多。我到过中国绝大部分最贫困的地区，包括陕西、甘肃、宁夏、贵州、云南、广西、西藏、新疆等地。这两年，我又去了十几个贫困地区，到乡亲们家中，同他们聊天。他们的生活存在困难，我感到揪心。他们生活美好一点，我都感到高兴。①

2015年10月16日，习近平主席在北京举行的“2015减贫与发展高层论坛”上发表主旨演讲《携手消除贫困，促进共同发展》，

① 中共中央文献研究室编：《十八大以来重要文献选编（中）》，中央文献出版社2016年版，第719页。

还提出了一个新概念——“中国特色减贫道路”，并且列出了以下几条基本特征：

中国是世界上最大的发展中国家，一直是世界减贫事业的积极倡导者和有力推动者。改革开放三十多年，中国人民积极探索、顽强奋斗，走出了一条中国特色减贫道路。我们坚持改革开放，保持经济快速增长，不断出台有利于贫困地区和贫困人口发展的政策，为大规模减贫奠定了基础、提供了条件。我们坚持政府主导，把扶贫开发纳入国家总体发展战略，开展大规模专项扶贫行动，针对特色人群组织实施妇女和儿童、残疾人、少数民族发展规划。我们坚持开发式扶贫方针，把发展作为解决贫困的根本途径，既扶贫又扶志，调动扶贫对象的积极性，提高其发展能力，发挥其主体作用。我们坚持动员全社会参与，发挥中国制度优势，构建了政府、社会、市场协同推进的大扶贫格局，形成了跨地区、跨部门、跨单位、全社会共同参与的多元主体的社会扶贫体系。我们坚持普惠政策和特惠政策相结合，先后实施《国家八七扶贫攻坚计划（1993—2000年）》《中国农村扶贫开发纲要（2001—2010年）》《中国农村扶贫开发纲要（2011—2020年）》，在加大对农村、农业、农民普惠政策支持的基础上，对贫困人口实施特惠政策，做到应扶尽扶、应保尽保。①

为了实现在中国共产党建党100周年之际全面建成小康社会的宏伟目标，近几年来的一项重要举措，就是提出了“精准扶贫”新方略。习近平总书记对此有一段概括，提出了“六个精准”的具体要求：

全面小康是全体中国人民的小康，不能出现有人掉队。未来五年，我们将使中国现有标准下七千多万贫困人口全部脱贫。这是中国落实 2015 年后发展议程的重要一步。

---

① 中共中央文献研究室编：《十八大以来重要文献选编（中）》，中央文献出版社2016年版，第718、719页。

现在，中国在扶贫攻坚工作中采取的重要举措，就是实施精准扶贫方略，找到“贫根”，对症下药，靶向治疗。我们坚持中国制度的优势，构建省市县乡村五级一起抓扶贫，层层落实责任制的治理格局。我们注重抓六个精准，即扶持对象精准、项目安排精准、资金使用精准、措施到户精准、因村派人精准、脱贫成效精准，确保各项政策好处落到扶贫对象身上。我们坚持分类施策，因人因地施策，因贫困原因施策，因贫困类型施策，通过扶持生产和就业发展一批，通过易地搬迁安置一批，通过生态保护脱贫一批，通过教育扶贫脱贫一批，通过低保政策兜底一批。我们广泛动员全社会力量，支持和鼓励全社会采取灵活多样的形式参与扶贫。①

应当说，自从邓小平同志提出“贫穷不是社会主义”的命题以来，改革开放初期 35 年，已经使 13 亿中国人口的大部分摆脱了贫困状态，过上了小康生活。我们大多数当代中国人，都是改革开放、脱贫致富的受益者。

自 2012 年党的十八大以来，更大力加强了脱贫攻坚战，取得了明显战绩，农村贫困人口平均每年减少 1300 万人，6000 多万贫困人口比较稳定地摆脱贫困，贫困发生率已从 10.2% 下降到 4% 以下。

截至 2016 年底，全国农村贫困人口还有 4300 多万人。如果到 2020 年底全面建成小康社会，实现摆脱贫困一个人也不能掉队，每年还要持续减少贫困人口 1000 多万。这不是一个小数，而是一个十分艰难的历史重担。

难度之大还在于这些贫困人口多半高度集中在一些长期深度贫困地区，如边远的西藏自治区，还有四川凉山、云南怒江、甘肃临夏三个自治州。脱贫难度，可想而知。

① 中共中央文献研究室编：《十八大以来重要文献选编（中）》，中央文献出版社 2016年版，第720页。

与此相应，当代中国精准扶贫工程的投入力度，可以说在中国历史、世界历史上也是史无前例的：

强化驻村帮扶，全国选派 77.5 万名驻村干部和 19.5 万名第一书记，实现对贫困村驻村帮扶全覆盖。加大东西部扶贫协作力度。加大扶贫工作监督力度，强化脱贫攻坚的责任意识和实效导向。围绕解决“怎么扶”的问题，强化脱贫攻坚的投入保障和政策支撑体系，扎实做好发展特色产业脱贫、组织劳务输出脱贫、资产收益脱贫、易地搬迁脱贫、生态保护脱贫、发展教育脱贫、医疗保险和医疗救助脱贫、低保兜底脱贫、社会公益脱贫等，提高扶贫措施有效性。2013—2017 年，中央财政专项扶贫资金累计投入 2787 亿元，平均每年增长 22.7%；省级财政扶贫资金累计投入 1825 亿元，平均每年增长 26.9%。安排地方政府债务 1200 亿元，用于改善贫困地区生产生活条件。财政涉农资金统筹整合使用试点扩大到所有贫困县。金融扶贫力度明显加大。

党的十八大以来，贫困地区群众收入增长较快，生产生活条件明显改善，贫困地区面貌明显改善。6000多万农村贫困人口稳定脱贫，年均减少1391万人，贫困发生率由10.2%下降到4%以下。党的十八大以来的脱贫成效，创造了我国扶贫史上的最好成绩。我国提前十年实现《联合国2030年可持续发展议程》确定的减贫目标，继续在全球减贫事业中保持领先地位。

2017 年 10 月召开的党的十九大，主题就是《决胜全面建成小康社会 夺取新时代中国特色社会主义伟大胜利》。

这里面要进一步解决的重大问题，就是在社会主义市场经济新型体制下，如何通过一系列制度创新，为消除两极分化，消除贫困，走向共同富裕，提供一道制度保障的坚固长城。

2020年，中国与世界遭遇了新冠病毒的全球大流行、大危机，更给中国精准扶贫事业带来了新困难、新挑战。但在中国共产党的坚强领导下，全国上下，一齐努力，终于取得了消除贫困的伟大胜利。

2021年2月25日，3000多人齐聚首都人民大会堂，隆重召开全国脱贫攻坚总结表彰大会。习近平总书记发表重要讲话，对于中国精准扶贫取得的伟大胜利，作出科学总结：

今天，我们隆重召开大会，庄严宣告，经过全党全国各族人民共同努力，在迎来中国共产党成立一百周年的重要时刻，我国脱贫攻坚战取得了全面胜利，现行标准下9899万农村贫困人口全部脱贫，832个贫困县全部摘帽，12.8万个贫困村全部出列，区域性整体贫困得到解决，完成了消除绝对贫困的艰巨任务，创造了又一个彪炳史册的人间奇迹！这是中国人民的伟大光荣，是中国共产党的伟大光荣，是中华民族的伟大光荣！

改革开放以来，按照现行贫困标准计算，我国7.7亿农村贫困人口摆脱贫困；按照世界银行国际贫困标准，我国减贫人口占同期全球减贫人口70%以上。特别是在全球贫困状况依然严峻、一些国家贫富分化加剧的背景下，我国提前10年实现《联合国2030年可持续发展议程》减贫目标，赢得国际社会广泛赞誉。

纵览古今、环顾全球，没有哪一个国家能在这么短的时间内实现几亿人脱贫，这个成绩属于中国，也属于世界，为推动构建人类命运共同体贡献了中国力量！

脱贫攻坚取得举世瞩目的成就，靠的是党的坚强领导，靠的是中华民族自力更生、艰苦奋斗的精神品质，靠的是新中国成立以来特别是改革开放以来积累的坚实物质基础，靠的是一任接着一任干的坚守执着，靠的是全党全国各族人民的团结奋斗。我们立足我国国情，把握减贫规律，出台一系列超常规政策举措，构建了一整套行之有效的政策体系、工作体系、制度体系，走出了一条中国特色减贫道路，形成了中国特色反贫困理论。

回首过去，我们在解决困扰中华民族几千年的绝对贫困问题上取得了伟大历史性成就，创造了人类减贫史上的奇迹。[1]

2022年党的二十大，更进一步上升到世界历史和哲学高度，把全体人民共同富裕、坚决防止两极分化作为中国式现代化新道路的五大基本特征之一，也是中国特色社会主义与中国式现代化的本质要求。

① 习近平：《在全国脱贫攻坚总结表彰大会上的讲话》，《光明日报》，2021年2月26日。

第六章　生态文明，永续发展
——超越西方现代化发展模式的第六大创新

世界历史近500年，资本逻辑的全球膨胀，资本主义制度的固有弊端，再加上个人本位、自我中心、零和博弈型、对外征服型的西方哲学单主体性观念，造成了人与自然关系的对立、全球性的生态危机，并在世纪之交、千年之交充分暴露出来。

传统计划经济的苏联模式未能真正解决这一问题，20世纪80年代后期发生的切尔诺贝利核电站核泄漏危机，成了导致苏联解体的一个重要导火索。

而中国式现代化新道路，尤其是中国特色社会主义新时代，则为解决这一全球问题开辟了一条新路。

马克思主义中国化的新时代新飞跃的一个重要生长点，是提出了中国特色社会主义生态文明观，构建人与自然的生命共同体，为解决全球问题、人类困境，开辟了新道路，提供了新的可能性。

第一节　从经济起飞到生态文明
——理论创新的探索历程

改革开放，经济起飞，持续40年的现代化经济腾飞，堪称是世界历史上的“中国奇迹”，这一点是任何人都难以否定的伟大成就。但是，我们也须清醒看到，在取得这一伟大成就的同时，也曾付出了沉重代价，其中的一个突出表现就是生态破坏。党的十八大以来，以习近平同志为核心的党中央，为了解决这个“世界性”“全球性”问题，提出了一系列新思想、新观念、新战略，我将其称之为新时代中国特色社会主义生态文明观。现代新型生态文明观不仅逐步生成发展，而且在我们党的指导思想、创新理论发展史上，作出了重要理论创新。

在“五位一体”总体布局中，生态文明建设既是一个重要前提，又是贯穿始终的一条红线。

在我们党的历史上，对于生态问题、生态建设的重要性，认识深度是不断发展的。把解决生态问题提升到开创“社会主义生态文明新时代”的高度，意味着我们建设中国特色社会主义、解决生态问题，不仅着眼于解决迫在眉睫的急切生态问题，而且要开创超越古代农牧文明、近代工商文明的现代生态文明新形态。我们不仅要实现生态文明建设的新愿景，而且要在世界历史上努力开创“社会主义生态文明新时代”。

20世纪80年代，针对改革开放初期反复出现的“一手硬、一手软”的问题，邓小平同志提出了“一个中心、两个基本点”的战略布局，并且特别强调要克服“一手硬、一手软”的倾向，努力做到物质文明建设与精神文明建设两手抓、两手都要硬。

20 世纪 90 年代，特别是在 1992 年邓小平南方谈话和党的十四大以后，以江泽民同志为核心的党的第三代中央领导集体，努力借鉴列宁晚年经济、政治、文化“三位一体”系统改革的总体构想，逐步形成“经济、政治、文化”、中国特色社会主义、“市场经济、民主法治、精神文明”建设“三位一体”总体布局。

在 21 世纪头十年，以胡锦涛同志为总书记的党中央，带头倡导科学发展观，把以旨在建构中国特色社会主义新型社会关系为主题的社会建设列入总体布局，这就形成了“四位一体”总体布局：经济建设、政治建设、社会建设、文化建设。

从2012年党的十八大开始，直至2022年党的二十大，以习近平同志为核心的党中央，审时度势，把生态建设与经济、政治、文化、社会建设统筹考虑，形成了“五位一体”总体布局。在“五位一体”总体布局中，生态文明建设既是一个重要前提，又是贯穿始终的一条红线。党的十八大报告提出了“大力推进生态文明建设”的四大举措，最后又画龙点睛地指出，“我们一定要更加自觉地珍爱自然，更加积极地保护生态，努力走向社会主义生态文明新时代”。这就表明，生态文明建设要以开创“社会主义生态文明新时代”作为最终归宿，因此，可以说这是中国特色社会主义理论的一个重要创新。

第二节　系统改革，制度创新

——生态文明建设的制度保证

习近平总书记在党的十八届三中全会上作关于《中共中央关于

全面深化改革若干重大问题的决定》说明时特别强调：我国生态环境保护中存在的一些突出问题，一定程度上与体制不健全有关，原因之一是全民所有自然资源资产的所有权人不到位，所有权人权益不落实。针对这一问题，全会决定提出健全国家自然资源资产管理体制的要求。

在自然资源管理制度建设方面，《中共中央关于全面深化改革若干重大问题的决定》指出：健全自然资源资产产权制度和用途管制制度。对水流、森林、山岭、草原、荒地、滩涂等自然生态空间进行统一确权登记，形成归属清晰、权责明确、监管有效的自然资源资产产权制度；建立空间规划体系，划定生产、生活、生态空间开发管制界线，落实用途管制。健全能源、水、土地节约集约使用制度。

党的十八大之后，我国设立了统一规范的国家生态文明试验区，开展生态文明体制改革综合试验，为完善生态文明制度体系探索路径积累经验。不断推进国土空间开发保护制度、空间规划编制、生态产品市场化改革，建立多元化的生态保护补偿机制，健全环境治理体系，建立健全自然资源资产产权制度，开展绿色发展绩效评价考核等重大改革任务，重点解决社会关注度高、涉及人民群众切身利益的资源环境问题。

2017 年党的十九大，在生态文明观的理论创新上，又向前迈出了新步伐，有两个引人注目的新提法：一是“人与自然是生命共同体”；二是“加快生态文明体制改革，建设美丽中国”。

保护自然环境，建设美丽中国，不再是一个空洞抽象的政治口号，而是有一系列体制改革、制度创新的重大举措，为生态文明建设筑起一道坚不可摧的新的长城。其中，特别引人注目的六项制度创新是：

1. 解决自然资源、自然环境保护主体地位的问题，健全自然资源资产产权制度和法律法规；

2. 科学划定并且严守生态保护红线，完善生态保护补偿机制、破坏生态环境违法行为的依法惩罚制度；

3. 坚持最严格的耕地保护和节约用地制度；

4. 实施国家节水行动，建立水资源刚性约束制度；

5. 建立地上地下、陆海统筹的生态环境治理制度；

6. 完善中央生态保护督察制度，实行生态环境保护的“党政同责”“一岗双责”责任制度等。

第三节　绿水青山就是金山银山
——新时代生态文明观精髓

找准方向，创造条件，让“绿水青山”源源不断地带来“金山银山”。

新时代生态文明观有丰富多彩的理论内容，生动形象的语言表述，应接不暇的思想火花。如果不能找到一个一以贯之的思想精髓，就很难真正做到准确系统地整体把握。那么，新时代生态文明观的思想精髓究竟是什么呢？新时代生态文明观的思想精髓是马克思主义与中国特色社会主义的综合创新论，强调人与自然、经济与社会、中国与世界的和谐发展、综合创新。简而言之，用一句话来概括，也许可称之为“天人和谐型生态文明观”。

中国特色社会主义新时代“天人和谐型生态文明观”的核心理念，超越了西方资本主义近代文明中主客对立、征服自然的世界观，形成了天人合一、人与自然和谐统一、共同发展的新理念、新世界观、新价值观。这一思想精髓最典型、最生动、最集中的表述，就是习近平总书记提出的“两山论”——“绿水青山就是金山银山”。象征经济财富的“金山银山”，与象征生态保护的“绿水青山”，二者关系辩证发展，是二者和谐统一的新型辩证法、发展观。

从理论上看，“两山论”在分析“发展与环境”这对矛盾中看到了“保护环境就是保护生产力”的统一之法，在解决“绿水青山与金山银山”的对立中找到“绿水青山就是金山银山”的转化之机，是马克思主义矛盾论系统化的应用和发展。“两山论”继承和发展了马克思主义生态观和生产力理论，指明了实现发展和生态保护内在统一、相互促进和协调共生的方法论，是马克思主义中国化在人与自然和谐发展方面的集中体现，也是马克思主义生态观在中国的进一步丰富和发展。从实践上看，“绿水青山就是金山银山”发展理念是习近平总书记破解经济发展难题、总结发展经验的理性升华，是他长期研究思考我国经济社会发展方式的认识飞跃，也是他对人类文明发展道路深刻反思批判的思想结晶。习近平总书记关于生态文明建设的思想中，以“两山论”为代表对生产力发展规律的新思考，开辟了处理人与自然关系的新境界。

在主持浙江工作期间，习近平同志指出，“我们追求人与自然的和谐，经济与社会的和谐”，“绿水青山与金山银山既会产生矛盾，又可辩证统一”。他认为应该在二者的正确选择之中，找准方向，创造条件，让“绿水青山”源源不断地带来“金山银山”。

2017 年 10 月，习近平总书记在党的十九大报告中特别强调：坚持人与自然和谐共生。建设生态文明是中华民族永续发展的千年大计。必须树立和践行绿水青山就是金山银山的理念，坚持节约资源和保护环境的基本国策，像对待生命一样对待生态环境，统筹山水林田湖草系统治理，实行最严格的生态环境保护制度，形成绿色发展方式和生活方式，坚定走生产发展、生活富裕、生态良好的文明发展道路，建设美丽中国，为人民创造良好生产生活环境，为全球生态安全作出贡献。[①]

把握这一精髓，有助于我们完整准确、全面系统地把握习近平生态文明思想的理论创新，更好地带领人民群众进行实践创新。

第四节　人类命运共同体和人与自然和谐共生
——“三足鼎立”式的四大共同体

怎样才能更好地回答“当代世界与中国向何处去”这个时代课题？

这就要求我们，必须根本突破近500年来广泛流行的西方主导的个人本位、自我中心、零和博弈型、对外征服型的单主体性观念，走向合作共赢的多元交互主体性。

为此，习近平新时代中国特色社会主义思想以构建人类命运共同体为主旨，提出了构建四大共同体的宏大构想，这四者之间不是并列关系，而是“一个主旨—三足鼎立”的耦合关系。

“一个主旨”——构建人类命运共同体，是总揽全局的时代主题，对于处理国内与国外两个大局，也有统摄作用。这就要求我们正确处理好中国同周边邻国关系，同发展中国家关系，同美国、俄罗斯、欧盟国家、日本等大国关系。要摒弃那种零和博弈型的国际关系理念，建立平等互利、合作共赢的新型国际关系。中国的大发展，也是各国的大机遇。

其他三个共同体，都是围绕这个主旨展开的，在一定意义上，也可以说像“三足鼎立”那样，是人类命运共同体这个新时代主题

① 《中国共产党第十九次全国代表大会文件汇编》，人民出版社2017年版，第19页。

赖以支撑建立的三大前提条件：

第一，构建多元一体的中华民族共同体——这是构建人类命运共同体的宏观前提，也是最切近的、最重要的客观基础。世纪之交，千年之交，世界格局是一个充满变数的大变局，既有空前的历史机遇，又有空前的严峻挑战。我们能否转危为机，关键还是把国内现代化建设大局把握好，把人民内部的各种矛盾处理好，把多民族的相互关系处理好，把人民对美好生活向往的需要同不充分不协调发展之间的主要矛盾处理好。“任凭风浪起，稳坐钓鱼台”，这是我们足以应对各种国内风险、国际风浪，沉着稳健地构建人类命运共同体最重要的国内条件、宏观基础。

第二，构建人与自然和谐发展的生命共同体——这是构建新时代人类命运共同体的生态基础、环境前提。毋庸讳言，在世纪之交、千年之交，由于工业化、现代化进程中，伴随着对外征服型的主体性观念，人们把自然界作为野蛮征服的对象，因而造成了全球性生态环境危机。四种典型表现形式，就是造成人类困境的四大全球性问题：人口爆炸、资源破坏、环境污染、气候突变。这些全球问题，已经使人类走到一个十字路口上：是恶性发展、自我毁灭，还是根本创新、改弦易辙？

第三，构建人网结合、人机结合、人工智能的新型共同体——这是从每个现代人做起，构建新时代人类命运共同体的微观基础、个人前提。个人电脑的发展，手机的普遍应用，全球互联网的建设，人工智能的现代科技革命最新趋势，已经使每个人的存在方式、思维方式、交往方式、活动方式，都发生了前所未有的深刻变化。一个个看似偶然存在的个别人、自然人，正在变成联通整个世界的“世界历史性存在”“全球性普遍交往的个人”，具有多样性、全球性选择的“自由个性”。当然，过度依赖手机、互联网、人工智能，也隐含着人性迷失，走向无人世界、非人世界的巨大隐患。真正有希望的光明愿景，是走向人机结合新型主体，这是构建人类命运共同体最广泛的个人前提、最强大的微观基础。

2022 年党的二十大，把生态文明建设又提高到一个新的高度、新的境界，进一步强调人与自然是生命共同体，人与自然和谐共生乃是中国式现代化新道路的五大基本特征之一，并且是中国式现代化的本质要求。

第七章　自主开放，和平共赢
——超越西方现代化模式对外扩张的第七大创新

资本逻辑的本性，就是自我膨胀、无限扩张。因而，资本主义现代化 500 年的整个历史，始终伴随着资本主义国家对外扩张、对外殖民、对外侵略的历史，这成为现代化西方模式的一个固有弊端。

而中国式的现代化新道路，继承了中华原创文明中固有的多元兼容、崇尚和平的哲学理念与文化基因，再加上中国特色社会主义内在的本质要求，因而一直在寻求一条自主开放、和平共赢的外交路线，旨在根本超越对外扩张的西方现代化模式。

习近平新时代中国特色社会主义思想的一个重要理论创新，是进一步提出了“构建人类命运共同体”的新理念，旨在解决全球化过程中出现的新挑战、新问题——这是马克思主义中国化时代化新飞跃的一个重要生长点。

2022 年党的二十大的一个重要理论创新，是把“走和平发展道路”作为中国式现代化新道路的五大基本特征之一，并且将推动构建人类命运共同体、创造人类文明新形态，作为中国式现代化的本质要求。

第一节　首倡构建21世纪人类命运共同体
——最富于时代精神的哲学创新

在当今这个全球化太平洋时代，在横跨东西、联系全球的太平洋体系中，很难再回到那个“不知有汉，无论魏晋”的世外桃源，也再难碰到那个孤岛上独立自存的鲁滨孙式孤立个人。各个国家、各个单位、各个个人，愈来愈像登上了一个“太平洋号”大船，或叫“地球村号”大船，当今时代的诺亚方舟，成为人类命运共同体中的一员。

我们可以从正反两个方面理解“人类命运共同体”这个全新概念。

从正面来说，正是经济全球化这个时代大潮，强烈呼唤着命运共同体。什么是全球化？对此有种种不同说法，不同界定，而最本质之点，就是随着世界市场、全球分工、国家体系的全球复杂系统发展，各个民族、各个国家、各个地区、各个单位之间相互渗透、相互作用、相互影响的系统化、整体化趋势日益增强，成为当今时代世界历史的发展主潮。经济全球化时代的太平洋体系，不正是有这种相互渗透、相互联系吗？

从反面来说，则是当今时代的全球问题，七大危机，人类困境，尤其是气候变化、生态危机造成的人类生存危机，使经济全球化时代的太平洋体系成为同舟共济的命运共同体。

最近这几年，气候极端变化加剧，更使生态危机如悬在人类头顶上的利剑。不是人类自我超越、制度创新、观念创新，就是人类走向自我毁灭、自我灭亡！

正是在这一意义上，中国国家主席习近平，首倡“构建人类命运共同体”的新思想……

从形式上看，是对国际形势走向上的多边主义与单边主义、构建人类命运共同体与维护金融资本全球霸权之争；而在国际秩序的政治争论背后，则是两种哲学理念之分：是坚持个人本位、自我中心的单主体性，还是走向多元主体的交互主体性？

第二节　自主和平、纵横交错的全球战略
——新时代中国特色社会主义独特创新

中国特色大国外交新时代、新格局——连横与合纵两手并用的大战略、大智慧。

春秋战国时期，出现了纵横家学派，首倡中华智慧中两种国家体系、外交模式、国际关系体系：以张仪为代表，以联合强秦为主的连横模式；以曾挂六国相印的苏秦为代表，联合六国，也就是联合诸多国家以抗强秦霸权的合纵模式。

而党的十九大报告，则在对外关系、外交方略、国际关系体系问题上，提出了以构建人类命运共同体为主旨、纵横交错、两手并用的全球战略，为人类走出战争威胁、冷战思维、全球危机阴影开辟了新的可能性，堪称是习近平新时代中国特色社会主义思想的一大理论创新，也为中国外交、对外开放、国际关系体系建构开创了全新格局。

2017 年，外交部部长王毅对 2012 年党的十八大以来中国的特色外交新格局曾有一段简要描述：

完善外交工作的总布局，为新时期中国外交拓展了战略空间。在各国相互联系更为紧密的全球化时代，世界需要的不是单枪匹马

的英雄，而是同舟共济的合作伙伴。习近平总书记提出，要在坚持不结盟原则的前提下广交朋友，形成遍布全球的伙伴关系网络。在上述思想指引下，我们坚持对话而不对抗、结伴而不结盟，迄今已同 100 个左右的国家、地区和区域组织建立了不同形式的伙伴关系，中国的“朋友圈”不断扩大。十八大以来，习近平主席出访 50 多个国家，以周边和大国为重点，以发展中国家为基础，以多边为外交舞台，以构建全球伙伴关系网络为主要路径，以参与和引领全球治理为开拓方向，以“一带一路”建设为对外合作重要渠道，实现对五大洲不同类型国家交往的全覆盖，对发展中国家整体合作机制的全覆盖，以点带面、点面结合、全面均衡、整体推进，拓展了全方位、多层次、立体化的对外工作布局。①

党的十九大报告讲到对外关系、对外工作的，主要是在两个地方：第一个地方是在第三大部分，基本方略十四条中的第十三条，简明扼要地提出纲要；第二个地方是第十二大部分，题目为“坚持和平发展道路，推动构建人类命运共同体”，讲得较为集中，较为具体，较为系统。

2022 年党的二十大，把当代中国的外交政策、全球战略，从理论思维上升到一个新的高度，就是把根本超越“国富必霸”“争霸必战”的西方现代化老路、开创和平发展的新道路，作为中国式现代化新道路的五大基本特征之一，并将这一条作为中国式现代化的本质要求。

---

① 本书编写组：《十八大以来新发展新成就》上册，人民出版社2017年版，第3、4页。

第三节　独立自主、和平外交的中国全球战略
——富于时代精神与中华智慧的十个要点

把上述几方面联系起来，可以概括为独立自主、和平外交的中国全球战略，其中包括十个理论要点，具有世界眼光与哲学高度，富于时代精神与中华智慧：

一是双重使命观——中国共产党肩负双重使命，既有为中国人民谋幸福的民族使命，又有为人类进步事业而奋斗的国际使命。今天的中国共产党、中国特色社会主义，把为人类作出新的更大贡献，作为新时代新使命。这是“不忘初心、牢记使命”，这是党的十九大、党的二十大主题的题中应有之义。

二是对立统一的新世界观——世纪之交、千年之交的当今时代、世界大势，出现了对立统一的特殊矛盾复杂性：一方面世界处于大发展、大变革、大调整时期，和平与发展仍然是时代主题，世界多极化、经济全球化、社会信息化、文化多样化成为大有希望的时代潮流；另一方面，当今世界面临的不稳定性、不确定性、风险性、全球性危机的挑战性，也表现得十分突出，当代人类面临着许多十分严重的共同挑战。

三是和平外交观——“和平、发展、合作、共赢”是中国外交的旗帜，和平共处五项原则是中国外交的基础，维护世界和平、促进共同发展、构建合作共赢的新型国际关系，是中国外交的政策宗旨。

四是正确义利观——要把义利统一的正确义利观，作为中国外交的价值取向：要注重维护中华民族的国家利益、核心利益，为此

也须努力寻求各国人民利益共同点、交汇点；必须坚持大小国家一样平等，坚持国际社会、国际程序的公平正义。

五是新安全观——树立共同、综合、合作、可持续的新安全观，争取亚太地区乃至整个世界各国的持久和平、普遍安全，并通过各国对话与合作，解决恐怖主义、网络安全、重大传染性疾病、气候变化等非传统安全威胁。

六是新型全球化观——对于经济全球化趋势，要做一分为二的辩证分析：经济全球化是世界大势所趋，各国相互联系和依存日益加深，任何一个国家都不可能退回到自我封闭的孤岛上单独应对人类面临的重大挑战，因而要同舟共济，促进贸易和投资自由化便利化；同时，在经济全球化过程中，必须根本解决世界范围内贫富分化、两极分化日益严重的问题，推动现代新型的经济全球化朝着更加开放、包容、普惠、平衡、共赢的方面发展。

七是人类命运共同体观——当今时代人类面临着一系列全球性问题，乃至全球性危机的严重挑战，每个民族、国家都不可能走孤立主义道路独善其身。正确的选择，只能是各国人民同心协力，构建人类命运共同体，共同建设持久和平、普遍安全、共同发展、开放包容、清洁美丽的世界。这是一个同舟共济的人类命运共同体，这也是人类在整个地球家园范围内努力构建的人与自然和谐发展的生命共同体。

八是大国关系与周边外交格局观——中国要积极发展全球伙伴关系，扩大同各国利益交汇点；推进大国协调合作，构建总体稳定、均衡发展的大国关系框架；并要按照亲诚惠容理念，以邻为善、以邻为伴的周边外交方针，深化同周边国家关系。

九是扩大开放的“一带一路”观——中国坚持对外开放的基本国策，坚持打开国门搞建设，积极推进“一带一路”国际合作，努力做到“五通”：政策沟通、设施联通、贸易畅通、资金融通、民心相通，或许今后还要加上多元文化汇通。

十是全球治理观——中国秉持共商、共建、共享的全球治理观，倡导国际关系民主化；坚持国家不分大小、强弱、贫富，一律平等；支持联合国发挥积极作用，支持扩大发展中国家在国际事务中的代表性与发言权；中国将继续发挥负责任大国的作用，积极参与全球治理体系的改革和建设，为此贡献中国智慧、中国力量；中国自始至终作为世界和平的建设者，全球发展的贡献者，国际秩序的维护者。

第四节　新中国外交发展“三部曲”
——新时代全球战略创新之处

我们历史具体地比较一下此前70年来新中国外交发展的“三部曲”，就可以一目了然地看清习近平新时代全球战略的创新之处：

第一部曲：中华人民共和国成立之初的20世纪50年代，为了在那个两极对立的冷战时代打破封锁，谋求生存，维护民族独立，中华人民共和国成立初期的中国被迫选择了“一边倒”的国际战略、外交方针。其实，毛泽东主席、周恩来总理等从五四时代、建党时代、延安时代起，就有马克思列宁主义时代观的世界眼光，甚至是全球战略的基本思想、闪光智慧。但碍于冷战格局、“一边倒”方略，因而无法从理论与实践的统一之中全面实行全球战略。20世纪50年代末60年代初，中苏大论战使“一边倒”方略退出世界舞台。

第二部曲：20世纪70年代初期中华人民共和国重返联合国，毛泽东提出“三个世界”理论，邓小平作联合国大会发言，可谓那个时代中国全球战略的理论雏形，相当于运用“合纵法”，力图联合第三世界大多数发展中国家，加上第二世界国家，同时反对美苏两霸。20世纪70年代末期，又和美国恢复正常关系，采取“一条线”方略，远交近攻，集中对付大敌当前的苏联霸权威胁。邓小平同志在改革开放新时期起点上，十分敏锐地提出：以战争与革命为主题的时代与两极对立的冷战时代已经过去，和平与发展已成为时代主题；全球战略应是其题中应有之义，而在面临改革开放艰难起步的20世纪80年代，只能仍是在雏形之中。

第三部曲：20世纪80年代末90年代初，邓小平同志“韬光养晦”提方略。1989年春夏之交的政治风波之后，先是西方各国对中国实行制裁封锁政策，而后是东欧剧变、苏联解体。国际社会多半认为，多米诺骨牌中下一个倒下的就是中国。正是在这种“黑云压城城欲摧”的极端孤立逆境之中，邓小平同志以特有的理论勇气与中华智慧，提出那个特殊困难时期的特殊应对方略：冷静观察，稳住阵脚；沉着应付，韬光养晦；善于守拙，决不当头。正是这一奇着险棋，加上邓小平南方谈话，党的十四大提出社会主义市场经济，帮助中国走出了“山穷水尽疑无路”的苏联模式绝境，迎来了“柳暗花明又一村”的改革开放新时代。当然，当时也很难在知行统一中全面实行全球战略。

采用纵横交错的全球战略，全面构建全球化新型国际关系。

春秋战国时期，尤其是战国七雄时期，出现了纵横家的两种国际外交战略：以张仪为代表的“连横派”，主张与最强大的秦国结成友好关系，借以保存自己，促进统一；以苏秦为代表的“合纵派”，则主张六国联合，共抗强秦。

从党的第一代中央领导集体开始，特别是到了以习近平同志为核心的党中央领导集体时期，更加明确地形成了纵横交错、两手并用的全球战略，旨在共同构建新型大国关系，以推进中国现代化起飞和可持续发展；形成争取和平、共同发展的最广泛的国际统一战线、全球统一战线。

在这里，“连横”与“合纵”这两手，如同人之两手，左右并用，相互补充，相得益彰：有了合作共赢的“连横”关系，就可以保证中国赢得和平发展历史机遇，带着现代化起飞势头，去推进“合纵”关系；而有了“合纵”关系这一手，则使得中国在与他国构建新型大国关系时更有底气，更有实力，更有根基，更有定力，“任凭风浪起，稳坐钓鱼台”，不会顺风转向，简单跟着走、照着做。

在中国特色社会主义新时代，中国更带头旗帜鲜明地提出了全球发展倡议、全球安全倡议、全球文明倡议，堪称是中国全球战略形成的三块理论奠基石。

第五节　全球战略通天下
——中国大历史、世界大历史上的重大创新

所谓“战略”，就是超越局部问题、具体问题、战术问题的总体布局、长远思考；

所谓“大战略”，就是在军事战略、政治战略、经济战略、文化战略、外交战略基础上进一步形成的运筹帷幄、统摄全局、决定长远的系统思考、总体方略；

所谓“全球大战略”，就是在单一战略、国家战略、局域战略基础上，更进一步，面对全球化潮头、全球性问题、全球性地缘政治、全球性国际关系，对世界格局、国家体系提出的系统总体战略。

纵观中华文明史，上下五千年，纵横十万里，尽管可以说历来富于“天下一家”“天下为公”的广阔襟怀，其实这也是第一次形成名副其实、真正意义上的全球战略：

公元1500年前，古代中国虽然有“天下格局”，立志要“修身齐家治国平天下”，先后出现秦皇汉武、唐宗宋祖、一代天骄成吉思汗式的东方雄主，可是在那个时代，无论东方西方，其实都只是“一只眼睛看世界”，东方世界、西方世界，都只是全球世界、全球历史中的半壁江山；

公元1500年后500年，尤其是明清时期，特别是自1405—1433年间明初郑和下西洋之后，多半向后逆转为闭关锁国的基本国策，就连号称“十全武功”的乾隆皇帝都写下如此惧怕对外开放的诗句：“间年外域有人来，宁可求全关不开。人事天时诚极盛，盈虚默念惧增哉”；

1840年鸦片战争爆发，至1949年中华人民共和国成立前的100多年间，中华民族一度陷入落后挨打、屡遭侵略的民族生存危机、独立危机之中，哪里还谈得上什么全球战略！

面对新世纪、新千年，在全面开展和平外交，第一次形成纵横交错的全球战略这一点上，像一面镜子那样，集中地映现出习近平新时代中国特色社会主义思想的重大理论创新。

在2022年党的二十大前后，以习近平同志为核心的党中央领导集体为中国式现代化新道路的全球战略提供了三块理论奠基石：全球发展倡议、全球安全倡议、全球文明倡议，使中国现代化的全球战略更加系统全面。

党的二十大报告还有一个十分引人注目的新提法，就是要求上升到世界历史与哲学高度，深入系统地把握好习近平新时代中国特色社会主义思想的世界观和方法论，要做到“六个必须坚持”。其中特别值得注意的是，最后的落脚点和归宿点，就是“必须坚持胸怀天下”，拓展世界眼光。这就意味着，把中国现代化中的全球战略及其重要性，全都提高到了一个新时代、新高度！

第六节　人类命运共同体时代呼唤的哲学创新
——时代精神的三大潮头

在世纪之交、千年之交，人类历史的发展出现了明显矛盾的二重化世界图景：一方面，是现代科技革命、全球一体化世界经济以超前速度加速发展，日新月异；另一方面，却是国家制度、哲学理念，尤其是价值观念，创新却严重滞后，因而整个世界乱象横生。

问题的症结在于资本逻辑，尤其是金融资本全球帝国绑架了国家，宰制了劳动。而资本逻辑的哲学基础，正是西方文艺复兴500年来广为流行的个人本位、自我中心、对外征服型、零和博弈型的单主体性观念。这是一种狭隘的世界观，也是一种狭隘的价值观。这是当代世界空前危机的哲学根源。构建人类命运共同体的主张，要求就此进行一场划时代的重大哲学创新。

马克思主义中国化的新时代新飞跃，不仅要解决人与人的社会关系问题，而且要重新解决人与自然的关系问题，解决改革开放头30多年积累下来的生态环境破坏问题，还有自20世纪70年代以来日甚一日、愈加严重的全球问题、人类困境。

在新时代、新世纪、新千年，中国哲学、世界哲学创新有富于时代精神的三大潮头，呼唤着一种富于新时代精神的新哲学，特别是新的哲学世界观与价值观：

多元主体、复杂系统、综合创新的新世界观；

天下为公、义利统一、以人为本、以和为贵的新价值观；

多元共存、仁者爱人、兼爱非攻、合作共赢的现代新型互主体观。

让我们立足这古老而常新的大陆，面向浩瀚无垠的太平洋，举起我们的双手，一起迎接这经济全球化的太平洋时代，迎接现代新型国际关系，迎接人类和平共处、和平共赢的和谐世界！

在这经济全球化的太平洋时代，借助构建现代新型社会关系、国际关系，从个人本位、自我中心、零和博弈型、对外征服型的单主体性哲学，走向多元主体、合作共赢的新理念、新哲学。但愿“桃花源”式的东方梦想，“乌托邦”式的西方理想，因而成为触手可及的美好愿景！

近几年，尤其是2022年乌克兰危机爆发后，又出现了一系列新问题、新挑战，这个重大时代课题的复杂二重性显得更加尖锐、更加突出、更加迫切：

一方面，实践证明，超越冷战思维、阵营对抗、国家体系及其意识形态对抗冲突，努力寻求和平共处、合作共赢之道，构建面向新时代的人类命运共同体，对整个人类来说，的确是一个命运攸关、日益迫切的首要时代课题；而另一方面，金融资本、全球霸权，加上冷战思维的强大习惯势力，使这个重大时代课题的解决之道变得困难重重，步履维艰，时至今日，还只能说万里长征才刚刚迈出第一步，今后的道路必然十分漫长，充满艰险。

前途是光明的，道路是曲折的。让我们在构建人类命运共同体的当代世界历史大道上，下定决心，排除万难，勇毅前行……

第三部分 中国式现代化道路的世界历史意义

在西方与国际上流行的世界历史著作中，既然把中国现代化道路的实质归结为现代化西方模式或苏联模式的模仿与移植，因而也就谈不上有什么重大世界历史意义。这个问题成了一个理论空白、思想盲点。

为此，本书的上篇第三部分“中国式现代化道路的世界历史意义”，包含四章，分四个层次，从现代化世界历史比较研究的大视野、大尺度，阐发了创造中国式现代化新道路的世界历史意义：

第一章“马克思主义中国化时代化新飞跃”。19世纪80年代，马克思晚年在给俄国女革命家查苏里奇的书信中，首次提出了跨越资本主义“卡夫丁峡谷”的俄国道路、东方道路构想；1921年，列宁首倡“以市场为基础”的新经济政策道路，由三封书信、五篇论文组成的“列宁遗嘱”，提出了俄国作为落后的小农国家走向社会主义、建设社会主义的特殊道路。马克思主义中国化三次飞跃，尤其是新时代的新飞跃，开创了中国式现代化新道路，继承发展了马克思晚年构想、列宁新经济政策道路，代表了21世纪与当代中国马克思主义思想主潮，也开创了社会主义500年的新阶段。

第二章“世界现代化史上的‘中国奇迹’新篇章”。中国式现代化道路，改写了现代化的世界历史图景，占世界人口1/5的中华民族走上了现代化道路，不仅开启了世界现代化的第四次浪潮，而且从根本上改写了世界现代化历史版图。

第三章“打破‘现代化=西方化’的迷思”。在当代世界200多个国家与地区中，发展中国家占了70%以上，大多数尚未真正实现现代化，其中有些国家（如拉丁美洲的一些国家）还因在现代化过程中照搬西方模式而走了不少弯路。中国式现代化道路的成功开创，有助于诸多发展中国家解放思想，突破西方现代化模式束缚，找到适合本国国情的现代化新路。

第四章“现代化世界历史的新开篇”。为解决西方现代化造成的全球危机问题提供了一种新的可能性。从1500年以来的500多年间，西方式现代化、工业化、全球化，一方面，带头“走出中世纪，走向现代化”，给世界历史带来巨大进步；另一方面，则由于资本逻辑、制度缺憾、哲学缺憾，已带来一系列全球问题，造成人类困境。而中国式现代化新道路，给走出这种人类困境，提供了一种新的可能性、新的希望和曙光。

第一章　马克思主义中国化时代化新飞跃
——马克思晚年构想与列宁新经济政策道路的继承发展

中国式现代化新道路在世界历史上有何意义？

为了更好地回答这个大问题，我们首先要回答的问题就是：创造中国式现代化新道路，在180年的马克思主义历史上、在社会主义500年的历史上占有什么样的历史地位呢？

进一步说，党的二十大报告、习近平新时代中国特色社会主义思想，和马克思列宁主义究竟是什么关系，为什么说这是对马克思列宁主义的继承和发展？

为了更好地深入解答中国式现代化新道路的世界历史意义问题，这是一个必须从历史和逻辑高度深入回答的重大基本理论问题。

按照国内外，特别是西方学术界的流行看法，现代化理论是20世纪60年代以后，由美国等西方国家提出的。中国现代化道路，不是照搬现代化西方模式，就是照搬现代化苏联模式，跟马克思主义是根本无缘的，因为马克思主义和现代化是不搭界的。

其实，不管这种观点多么流行，都是根本错误的。我的长期研究与最新研究昭示着三个新观点：

现代化科学理论源头不在西方，而在19世纪马克思主义创始人，马克思为什么执意要把自己一生主要著作的正标题从《政治经济学批判》改为《资本论》，就是旨在探讨以资本为中心的西欧现代化道路的起源和形成。他晚年还提出了跨越资本主义“卡夫丁峡谷”的俄国道路、东方道路问题。列宁晚年新经济政策道路的开辟，正是马克思晚年构想的历史回响。

中国式现代化新道路的开辟，源于对现代化西方模式的批判与超越，其主要思想源头就是《共产党宣言》与《资本论》。

中国式现代化新道路的创造，最重要的源头活水，就是马克思晚年构想与列宁晚年新经济政策道路。

第一节　中国式现代化道路和马克思主义是什么关系
——守正创新的新回答

关于中国特色社会主义与马克思列宁主义、科学社会主义的关系，在马克思主义史上的地位，在国际上既有充分肯定的高度评价，也存在着两种质疑的声音：

一种是西方新马克思主义、新“左”派的观点。他们认为，只有完全消灭了资本的社会，才是真正的社会主义，而中国特色社会主义引进资本，因而就不再是社会主义。包括美国著名的左翼学者大卫·哈维的许多著作，以及他2016年出版的专题论文集《世界的逻辑》，都断言“中国政府推出了将过剩资本和劳动引入城市化和基础设施建设的国家战略”“中国对建筑环境的投资是自2008年以来全球资本主义体系的重要稳定器”“中国正在围绕北京开发一个大型城市群”“这些开发规划可能造成的资产泡沫以及环境困境将是庞大的。在2015年8月，全球危机再度风雨欲来”。[①]

① [美]大卫·哈维：《世界的逻辑》，周大昕编译，中信出版集团2017年版，第77、367页。

另一种则是或多或少带有自由主义、新自由主义思想倾向的观点。他们认为，从邓小平到习近平的中国特色社会主义，既然还坚持党的领导和社会主义、四项基本原则，那么就还没有跳出列宁主义、苏联模式的窠臼，不管怎么变来变去，万变不离其宗，还是走在苏联模式的僵化老路上，早晚必然是死路一条。这样的例子，几乎不胜枚举。

这两种说法，虽然在国内外都曾流行一时，有时甚至还貌似有理，其实都是根本错误的皮相之见，缺少对马克思列宁主义思想轨迹、发展逻辑的深入研究，更缺少对习近平新时代中国特色社会主义思想的准确系统理解、对二者关系的科学深刻揭示。

我研究马克思列宁主义经典著作已有60年之久，研究改革开放、中国特色社会主义也有40年的时间。

我认为，党的十九大和党的二十大报告及修改后的党章，特别是2021年十九届六中全会《中共中央关于党的百年奋斗重大成就和历史经验的决议》提出，习近平新时代中国特色社会主义思想是对马克思列宁主义的继承和发展，这不是一句套话，而是有充分科学依据的重要论断，值得我们今后作出全面、深入、持久地研究开掘。而首先要解决的一个重大理论问题，就是找出“马克思主义、列宁主义、中国特色社会主义”三者之间一脉相承的衔接点、聚焦点、生长点，这就是不同于西欧国家的东方落后小农国家走向社会主义、建设社会主义的特殊道路，跨越资本主义“卡夫丁峡谷”的东方发展道路，或者简称之为“社会主义的东方道路”，其实也就是“发展中国家的现代化新道路”。

19、20、21 世纪，马克思主义史上迄今为止这三个世纪，存在着一条历史与逻辑的红线，就是对东方落后国家社会主义道路的三次伟大探索：

19世纪，马克思、恩格斯在“三十而立”之年写出《共产党宣言》，马克思在“五十而知天命”之年发表了《资本论》第一卷，探讨了以资本为中心的西方现代化道路，而在马克思晚年笔记与书信中，尤其是1881年致俄国女革命家查苏里奇的信中，专门探讨了落后俄国走向社会主义的特殊道路，或可称之为跨越资本主义“卡夫丁峡谷”的东方道路最初构想；

20 世纪初，列宁领导布尔什维克党，在 1917 年十月革命中夺取了政权，而在 1921 年则开创“以市场为基础”的新经济政策道路，并在其晚年书信和五篇文章中，提出了俄国作为落后小农国家走向社会主义、建设社会主义的特殊道路，提出了经济、政治、文化“三位一体”的系统改革论；

21世纪初，习近平新时代中国特色社会主义思想，继承发展了毛泽东思想精髓，更继承发展了邓小平理论、“三个代表”重要思想、科学发展观的理论与实践创新成果，使“马克思晚年东方道路构想”“列宁晚年新经济政策道路与最后构想”得到了继承发展。

“马克思晚年对东方道路的最初构想—列宁晚年新经济政策道路—从邓小平到习近平新时代成功开创的中国特色社会主义道路”，三者之间有着内在的血脉联系，是两大理论源头、一个时代潮头的关系。

第二节　马克思晚年构想：跨越“卡夫丁峡谷”的东方道路

——19 世纪探索东方道路的第一大理论创新

过去多年，国内外流行的看法多半认为，马克思主义创始人也是一个欧洲中心论者，他们的理论视线只局限于德国、法国、英国等西欧国家，只谈到过西欧国家走向社会主义道路问题；而俄国革命乃至中国革命、中国特色社会主义，完全是马克思主义理论空间之外的事，和马克思、恩格斯的思想没有什么关系。

这种说法貌似有理有据，其实乃是十分表面的皮相之见、缺少根据的武断之言。

马克思主义创始人的思想重心多半放在西欧发展与社会主义运动上面，这个说法并没有错，但是向真理的方向多迈出一步的夸大，则走向谬误。实际上，从 1849 年、1850 年开始，马克思、恩格斯就意识到，国际商道、世界历史重心，正从古代地中海时代、近代大西洋时代，走向现代太平洋时代。由此，马克思晚年笔记与书信，把相当多的分量转向东方，转向东方国家、东方道路，并非倏忽而逝的灵感火花，而是其思想内在逻辑的必然发展。

马克思理论视线，从西方转向东方，从消灭资本到利用资本，40 年间经历了三个阶段：

第一阶段：从《1844 年经济学哲学手稿》到 1848 年《共产党宣言》，马克思创立唯物史观、科学社会主义时，其思想重心确实是曾放在欧亚大陆的西头一端，特别是德国、法国、英国等西欧资本主义发展较早的国家。他甚至一度认为这些国家会借助 1848 年革命风潮，加上资本主义危机，可能迅速将消灭资本，走上社会主义道路。

《共产党宣言》在第一部分“资产者和无产者”的结尾，果断鲜明地提出了“两个必然”的历史判断：“资产阶级的灭亡和无产阶级的胜利是同样不可避免的。”①

那么，究竟谁先开始无产阶级革命，走向社会主义，他们把注视目光首先转向作为自己故乡的德国：

① 《马克思恩格斯选集》第1卷，人民出版社1995年版，第284页。

共产党人把自己的主要注意力集中在德国，因为德国正处在资产阶级革命的前夜，因为同 17 世纪的英国和 18 世纪的法国相比，德国将在整个欧洲文明更进步的条件下，拥有发展得多的无产阶级去实现这个变革，因而德国的资产阶级革命只能是无产阶级革命的直接序幕。①

第二阶段，从 1848 年发表《共产党宣言》，到 1867 年发表《资本论》第 1 卷，马克思哲学创新、理论创新思想发生了第二次飞跃，在 1859 年《〈政治经济学批判〉序言》中补充了“两个决不会”的重要论断，在《资本论》中唯物史观发展为现代史观，其核心理念就是现代社会中“劳动—资本—国家”三元结构论。

马克思主义创始人以火一样的热情，投身 1848 年欧洲革命之中，并在 1848 年至 1852 年间，在《共产党宣言》基础上，又先后写成以此为主题的《1848 年至 1850 年的法兰西阶级斗争》《德国的革命和反革命》《路易 · 波拿巴的雾月十八日》等系列性专著。

在这一阶段，马克思把“两个必然”实现途径的基本思想进一步具体化为“危机与革命”的两个必然性：“新的革命，只有新的危机之后才可能发生。但它正如新的危机一样肯定会来临。”② 资本主义必然带来危机，危机必然会引起革命爆发——这就是当时马克思根据 1848 年革命实践得出的一个论断。

一开始，马克思就是用这个思想指导自己，在1857年经济危机来临时，日夜突击写作《资本论》第一稿《1857—1858年经济学手稿》的。他在给恩格斯的信中，如实透露自己的心声：

我现在发狂似的通宵总结我的经济学研究，为的是在洪水之前至少把一些基本问题搞清楚……

危机将像海水浴一样对我的身体有好处，我现在已经感觉到这

① 《马克思恩格斯选集》第1卷，人民出版社1995年版，第307页。

② 《马克思恩格斯选集》第1卷，人民出版社1995年版，第471页。

一点了。1848 年我们曾说过，现在我们的时代来了，并且从一定意义上讲确实是来了，而这一次它完全地来了，现在是生死的问题了。①

而恩格斯也一度断言，危机必然带来战争与革命，将是对资本主义的“末日审判”：

一旦崩溃来临，那就要看英国先生们的笑话了。我很想知道，英国有多少大陆的投机股票，我想，数量是很大的。这一次将是从来没有过的末日审判，全欧洲的工业完全衰落，一切市场都被充斥（现在就已不能再运什么东西到印度去了），一切有产阶级都被卷入旋涡，资产阶级完全破产，战争和极端的混乱。②

然而，生活实践证明，1857年这次只有危机，没有革命。他们对资本主义历史命运的估计过于悲观了，而对革命形势必然随危机来临的预期又过于乐观了。马克思是最讲实事求是的，从不固守自己的个别结论，相反，他根据1857年、1858年这次“危机与革命”相对脱节的历史经验、实践检验，修正补充了自己关于“两个必然”的理论判断：1848年《共产党宣言》中提出的“两个必然”的论断从世界历史大趋势、长时段来看，没有错，要坚持；而后来曾形成的“资本主义必然引发危机，有危机必然导致爆发革命”的具体论断则要作出修正。正因如此，马克思才在1859年《〈政治经济学批判〉序言》中作出“两个决不会”的重要论断：

我们判断一个人不能以他对自己的看法为根据，同样，我们判断这样一个变革时代也不能以它的意识为根据；相反，这个意识必须从物质生活的矛盾中，从社会生产力和生产关系之间的现存冲突中去解释。无论哪一个社会形态，在它所能容纳的全部生产力发挥

① 《马克思恩格斯〈资本论〉书信集》，人民出版社1976年版，第96、113、105页。

② 《马克思恩格斯〈资本论〉书信集》，人民出版社1976年版，第96页。

出来以前，是决不会灭亡的；而新的更高的生产关系，在它的物质存在条件在旧社会的胎胞里成熟以前，是决不会出现的。所以人类始终只提出自己能够解决的任务，因为只要仔细考察就可以发现，任务本身，只有在解决它的物质条件已经存在或者至少是在生成过程中的时候，才会产生。①

“两个决不会”论断的提出，要求我们从世界历史高度，重新理解社会主义与资本主义的关系，更加充分地认识二者关系的复杂性、交错性、长期性：过去认为只要资本主义危机一来，资产阶级、社会主义革命势必随之发生，社会主义一下子就取代了资本主义。而现在看来，资本主义危机与其制度自我调整，社会主义要素在资本主义体系内的长期萌生发展，将会长期共存，交错成长。这种复杂历史情境，真如“落霞与孤鹜齐飞，秋水共长天一色”。这是一幅多么复杂，多么色彩斑斓的世界历史图景！

恩格斯的《在马克思墓前的讲话》把马克思一生的理论创新概括为19世纪40年代唯物史观与《资本论》中的剩余价值学说“两大发现”。过去人们往往孤立并列地理解这“两大发现”，认为前者是19世纪40年代作出的哲学创新，不含政治经济学创新探索；后者是19世纪六七十年代作出的政治经济学创新，就不再是哲学创新。今天，我们需要重新认识这个问题，两大发现的内在联系、有机统一问题。实际上，马克思理论创新自始至终贯穿了哲学、政治经济学、科学社会主义，乃至世界历史研究的“四位一体”、有机统一，经历了两次飞跃：

19世纪40年代，是第一次飞跃，以形成新唯物论、唯物史观的哲学创新为主，但也包含着政治经济学、科学社会主义、世界史观理论创新的初步奠基；

① 《马克思恩格斯选集》第2卷，人民出版社1995年版，第33页。

19 世纪 50—70 年代《资本论》及其三大手稿创作，是第二次飞跃，以《资本论》中的剩余价值学说为主要标志，政治经济学为主要领域，其背后的历史哲学底蕴，则是《资本论》哲学创新、《资本论》中蕴含的马克思“大逻辑”。

马克思哲学创新、理论创新在《资本论》中实现的第二次飞跃，在唯物史观及其生产力、生产关系、国家等上层建筑的三层结构论中，进一步发展出专门剖析近代资本主义新发展的现代史观、现代化理论，其核心原理是现代社会中“劳动—资本—国家”构成的三元结构论，探讨了以资本为中心的西方现代化道路。

“《资本论》逻辑”的思想精髓，不是单讲资本逻辑，而是在劳动二重性方法基础上形成的“劳动—资本—国家”三元结构论、“劳动—资本—国家”三元结构复杂系统论、现代社会三元结构复杂系统的发展创新论。

第三阶段，马克思晚年笔记与书信，基本贯穿的主题是从唯物史观、现代史观进而上升到世界史观，俄国村社制度与东方国家发展道路问题则是其中的四大文本群之一，思想主旨乃在于探索一条东方落后国家走向社会主义的特殊道路，其特点就是要善于利用世界市场和现代金融资本系统，取得资本主义文明成果，借以跨越资本主义的“卡夫丁峡谷”。

俄国女革命家查苏里奇一生献身革命，长期流亡国外，终生未嫁。她上下求索，并且请求马克思帮助解答一个疑难问题，就是俄国道路问题：俄国村社是必须解体、走向资本主义，还是可能另辟蹊径、走向社会主义？

这个问题看来也使马克思感到非常难以明确回答，因而反复思索，三易其稿。在其初稿草案中，马克思指出了内外结合的一条突围之路：

俄国是在全国范围内把“农业公社”保存到今天的欧洲唯一的

国家。它不像东印度那样，是外国征服者的猎获物。同时，它也不是脱离现代世界孤立生存的。一方面，土地公有制使它有可能直接地、逐步地把小地块个体耕作转化为集体耕作，并且俄国农民已经在没有进行分配的草地上实行着集体耕作。俄国土地的天然地势适合于大规模地使用机器。农民习惯于劳动组合关系，这有助于他们从小地块劳动向合作劳动过渡；最后，长久以来靠农民维持生存的俄国社会，也有义务给予农民必要的垫款，来实现这一过渡。另一方面，和控制着世界市场的西方生产同时存在，就使俄国可以不通过资本主义制度的“卡夫丁峡谷”，而把资本主义制度所创造的一切积极的成果用到公社中来。

如果“社会新栋梁”的代言人要否认现代农村公社上述进化的理论上的可能性，那么，可以向他们提出这样的问题：俄国为了获得机器、轮船、铁路等等，是不是一定要像西方那样先经过一段很长的机器工业的孕育期呢？也可以向他们提出这样的问题：他们怎么能够把西方需要几个世纪才建立起来的一整套交换机构（银行、股份公司等等）一下子就引进到自己这里来呢？①

看来，马克思晚年的基本思路是：村社制度与农民大量存在的俄国，要跨越资本主义“卡夫丁峡谷”，走出一条新路，前提是要有推翻沙皇专制主义国家制度的民主主义革命；外部要利用世界市场，以取得资本主义现代化文明成果；内部要利用资本及其金融系统，以突破村社制度的封闭性、落后性、孤立性。

因而，劳动群众、联系着世界市场的资本、国家权力，三者关系复杂，势必成为这条特殊道路上的特殊矛盾。

马克思晚年关于俄国道路的最初构想，只是一个闪光的思想、理论的雏形，既没有在理论上的系统论证，更未能直接付之于实践。

---

① 《马克思恩格斯选集》第3卷，人民出版社1995年版，第765、766页。

在社会主义500年的历史长河中，在东方道路的上下求索中，这是马克思主义创始人晚年作出的最初构想，也是探索东方复兴之道的第一个伟大理论创新。

第三节 列宁晚年飞跃：苏维埃俄国新经济政策道路
——20世纪开拓东方道路的第二大理论创新

列宁第一次从理论与实践统一的高度，探讨并且开创了农民占多数的落后俄国走向社会主义、建设社会主义的特殊道路、创新道路。

列宁主义思想精髓，并不是在十月革命风暴中一次形成、一次定型、一次完成的，而是在两次实践创新的基础上，经历了两次飞跃：第一次飞跃，是1917年十月革命；第二次飞跃，则是从1921年开始，从三年内战时期的“战时共产主义”，果断地转向“以市场为基础”的新经济政策道路，并在“晚年遗嘱”中提出经济、政治、文化“三位一体”的系统改革论。

列宁思想的两次飞跃，一个思想枢纽就是在那个时代落后的俄国国情中，如何处理“劳动—资本—国家”这三元结构之间的复杂关系、特殊矛盾，重新建构、独特创新。而按照资本主义固有逻辑，加上第二国际传统理论家的看法，落后俄国只能固守资本主义发展逻辑，按部就班地跟在西欧后面，离社会主义岂止十万八千里！

列宁国家观、社会主义观的第一次飞跃，是1917年十月革命，而其思想中枢是立足于时代特点与特殊国情，在“劳动—资本—国家”三元结构上，开创了新格局、新模式：

一是在“劳动”方面，列宁领导布尔什维克党利用马克思主义理论取得政治思想领导权，因而把劳动群众——首先是工人、士兵、农民这三部分基本劳动群众组织起来，在彼得堡与莫斯科两大中心城市占据上风；

二是在“资本”方面，列宁写了《帝国主义论》，揭示了现代资本主义发展在世纪之交开始了新阶段，资本发展的不平衡规律表现得特别突出，乃至发生了第一次世界大战，这就给原本落后的俄国工农劳动群众创造了借机发动、乘势夺权的特殊历史机遇，从而后来居上，率先在现代资本、帝国主义世界体系上，打开缺口，夺取政权；

三是在“国家”方面，列宁原先面对的是沙皇专制、军事封建的帝国主义强大国家，他潜心研究国家问题，先后写成“国家学说”四部曲：1917年初写成《马克思主义论国家》笔记、1917年中写成《国家与革命——马克思主义关于国家的学说与无产阶级在革命中的任务》、1917年9月14日写成《马克思主义和起义——给俄国社会民主工党（布）中央委员会的信》、1917年10月1日写成《布尔什维克能保持国家政权吗？》。正是在这种理论指导下，甚至最后是在列宁亲自督战指挥下，布尔什维克党终于领导工人、农民、士兵、劳动群众占领冬宫，推翻了因继承沙皇衣钵而陷入绝境的资产阶级临时政府。

为什么说十月革命开始了俄国历史新纪元、世界历史新纪元？问题的实质就在于，列宁领导布尔什维克党根本改变了当时俄国社会的三元结构，因而开辟了新的可能性。

十月革命前，俄国社会的三元结构是：

沙皇专制国家，后来改头换面为资产阶级临时政府，总之是军事封建帝国主义国家——利用国家垄断资本，钳制中小民族资本——几乎把俄国变成沙皇专制下各民族各阶层广大劳动群众的大监狱。

经过十月革命这次飞跃，俄国社会三元结构开始显现出新的格局，新的可能性：

在布尔什维克党的组织与领导下，劳动群众通过苏维埃这种新型国家政权，开始求得解放——党领导群众，创建苏维埃这种新型国家权力机构，实行“一切权力归苏维埃”——试图把资本主义纳入新型国家资本主义轨道与规范中来，没收垄断资本收归国有，中小企业资本实行工人监督。

“十月革命道路”并不就此止步。看来应当区分两个相互联系而又有所区别的基本概念：1917 年 10 月发生的“十月革命事件”和“十月革命道路”。

列宁“十月革命道路”发展史上的第二次飞跃，是 1921 年超越了三年战争时期的“战时共产主义”，以国家垄断制为核心实质的战时体制，开始转向“以市场为基础”的新经济政策道路。

这是落后小农国家走向社会主义、建设社会主义的一条特殊道路、创新之路，也是一条历史必由之路。其深层实质，恰恰在于“劳动—资本—国家”三元结构的重新建构、独特创新。

在“劳动”这一头，党牢牢把握政治思想领导权，组织劳动群众、领导劳动群众这个本质之点没有变。变化在于，既然转向“以市场为基础”的新经济政策道路，那么就要更加充分地发挥多元主体合作制，更加充分发挥每个企业的市场经济主体作用，更加充分发挥每个劳动集体乃至每个劳动者个人的经济主体、社会主体作用。

而在“资本”这一头，既然从俄国基本国情的实际出发，不可能一下子消灭资本主义，搞“一大二公”“纯而又纯”的社会主义，那么就要开辟一条特殊道路——既利用资本，又驾驭资本。列宁新经济政策道路的本质内容之一，就是利用国家资本主义作为特殊道路，走向社会主义，建设社会主义。

好像椭圆形有两个焦点一样，新经济政策也有两个凝聚点，构成了这一整套经济政策的两个基本原则。首要的基本原则固然是给小农以一定范围内的贸易自由，强化工农联盟；另一条基本原则则是对大资本实行国家资本主义，利用、限制和改造资本主义。在列宁实行新经济政策的整个时期，从最初写成的《论粮食税》，到最后之作《论合作社》，自始至终是把这两个基本原则作为新经济政策的核心内容。1921年3月，列宁在拟定十大政治报告提纲时，就勾画出这两个要点：“上面有国家资本主义（租让），（下面）同小农妥协（‘贸易自由’）。”后来他在1922年从理论上作出了概括，把这两个基本原则作为新经济政策的实质：“新经济政策的真正实质在于：第一，无产阶级国家准许小生产者有贸易自由；第二，对于大资本的生产资料，无产阶级国家采用资本主义经济学中叫作‘国家资本主义’的一系列原则。”这两条基本原则，上下两个不同层次的经济联盟之间，有着不可分割的内在联系：同小农的经济联盟在下面，是基础，是无产阶级国家的主要经济支柱，上面的联盟是为这个基础服务的；同国家资本主义的联盟在上面，是辅助，只有借助于发达资本主义的物质技术基础，才能克服小生产的汪洋大海所产生的无政府主义自发倾向，保证把它们引上社会主义建设的正确轨道。①

在三元结构中的“国家”这一头，是命运攸关的关键因素、关键问题：不仅要坚持无产阶级专政，把握国家政权，而且更重要的是要创新国家，根本改革国家机构，根本解决官僚腐败借机泛滥一时的严重问题。列宁晚年“政治遗嘱”中特别着重强调的，其实首先就是这个“国家问题”。

① 《列宁全集》第43卷，人民出版社1987年版，第263页。

在其最后论著的“三封书信、五篇论文”中，三封书信、两封论文都是讲的这个“国家”问题，绝对称得上是“重中之重”。

正是在这里，列宁一而再，再而三地强调：“我很想建议在这次代表大会上对我们的政治制度作一系列的变动”。①

如果说，列宁在1917年十月革命时期的理论创新主题是国家与革命，那么列宁晚年“政治遗嘱”的主题则是国家与改革——这乃是列宁国家观与社会主义观的第二次飞跃，“以市场为基础”的新经济政策道路上的新时代课题与理论创新主题。

包括葛兰西这样坚定的西方马克思列宁主义者，当时都不能完全理解列宁十月革命道路，称之为“反对《资本论》的革命”。然而这只是一种相当肤浅的皮相之见。其实在这一点上，列宁正是马克思主义创始人思想的忠实继承者和创造性的发展者。正是马克思、恩格斯在1872年德文版《共产党宣言》序言中，特别着重强调：“特别是公社已经证明：‘工人阶级不能简单地掌握现成的国家机器，并用它来达到自己的目的。’”②

列宁逝世后，斯大林主政初期头五年，即1924—1929年，走的还是列宁新经济政策道路；从20世纪30年代起，则过早地结束了列宁新经济政策，走上了传统计划经济的苏联模式道路。第二次世界大战的战时需要与伟大胜利，一时掩盖了其历史曲折与体制弊端，一直到后来的赫鲁晓夫、勃列日涅夫、戈尔巴乔夫，结果苏联模式僵化了，导致苏联解体。

究其深层理论根源，不是因为他们坚持马克思列宁主义基本原理，而是他们思想僵化，或者随风转向，抛弃了马克思列宁主义思想精髓，尤其是“劳动—资本—国家”三元结构论的理论创新。

---

① 《列宁全集》第43卷，人民出版社1987年版，第337页。
② 《马克思恩格斯选集》第1卷，人民出版社1995年版，第249页。

第四节　中国特色社会主义道路探索
——面向21世纪东方道路的第三大理论创新

毛泽东思想、新民主主义论，是马克思主义中国化的第一次飞跃、第一大成果，其主要理论来源、理论基础，主要是从十月革命到新经济政策道路、列宁主义思想的这两次飞跃，尤其是列宁国家观、社会主义观的这两次飞跃。

而毛泽东思想、新民主主义论的思想精髓与一根红线，就是“劳动—资本—国家”三元结构论，依据中国国情、中国实践、中国历史、中国文化传统，作出了知行统一的独特发挥。

即以新民主主义经济结构而论，就体现了“劳动—资本—国家”三元结构的独特形式。

关于新中国的经济构成和经济建设方针。毛泽东在1948年12月会议上说：

新中国的经济构成是：（1）国营经济，这是领导的成分；（2）由个体逐步地向着集体方向发展的农业经济；（3）独立小工商业者的经济和小的、中等的私人资本经济。这些，就是新民主主义的全部国民经济。

1948年9月政治局会议后，中共中央东北局向中央报送了一份由张闻天起草的报告，提出东北经济现在基本上由五种经济成分所构成。这个报告经毛泽东、刘少奇修改后加以肯定。在1949年9月《共同纲领》中更明确地规定国营经济、农民个体经济、合作社经济、私营经济、国家资本主义经济的性质和政府的有关政策，指出社会主义性质的国营经济是新中国整个社会经济的领导力量，又肯定其他经济成分的存在和发展。《共同纲领》还指出："中华人民共和国经济建设的根本方针，是以公私兼顾、劳资两利、城乡互助、内外交流的政策，达到发展生产、繁荣经济的目的。"①

很有意思的是，在1956年八大和社会主义改造初步完成之后，毛泽东又提出，能否再搞一段列宁式的中国新经济政策。

八大和中国社会主义改造初步完成之后，1956年12月5日、6日、7日三天晚上，毛泽东同黄炎培、陈叔通等工商界人士谈话，批评苏联斯大林时期过早地结束了列宁的新经济政策，中国可以再搞一段新经济政策，消灭了资本主义，又搞资本主义："现在我国的自由市场，基本性质仍是资本主义的，虽然已经没有资本家。它与国家市场成双成对。上海地下工厂同合营企业也是对立物。因为社会有需要，就发展起来。要使它成为地上，合法化，可以雇工。""这叫新经济政策。我怀疑俄国新经济政策结束得早了，只搞了两年退却就转为进攻，到现在社会物资还不充足。""可以搞国营，也可以搞私营。可以消灭资本主义，又搞资本主义。当然要看条件，只要有原料，有销路，就可以搞"。②薄一波回忆这段历史时写道："毛主席的三次谈话，我觉得贯穿了一个基本精神，就是中国还需要继续实行一段'新经济政策'。"③

令人扼腕痛惜的是，在"文化大革命"中，追求"一大二公""纯而又纯"的社会主义，要求反对"资产阶级法权""割掉资本主义尾巴"，结果走了一段弯路。

三落三起的邓小平，痛定思痛，力挽狂澜，锐意改革，从1978

① 金冲及：《生死关头——中国共产党的道路抉择》，生活·读书·新知三联书店2013年版，第313、314页。

② 转引自薄一波：《若干重大决策与事件的回顾》下卷，中共中央党校出版社1993年版，第622页。

③ 中共中央文献研究室等编：《共和国走过的路——建国以来重要文献选编（1953—1956）》，中央文献出版社1991年版，第308页。

年底召开的十一届三中全会开始，带领中国走上改革开放、中国特色社会主义道路。

“中国特色社会主义”，这里讲的“中国特色”，究竟在哪里？应当说，在制度创新上的最大特色，就是根本突破传统计划经济的苏联模式，开创了中国特色社会主义市场经济的新型体制。

改革开放、中国特色、社会主义市场经济，其深层本质、最大特色、根本创新又是什么呢？说到底，就是在顶天立地的中国共产党领导下，现代社会“劳动—资本—国家”这三元结构的重新建构，在世界历史上，开辟一条“解放劳动—创新国家—驾驭资本”的创新之道。

也正是在这个根本问题上，曾产生了党内外的持久争论，许多人囿于传统计划经济的苏联僵化模式，固守僵化的、纯而又纯的社会主义观念，总是对改革开放道路看不顺眼，甚至硬要扣上“资本主义复辟”的大帽子。

正是因为这点，改革开放已近15年，88岁高龄的邓小平同志毅然南行，发表南方谈话，拨开迷雾见青天，一针见血地点出问题症结所在、要害所在：

改革开放迈不开步子，不敢闯，说来说去就是怕资本主义的东西多了，走了资本主义道路。要害是姓“资”还是姓“社”的问题。判断的标准，应该主要看是否有利于发展社会主义社会的生产力，是否有利于增强社会主义国家的综合国力，是否有利于提高人民的生活水平。对办特区，从一开始就有不同意见，担心是不是搞资本主义。深圳的建设成就，明确回答了那些有这样那样担心的人。特区姓“社”不姓“资”。

从深圳的情况看，公有制是主体，外商投资只占四分之一，就是外资部分，我们还可以从税收、劳务等方面得到益处嘛！多搞点“三资”企业，不要怕。只要我们头脑清醒，就不怕。我们有优势，有国营大中型企业，有乡镇企业，更重要的是政权在我们手里。有的人认为，多一分外资，就多一分资本主义，“三资”企业多了，就是资本主义的东西多了，就是发展了资本主义，这些人连基本常识都没有。我国现阶段的“三资”企业，按照现行的法规政策，外商总是要赚一些钱。但是，国家还要拿回税收，工人还要拿回工资，我们还可以学习技术和管理，还可以得到信息、打开市场。因此，“三资”企业受到我国整个政治、经济条件的制约，是社会主义经济的有益补充，归根到底是有利于社会主义的。①

应当说，在邓小平南方谈话这段论述中，就已隐含或者说蕴含着马克思列宁主义“劳动—资本—国家”三元结构论的基本思想：

邓小平同志这里讲的“公有制是主体”“有国营大中型企业，有乡镇企业”“有利于提高人民的生活水平”，不正是讲的“劳动”吗？

邓小平同志这里讲的“外商投资”“外资部分”“‘三资’企业”，不正是讲的“资本”吗？

邓小平同志这里讲的用新办法、新思路解决“劳动与资本”关系的政治保证，“更重要的是政权在我们手里”“国家还要拿回税收”“‘三资’企业受到我国整个政治、经济条件的制约”，不正是讲的“国家”这一要素吗？

这三个方面、三大要素合起来，不正是现代社会中“劳动—资本—国家”三元结构吗？

江泽民同志提出的“三个代表”重要思想、胡锦涛同志提出的科学发展观，都延续了邓小平同志开创的中国特色社会主义理论体系，贯穿其中的一条思想红线，就是“劳动—资本—国家”三元结构论。

---

① 《邓小平文选》第3卷，人民出版社1993年版，第372、373页。

从2012年党的十八大到2017年党的十九大这五年，改革开放、中国发展又登上一个新台阶，开创一个新阶段。用党的十九大报告中的提法讲，就是“新时代中国特色社会主义”，或者叫“中国特色社会主义新时代”。

新时代的一个新特点，就是更加明确地运用马克思《资本论》中的劳动二重性理论作为科学方法论，实事求是、具体分析当代中国条件下资本的二重性，从而更加自觉地倡导“劳动—资本—国家”三元结构在中国特色社会主义新时代的重新建构、独特创新。

中共中央政治局2022年4月29日下午就依法规范和引导我国资本健康发展问题进行第三十八次集体学习。中共中央总书记习近平在主持学习时强调，资本是社会主义市场经济的重要生产要素，在社会主义市场经济条件下规范和引导资本发展，既是一个重大经济问题，也是一个重大政治问题；既是一个重大实践问题，也是一个重大理论问题，关系坚持社会主义基本经济制度，关系改革开放基本国策，关系高质量发展和共同富裕，关系国家安全和社会稳定。必须深化对新的时代条件下我国各类资本及其作用的认识，规范和引导资本健康发展，发挥其作为重要生产要素的积极作用。

习近平总书记强调，在党的百年奋斗历程中，我们坚持马克思主义基本原理，从我国国情和不同时期主要任务出发，不断深化对资本的认识，不断探索规范和引导资本健康发展的方针政策。党的十一届三中全会实行改革开放以后，我们破除所有制问题上的传统观念束缚，认为资本作为重要生产要素，是市场配置资源的工具，是发展经济的方式和手段，社会主义国家也可以利用各类资本推动经济社会发展，逐步确立了公有制为主体、多种所有制经济共同发展，按劳分配为主体、多种分配方式并存，社会主义市场经济体制等社会主义基本经济制度，提出并坚持毫不动摇巩固和发展公有制经济，毫不动摇鼓励、支持、引导非公有制经济发展。

习近平总书记指出，党的十八大以来，我们坚持和完善社会主义基本经济制度，并把“两个毫不动摇”写入新时代坚持和发展中国特色社会主义的基本方略，作为党和国家一项大政方针进一步确定下来。我们全面深化改革，强调使市场在资源配置中起决定性作用、更好发挥政府作用，为各类资本发展营造更加有利的市场环境和法治环境。我们强化反垄断，防止资本无序扩张，有效防范风险，维护市场公平竞争。我们着力防范和化解金融风险，克服经济脱实向虚的倾向，重点解决不良资产风险、泡沫风险等。我们持续扩大对外开放，着力构建以国内大循环为主体、国内国际双循环相互促进的新发展格局，建设更高水平开放型经济新体制。我们对资本性质的理解逐步深化，对资本作用的认识更趋全面，对资本规律的把握更加深入，对资本运行的治理能力不断提高。①

第五节　三大创新的一条红线
——《资本论》中蕴含的“劳动—资本—国家”三元结构论

中国特色社会主义新时代、新阶段，一面旗帜就是习近平新时代中国特色社会主义思想。

习近平新时代中国特色社会主义思想，是对马克思列宁主义、毛泽东思想、邓小平理论、“三个代表”重要思想、科学发展观的继承和发展。

贯穿其中、一脉相承而又与时俱进的思想灵魂，是实事求是、解放思想。基本理论上的一条红线，则是现代社会中的“劳动—资

① 《习近平在中共中央政治局第三十八次集体学习时强调，依法规范和引导我国资本健康发展》，《光明日报》，2022年5月1日。

本—国家”三元结构论，集中表现为在中国共产党领导下，“解放劳动—创新国家—驾驭资本”的系统结构创新。

正是在这一关键节点上的理论创新、实践创新、制度创新，决定中国道路、中国模式在现代化世界历史，乃至整个人类史上开天辟地的创新意义。

欧美式的西方自由主义、资本主义现代化道路，在“走出中世纪，走向现代化”这一步上，开启了世界历史近代新阶段。可是他们最根本的历史局限就是资本垄断、金融资本的主体化，绑架了国家，宰制了劳动，也使“自由”“平等”“民主”等动人理想必然大打折扣。

传统计划经济的苏联模式创立之初，在帝国主义战争和无产阶级革命时代，开创落后俄国加速推进近代工业化的独特道路，在现代化世界历史上提供了落后国家实现近代工业化的独特模式。而其最根本的历史局限，就是用国家垄断制，形式上是国家膨胀、国家主体化，形式上消灭资本，实际上却走向了僵化、封闭，结果还是严重束缚了和平发展科技革命新时代广大劳动者的积极性、主体性、创造性。

正是在这个根本点上，习近平新时代中国特色社会主义思想更高地举起了马克思列宁主义、毛泽东思想、中国特色社会主义的伟大旗帜，在新时代、新起点上，开创了一条在中国共产党领导下“解放劳动—创新国家—驾驭资本”的创新之路，既根本超越了资本垄断化的西方道路、资本主义现代化模式，也根本超越了国家垄断化、主体化的苏联道路、传统计划经济的苏联模式，并且为陷于全球问题困境的21世纪人类发展提供了一种新的可能性。

在这一点上，我们可以说，以习近平同志为核心的党中央领导集体所形成的党的十九大报告《决胜全面建成小康社会　夺取新时代中国特色社会主义伟大胜利》，堪称是21世纪的《共产党宣言》，

21世纪的《资本论》。

在学习、贯彻、落实党的十九大精神，中国发展、改革创新新阶段、新征程中，会把创新问题更加突出出来。正如党的十九大报告中所深刻指出的：

实践没有止境，理论创新也没有止境。世界每时每刻都在发生变化，中国也每时每刻都在发生变化，我们必须在理论上跟上时代，不断认识规律，不断推进理论创新、实践创新、制度创新、文化创新以及其他各方面创新。

同志们！时代是思想之母，实践是理论之源。只要我们善于聆听时代声音，勇于坚持真理、修正错误，二十一世纪中国的马克思主义一定能够展现出更加强大、更有说服力的真理力量！①

党的十九大报告，习近平新时代中国特色社会主义思想，为21世纪与当代中国马克思主义创新发展指出了发展方向，也点出了“改革创新”的时代主题、时代精神，还指明了21世纪创新发展六个最主要的突破口、生长点，也可叫作六大创新：

一是在时代发展与实践基础上的理论创新；

二是以社会主义与市场经济相结合为本质特征的中国特色社会主义制度创新；

三是以党的领导、人民民主监督、法治国家相结合为本质特征的中国特色社会主义现代化国家制度创新；

四是以信息化、网络化、全球化、人工智能、生态文明为主旨的现代科技创新；

五是传承与发展、现代化与民族化统一的文化创新；

六是以和平发展、合作共赢、走出全球问题危机困境、构建人类命运共同体为主旨的全球战略、全球治理、国家体系创新。

---

① 《中国共产党第十九次全国代表大会文件汇编》，人民出版社2017年版，第21页。

2022 年党的二十大，则起了进一步画龙点睛的理论升华作用，将新时代新思想的理论创新，乃至建党百年马克思主义中国化时代化三次飞跃的历史成就，高度概括为紧密联系的两大创新，也是新时代的两大战略目标：

一是创造中国式现代化新道路；

二是创造人类文明新形态。

第二章　世界现代化史上的“中国奇迹”新篇章
——改写了现代化的世界版图

改革开放40余年，开辟了中国式现代化新道路，不仅在马克思主义史、社会主义史上有重要历史地位，而且在现代化世界历史，乃至整个世界历史上，都有不可忽视的重大意义。而为了看清这一点，就必须理清近现代世界历史500年的基本脉络，并进行世界现代化四次浪潮的比较研究：

18世纪，以英国为潮头的第一次现代化浪潮；

19世纪，以德国等国为潮头的第二次现代化浪潮；

20世纪，以日本为潮头的第三次现代化浪潮；

世纪之交、千年之交，以中国为潮头的第四次现代化浪潮。

正是通过这种历史的具体的全球现代化比较研究，令人信服的确凿证明：

中国式现代化新道路是世界现代化历史上的崭新一页；

中国式现代化新道路第一次真正突破了本来一统天下的西方现代化模式；

中国式现代化新道路从根本上改写了现代化的世界历史版图。

第一节　近现代世界历史500年的基本脉络
——一个主题，两大阶段，四次浪潮

要衡量中国式现代化道路的国际意义，需要找到一把特殊的巨大“玉尺”，这就是全球大历史，特别是自1500年以来，近现代世界500年来的大历史。

“一个主题，两大阶段，四次浪潮”，这个新提法、新命题、新概念，或许有助于我们更精准、更深入地把握近现代世界历史长河的基本脉络，从而找到衡量“中国式现代化道路”国际意义的玉尺。

“一个主题”，就是说自1500年以来，近现代世界历史500年只有一个主题，就是现代化。换句话说，“走出中世纪，走向现代化”“从古代农牧文明形态，走向现代工业文明形态”“从古代封建主义社会经济形态走向近代资本主义社会经济形态”——这就是近现代世界历史500年的时代主题、时代主潮、时代精神。不管近现代世界历史长河多么波澜壮阔，多么丰富多彩，多么跌宕起伏，有多少曲折回旋，我们都应当紧紧抓住“现代化”这个压倒一切的时代主题。

许多流行一时的世界历史名著，注意到1500年以来世界历史的重大转折，却没有紧紧抓住“现代化”这个时代主题。如英国学者赫·韦尔斯的名著《世界史纲——生物和人类的简明史》，关注焦点首先集中在“西方文明的复兴”“陆路让位于海路”“列强的时代”。美国加州大学教授斯塔夫里阿诺斯的两卷本巨著《全球通史》，更加突出了1500年这个世界历史转折点，他曾把自己这部巨著分成上下两卷本，分别列出的副标题就是《1500年以前的世

界》《1500年以后的世界》。美中不足的地方是，他并没有着重突出“现代化”这个时代主题，而把更多的理论关注焦点纠结于西方文明的历史命运。《1500年以后的世界》这一卷共包含三篇，三篇的标题依次是：“西方崛起的世界”“西方据优势地位时的世界”“1914年以来西方衰落与成功的世界”。

现代化不是一个单一过程，“工业化—城市化—现代化—全球化”，这是一个“四位一体”的复杂系统演化过程，其中“现代化”是近现代世界历史的主旋律，各个层次、各个方面综合起来，构成一部分现代化过程的复杂和弦。

人们曾对20世纪中国革命的各个阶段及其基本矛盾、历史主线，乃至19、20、21世纪的时代主题作出过种种不同界说，而把中国道路区分成四条道路：新民主主义革命道路、社会主义改造道路、社会主义建设道路、改革开放中国特色社会主义道路。而“现代化”这个世界历史新视角，党的二十大特别突出强调的“中国式现代化道路”这个新概念，则起了“四位一体”、提纲挈领、统揽全局的作用，让我们洞若观火式地一下子看清中国大势、世界大势。

“两个阶段”，是说自1500年以来近现代世界历史长河，可以1750年开始兴起的英国工业革命为分水岭，分为两大阶段：1500—1750年英国产业革命以前，现代化历史进程还是初步的、不完全的，缺少现代化最主要的物质技术基础——近代工业革命、产业革命；而从1750年以后，随着英国工业革命、产业革命的兴起，现代化有了超越古代中世纪农牧文明的全新物质技术基础，现代化过程更加坚实、更加完整、更有全球影响力。

在一定意义上或许可以说，在1750年英国工业革命前，世界现代化还处于起步阶段，其典型代表是两个：一个是16世纪在地中海周边意大利域内的威尼斯、佛罗伦萨等城市共和国的兴起，掀起文艺复兴的时代浪潮；另一个是17世纪在大西洋沿岸尼德兰——荷兰的迅速崛起，掀起了推进现代化的又一波浪潮。然而，16、17世纪200年间，代表现代化世界历史起步阶段的这两代典型国家，佛罗伦萨等城市共和国与荷兰，问题症结就在于当时那种历史条件下，还缺少支持现代化势头持续发展的两大基石——近代工业革命的物质技术基石、近代民族统一国家制度创新的政治制度保证基石。

18 世纪 60 年代兴起的英国工业革命，是一次划时代的科学技术革命、生产力的大革命，由此，“走出中世纪，走向现代化”的社会转型，有了坚实可靠的物质技术基础，现代化也由初级形态、起步阶段，走向高级形态、起飞阶段。

对于英国工业革命引发的现代化生产力的大革命，至今描述得最生动鲜明的，也许莫过于马克思、恩格斯1848年在《共产党宣言》中写下的这一段话：

资产阶级在它的不到一百年的阶级统治中所创造的生产力，比过去一切世代创造的全部生产力还要多，还要大。自然力的征服，机器的采用，化学在工业和农业中的应用，轮船的行驶，铁路的通行，电报的使用，整个大陆的开垦，河川的通航，仿佛用法术从地下呼唤出来的大量人口，——过去哪一个世纪料想到在社会劳动里蕴藏有这样的生产力呢？[①]

可以说，是近代工业革命的科学技术创新，加上国家制度的现代化创新，这两块基石综合到一起，支撑起现代化全面发展新阶段。

以往影响全球的现代化三次浪潮——以 18 世纪英国、19 世纪德国、20 世纪日本为代表的三大潮头，其主要发源地，恰好分布在欧亚大陆的“西部—中部—东部”，代表了现代化从西向东发展的时代潮向，并在世纪之交、千年之交，现代化潮头终于来到了欧亚大陆的东方、中华大地。

---

① 《马克思恩格斯选集》第1卷，人民出版社1995年版，第277页。

中国式现代化道路，也曾经历过19世纪的摸索阶段、20世纪改革开放前的反复实验阶段，终于在改革开放新时期，找到了一条康庄大道，把上述两大基石结合到一起，支撑现代化起飞之道，走得更好、更快、更全面、更持续，迎来了世界现代化的第四次浪潮。

“四次浪潮”，就是说，已经过去的三个世纪——18、19、20世纪，已经先后出现了影响全球的三次现代化浪潮，正在迎来东方巨龙——中国带头、影响全球的现代化第四次浪潮。

北京大学罗荣渠教授先后撰写了《现代化新论——世界与中国的现代化进程》（1993）、《现代化新论续篇——东亚与中国的现代化进程》（1997）等重要论著，尝试创立中国特色的现代化新理论，提出了世界历史上的现代化三次浪潮理论。我从1992年开始，曾跟随罗荣渠先生一起进行现代化研究，并努力首倡现代化理论创新的马克思主义学派、中国学派、北大学派，可惜他在1996年英年早逝。在这里，努力借鉴他的学术成果，并力图作出更大的理论创新。

第二节　世界历史上的第一次现代化浪潮
——以18世纪英国为潮头

18世纪中后期，现代化第一次浪潮从英国开始发起，并且直接影响到法国等西欧国家，波及大西洋彼岸、北美洲的美国。

从1750年到1800年，特别是18世纪后期30年，英国率先开始了近代化、工业化的工业革命、产业革命。

今天看来，当时海峡两岸的18世纪英法两国，社会经济发展程度大同小异，也都碰到从地中海时代走向大西洋时代的历史机遇。

为什么近代产业革命不是首先发生在资源更为丰富的法国，而是首发在资源条件不那么优越的英国呢？看来，一个决定性的关键因素，就是英国在1640—1688年间率先实行了国家制度的近代创新，打破了绝对主义的封建专制、君主专制，洛克倡导政治上的自由主义，亚当·斯密倡导经济上的自由主义，得到了国家制度上的支持，得以大行其道。

具体说来，近代产业革命在英国的兴起，实际上也经历了四个环节：

第一个环节，实际上从培根到洛克倡导的哲学创新，牛津、剑桥倡导的大学教育创新，牛顿首倡的近代科学革命，是走在前面的三个主动轮。

第二个环节，18 世纪上半叶率先进行了农业革命，或叫高级阶段的农业革命，为工业革命做了历史铺垫。这场农业革命，实质上是土地所有权的变革，即所谓“羊吃人”，通过圈地运动把自耕农的小农经济基本消灭干净，封建贵族地主摇身一变，变成了资本主义大农场主。当初的资产阶级政治革命，曾经使农奴制土崩瓦解，解除了农奴对农奴主、封建庄园的人身依附关系，变成了自由人。现在，农民却由自由人变成了资本主义农场的雇佣劳动者，还有相当一部分人背井离乡，进城当了雇佣工人，由此为英国工业化提供了广阔的劳动力市场。

第三个环节，从 1763 年开始，瓦特经过 20 年的持续努力，运用了近代力学与布莱克在热学方面的发现，并得到企业家波尔顿的经费资助，终于发明了复动式蒸汽机。这使人类继人力、自然力、畜力之后，获得了前所未有的新能源、新动力。

第四个环节，蒸汽机广泛应用到纺织业、制造业、机器制造业、交通运输业，由此完成了近代工业化的产业革命。这个过程从 18 世纪后期 30 年开始，一直延续到 19 世纪三四十年代，才算基本完成英国的近代工业化。

以近代国家制度创新、近代科学技术创新、近代工业化产业创新为三大主动轮，英国实现了近代化经济起飞。

1765—1770年间，哈格里夫斯发明了珍妮纺纱机，即多轴纺纱机，而阿克莱特发明了机械纺纱机，标志着手工业向大工业的过渡，手工生产向机械化的过渡。

从1763年开始到1782年，瓦特经过20年的持续努力，终于发明创造出能够连续运转的、完全机械化的复动式蒸汽机，又称作万能蒸汽机。这就不仅解决了工作机的问题，而且解决了动力机的问题，开辟了全新的能源，迎来了全新的蒸汽时代。

18世纪70年代以后，英国大大加速了近代工业化历史进程，国家的近代化、工业化率先进入一个新的阶段、新的形态。

19世纪三四十年代，英国的机器制造业实现了机械化，由此标志英国成为第一个实现近代工业化革命的新型国家，国家制度有了全新的物质技术基础。

18世纪60年代开始的英国工业革命，使英国经济实现了近代工业化的经济起飞，一下子进入世界领先地位。虽然英国人口仅占世界人口的2%，然而它生产的工业品，却远销世界各地，一度占全世界工业生产的40%—50%，几乎占整个世界的1/2，号称“世界工厂”“永不落日的大英帝国”。

市场经济、民主政治、科学文化，这三者一致的全新体制，成为支撑英国实现近代化国家制度创新与经济起飞的强大支柱。

在英国近代工业化与经济起飞过程中，还有两个不可忽视的强大支柱，这就是牛津、剑桥首倡的近代大学教育创新，从培根到洛克倡导的近代哲学创新，一个提供了人才支柱，另一个则提供了精神支柱。

第三节　世界历史上的第二次现代化浪潮
——以 19 世纪德国为潮头

19 世纪中后期，德国、意大利、俄国等国家发起第二次现代化浪潮，现代化潮头也从欧亚大陆西端，东扩到欧亚大陆中部，或确切点说中西部。

1862 年，新登位的普鲁士国王威廉一世，启用俾斯麦出任普鲁士首相。这位“铁血首相”的特点，是借助三场王朝战争——1864 年普鲁士对丹麦战争、1866 年普鲁士对奥地利战争、1870—1871 年普法战争，强制推进了德国统一与现代化。

普法战争爆发后，由于普鲁士客观上的防御性和民族统一战争的正义性，加上外交、军事准备充分，很快击败了腐朽而孤立无援的法国。在 1870 年 9 月 1 日的色当战役中，拿破仑三世和十多万法军成为普军的阶下囚。在战争中，南德四邦相继站到普鲁士的德意志爱国主义大旗下。9 月 19 日，德军包围巴黎。11 月 25 日，南德四邦与普鲁士签订联合条约。1871 年 1 月 18 日，自称德意志帝国“助产士”的俾斯麦，宣告德意志帝国正式成立。国王威廉一世在凡尔赛宫镜厅加冕为帝国皇帝。姗姗来迟的德国统一大业终于完成。

总的看来，德国统一是一个进步的历史事件。它结束了中世纪以来几百个小国林立的分裂割据局面，使德意志民族不再受欧洲强邻的欺压。国家的统一促进了德国生产力的发展。这一点在德国统一后不久就强劲地显示了出来。国家的统一还为德国工人阶级在全国范围内的团结和斗争提供了有利条件与历史舞台。从这一意义上或许可以说，俾斯麦领导的德国统一运动堪称是一次“自上而下的革命”。

市场经济必须在法律的规范下才能正常运转。为促进经济的发展，德意志帝国统一了经济法规。在19世纪70年代，德意志帝国已经建立起一套较完整的司法制度。其中，经济法规也完善起来了。在19世纪70年代上半期，帝国政府相继颁布了商业法、营业自由法、统一的度量衡法、迁徙自由法、货币法、关税法以及保护国外的商业法等一系列法规，从而使德国资本主义经济的发展有了可靠的法律保障。其中，帝国政府统一货币之举，对德国资本主义的发展最为有利。

众所周知，以工具机的发明和蒸汽动力为特征的第一次工业革命于 18 世纪下半期起始于英国，然后扩张到欧美其他国家。由于当时仍处于分裂割据状态，德国直到 19 世纪三四十年代才开始第一次工业革命，经过五六十年代的经济高涨，19 世纪 60 年代末 70 年代初终于在大部分地区完成了第一次工业革命。

德国虽然是第一次工业革命的迟到者，却争当了第二次工业革命的急先锋。19 世纪 70 年代以后，以电能、内燃机动力以及新兴化学工业为主要特征的第二次工业革命在欧美资本主义国家展开。这时的德国立即以此为契机，充分利用各种新技术和新装备，彻底完成了以农业为主体的经济形态向以工业为主体的经济形态的转变，并使自己迅速驶上了资本主义工业化加电气化发展的快车道。①

19 世纪德国现代化道路的历史特点，是利用国家统一作为杠杆，有力地推动现代化经济起飞并后来居上。然而，问题在于国家制度创新严重滞后，其后遗症的爆发不正是两次世界大战的深刻根源吗？

---

① 吴友法、黄正柏：《德国资本主义发展史》，武汉大学出版社2000年版，第135、154、147页。

与此相应，从19世纪60年代起，意大利开始结束文艺复兴时代以来各个城市共和国的林立局面，逐步建立起统一的近代民族主权国家，融入了世界现代化的第二次浪潮……

1861年，俄国沙皇亚历山大二世颁布了废除农奴制度的法令，并要求把农奴耕种的土地在农奴与贵族地主之间进行重新分配。还以改良主义方式，要求推进一系列改革举措。这种改良主义色彩浓厚的改革措施，并没有解决俄国社会根本问题，但却在一定程度上使俄国融入现代化第二次浪潮，走上资本主义发展道路。

第四节　世界历史上的第三次现代化浪潮
——以20世纪日本为潮头

20世纪60—80年代，日本及亚洲“四小龙”兴起了世界现代化的第三次浪潮，现代化潮头从西方开始转向东亚大陆周边国家与地区。

现在看来，日本及东亚周边国家和地区的发展模式既有共性、普遍性、相似性的一面，又有个性、差异性、多样性的一面。可以说，没有单一性的、死板划一的、无差别的东亚模式，但存在着具有多样性、差异性、复杂性而又大体相近的东亚周边发展模式，既区别于西方现代化发展模式，也与后来东亚大陆的中国发展模式有微妙差异，甚至应当说有本质差异。

对东亚周边发展模式的历史功过，应当作出一分为二的具体分析：

在20世纪60—80年代，东亚周边国家和地区采取了“雁行序列”发展模式，利用当时冷战时代的特殊历史机遇，有所综合而又有所创新，初步实现了本地区的近代工业化经济起飞；

而在20世纪八九十年代，在科技革命、和平发展的崭新历史背景下，在全球化趋势和知识经济初见端倪的世界大潮中，日本等国却因固守传统发展模式、创新精神不足，而逐步陷入发展模式的困境与危机之中，并在1997年开始的东亚金融危机中充分暴露出来。

日本及东亚周边国家和地区，在发展模式、发展战略上的创新不足主要表现在以下四个层面上：

他们的“雁行序列”发展模式，没有根本超越对西方的依附式发展模式；

他们侧重发展加工工业的发展模式，没有根本超越近代工业化的传统发展模式；

他们采取的高积累式的外延式发展，也没有根本超越非持续性发展模式；

他们偏向投机商业的畸形发展，更没有根本超越泡沫经济的虚假繁荣型发展模式。

发展模式上的创新不足，无法适应全球化趋势与知识经济的时代潮头，乃是东亚金融危机的深层根源与实质所在。

下面让我们逐层深入地作出具体解析。

第一，“雁行序列”东亚周边发展模式，使他们在全球化趋势与知识经济的来潮之中，无法根本超越在全球经济、全球分工中的依附式发展模式。“雁行序列”模式是那个年代日本积极倡导的东亚周边发展模式，并在一定程度上反映了东亚发展的历史特征。

所谓“雁行序列”，就是跟踪式发展，像大雁编队飞行那样，一个跟着一个，前后相继，首尾相连，构成一个系列。

所谓“雁行序列”，就是梯度推进式的发展，产业结构梯度转换，劳动分工各得其所，构成从高到低的四个阶梯：科技密集型、资金密集型、劳动密集型、资源密集型。

所谓“雁行序列”，就是要以日本为“领头雁”，以亚洲“四小龙”和东南亚联盟为左右两翼，带动整个东亚经济形成一种总体发展势头。

这样，“雁行序列”成了前后相继的四个梯队，“日本—‘四小龙’—‘三小虎’—其他东南亚国家”。

第一梯队是20世纪五六十年代先行开始起飞的日本，在整个序列中起领头雁的作用，而在全球化趋势中则主要跟踪美国的发展轨迹。20世纪八九十年代日本力图重点转向发展知识密集型、技术密集型产业，而把资金密集型、劳动密集型产业转移出去。

第二梯队是20世纪60—80年代较早开始近代化经济起飞的亚洲“四小龙”，即韩国、新加坡以及中国的香港地区、台湾地区，主要是在亚洲范围内跟踪日本的发展，在20世纪八九十年代重点转向发展资本密集型、技术密集型产业，而把劳动密集型、资源密集型产业转移出去。

第三梯队是20世纪八九十年代走向近代化经济起飞的亚洲“三小虎”，即泰国、马来西亚、印度尼西亚，主要是在亚洲范围内跟踪日本及“四小龙”的发展轨迹，一面重点发展资源密集型、劳动密集型产业，一面开始转向资金密集型、技术密集型产业。

第四梯队则是20世纪90年代以来逐步开始走向近代化经济起飞的其他东亚国家和地区，如菲律宾、越南、缅甸等，重点追踪“四小龙”“三小虎”，早期主要还是发展资源密集型、劳动密集型产业。

这种“雁行序列”的发展模式，在20世纪六七十年代东亚经济奇迹的形成过程中，曾经起到一定的历史作用，促进了东亚经济的整体启动、整体发展、整体起飞。

这种“雁行序列”发展模式，也在20世纪八九十年代逐步暴露出它的历史局限，而且是带根本性的历史局限，那就是从全球市场、全球经济来看，未能根本摆脱依附式发展模式、走上带头创新式的发展模式。

从全球范围来看，以日本为领头雁的东亚周边发展模式，在总体上依然依附于美国的带头发展，依附于美国代表的世界市场体系、世界经济发展的主要潮头。

从东亚范围来看，在相当程度上大多数国家或地区又依附于日本这一领头雁的发展，依附于日本在东亚的跨国公司、跨国垄断。1997 年前后，我们曾在香港九龙这边观看维多利亚海湾夜景，遥望对岸中环一线的繁华夜景：映入眼帘的巨型霓虹灯广告，日本跨国公司的广告竟占有 2/3 以上，欧美广告次之，中国广告甚少。这是依附式发展模式的一个缩影。

因而，从局部来看，从实现近代工业化、走出古代农业社会来说，东亚周边模式有所综合，又有所创新。然而，从全球范围来看，从全球化趋势与知识经济初步来潮的广阔历史背景来看，东亚的“雁行序列”发展模式实际上未能真正超越依附式发展模式，真正走上自主创新式发展模式。

第二，东亚周边发展模式虽经 20 世纪 60—80 年代三次嬗变，但从总体上看未能超越近代工业化的传统发展模式。

东亚周边国家与地区，多半处于亚洲大陆边缘地带，西太平洋的海岸线四周、以太平洋为中心的国际商道枢纽地带，因而转口贸易成为东亚周边发展模式的初始起点，最初还缺少本民族的工业化。

20 世纪六七十年代，在近代工业化起飞初期，东亚周边发展模式的第一次嬗变，是利用本地资源、外国资金技术设备，发展加工工业，取代了以转口贸易为主的发展模式。这是发展模式、发展战略上的一个历史性进步，开始形成自己的加工工业，迈出了走向近代工业化的第一步。可是由于最初发展起来的多半是资源密集型、劳动密集型产业，因而在这一历史过程中，只能形成近代工业化的初级产业结构。

20 世纪七八十年代，在近代工业化起飞过程中，东亚周边发展模式的第二次嬗变，开始超越资源密集型、劳动密集型的加工工业，重点发展资金密集型的重化工业，如投资大、周期长、深加工的石油工业、化工工业、机器制造业、汽车工业等。从近代工业化历史进程来看，产业结构从初级结构向中级结构攀升。

20 世纪八九十年代，在东亚近代工业化起飞基本实现之际，特别是在日本及亚洲“四小龙”这里，在“雁行序列”的头两个梯队中间，出现了产业结构进一步升级换代的历史趋势，从资金密集型产业进一步走向技术密集型、知识密集型产业，信息产业、电子产业、生物产业等高科技产业有方兴未艾之势。可惜的是，由于种种复杂的历史原因，特别是泡沫经济泛起于一时，严重地分散了资金，贻误了东亚周边发展模式的第三次嬗变，使这次产业结构更新换代刚刚开始，而远未真正完成。日本、韩国的半导体、芯片等产业，算是少数成功范例。

从世界历史的高度来看，“近代工业化—现代社会化”，这是前后相继、迥然有别的两个历史过程。

从总体上、战略上来看，东亚发展模式有不同于西方的特殊性，乃至于把西方近代以来经历的这两大历史过程、长达三五百年的历史进程合二而一，高度浓缩，作为一个统一的历史过程，试图在现代化起飞的几十年间一举完成。

然而，从战术上来看，具体分析起来，东亚现代化起飞过程，仍可看成重点不同的两个阶段，在这两个阶段，日本现代化道路既有成功历史经验，也有失误的历史教训：

20 世纪 60—80 年代，东亚现代化经济起飞的主要课题，是实现近代工业化，带有追赶西方的历史补课性质，这一阶段的东亚发展模式较为成功，创造了追赶西方近代工业化的“东亚奇迹”。

20世纪八九十年代，东亚现代化起飞的主要课题升级换代了，需要实现“现代社会化”或“现代信息化”的巨大创新，由于基础薄弱的“先天不足”，再加上泡沫经济的“后天失调”，使东亚发展模式未能实现产业结构的这次升级换代，未能实现“现代社会化”的发展模式创新。

因而，东亚发展模式虽然在近30年间经历三次嬗变，上了三个台阶，但未能实现从“近代工业化”到“现代社会化”的发展模式创新，这是金融危机的历史伏笔。

第三，东亚起飞的经济奇迹在1965—1995年这30年间曾令世界瞩目，然而究其实质，其发展模式却未能根本超出“以加大投入、扩大外延，求经济增长”的非持续性发展模式，未能真正转向以科技创新为主要支点的可持续性发展模式，因而酿成商品结构雷同、产业结构雷同、竞争力下降、比较优势下降的危机根源。

1997年下半年开始的东亚金融危机，不足以抹杀持续二三十年的“东亚奇迹”。在1965—1995年的30年间，东亚经济持续高速增长，基本上实现了近代工业化起飞，从世界历史来看，开创了迥然有别于现代化西方模式的东亚周边模式。不容否认，在世界经济史上、现代化史上，这不愧为“东亚奇迹”。有些人企图完全否定东亚发展的历史性成就，这种思想在东亚金融危机后流行一时，不过说到底，这种说法缺乏历史主义的具体分析。

同时，我们也必须实事求是地看到问题的深层症结所在：东亚经济起飞，本质上是传统发展模式在特殊历史机遇下的一时奇迹，依然采取的是高储蓄率、高投资率、高增长率的外延扩大式的传统发展模式，这是一种非持续性的传统发展模式。创造现代新型可持续发展模式的历史任务刚刚提出，就受到泡沫经济狂澜的严重冲击。

东亚经济起飞是历史性的奇迹，外部条件是遇到了特殊的历史性机遇。战后两极对立的冷战格局，包括朝鲜战争与越南战争，使美国为首的西方世界迫切需要扶植东亚的适度发展。他们提供了市场，提供了资金，提供了技术，也提供了历史机遇。这种特殊的“历史便车”，是日本代表的东亚崛起的特殊外部条件。

由于种种历史原因、文化背景和社会心理因素，东亚多数国家与地区的储蓄率在近代化经济起飞时期几乎始终高达30%—40%，大大高于西方欧美国家储蓄率通常低于20%的水平。东方文化中的家族本位论倾向，在相当程度上抑制了个人独立消费，助长了高储蓄率的形成。以日本而论，20世纪50年代储蓄率已达到30%，20世纪六七十年代，新加坡、韩国以及中国的台湾地区、香港地区这亚洲“四小龙”的储蓄率分别已达30%、22.8%、32%、27.5%；20世纪80年代，平均储蓄率更分别高达42.3%、31.8%、32.9%、30.5%。

日本及东亚发展模式，是以高达30%以上的高储蓄率、高投资率，来支撑经济高增长率的。从实质上来看，他们没有超越传统的外延扩大式发展模式：靠增加资金投入、资源投入、人力投入，扩大生产规模，从而获得经济增长。而这种增长本质上也是数量增加、规模扩大，而不是质的升华、劳动生产率的提高，在一定意义上可谓“有增长无创新”。

20世纪后期，从全球范围来看，正在创造一种新型的可持续性发展模式，本质特征在于，发展的首要动力不是扩大投入、扩大规模，而是科学技术创新、提高劳动生产率。与此形成鲜明对照的是，1989年后日本却耽于泡沫经济，未能把发展重心转向这种科学技术的创新、发展模式的创新。

“千里搭凉棚，没有不散的筵席”，这是《红楼梦》中王熙凤引述的一句谚语，用富于辩证法的中国成语表达，就是“盛宴必散”。主要靠扩大规模、增加投入，而不是科技创新、提高劳动生产率的增长方式，从根本上说只能属于非持续性的发展模式，不可能支撑太长时间，迟早是“强弩之末”、难以为继。通常，这种近代工业化的、主要依靠外延扩大式的经济起飞，一般最多只能维持一二十年左右，很难越过这个“大限”。由于“雁行序列”和中国迅速兴起的特殊机遇，已经一再延长了东亚起飞的持续时间：20世纪七八十年代，亚洲“四小龙”的经济起飞，延续了日本经济的发展势头；20世纪八九十年代，中华巨龙的经济腾飞又延续了亚洲“四小龙”的经济起飞时间。尽管如此，固守传统发展模式，终归难以突破经济起飞、持续发展的“大限”。

归根到底，这次东亚金融危机的一个深层根源，就是固守“以扩大投入求经济增长”的传统发展模式，未能适应时代潮头走向发展模式的根本创新：以科技创新为龙头，走向可持续性的新型发展模式。

第四，从20世纪80年代起，日本带头走上泡沫经济的畸形病态发展模式，从根本上阻塞了发展科技创新、知识经济的发展模式创新之路，这是东亚金融危机的历史根源与深层根源。从1985年“广场协议”开始，美国还有意助长与诱导日本泡沫经济的兴起与破灭。

泡沫经济并不是只有日本才有的特殊病症，而是近几百年间近代资本主义市场经济中的一种畸形发展模式，是发生在资本主义世界市场体系中心区域国家在上升时期的一种常见病。

泡沫经济作为一种传统发展模式，典型症状是过分热衷于股票市场、房地产市场这两大投机商业，使这种证券交易、金融交易大大脱离了实物生产、实物贸易、货币交易，造成了虚假繁荣的泡沫现象，而一旦泡沫破裂，必然带来金融危机、银行破产、经济衰退、元气大伤。

第五节　东方与中国现代化道路的时代呼唤
——引人注目的三本新书

在20世纪90年代的文化讨论中，出现了一个引人注目的思想走向，就是保守主义的现代新儒学东山再起，风行一时，虽不能说已经成了20世纪90年代中国文化主潮，可确实在一段时间里，在20世纪90年代中期的第二次文化热中，俨然成了流行一时的显学之一。

20世纪90年代文化讨论中的这股社会思潮，不是偶然出现的历史现象，甚至不能简单归结于少数现代新儒家学者的热心炒作。

一连串的历史事件，巧妙地凑到一起，造成了一系列历史契机，为现代新儒学和保守主义文化观的重新泛起提供了某种历史机遇。

第一个历史契机，是20世纪70年代以来的全球问题暴露了西方近代文化困境。

20世纪70年代以来，生态危机、环境污染、人口爆炸等全球性问题纷纷暴露出来，造成了人类自身的生存困境。在反思全球问题、人类困境深刻根源时，一些东西方有识之士开始醒悟到这种人类生存危机的背后，实质上是西方近代工业化道路的危机，是西方近代文化的危机，是在人与自然、人与人关系中过分强调个人本位、自我中心的西方近代单主体性观念的危机，是那种过分追求外在超越、外在征服关系的西方近代价值观念、思维方式的危机。

那么出路在哪里呢？他们开始探索超越西方近代工业化模式的可持续发展新道路，并且试图突破长期存在的“西方中心论”，把希望的目光转向东方，希望从东方文化中发掘一些思想资源。因为，强调人与自然、人与人和谐关系的思想资源，虽然在西方古希腊文化源头上有一些闪光思想，在西方近代哲人那里也有一些思想火花，但在西方文化史上却一直只是一个支流，可供利用的思想资源实在为数不多。

于是在 20 世纪后期，西方人开始了近千年间的第三次东方探宝过程：

公元 1000 年以后的十字军东征，是西方人的第一次东方探宝，寻求的首先是圣地，以圣战与商战结合的怪异形式，到东方寻求致富之源；

公元 1500 年以后的地理大发现，是西方人的第二次东方探宝，主要寻找黄金，后来又发展为寻找奴隶来源、人力资源，因而远洋探险活动与野蛮殖民活动结合在一起；

而 2000 年前后的第三次东方探宝，一个重要搜寻对象，是有助于超越西方近代文化的东方智慧资源、文化资源、思想资源。

在这样的历史背景下，东方文化复兴论的旗帜自然容易引人关注。

第二个历史契机，是借助“东亚奇迹”引起的对东亚文明的普遍关注。

以 1973 年石油危机为标志，第二次世界大战以后西方世界各国的现代化经济起飞过程戛然而止。

而与此形成鲜明对照的是，“日本—亚洲‘四小龙’—中华巨龙”，却前后相继地进入现代化经济起飞过程，构成了推动“亚洲奇迹”持续发展的三级火箭：大约1955—1973年，战后日本率先在东亚实现现代化经济起飞，成为“东亚奇迹”的领头雁；20世纪六七十年代，韩国、新加坡以及中国的台湾地区、香港地区这亚洲“四小龙”，又相继开始了现代化经济起飞过程，成了紧跟日本领头雁的先行军；20世纪八九十年代，东亚大陆的中华巨龙，加上东南亚“三小虎”，又相继开始了现代化经济起飞过程，使东亚经济起飞呈现持久不衰之势……

东亚经济起飞、迅猛发展，从宏观结构上改变着世界历史的基本格局，引起了当代世界各方面的普遍关注，在文化界也引起不小反响，以下三本书像镜子一样反映出东亚经济奇迹引出的文化效应：

第一本书是在20世纪70年代，美国当代最著名的汉学家费正清等人，在20世纪60年代的研究成果《东亚：伟大的传统》《东亚：近代的变革》基础上，出版的一部更具历史性和理论性的巨著《东亚文明：传统与变革》。该书的显著特点在于，从世界历史哲学的高度预言了东亚在世界经济发展、历史发展中的现代化起飞趋势，并特别点出了东亚经济崛起后面的文化背景的特殊历史意义：“技术的突飞猛进使世界的范围不断缩小，区域间的关系变得越来越密切，越来越复杂。在这种形势下，东亚在世界事务中的作用将会相应地急剧膨胀。”“东亚必将进入到人类共同命运的决定者行列。现在，她正在变成为我们日常生活中的极为重要的部分。”“当然，东亚的重要意义不仅仅局限于她的军事或经济方面的影响。这些只是人们比较容易理解的几个方面。尤其重要的是，东亚拥有一个独特的高度发达的文明，它不仅使东亚拥有一个伟大的过去，也使她为今天的飞速发展奠定了坚实的基础。东亚人的自我约束力和工作道德足以使加尔文主义及其献身宗教的精神黯然失色，这些特征曾光耀一时，影响扩及世界。日本的经济和文化充满了无比的活力，它几乎未受到过任何令西方工业社会感到不安的社会问题的困扰。”“与此同时，中国在现今世界中所显示出的不同的社会模式也不得不令人刮目相看。”①

第二本书是20世纪90年代初，1993年世界银行发表的政策调查报告《东亚奇迹——经济增长与公共政策》。该报告从经济上肯定了东亚发展模式所创造的奇迹，并且接触到“东亚奇迹”后面的东方文化背景问题。报告开门见山地指出：“东亚经济持续高速增长的纪录是令人注目的。在1965—1990年间，东亚23个国家和地区的增长速度高于世界其他地区。这种成绩的取得主要归功于其中8个经济实体近乎奇迹般的增长：日本、‘四小龙’——中国香港、韩国、新加坡、中国台湾，以及东南亚的三个新兴工业化国家，即印度尼西亚、马来西亚和泰国。”这本调查报告重点强调的是东亚经济起飞奇迹与政府宏观经济政策之间的联系，对于与东亚文化背景之间的内在联系，虽然也触及了，却远不如费正清等人看得那么突出：“第一章所描述的收入快速增长与收入差距缩小的这些惊人的成就原因何在？某些观察家将此归功于地理及文化因素，而非经济或其他政策。”“东亚的成功有多少成分应归结于地理因素、共同的文化特质及历史背景？当然有某些作用，但绝非全部原因。成功的亚洲经济其共有的最显著的特征就是拥有接近公海航道的便利与投资流动。例如，在整个东南亚，华裔本着共同的文化背景在贸易和投资方面非常活跃。这种区域内的经济关系可以追溯到几个世纪以前中国同柬埔寨、日本、朝鲜、老挝、缅甸和越南之间的联系。”②

第三本书是 20 世纪 90 年代中期，1996 年美国著名学者奈斯比特发表的《亚洲大趋势》一书。该书更多地触及了东亚经济起飞

① 费正清等：《东亚文明：传统与变革》，黎鸣等译，天津人民出版社1992年版，第1、2页。

② 世界银行工作人员编：《东亚奇迹——经济增长与公共政策》，中国财政经济出版社1995年版，第1、57页。

与东亚文化背景的关系问题。从20世纪80年代起，这位记者出身的美国学者，先后发表了名噪一时、影响颇大的《大趋势》《2000年大趋势》等著作，而到20世纪90年代他又出版了《亚洲大趋势》这本书，同样引起了不小的轰动效应。该书从未来学角度，揭示了亚洲经济起飞的大趋势必将引起相应的社会效应、文化效应。他在书中一开头就提出，亚洲巨变具有经济、文化的双重意义："亚洲巨变是当今世界最重要的发展进程。不论对亚洲还是全球而言，它正一天天逼近。当我们迈向下一世纪之时，亚洲的现代化进程必将更新这个世界。""但这还不仅仅是在经济方面。当代亚洲将重塑现代人类灵魂，在唤醒个性意识、树立坚定信念和倡导苦干与献身精神方面，他们将以先驱者的姿态出现。亚洲正以其特有的'亚洲模式'运行，使经济步入一个鼎盛时期。90年代是'亚洲时代'。当进入2000年时，在经济、政治和文化上，亚洲将跃居世界领先地位。亚洲在崛起。"这本书注意到亚洲经济巨变后面的历史背景、文化背景问题："伴随着当地新富的产生，亚洲人的思想观念产生了较大的变化。而亚洲所进行的令人瞩目的经济改革，更引发了亚洲人一场深远的心理革命，从而改变了亚洲的自我形象、文化与传统。尽管当前亚洲人价值观的转变极为复杂、矛盾，但为了领会其产生的深远影响，对这些转变做一番考察还是十分必要的。必须看到这样一个最基本的事实，那就是，亚洲今天发生的种种革命性变革背后，有一个传承数千年的历史背景。"全书最后还以画龙点睛之笔，作出了跨世纪的远景瞻望，对亚洲文化与价值观念做了乐观预言："东、西方两种文化、经济交融之时，世界将会更加生机勃勃。""随着技术和科学的引进，亚洲向世界展示了现代化的新型模式，这是一种将东、西方价值观完美结合的模式，一种包容自由、有序、社会关注和个人主义等信念的模式。东方崛起的最大意义是孕育了世界现代化的新模式。亚洲正在以亚洲方式，完成自己的现代化，它要引导西方一起迈入机遇与挑战并存的 21 世纪。”①

这三本书表明在世界范围内，包括“西方中心论”根深蒂固、积重难返的欧美国家在内，都开始关注东亚经济的迅速崛起及其后面的历史背景和文化含义。

他们当时多半谈论的，还是以日本为主的东亚周边现代化模式，但也开始把希望的目光，期待的目光，转向正在奔向腾飞的东方巨龙……

第六节　以中国为潮头的第四次现代化浪潮
——西方现代化模式的根本突破

在上面，我们先后对中国与现代化头三次浪潮做了分别探讨；而下面，我们将对二者从世界历史高度作出总体性的比较研究、理论概括，以此看出，中国式现代化新道路究竟新在哪里？其中最集中的表现，就是在现代化世界历史上，实现了根本超越西方现代化模式的四大转变与四大突破，从而对现代化的世界历史版图作出新时代的重大改写。

第一，空间场的重大转变——从西方转向东方。现代化的头两次浪潮，主要潮头都集中在欧亚大陆的西方，乃至大西洋两侧的欧美发达资本主义国家，从 20 世纪起，日本及亚洲“四小龙”的现代化来潮，已表明现代化浪潮的东移趋势，但尚局限于东亚大陆边缘地带，而从 20 世纪 80 年代开始，中国开始了现代化经济起飞进程，则昭示着现代化的世界潮头已彻底从西方转向东方，转向东亚

① [美]奈斯比特：《亚洲大趋势》，中国国际问题研究所译，外文出版社1996年版，第2、40、275页。

大陆主体部分，从而改写了现代化的世界版图。

第二，现代化规模的重大转变——从发达国家小规模现代化走向十几亿人口的大规模现代化。在中国以前实现现代化的国家，大多数是人口较少的资本主义发达国家，其主体部分其实就是今天称之为“G7”的7个发达国家，人口规模充其量也没有达到10亿人，在世界人口中只占很小比重。而中国则是东方大国，号称“东方巨龙”，现代化起飞之初人口已达10亿，至今已超过14亿，足足占据了世界人口的1/5。中国的空间规模也与整个欧洲30来个国家总和相差无几。这就进一步改写了现代化的世界历史版图。

第三，现代化性质的重大转变——从西方资本主义现代化转向中国特色社会主义现代化。现代化第一次浪潮中，英美是最为典型的资本主义、自由主义现代化模式。现代化第二次浪潮中，德国等欧洲大陆国家，尤其是北欧国家，掺杂进一些社会民主主义的改良成分，而本质上仍是西方资本主义现代化模式，社会制度、国家制度都是资本主义性质的。现代化第三次浪潮中，日本与东亚周边国家或地区的现代化模式，开始带有一些东方特色，有些人甚至称之为所谓的“儒家资本主义道路”，实质上仍隶属于资本主义现代化西方模式。唯有中国式现代化道路，高高地举起了中国特色社会主义旗帜，在国家制度、社会制度上，实现了从资本主义走向社会主义的制度创新，开创了社会主义现代化新道路。

第四，现代化类型的重大转变——中国式现代化道路对西方现代化模式四大弊端的根本突破。一是突破了以资本为中心的西方现代化模式弊端，开创了在党的领导下，实现以人民为中心的新型现代化道路；二是突破了贫富两极分化的西方现代化模式弊端，以社会主义市场经济体制，加上社会保障制度体系，有效地防止两极分化，开创了走向共同富裕的现代新型现代化之路；三是突破了物欲主义膨胀、精神文明匮乏的西方现代化模式弊端，开创了物质文明与精神文明双翼齐飞、共同发展、相得益彰的现代新型现代化道路；四是突破了资本垄断统治、对外扩张掠夺的西方现代化模式弊端，社会主义制度加上中国文化和平基因，开创了自主开放、和平共处、合作共赢的现代新型现代化道路。

这就是现代化世界历史上的“中国奇迹”！

这就是根本突破西方模式的中国式现代化新道路！

这就是世界现代化历史上的第四次新浪潮！

第三章　打破“现代化＝西方化”的迷思

——拓展了发展中国家走向现代化的途径

当代世界流行的一些现代化理论，其原产地并不是亚非拉的发展中国家，而是美国等西方发达国家带头炮制的。他们多半主张把现代化分成内源先发型的西方现代化模式和外源后发型东方现代化模式，后者往往只能是前者的移植和模仿，实际上是在诱导发展中国家只能走西方现代化道路，只有这样一条路，别无他途。

而中国式现代化道路，则开辟了一条新的道路，提供了一种新的可能性，而且更加接近发展中国家的特殊国情，也更加接近发展中国家独立自强的现代化目标，最有助于发展中国家开创新路、少走弯路。

2022 年党的二十大，对于这个世界历史性的大问题，作出了科学分析与理论总结。

第一节　探索落后中国走向现代化发展新路

——马克思主义中国化三次飞跃的一个主题

20 世纪 60 年代以来广泛流行的西方自由主义现代化理论，往往强调发展中国家现代化道路对西方现代化道路的“路径依赖”，实质上把人导向“现代化＝西方化”的迷思与思想陷阱，甚至更为露骨地鼓吹“现代化＝西方化＝美国化”。

孙中山等中国现代化的先行者、探索者，最初也曾幻想照搬西方现代化道路，迅速取得成功，结果却在实践中碰得头破血流，孙中山晚年开始觉悟到中国现代化照搬西方是行不通的，必须开拓出中国现代化自己的道路。

中国共产党人有了马克思列宁主义科学理论指导，又经过实践中的反复探索，走过了曲折发展道路，不断总结正反两方面历史经验，终于实现了马克思主义中国化时代化的三次飞跃，找到了中国式现代化新道路，首次根本突破了“现代化＝西方化”的迷思。

众所周知，在中华人民共和国成立前夕，1949年6月30日，毛泽东同志写了《论人民民主专政——纪念中国共产党二十八周年》这篇文章，文章开头与中间，两次提到“中华民族的大同理想”：

对于工人阶级、劳动人民和共产党，则不是什么被推翻的问题，而是努力工作，创设条件，使阶级、国家权力和政党很自然地归于消灭，使人类进到大同境域。为着说清我们在下面所要说的问题，在这里顺便提一下这个人类进步的远景的问题……

就是这样，西方资产阶级的文明，资产阶级的民主主义，资产阶级共和国的方案，在中国人民的心目中，一齐破了产。资产阶级的民主主义让位给工人阶级领导的人民民主主义，资产阶级共和国让位给人民共和国。这样就造成了一种可能性：经过人民共和国到达社会主义和共产主义，到达阶级的消灭和世界的大同。康有为写了《大同书》，他没有也不可能找到一条到达大同的路。①

改革开放新时期，中国改革开放总设计师邓小平，又以自己特

① 《毛泽东选集》第4卷，人民出版社1991年版，第1471页。

有的方式传承发展了“天下为公，世界大同”的民族理想、价值观念。

1979 年 12 月 6 日、1984 年 6 月 30 日，邓小平同志在会见日本首相大平正芳和日本友人时，正是对照《礼记 · 礼运》中孔子关于“大同理想”与“小康时代”的提法，首次提出“改革开放建小康”的中国式现代化目标：

我们要实现的四个现代化，是中国式的四个现代化。我们的四个现代化的概念，不是像你们那样的现代化的概念，而是“小康之家”。到本世纪末，中国的四个现代化即使达到了某种目标，我们的国民生产总值人均水平也还是很低的。要达到第三世界中比较富裕一点的国家的水平，比如国民生产总值人均一千美元，也还得付出很大的努力。就算达到那样的水平，同西方来比，也还是落后的。所以，我只能说，中国到那时也还是一个小康的状态。当然，比现在毕竟要好得多了。到了那个时候，我们有可能对第三世界的贫穷国家提供更多一点的帮助。①

在改革开放新时期，特别是到了20世纪80年代中期，邓小平同志以巨大的理论魄力和理论预见，以他特有的大德、大智、大勇，提出了振聋发聩的和平与发展两大时代主题论：“国际上有两大问题非常突出，一个是和平问题，一个是南北问题。还有其他许多问题，但都不像这两个问题关系全局，带有全球性、战略性的意义。”“现在世界上真正大的问题，带全球性的战略问题，一个是和平问题，一个是经济问题或者说发展问题。和平问题是东西问题，发展问题是南北问题。概括起来，就是东西南北四个字。南北问题是核心问题。”“应当把发展问题提到全人类的高度来认识，要从这个高度去观察问题和解决问题。”“总之，一个是对国际形

① 《邓小平文选》第2卷，人民出版社1994年版，第237页。

势的判断，一个是根据这个判断相应地调整对外政策，这是我们的两个大变化。现在看来，这两个变化是正确的，对我们是有益的，我们要坚持下去。只要坚持这样的判断和这样的政策，我们就能放胆地一心一意地好好地搞我们的四个现代化建设。”①

面向科技革命、和平发展的新时代观，使邓小平理论具有双重品格：既富于民族精神，又富于时代精神；既是有中国特色的社会主义，又是有时代精神的现代化理论。他以立足中国、面向世界的广阔胸襟，捕捉世界历史发展的潮流，寻求和平与发展的时代精神，喊出了为人类永久和平、共同发展而奋斗的时代最强音。诚如邓小平同志本人指出的：“我们搞的是有中国特色的社会主义，是不断发展社会生产力的社会主义，是主张和平的社会主义。”② 邓小平理论没有离开马克思主义发展大道，没有离开中华文明的发展大道，也没有离开人类文明、世界历史的发展大道。

而在 1992 年初的邓小平南方谈话中，他对时任中共珠海市委书记的梁广大同志两次说道：

中国文化从孔夫子就提倡赡养老人。孔夫子讲：修身、齐家、治国、平天下。社会上要讲修身、修养、持家，既修身又持家，就能治国、平天下。

我们不能学国外搞福利社会。他们已受到很大困扰；靠高税率来保证其福利，但由于高税赋本国生产积极性又受到影响……我们不能走这条路，还是孔夫子说过的修身、齐家、治国、平天下有道理。我国好多问题就是靠一家一户来解决的，都靠社会来解决还得了。③

① 《邓小平文选》第3卷，人民出版社1993年版，第96、105、282、128页。
② 《邓小平文选》第3卷，人民出版社1993年版，第328页。
③ 中共中央文献研究室编：《回忆邓小平》下卷，中央文献出版社1998年版，第500、501页。

第二节　中国式现代化道路率先突破了西方现代化模式

衡量中国式现代化道路，有一个重要参照系，就是跟西方发达资本主义国家的现代化道路作出对比，中国探索的是一条高速发展、持续发展、和谐发展的东方社会主义现代化崭新道路。

西方发达资本主义国家多半也曾经历过现代化经济起飞，先后写下历史的辉煌，但以 1973 年石油危机为转折，在近 50 年间又都普遍进入一个低速发展时期。他们经受了滞胀——经济停滞与通货膨胀的双重困扰，正步履艰难地试图爬出这块沼泽地，20 世纪 90 年代初期这种趋势特别明显。美元在世界金融体系中的地位波动和弱势，本质上乃是这种颓势的外部表征。我们不妨拿中国与发达国家的七国集团做个比较（1981—1993 年这 13 年间）：

国家	1981—1993 年国内生产总值年均增长率 %	七国集团年均增长率
美国	2.4	≈ 2%
日本	3.7	
德国	1.9	
法国	1.8	
英国	1.7	
意大利	1.6	
加拿大	2.0	

在 1981—1993 年这 13 年间，西方发达国家的七国集团，平均发展速度只有约每年 2%，完全进入一种低速增长状态。

如果单就20世纪90年代头四年而论，西方发达国家的七国集团更是举步艰难，爬坡缓慢：

国家	20 世纪 90 年代头四年国内生产总值年均增长率 %	七国集团年均增长率
美国	1.2	≈ 1%
日本	2.6	
德国	1.0	
法国	0.9	
英国	–0.1	
意大利	0.9	
加拿大	0.3	

20 世纪 90 年代初，西方发达国家七国集团力图走出沼泽，走向复苏。但发展速度极其缓慢，平均只有约每年 1%，有的国家、有的时候甚至出现了负增长。

在两个世纪、两个千年的交汇点上，纵观地球的东西两端，西方发达国家以每年1%—2%的速度缓缓爬行，而中国却以每年接近10%的速度振翅腾飞，这是多么鲜明的历史对照！诚然中国现在的发展起点还很低，还很难在短时期内飞得像发达国家那么高，但是中国经济的现代化腾飞大势已成，这种发展远景是指日可待的。

中国改革开放的新道路不仅表现在量上，意味着经济发展的更高速度，持续发展的时间更长；而且更重要的是表现在质上，意味着中国在探索一条有中国特色的社会主义现代化新道路，与西方资本主义的现代化传统道路有重大区别。西方文化的深层核心概念是外在征服型的单主体性观念，以主客对立的二分法去创造征服型的天人对立、人际对立、身心对立。从15世纪哥伦布的发现新大陆，到现代霸权主义的所作所为，无不渗透了这种对外征服型的单主体性观念。物极必反，这种单主体性观念借助现代科技革命所形成的工具理性，到头来却造成了人类价值目标、价值理性的沦丧悲剧。所谓资源问题、生态问题、环境问题上的人类困境，本质上乃是西方主体性观念的困境，西方传统文化的困境，西方那种以高投入、高消耗求高消费、高浪费的传统现代化道路的困境。

中国正在努力汲取西方近现代文明的一切积极成果，又弘扬东方传统文化的思想精髓，扬弃西方现代化道路的根本弊端，努力开拓一条持续发展、和谐发展的现代化新路。这条新路的核心观念是中国的普遍和谐观念，或叫三大和谐观念——人与自然关系上的天人和谐观念、人与人关系上的人际和谐观念、人自身身心关系上的身心和谐观念。

中华民族最富于发展的持续性，至今已有上下五千年的文明持续发展；

中国历史最富于独特性，从古到今一直走着别具一格的发展道路；

中华文明也最富于综合性，历来是一个综合创新的文化大熔炉；

中国人民也最富于整体和谐性，从来把普遍和谐、天人合一作为最高的价值目标。

中国式现代化新道路，将给 21 世纪人类新型文明带来春天的信息！

第三节　中国式现代化新道路在发展中国家的龙头作用

中国式现代化新道路还有一个重要参照系，就是跟其他发展中国家对比，中国探索出一条经济和社会协调、持续、健康发展的新道路。

同大多数发展中国家相比，中国属于现代化起飞的先行国家之一。从中国历史看，现代化起飞可以说是严重滞后。而从世界历史来看，七国集团也好，西方发达国家也好，都只占少数，绝大多数国家仍是属于第三世界的发展中国家。在这些国家中，由于种种复杂的历史原因，大约只有不到 1/3 的国度走上了现代化起飞的健康发展道路，其余的大多数还在贫困线上奋争。中国由于选择了中国特色社会主义的改革开放道路，有幸较早走上了现代化经济起飞之路，而且在发展中更加注重社会和谐和共同富裕。

同国情相近的印度等发展中国家相比，中国改革开放中的发展速度更快一些，并且更加注重社会的协调发展。印度是中国的邻邦，又同是东方文明古国，近代都遭受了西方帝国主义的侵略掠夺。他们有约300万平方千米的广阔国土，当时有8亿多人口，是南邻印度洋的亚洲第二大国家。在这些基本国情上，中印有许多相近之处，二者也都在现代化进程中取得了举世瞩目的重大成就。比较而言，印度现代化道路的长处是比较平稳，没有经历大起大落和重大曲折；中国现代化道路坎坷较多、起伏较多，而在改革开放的历史阶段上，获得了现代化经济起飞的更猛势头。从1980年到1990年这十来年间，印度人口以每年接近2%的速度增长，而国内生产总值以大约每年6%的速度增长。在这段时间里，印度的人口增长率比中国高6%左右，而经济增长速度则比中国低3%，因而现代化起飞的势头就很不一样。我们要向印度等邻邦学习许多成功经验，同时我们也为中华民族的经济起飞之势而感到欣慰。

中国现代化起飞属于亚洲现代化的第三次浪潮，在发展速度和持续时间的综合高度上，可望继承并超越日本、韩国等东方新兴现代化国家的成功经验。后发现代化的历史特征，给原先落后的国家带来了许多不利之处，但也带来一些历史偏得。因而，东方成了世界现代化的后起之秀，而中国有可能成为东方现代化的后起之秀。近一个半世纪以来，亚洲的环太平洋东方国家和地区，先后开始了三次现代化来潮。第一次来潮，日本独树一帜，率先走上了现代化道路，在战后的经济起飞速度大概是接近每年增长 10%，持续时间主要是 1955—1973 年这 18 年间，而到 20 世纪八九十年代后逐步转入每年 2%—3% 的低速增长阶段。第二次来潮，同时走上现代化起飞线的是亚洲“四小龙”，其中持续时间最长的看来首推韩国，先以每年 8% 左右的较高速度持续发展 20 年，基本实现经济起飞，20 世纪八九十年代仍以较高的速度持续发展。而注重在现代化进程中适当弘扬东方文明、加强法治建设，则成了新加坡的显著特色。第三次来潮，带头的是中国这一东方巨龙，同时接近起飞状态的还有东南亚的泰国、印度尼西亚等发展中国家。现在看来，中国充分借鉴并且超越日本、韩国、新加坡等国新兴现代化道路，以 5% 以上，有时甚至是接近 10% 的速度，持续发展 40 年，走向经济起飞和共同富裕。

第四节　中国式现代化新道路的国际意义

中国式现代化道路对于发展中国家的重大意义究竟何在呢?

我们并不主张所有发展中国家都要一律照搬中国式现代化道路，每个发展中国家，多半都有自己的特殊国情、特殊传统，需要探寻适合自己民族特点的特殊道路。

中国式现代化道路对于广大发展中国家来说，具有的不可忽视的重大普遍意义、启迪意义乃在于，有助于在探寻本国道路时，突破西方模式与苏联模式造成的束缚作用，解放思想，实事求是，开创新路，少走弯路。

在改革开放起点上，邓小平同志在预备会上为十一届三中全会所作的主题报告，题目就是《解放思想，实事求是，团结一致向前看》。

1982 年召开的党的十二大，是中国改革开放的第一个五年总结，也是邓小平理论初步奠基时期的第一个理论总结。

1982年9月1日，在《中国共产党第十二次全国代表大会开幕词》中，邓小平同志总结了中华人民共和国成立30年来的基本经验，特别是改革开放五年来新鲜实践的基本经验，得出一个基本结论，提出一个崭新的基本概念——建设有中国特色的社会主义。他有一段画龙点睛式的精辟论述:

我们的现代化建设，必须从中国的实际出发。无论是革命还是建设，都要注意学习和借鉴外国经验。但是，照抄照搬别国经验、别国模式，从来不能得到成功。这方面我们有过不少教训。把马克思主义的普遍真理同我国的具体实际结合起来，走自己的道路，建设有中国特色的社会主义，这就是我们总结长期历史经验得出的基本结论。[①]

“建设有中国特色的社会主义”，这个新概念的提出，标志着中国改革开放将突破传统计划经济的苏联模式，在理论创新与体制创新上都将有一个新的飞跃，不是小修小补，而是根本突破、根本创新。

这个新概念的提出，标志着探索有中国特色的社会主义的尝试，经过20多年的四次铺垫，加上改革开放头五年实践，经济、政治、文化各个方面的具体创新，升华为一个总体性的基本概念，它揭示出一条不同于传统计划经济体制的苏联僵化模式的崭新道路——从“走俄国的路”到“走中国自己的路”。

这个新概念的提出，使中国改革开放的目标模式和发展道路有了一个统摄全局、更加明确的基本概念，比1956年毛泽东同志提出的“论十大关系”“中国式的社会主义工业化道路”，20世纪60年代初期提出的“调整方针”，1975年的“全面整顿”，更加集中、鲜明地昭示出中国现代化的目标与道路：走自己的道路，实现中国现代化。

这是中国式现代化道路的一条基本经验，也是最具有普遍意义的一条成功历史经验，对于发展中国家解放思想，实事求是，寻找适合本国国情、民族特点的现代化道路，几乎无一例外地具有示范意义。

在18、19、20世纪这300年间，在现代化在全球范围内的四次浪潮中，头三次浪潮，尽管有从西向东的发展轨迹，但是直到日本现代化模式为止，并没有根本突破西方模式现代化道路，也就是资本主义现代化道路。事实上，这也就是现代化过程中的“G7模

① 《邓小平文选》第3卷，人民出版社1993年版，第2、3页。

式”，或叫“G7集团模式”，美、英、法、德、意、加、日7个发达国家，自成一体、自外于广大发展中国家之外。而在当今世界200多个国家或地区中，绝大部分属于发展中国家，这些国家既无缘挤入“G7”发达国家集团，也很难复制西方现代化老路，至少是没有那么多殖民地可供资本对外扩张。在这种历史条件下，中国式现代化道路看来比西方式现代化道路更接近发展中国家的现实国情，也有更多、更直接、更切近的借鉴意义。

只有中国式现代化新道路，才首次从根本上突破了现代化西方模式，为21世纪广大发展中国家走出自己的现代化新道路开辟了一种新的可能性。

还有一些发展中国家，由于受种种历史条件影响，在一定的历史阶段中也曾或多或少地受到传统计划经济苏联模式的影响，出现急于求成、脱离国情的过“左”倾向。在如何走出苏联模式的历史羁绊，实施稳健自主的改革开放，重归现代化的一般大道上，中国式现代道路也开创与积累了一些成功经验，可供这类发展中国家借鉴。

中国式现代化道路的探索过程，并不是一帆风顺的，而是经过反复探索、反复实验、反复调整的复杂历史过程，积累了许多正反两方面的丰富历史经验和历史教训，可供广大发展中国家参考与借鉴，以开创新路，少走弯路。

这一类对于发展中国家具有普遍意义的重大问题，至少可以举出以下一系列问题：

1. 如何处理现代化创新与民族传统的关系？

2. 如何处理改革、发展与稳定的关系，在走向现代化的转型发展中避免社会动乱？

3. 如何处理现代化发展中的利益协调问题，尤其是在迈向中等收入过程中，避免出现贫富两极分化？

4. 如何处理物质文明与精神文明的关系，避免物欲主义的过分膨胀？

5. 如何协调城市乡村关系，避免现代化过程中乡村与农业走向凋敝的问题？

6. 如何处理发展经济与保护生态环境的关系，克服生态危机，走出生态文明新路？

7. 如何在发展市场经济过程中，辅之以国家制度创新，以防止官僚腐败之风蔓延？

……

在解决这一系列重大问题、突出矛盾方面，中国式现代化新道路既积累了大量成功经验，也曾经历过不少历史教训；同时还有一系列新问题、新矛盾、新挑战，正在新时代、新探索中前进。

中国式现代化新道路，好像一面镜子，有其正面与反面，认真研究与借鉴，有助于广大发展中国家总结经验，开阔思路，开拓新路，少走弯路。

我们十分欣喜地看到，从 2021 年十九届六中全会到 2022 年党的二十大作出了一项重要理论创新，就是首次简单明确地阐明了中国式现代化新道路对于发展中国家的启迪意义与示范效应：

党领导人民成功走出中国式现代化道路，创造了人类文明新形态，拓展了发展中国家走向现代化的途径，给世界上那些既希望加快发展又希望保持自身独立性的国家和民族提供了全新选择。[①]

① 本书编写组：《〈中共中央关于党的百年奋斗重大成就和历史经验的决议〉辅导读本》，人民出版社2021年版，第73页。

第四章　现代化世界历史的新开篇
——为解决现代化中的全球危机提供了一种新的可能性

创造中国式现代化新道路，在当今世界“百年未有之大变局”中，不仅有十分迫切的现实意义，而且对世界历史的未来走向有十分深远的历史意义。

“危机倒逼创新，创新走出危机。”这是决定世界历史走向的当今一个关键问题。而中国式现代化新道路，有助于整个人类转危为安，为解决当代世界现代化、全球化中出现的全球危机、人类困境，提供新的希望之路、新的可能性。

正是2022年党的二十大，对于当代人类面临的“世界之变、时代之变、历史之变”，作出了深刻洞察与超前预见。

第一节　世纪之交的大变局与新时代
——从毛泽东预言说起

今天，我们正站在世纪之交、千年之交的历史交汇点上，中国大历史、世界大历史，都处在一个重大的历史转折点上。

“这个世界在当今时代变化太急剧了，简直有些让人感到应接不暇！”这是许多国人、世人的突出感觉：

2001 年的“9·11”事件，让世界震惊不已；

2003 年美国为首的多国部队迅速占领伊拉克，中东战争烽烟四起；

2008 年，从美国开始的金融危机，迅速蔓延到世界多国，形成了全球性的当代国际金融危机、经济危机；

2012 年，欧洲又爆发了主权债务危机，一系列欧洲国家陷入起伏不定的经济动荡之中；

2014 年前后，在亚欧大陆两端，既有乌克兰危机，又有地中海周边中东近东国家的颜色革命，显赫一时的利比亚卡扎菲政权灰飞烟灭；

而在亚欧大陆的东端，朝鲜半岛形势更是瞬息万变，朝美双方一度剑拔弩张，几乎开战，忽然又坐下来谈判，迅速降温，急剧转折……

正是面对这样的国际局势、风云变幻，2012 年 10 月，中国共产党召开了第十八次全国代表大会，以习近平同志为核心的党中央领导集体，努力开创改革开放、中国特色社会主义新时代。

我们面临的国际局势是变化急剧、空前复杂的；

我们肩负的历史使命是光荣伟大、空前艰巨的。

“不畏浮云遮望眼，自缘身在最高层。”在这个激烈动荡变革期，怎样才能找到一个理论思维的立足点、制高点，高屋建瓴，把国内与国际两个大局统一起来，总揽全局呢？

这就不由得使我们想起 60 多年前，1962 年扩大的中央全会——“七千人大会”上，毛泽东同志关于世界形势、时代变迁的一段名言。

这次大会称之为“七千人大会”，是因为当时有七千人参加，是我们党历史上规模最大的一次重要会议，旨在总结中华人民共和国成立13年的正反两方面历史经验，扭转国民经济困难局面，努力迎接现代化建设高潮。毛泽东同志在开幕式上发表重要讲话，其中讲到当年延安时代发表《红星照耀中国》的美国友人斯诺，他问起中国发展的“长期规划”；英国蒙哥马利元帅向毛泽东说起，“再过五十年，中国就了不起了”。毛泽东同志在回答这些问题时，对于天下大势与中国走向，做了一个毛泽东式的“预言”：

三百几十年建设了强大的资本主义经济，在我国，五十年内外到一百年内外，建设起强大的社会主义经济，那又有什么不好呢？从现在起，五十年内外到一百年内外，是世界上社会制度彻底变化的伟大时代，是一个翻天覆地的时代，是过去任何一个历史时代都不能比拟的。处在这样一个时代，我们必须准备进行同过去时代的斗争形式有着许多不同特点的伟大的斗争。为了这个事业，我们必须把马克思列宁主义的普遍真理同中国社会主义建设的具体实际，并且同今后世界革命的具体实际，尽可能好一些地结合起来，从实践中一步一步地认识斗争的客观规律。要准备着由于盲目性而遭受到许多的失败和挫折，从而取得经验，取得最后的胜利。由这点出发，把时间设想得长一点，是有许多好处的，设想得短了反而有害。①

无独有偶，邓小平南方谈话尾声画龙点睛，表达了和“毛泽东预言”相呼应的基本思想，或许可称之为“邓小平嘱托”：

我们要在建设有中国特色的社会主义道路上继续前进。资本主义发展几百年了，我们干社会主义才多长时间！何况我们自己还耽误了二十年。如果从建国起，用一百年时间把我国建设成中等水平的发达国家，那就很了不起！从现在起到下世纪中叶，将是很要紧的时期，我们要埋头苦干。我们肩膀上的担子重，责任大啊！②

① 《毛泽东文集》第8卷，人民出版社1999年版，第301、302页。
② 《邓小平文选》第3卷，人民出版社1993年版，第383页。

第二节　空前加速与空前危机
——症结在于科技经济加速发展，而国家制度、哲学理念创新滞后

世纪之交、千年之交的20年间，世界历史发展正处在一个转折点、一个新起点上，出现“两个空前”的新特点、新走势：一是经济全球化、信息网络化、政治民主化三大时代潮头，使世界历史、新型文明发展“空前加速”；二是当代国际金融危机、全球生态危机、文明冲突危机这三大危机，也使人类生存发展面临前所未有的、全球化的“空前危机”。

一、三大潮头的耦合作用，形成了世界历史在当代发展的“空前加速”机制

在20世纪起点上，中国现代化的伟大先行者孙中山先生有一句名言：“时代潮流，浩浩荡荡，顺之者昌，逆之者亡。”

在新世纪、新千年的起点上，有三个最为显著的时代潮头，比任何伟大人物、强大国家更有力、更深刻地改变着当今世界的面貌：

第一，以劳动社会化为根基的经济全球化潮头。其深层实质，不仅在于资源配置的全球化，而且在于生产关系的国际化，而其深刻根源则在于劳动的社会化与交往的普遍化。这是一股最为强大的时代潮头，深刻地改变着人们的生产方式、生活方式、交往方式、思维方式，甚至深刻地改变着人类的存在方式，乃至每个人的存在

方式。

第二，以科技现代化为根基的信息产业化潮头。现代科技革命是一股席卷全球的时代浪潮，正处于方兴未艾之中，并和经济全球化潮头汇合到一起，构成了信息网络全球化的崭新态势，从而形成了信息产业化大趋势。过去经济是经济，文化是文化，而现在则出现了经济文化一体化的新趋势，也有人称之为知识经济的时代到来了。全球化信息网络的形成，信息产业的生成，人工智能的普遍应用，人机结合的现代新型主体，是现代科技革命的显著特征。这一切不仅引发了人们贮存、加工、处理、传递信息的新方式，而且形成了人类知识库的新形态，从而给人类的劳动实践活动、社会交往活动、语言符号活动这三大主体活动的历史发展及其相互关系，都带来了划时代的深刻变革。

第三，以交往普遍化为根基的政治民主化潮头。劳动社会化与经济全球化趋势，呼唤着政治民主化的新发展。而主体多元化、交往普遍化的信息网络，更要求资源共享、权利共享、信息共享。过去说，商品是天生的平等派、民主派；今天应当说，网络更是天生的平等派、民主派。在信息网络时代，政治民主、社会民主、信息民主，成了当今时代人们的普遍要求。

什么是时代潮流？就是大势所趋，人心所向。面对这三大时代潮头，我们只能因势利导，争取主动。

二、全球性的资本主义普遍危机，表现为当今世界七大危机，堪称是深刻威胁人类生存发展的“空前危机”

或许在一定意义上可以说，当今世界正处在一个相当漫长的新型文明难产期：一方面，现代科技革命、经济全球化、劳动社会化、信息产业化，这四个主动轮推动着时代加速发展，带来了熹微可辨的新型文明曙光；另一方面，旧的国家制度与社会关系、思维方式与价值观念，迟迟不肯退出历史舞台，顽固阻碍着新型文明的诞生。

潜藏在世界历史深处的这种深层矛盾，表现为当今世界的七大危机：

第一，天人关系中的生态危机。从20世纪70年代起，全球问题、人类生存困境逐渐引起人们关注，全球变暖已成为联合国郑重讨论的严峻问题。近代工业化生产方式，是生态危机的重要经济基础。资本主义异化劳动，是生态危机的社会症结；而征服自然的西方近代主体性观念，则是生态危机的主要思想根源、哲学根源。

第二，人际关系中的战争危机。20世纪发生了两次惨绝人寰的世界大战。今天，冷战时代虽然已经过去，但是战争根源并未根本消除。世界大战虽然看来一时打不起来，但局部战争的硝烟却从未间断。2022年乌克兰危机，更进一步重新向国人世人敲响警钟，战争危险，包括核战争危险、世界大战危险，仍是悬在人类头上的一把利剑。

第三，南北关系中的两极分化危机。从20世纪80年代起，伴随新自由主义抬头，发达国家与发展中国家的“南北矛盾”就有逐渐扩大趋势。世纪之交大大加速的经济全球化趋势，使南北矛盾进一步加剧。南北矛盾的实质在于生产关系的国际化、两极分化的国际化。这是发展中国家贫困危机的深刻根源。

第四，文明关系中不同国家体系的冲突危机。20世纪90年代，亨廷顿提出“文明冲突论”，实质上是为文化霸权主义在理论上张目。所谓“文明冲突论”的一个重要根源，就是把文化的全球化简单机械地理解为文化单质化，视其他宗教、其他文化为异端邪说、洪水猛兽。

第五，经济关系中的当代国际金融危机，实质上也是当代资本主义世界市场体系的普遍危机。2008 年在美国爆发的金融危机迅速蔓延到全球范围，2011 年演化为欧洲主权债务危机，十年之后虽走出最低谷，但仍在泡沫破灭之后的低凹沼泽地中步履维艰。2020 年的新冠病毒全球大流行，更使世界经济雪上加霜。如今病毒流行已走过了三个年头，怎样做到“抗击病毒、抗击经济衰退”两手抓、两手都要硬，仍然是一大严峻考验。

第六，主体关系中的道德危机。把人际关系看成单纯的金钱关系，在国际关系中只讲实力，不讲道义，或者打着人权的招牌，掩盖的却是一国狭隘利益——这一类弊端，或许可称之为道德危机，是其他危机的深刻思想根源。

第七，义利关系中的价值观危机。20世纪前期的马克斯·韦伯，中期的爱因斯坦，后期的哈贝马斯，都曾把万能工具理性与狭隘价值理性的矛盾作为现代资本主义发展中的深刻矛盾。这种深刻矛盾，造成单主体性的过分膨胀，狭隘功利主义的大泛滥，人类价值目标的大迷失。

这是一种最为深层的价值危机。

这是一次空前广泛的全球性危机。

这是一次空前全面的普遍性危机。

这是一次空前深刻的人类生存危机。

由于这七大危机的存在，就给我们提出一个空前严峻的时代课题：人类是走向可持续的共同发展，还是自我毁灭？

三、“空前加速”机制与“空前危机”机制结合到一起，决定着在世纪之交、千年之交的近 30 年间，世界历史发展开始出现新特点，走向新阶段，需要我们提出中国自己的发展新战略、新观念

“空前加速”与“空前危机”奇特地结合在一起，由此决定了

世界历史发展在当今时代特有的二重性、矛盾性、复杂性。我们只有用马克思主义唯物辩证法作为伟大的认识工具，才能科学、准确、全面地把握时代脉搏、时代精神、时代链条，万万不可堕入简单化、片面化的僵化教条、僵化观念中去。

抓住“空前加速”的大机遇，回答“空前危机”的大挑战，作出“空前创新”的大发展——这是我们面对当今时代、“百年未有之大变局”唯一正确的战略选择。

第三节　百年未有之大变局
——两霸俱伤中国兴

20 世纪的世界格局、国家体系，先后经历了三次重大变化。而在 20 世纪末 21 世纪初，即世纪之交、千年之交，世界格局、国家体系又出现了百年未有之大变局，其显著特征就是原先冷战时代的苏美两霸先后受到重大损伤，而古老常新的中国又开始重新走向世界历史舞台的发展主潮。

进入 20 世纪的时候，在欧洲、在世界，占主导地位的还是 19 世纪维也纳体系，即由奥地利首相梅特涅、德国首相俾斯麦先后精心构筑的，英、俄、普、奥、法这欧洲五强的百年均势。

20世纪初期，世界格局、国家体系发生的第一次大变化，是在第一次世界大战结束后，英、美、法协约国集团战胜了德、奥、意三国同盟，通过1919年“巴黎和会”、1921年华盛顿会议，从而确立了美、英、法占据霸权地位的凡尔赛—华盛顿体系。

20 世纪中期，世界格局、国家体系发生了第二次大变化，1945 年 2 月，在第二次世界大战结束前夕，美国总统罗斯福、英国首相丘吉尔、苏联领袖斯大林达成了雅尔塔协议，形式上形成了“伟大的同盟”。可惜后来罗斯福因病早逝，美国继任总统杜鲁门、英国首相丘吉尔向右转，斯大林也发生了向“左”逆转，终于形成了冷战时代、美苏争霸的两极世界。

20世纪后期，八九十年代交汇点上，世界格局、国家体系发生了第三次大变化，东欧剧变、苏联解体、华约解散，使苏联霸权体系大厦轰然倒塌，美国作为独一无二的超级大国地位显著增强，单边主义倾向明显抬头。

在21世纪起点上，世界格局、国家体系又生了第四次大变化，2001年发生“9·11”事件，美国本土核心地带的纽约曼哈顿世贸大厦遭受恐怖袭击，死伤2400多人。2008年，美国发生金融危机，迅速蔓延到欧洲及整个世界。这两次重大事件，尽管尚不能从根本上动摇美国世界霸权地位，却使其强势势头严重受损，黄金时代一去不复返了。

世纪之交、千年之交的这两次世界格局大变动，先后使苏美两霸受到严重创伤：

1991年前后，东欧剧变，苏联解体，使苏联霸权体系从此退出世界历史，苏联领土的大部分转归俄罗斯，作为现代民族国家维系下来，而世界霸权已不复存在；

经过“9·11”事件和2008年当代国际金融危机之后，美国的军事、金融、科技、大学四大优势依然存在，然而，一极超强、独霸世界的全球帝国、霸权走势，却受到严重遏制，势头不再。

在许多西方预言家眼中，中国在这两次世界格局大变动中，都“在劫难逃，必遭厄运”。然而，事实却恰恰相反，中国特色社会主义经历了这两次严峻挑战，正在走向现代化的民族复兴。

1991年苏联解体，原15个社会主义国家，如倒下的多米诺骨牌，10个改变了颜色，当然包括国防军事实力最强、社会主义历史最长的苏联本身。不少人都断言，下一个倒下的就是中国。那种形势，真可谓“黑云压城城欲摧”“山穷水尽疑无路”。然而，由于中国既搞了改革开放，又坚持了社会主义，并且在1992年邓小平南方谈话与党的十四大精神指引下，确立了社会主义市场经济的改革目标，从根本上突破了传统计划经济的苏联僵化模式，中国特色社会主义大船转危为安，冲破了险滩激流，重新扬帆远航！

2008 年当代国际金融危机从美国开始席卷全球，在不少人看来，中国首先在劫难逃。但是，中国靠着社会主义市场经济的制度优势，加上国家对市场的有力宏观调控，发掘扩大 13 亿人口的国内市场需求潜力，终于战胜了经济下行的巨大压力，依然保持了每年 9% 至 6% 的发展势头。也正是在这场金融危机爆发三年后的 2010 年，中国经济总量一举超过了日本，成为世界第二大经济体，并且还在持续高速发展、现代化起飞过程之中。

古老的中华民族，创造了现代化经济起飞持续 40 年的“中国奇迹”。

第四节　21 世纪马克思主义理论创新
——新时代中国特色社会主义思想是时代最强音

1989—1992 年东欧剧变，致使当代世界马克思主义、社会主义遭受了前所未有的大曲折，一度跌入了最低谷。

世纪之交、千年之交，当代马克思主义、社会主义思潮则出现多样化思想探索，堪称是顶凌而开的六朵“冰凌花”：

俄罗斯内部出现了马克思主义复兴思潮；

欧洲则有生态社会主义、民主社会主义等思潮；

美国已经取代欧洲，成为西方新马克思主义思潮的主要潮头；

中南美洲则出现了新社会主义思潮；

日本、韩国及越南、老挝等东亚国家也仍有马克思主义、社会主义思潮存在；

2017年党的十九大确立习近平新时代中国特色社会主义思想，2018年5月5日在北京大学召开的“世界马克思主义大会”郑重纪念马克思200年诞辰。

21世纪马克思主义已经开始走出低谷,走向复兴！其中,习近平新时代中国特色社会主义思想则集中代表了这种时代精神与时代潮头。2021年十九届六中全会通过的《中共中央关于党的百年奋斗重大成就和历史经验的决议》对此作出科学总结与历史定位：“习近平新时代中国特色社会主义思想是当代中国马克思主义、二十一世纪马克思主义，是中华文化和中国精神的时代精华，实现了马克思主义中国化新的飞跃。”

习近平新时代中国特色社会主义思想，也是对中国式现代化新道路的科学总结与理论升华，因而其中的精髓要点之一，就是回答了中国式现代化道路在新时代的新问题：建设什么样的现代化强国，怎样建设社会主义现代化强国？

其显著特点是“四个特别”：

一是旗帜鲜明地特别强调，马克思主义、科学社会主义是改革开放、中国特色社会主义的思想源头、理论基础和思想指南。

二是旗帜鲜明地特别强调，作为马克思主要著作的《资本论》，其基本原理、思想精髓、哲学底蕴，其立场、观点、方法，并不过时，仍是21世纪与当代中国马克思主义理论创新的首要源头活水。

三是旗帜鲜明地特别强调，马克思主义、科学社会主义的现代科学理论与中华民族优秀传统、孔子倡导的“大道先行，天下为公”的社会理想，有内在的精神契合，应当有机地熔为一炉：

共享理念实质就是坚持以人民为中心的发展思想，体现的是逐步实现共同富裕的要求。共同富裕，是马克思主义的一个基本目标，也是自古以来我国人民的一个基本理想。孔子说："不患寡而患不均，不患贫而患不安。"孟子说："老吾老以及人之老，幼吾幼以及人之幼。"《礼记·礼运》具体而生动地描绘了"小康"社会和"大同"社会的状态。按照马克思、恩格斯的构想，共产主义社会将彻底消除阶级之间、城乡之间、脑力劳动和体力劳动之间的对立和差别，实行各尽所能、按需分配，真正实现社会共享、实现每个人自由而全面的发展。①

四是旗帜鲜明地特别强调，要继承发展马克思列宁主义基本原则，特别是马克思主要代表作《资本论》，创造中国特色社会主义政治经济学新观点、新理论、新体系，推动21世纪与当代中国马克思主义理论创新，迎来21世纪马克思主义、社会主义复兴，迎来"东方文艺复兴"的壮丽日出！

让我们举起双手，共同迎接这个新时代、新希望！

① 《习近平谈治国理政》第二卷，外文出版社2017年版，第214页。

下篇

创造人类文明新形态

创造人类文明新形态——这不仅是对中国式现代化道路历史文化哲学底蕴及其世界历史意义的新概括，而且是对世界历史、人类文明新时代、新走向的新定向、新定位，因而值得我们再下一番功夫，努力作出深入探讨。

纵观人类文明上下五千年的发展历史长河，犹如长江大河的“上游—中游—下游”一样，世界文明也依次经历三大历史形态的系统演变：5000年前开始的古代农牧文明—500年前开始的近代工商文明—世纪之交开始的现代新型生态文明。

世纪之交、千年之交，人类发展、文明演化正处于一个十字路口上：能否超越近代西方资本主义主导的工商文明，开创现代新型生态文明，走出全球危机、人类困境——这是一个命运攸关的时代课题！

本书下篇的主题思想，是从世界历史文明形态发展比较研究的全新视域，深入探讨中国式现代化新道路对创造人类文明新形态的重大世界历史意义。

本书下篇为三分结构，紧紧围绕“创造人类文明新形态”这个新时代、新主题，依次回答三个重大问题：

今天我们为什么必须创造人类文明新形态？

怎样着手创造人类文明新形态？

我们从哪里去寻找创造人类文明新形态的源头活水？

第一部分 为何必须开创人类文明新形态
——西方近代资本主义文明造成的全球七大危机

为什么我们今天必须根本超越西方近代资本主义工业文明，开创人类文明新形态？

这并不是我们异想天开，为标新立异而故作惊人之谈。世纪之交、千年之交，整个世界出现了种种问题，种种乱象，甚至是种种全球性大问题、大矛盾、大危机，迫使几乎每个人，上至国家政要，下至普通百姓，都在思考一个十分普遍而又十分具体的时代之问：

世界怎么了，我们怎么办？

为此，本书下篇的第一部分，试图上升到世界历史的整体高度与理论思维的哲学深度，努力回答这个命运攸关的时代课题。

5000年前，由于国家与文字的创立，人类历史从原始时代进入文明时代，文明的第一大历史形态是古代农牧文明形态。

距今500年前，从公元1500年前后开始，人类文明开始进入第二大历史形态，就是取代了古代农牧文明的近代资本主义工业文明，其两大发现就是“世界的发现和人的发现”。这500年的近代世界文明大发展，几乎超过了以往5000年的总和。

然而，资本逻辑的本性，资本主义国家制度与社会制度的历史局限，加上西方近代哲学中个人本位、自我中心、零和博弈型、对外征服型的单主体性观念，合到一起导致在世纪之交、千年之交的近50年间，出现了危及人类生存的七大全球性危机：

第一，生态危机。

第二，战争危机。

第三，两极分化危机。

第四，金融与经济危机。

第五，国家体系冲突危机。

第六，道德危机。

第七，价值观危机。

这不是个别国家、个别人物的偶然过失，而是资本主义制度、资本主义文明形态的历史必然。

正基于此，创造人类文明新形态必然成为进步人类的唯一正确历史抉择……

这是不是本书作者为了标新立异故作惊世骇俗之语呢？否。这是一个严肃认真的重大时代课题。

2022年党的二十大报告，对世纪之交、千年之交的世界历史大势，百年未有之大变局对世界新走向、人类文明新形态的时代呼唤，做了一针见血、入木三分的深刻科学揭示：

当前，世界之变、时代之变、历史之变正以前所未有的方式展开。一方面，和平、发展、合作、共赢的历史潮流不可阻挡，人心所向、大势所趋决定了人类前途终归光明。另一方面，恃强凌弱、巧取豪夺、零和博弈等霸权霸道霸凌行径危害深重，和平赤字、发展赤字、安全赤字、治理赤字加重，人类社会面临前所未有的挑战。世界又一次站在历史的十字路口，何去何从取决于各国人民的抉择。[①]

让我们追根溯源，从头说起。

① 《中国共产党第二十次全国代表大会文件汇编》，人民出版社2022年版，第49、50页。

第一章　西方文艺复兴的两大发现及其历史局限
——世界的发现和人的发现

公元 1500 年前后，的确是人类文明史上一个划时代的重大转折点，由此世界历史主流从古代农牧文明形态，转向近代工商文明形态。国际商道中枢与世界历史主要舞台，也从古代地中海时代，转向近代大西洋时代，欧洲、北美随之起了开风气之先的历史引擎作用。

从 1500 年前后的西方文艺复兴以来，近现代世界历史 500 年，最大的历史成就是两大发现——世界的发现和人的发现。

然而，资本逻辑本性，由此决定的资本主义社会制度、国家制度及其哲学理念、价值观念，却给这两大发现带来了根本性的历史局限……

第一节　世界文明 5000 年的四大关键期

人生道路是漫长的，人的命运是曲折多磨的，然而决定人生道路、人生命运的关键期，往往却是稍纵即逝的。不仅一个人的人生是这样，对于一个国家、一个民族、一种文化、一种文明来说，又何尝不是这样呢？

为此，德国历史哲学和文化哲学家雅斯贝尔斯曾提出距今 2500 年前“世界历史轴心期”的概念。北大哲学系教授汤一介先生也曾提出，今天我们又碰上了一个新的“世界历史轴心期”的问题。

观水有术，必观其澜。实际上，为了真正看清中国文化从何而来，向何处去，世界历史意义何在，我们今天需要上升到更为广阔的全球大历史观高度，紧紧抓住世界历史长河中文化创新、文明创新的四个关键期。

第一个关键期，是距今 5000 年前后世界文明的起源形成期，以铜器、城市、文字、国家为四大支点，世界历史上的原创文明形成。而我们中华文明、中国国家，不仅是世界六大原创文明之一，而且开创了环太平洋文明圈与国家体系，与环地中海文明圈和国家体系一起，形成世界原创文明起源的东西两大源头、两大区系；

第二个关键期，是距今 2500 年前后世界文明的古典定型期，中国的春秋战国百家争鸣、秦皇汉武一统天下，与古典希腊的科学人文精神高峰，形成世界古典文明的东西双峰并峙，如果再加上起源于印度河文明的佛教文化，起源于环地中海的希伯来宗教文化，则形成世界古典文明定型期的四大柱石；

第三个关键期，是距今 500 年的公元 1500 年前后世界近代化工业文明的文化创新奠基期，也就是西方文艺复兴时代，从环地中海地带、意大利城市共和国佛罗伦萨开始，从地中海走向大西洋，辐射整个欧洲，几乎对近代世界格局起了决定性影响，形成了西方文明领先于世，甚至一枝独秀的近代格局。而中华文明却出现了萌芽超前、起飞滞后，接连失机、封闭落后的近代历史曲折；

第四个关键期正在眼前，公元 2000 年前后的世纪之交、千年之交，世界文明的危机创新关键期，也是世界新型文明奠基关键期，从近代工业化文明开始走向信息化、社会化、全球化、生态化的现代新型文明。如果中国把握得好，就可能抓住这个世界历史性机遇，从而实现中华复兴，并且带头走向“东方文艺复兴”，开辟文化创新的新时代！

对于正处在改革开放新时代、新阶段的中国来说，一个命运攸关的重大时代课题，就是认真学习借鉴500年前西方文艺复兴的历史经验，以便更好地迎接“东方文艺复兴”的壮丽日出。

第二节　西方文艺复兴以来500年的两大成就
——世界的发现和人的发现

西方文艺复兴以来500年的伟大历史成就是什么？

瑞士学者雅各布·布克哈特1860年发表了传世之作《意大利文艺复兴时期的文化》，全书尾声的第四篇题目有一个画龙点睛式的高度概括——世界的发现和人的发现：

世界的发现和人的发现……

意大利人已经摆脱了在欧洲其他地方阻碍发展的许多束缚，达到了高度的个人发展，并且受到了古代文化的熏陶，于是他们的思想就转向于外部世界的发现，并表达之于语言和形式中。[①]

什么叫“世界的发现”？布克哈特做了简明扼要的历史描述：

关于意大利人到世界远方的旅行，我们在这里只能做很少的一些一般性的叙述。十字军东征给欧洲人思想打开了远方未知的世界，并且唤起了一切人的旅行和冒险的热情。

即使在十字军东征中，意大利人的兴趣也比其他民族的兴趣更

① [瑞士]雅各布·布克哈特：《意大利文艺复兴时期的文化》，何新译，商务印书馆1979年版，第280页。

为广泛，因为他们当时已经是一个海上强国，并和东方有着商业关系。从远古的时代起，地中海就已经给了住在它的沿岸的各民族以一种异于支配北方人民的精神动力；而意大利人，由于他们本身的性格，是永远不能成为条顿人所理解的冒险家的。在他们一度熟悉了地中海的所有东方口岸以后，他们之中最富有进取精神的人被诱使参加伊斯兰教徒以这里为门户的广泛的世界活动是很自然的。世界的另一半就好像新发现的一样，展现在他们眼前，或者，像威尼斯的马可波罗一样，他们被卷入了蒙古人的洪流中，被带到大可汗的朝廷上去。在早期，我们看到意大利人参加了在大西洋中各地的发现……①

今天，我们说所谓“世界的发现”，不仅是说他们发现了美洲新大陆、新世界，印度航线与印度洋世界，环球航线和太平洋世界，环球大世界，头顶上宏大宇宙的宇观世界，生物进化的生命世界，原子电子基本粒子的微观世界；而且是说，他们在近现代科学发现、科技革命基础上，在近代工业化实践基础上，开创了近代的新型世界观；他们还用这种近代化世界观改变世界，塑造了近代化工业文明，近代化工业世界、商业世界，乃至整个近代世界。

什么叫“人的发现”？布克哈特的名著也有一段简单明了的历史描述：

文艺复兴于发现外部世界之外，由于它首先认识和揭示了丰满的完整的人性而取得了一项尤为伟大的成就。

如我们所已经看到的，这个时期首先给了个性以最高度的发展，其次并引导个人以一切形式和在一切条件下对自己做最热诚的和最彻底的研究。的确，人格的发展主要在于对一个人自己的和别人的人格的承认上。本书曾谈到古代文学对这两大过程的影响，因为对于个人

① [瑞士]雅各布·布克哈特：《意大利文艺复兴时期的文化》，何新译，商务印书馆1979年版，第280页。

和一般人性的理解和表现的方法是受到这种影响感染和得到刻画的。但是这种理解和表现的能力仍是那个时代和那个人民所具有的……

整个中世纪，诗人们都是在有意识地避开自己，而他是第一个探索自己的灵魂的人。在他那个时代以前，我们看到了许多艺术诗篇，但他是第一个真正的艺术家——第一个有意识地把不朽的内容放在不朽的形式里。主观的感受在这里有其充分客观的真实和伟大，而它的大部分都是这样表达出来的，因而可以使一切时代和一切人民把它看作为是他们自己的东西。

即便没有《神曲》，但丁也会以这些青年时代的诗篇划出中古精神和近代精神的界限。人类精神在向意识到它自己的内在生活方面迈进了一大步。①

所谓“人的发现”，也有相应的三层意味：第一，意味着突破了中世纪专制主义、蒙昧主义以神为本对人的压抑、贬低和蔑视，高扬人文主义，恢复了人的应有地位，发现了以人为本的应有地位；第二，意味着突破了中世纪宗教神学、蒙昧专制对人本能欲望的束缚压抑，发现了人的本能欲望的天然合理性，人原来是有七情六欲的，有丰富多彩、多种需要的人；第三，意味着突破了中世纪专制主义、神权统治对人的束缚，发现了个人的独立存在、个性自由、个人人权、个性发展的广阔空间，成为“近代人”的显著历史特征——以人对物（金钱）的依赖为中介，实现了人的独立性。

正因为有了“世界的发现和人的发现”这两大发现，因而世界历史也经历了“走出中世纪，走向近代化”的划时代新变化，国际商道、国际贸易、国家体系、国家关系，也从古代“地中海时代”“地中海体系”“地中海世界”，走向近代“大西洋时代”“大西洋体系”“大西洋世界”。

① [瑞士]雅各布·布克哈特：《意大利文艺复兴时期的文化》，何新译，商务印书馆1979年版，第302、307页。

第三节　西方近代工业文明500年的两大历史局限
——狭隘的西方中心论和单主体性观念

作为一位史学大家，布克哈特的名著当时也曾尖锐地指出了西方文艺复兴中个性自由、个性解放中的历史局限和思想局限，集中表现为无视道德的极端个人主义：

要是我们现在试图概括一下那个时代的意大利性格的主要特点，如我们从研究上层阶级的生活中所知道的，我们将得到如下的一些结果。这种性格的根本缺陷同时也就是构成它的伟大的一种条件，那就是极端个人主义。个人首先从内心里摆脱了一个国家的权威，这种权威事实上是专制的和非法的，而他所想的和所做的，不论是正确的还是错误的，在今天是称为叛逆罪。看到别人利己主义的胜利，驱使他用他自己的手来保卫他自己的权利。当他想要恢复他的内心的平衡时，由于他所进行的复仇，他坠入了魔鬼的手中。他的爱情大部分是为了满足欲望，转向于另外一个同样发展了的个性，就是说转向于他的邻人的妻子。在一切客观的事实、法律和无论哪一类约束面前，他保留着由他自己做主的感情，而在每一个个别事件上，则要看荣誉或利益、激情或算计、复仇或自制哪一个在他自己的心里占上风而独立地做出他的决定。

所以，如果说广义的和狭义的利己主义都同样是一切恶行的根源，那么更高度发展了的意大利人由于这个理由比起那个时代的其他民族的成员来是更趋向于不道德的。①

① [瑞士]雅各布·布克哈特：《意大利文艺复兴时期的文化》，何新译，商务印书馆1979年版，第445页。

正因如此，近代世界历史500年，在取得划时代伟大成果的同时，源于西方文艺复兴的这“两大历史发现”，还带有与生俱来的两大固有的历史局限：

一是在“世界的发现”过程中，始终带有近代西方资本主义世界观的历史局限、理论局限，本质上是固守单一源头论、单一中心论、单向传播论、单一模式论的狭隘世界观。

二是“人的发现”过程中，发现的本质上带有单主体性的人，也就是说，个人本位、自我中心的人，个人主义的孤立个人，单纯追求个人欲望、个性自由、个人利益、个人权力的人。

第四节　资本垄断造成的当代人类两大灾难
——人对人的战争与人对自然的战争

正是由于在世界观、价值观上的这两大局限，近代西方文艺复兴以来的两大发现，即500年来世界近代化，在20世纪造成当今人类两大灾难：

一是人对人的战争灾难：在“世界的发现”过程中，也变成了资本掠夺世界的过程；而囊括了美洲新大陆的大西洋世界，还有印度洋世界、太平洋世界，乃至全球化世界，都变成了资本掠夺对象；掠夺全世界的金钱、资源、人力、市场，乃至在20世纪发生了两次前所未有的世界大战，几十亿人卷入战争，几千万人遭到屠杀，几十亿人生活在水深火热之中。

二是人对自然的征服战争，带来全球问题，生态危机，人类困境：近代工业化、电气化、核能化这三大浪潮，使近代人有了改造自然的强大武器；而“征服自然”的西方近代主体性观念，使人在资本垄断的统治之下野蛮征服自然，造成了前所未有的生态大危机，乃至今天的全球性问题、人类生存困境。

当代人类的历史命运，是自我毁灭，还是改革创新？提出这个问题，并不是危言耸听，而是每一个国人世人、思考者都不能回避的时代问题。

正是这个迫在眉睫的时代课题，把人们的希望目光引向东方，引向太平洋，引向太阳升起的地方。

在那里，有没有可能兴起“东方文艺复兴”，既汲取西方文艺复兴、近代工业化文明成果，又在“世界的发现和人的发现”这两大发现上，根本超越西方文明、西方世界的历史局限？

第二章　西方近代资本主义文明盛极而衰

——威胁人类生存的全球七大危机

在世纪之交、千年之交的近50年间，全球性的资本主义普遍危机，表现为当今世界七大危机，堪称是深刻威胁人类生存发展的“空前危机”“全球危机”。

或许在一定意义上可以说，当今世界正处在一个相当漫长的新型文明难产期：一方面，现代科技革命、经济全球化、劳动社会化、信息产业化，这四个主动轮推动着时代发展，带来了熹微可辨的新型文明曙光；另一方面，旧的国家制度、社会制度与社会关系、思维方式与价值观念，却迟迟不肯退出历史舞台，顽固阻碍着新型文明的诞生。

当代世界面临的一个十分尖锐的特殊矛盾、基本矛盾就是：科学技术、市场经济加速发展，而国家制度、国家体系、哲学观念的创新却严重滞后。

潜藏在世界历史深处的这种深层矛盾，表现为当今世界的七大危机：

第一，天人关系中的生态危机。

第二，国与国、民族与民族、国家体系与国家体系之间的战争危机。

第三，南北关系中的两极分化危机。

第四，文明关系中的冲突危机。

第五，经济关系中的当代国际金融危机，实质上也是当代资本主义世界市场体系的普遍危机。

第六，主体关系中的道德危机。

第七，义利关系中的价值观危机。

这些危机带有空前广泛的全球性；

这些危机具有空前全面的普遍性；

这些危机还有空前深刻性，甚至直接威胁到人类生存。

由于这七大危机的存在，世纪之交、千年之交，世界历史走在一个十字路口上，给我们提出一个空前严峻的时代课题：人类是走向可持续的共同发展，还是自我毁灭？

第一节　当代全球生态危机
——人与自然关系的严重失衡

当代世界历史面临的头号危机，就是出现了全球性生态危机，表明人与自然关系陷入严重失衡的危险状态之中，甚至直接威胁到人类自身的存在。

从 20 世纪 70 年代起，生态危机问题开始作为全球问题，越来越充分地暴露出来。

作为全球问题，生态危机以直观的形式，主要表现为以下七个方面：

一、人口爆炸

公元1750年，从世界历史来看，不仅是近代工业革命的起点，而且也是近代人口革命——人口爆炸的起点。

公元元年，世界人口2.3亿，翻一番用了1500年，翻两番用了近1800年；

1750年，世界人口7.5亿，1900年达16亿，翻一番用了150年，增长速度提高10倍；

2000年前后，世界人口已达60亿，从1750年至2000年这250年间，世界人口翻了三番。

2010年前后，世界人口已突破70亿大关。

2022年，世界人口已达80亿。

这是人与自然、人与资源、人与环境关系发生失调，乃至走向对立的一个重要历史前提。

二、野蛮开发

为了养活迅速增长的庞大人口，为了加快摆脱贫困状态，近代以来，从西方发达国家到后起的发展中国家，对地球表层系统中的水、土地、森林、矿产等资源，进行了掠夺式的野蛮开发，而全然不顾生态系统自身的平衡、再生与协调。

仅以森林为例，地球上的森林面积曾高达76亿公顷，森林覆盖率在许多地方高达50%以上。十八九世纪西方近代工业革命的一二百年间，使亿万年形成的森林，迅速减少了1/3以上，还剩下50亿公顷左右。1985年，全世界森林面积已锐减至41亿公顷：南亚森林减少43%，亚洲、非洲的许多地方森林减少近60%，非洲北部森林面积减少 60% 以上，而环太平洋生态圈未触动的森林不足 2%。这是一种杀鸡取卵、不计后果的野蛮开发。

三、资源浪费

地球本是个水球，70% 的表面是海洋，水资源似乎是无限丰富的。

然而，只能说水是非常丰富的，至于人在近期所能使用的水资源，只能是淡水资源，在地球水量中只占 2%。

在近代工业化的 300 年间，人类对淡水资源的开采量激增 35 倍。1900 年，人均年取水量 242 立方米，1970 年增至 700 立方米。20 世纪后 50 年，人均取水量每年增加 4%—8%。现在全球每年人均取水量为 3500 立方千米。

由于水资源需要量激增，加上某些严重浪费现象，因而在跨入 21 世纪之时，全球淡水资源不足的地方占 60%，20 多亿人饮用水短缺，10 亿人以上饮用被污染过的水。

石油资源的过猛开采，也是一个典型事例。

1950 年，世界上只有汽车 502 万辆，不到 50 年，世界汽车已突破 5 亿辆。

1859 年，西方才打出第一口油井，1950 年世界产量 38 亿桶，1973 年激增到 200 亿桶，年增长率为 7%。

如果没有 1973 年石油危机发生，照上述趋势发展下去，2020 年前后世界石油储量几乎会被一采而空。在发展中国家远未实现工业化之前，石油资源就会被西方现代化先行国家高额消耗殆尽。

四、三废泛滥

废气污染。1950年，全球二氧化碳排放量60亿吨，到1990年，这一数量增加了2倍多，达到每年220多亿吨。过去十年，全球温室气体排放量创下“历史新高”，每年排放的二氧化碳高达540亿吨，导致全球以前所未有的速度变暖。

废水污染。全世界每年产生的工业废水、农业废水、生活废水总量为4000多亿吨，平均每人近80吨。这就使得许多河流、湖泊，乃至地下水资源受到严重污染。先行工业化的西方国家首先遇到这个严重问题，如美国180万英里的河流中有17万多英里受到污染，近4000万英亩湖泊中有890万英亩受到污染，污染比重超过1/10，有的国家甚至接近1/5。20世纪后期，这个问题在西方已受到重视，而发展中国家污染程度可以说后来居上，仅以印度为例，世纪之交，竟然有70%左右的地表水受到了污染。

废渣污染。20世纪八九十年代，全世界每年产生固体废弃物为30多亿吨。仅以1980年为例，每平方千米国土面积上的工业废渣堆积量，苏联为13.8吨，美国为68.5吨，日本为829吨，波兰为903吨。①

五、物种灭绝

地球生命史研究表明，在过去6亿年间，先后发生过六次全球性大范围的物种激变、物种灭绝，其中最近也最著名的一次是6500万年前恐龙灭绝的那次物种灭绝激变。

---

① 蔡拓等著：《当代全球问题》，天津人民出版社1994年版，第178、195页。

前几次大范围的物种灭绝，都和人类活动无关，近一二百年以来的物种灭绝活动，从根本上说却是人类工业化、近代化的直接后果。

非洲大象1979年还有130万头，而由于追逐象牙贸易暴利，毫无限制地滥捕滥杀，到1989年已剧减到62.5万头。

20世纪80年代，每天有一种物种灭绝，进入20世纪90年代每小时就有一种物种灭绝，2000年前后有100万种物种从地球上灭绝。[①]

六、气候灾变

世纪之交30年，特别是21世纪头20年，气候灾变已成为当代全球生态危机头号表现形式。

地球大气中的二氧化碳（CO_2）、甲烷（CH_4）、臭氧（O_3）、氟利昂（CFC）等气体，被称为温室气体，使整个地球像太阳光照射下的大温室，这就是所谓温室效应。

问题是从近代工业化时代开始，二氧化碳等温室气体浓度激增，很可能使21世纪全球平均温度提高1.5℃—5℃。

这不仅使地球温度过猛变暖，生态系统失去平衡，而且会使海平面上升，将淹没海岸线20千米以内的陆地，使世界上一些最发达的三角洲地带受到灭顶之灾，直接影响1/3以上的人类生存发展。

七、新冠病毒全球大流行

2020年至今，新冠病毒的全球大流行，成为全球生态危机的

① 徐春：《人类生存危机的沉思》，北京大学出版社1994年版，第2、5页。

最新表现形式。初看起来，新冠病毒全球大流行，似乎和生态危机并没有什么关系，然而仔细分析起来，二者却有难以割舍的内在联系。新冠病毒全球大流行的症结所在，是人与自然关系发生了问题，导致新冠病毒污染了人类生存环境。

2019 年 12 月，新冠病毒在国内出现，随后打响了“武汉保卫战”。由于实行了全民参战的“举国体制”，中国防止了病毒的迅速蔓延，体现了“人民至上，生命至上”的原则。

然而，英国、美国等西方国家，对病毒传播却采取了自由主义放任态度，实行所谓“集体免疫方针”，致使病毒迅速在欧洲、美洲、大洋洲，乃至全球大流行，其背后是“资本逻辑，金钱至上”的原则。

至 2022 年 4 月底，全球已有 5 亿多人确诊，600 多万人死亡。现代医疗条件最发达的美国，却成了首屈一指的重灾区，确诊人数逾 8000 万人，死亡逾 100 万人。

2023 年 5 月，这场病毒的流行趋势告一段落，而其背后的生态环境危机，则仍在继续……

这一系列现象综合到一起，就构成当代文明的头号危机：生态危机，造成全球问题、人类生存困境。

有人认为，问题之源是现代科技革命与经济发展，而摆脱困境的出路就是抑制现代科学技术，实行零的增长……

这种看法听起来似乎有理，实际上却是相当表面的皮相之见。

生态危机之所以成为全球问题，实质上是西方近代工业化模式的危机：以资源的高消耗、高浪费为途径，求生活上的高享受、高消费，最后被迫走上“先污染，后治理”的路子。

从更深层次来看，全球生态危机实质上是西方近代资本主义国家制度、社会制度与文明形态的危机，是西方近代文化的危机，是西方近代文化中思维方式与价值观念的危机、万能工具理性与狭隘价值理性矛盾的深刻危机。

第二节　现代全球战争危机
——国与国关系的对立冲突

20 世纪 80 年代以来，世纪之交 40 年，和平与发展问题成为这个时代所要解决的两大时代主题。

然而，走向和平之路，远比人们想象与期待的要曲折得多，艰难得多，漫长得多。时至今日，在跨入 21 世纪第三个十年的时候，和平与发展这两大时代课题，一个也没有得到根本解决。和平问题本来率先露出了熹微曙光，然而 20 世纪 90 年代以来却因为一连串局部战争冲突不断，直至 2022 年举世震惊的乌克兰危机，前景变得有点依稀难辨。

可以说，摆脱战争危机阴影，寻求通向和平之道，特别是永久和平之道，依然是摆在 21 世纪人类文明世界的首要课题。

战争危机的表现形式，主要有以下五个特点：

第一，战争是阶级社会、文明时代必然存在的历史现象、社会现象，是阶级矛盾、民族矛盾、国际矛盾发展到不可调和阶段的特殊表现形式，在一定历史阶段是合乎规律性的历史现象。在世界文明史的 5000 年历史长河中，一共发生有一定规模的战争 15 000 余次，平均每年三次。

第二，随着历史从民族国家历史走向世界历史，20 世纪前半叶破天荒地发生了两次世界大战，战争主体从民族国家转向全球性的国家联盟、国家集团，战争规模也从国内战争、国际战争转向世界战争、全球战争。其中第一次世界大战发生在 1914 年至 1918 年，主要战场在欧、亚、非大陆的东西两端，30多个国家卷入战争，伤亡人数超过3000万。第二次世界大战发生在1939年至1945年，战争在两大国际集团之间进行，德、意、日等组成协约国集团，苏、美、英、法、中等组成联盟国集团，主要战争在欧、亚、非大陆，乃至全球范围内全面展开，主要参战国50多个，人员伤亡9000多万，财产损失40 000亿美元。这是世界历史的新特点，也是战争危机的新特点。

第三，两次世界大战结束以后的20世纪后半叶，局部战争的危险依然存在，这是20世纪后期面临的重大潜在危机。20世纪80年代中期，据联合国前秘书长德奎利亚尔、英国首相撒切尔办公室、美国《目前和今后的战争》分别作出的统计，1945年第二次世界大战结束以后，共发生局部战争150次左右，死亡人数近2000万人。

第四，20世纪八九十年代，两极对立的冷战时代走向结束，和平与发展问题逐渐成为时代主题，然而和平时代并没有像人们期盼的那样迅速顺利到来，世纪之交还出现局部战争有所回升的历史曲折。仅以1999年前后而论，就有三个地区的局部战争引人注目：科索沃战争、伊拉克战争、印巴克什米尔战争。另外还有一系列热点地区，大有剑拔弩张、一触即发之势，如近东巴以冲突、巴尔干半岛、南高加索地区、朝鲜半岛局势等。为什么冷战时代已经完结却阴影仍在，和平时代已经曙光初现却姗姗来迟？究其根源，看来主要有三条：一是两极对立的冷战格局虽然已经打破了，但是新的世界格局、世界经济政治新秩序却很难迅速建立起来；二是过去存在东西对立、两强制约的相对均势，而现在美国认为自己是独一无二的超级大国，可以为所欲为地建构一极世界，霸权主义带来的战争危险加大了；三是冷战时代虽然结束了，但是冷战时代的思维方式却有强大惯性力量，自以为得计的霸权主义更是顽固坚持原有的冷战思维方式痴心不改。

第五，核战争的危险像一把巨大利剑，仍悬在21世纪人类文明头上。1945年8月，在第二次世界大战行将结束之时，美国对日本投下两颗原子弹，开了世界战争史上单方使用核武器之先例，一颗原子弹就使几十万人生命毁于一旦。1988年联合国曾发表核战争预警报告：如果打起世界的核大战，地球上现有的50亿人口，将只剩下10亿幸存者，80%的人会死于非命，其他幸存者也很难正常生存。

世纪之交、千年之交，在战争与和平问题的历史抉择上，走向21世纪的人类社会面临着具有二重性的选择：

一方面，两极对立的冷战时代已经结束，和平与发展的历史机遇增大了，在可以想见的一二十年间并不存在着世界大战或核大战的现实危险；另一方面，由于旧的世界格局已经打破，新的世界格局远未形成，因而整个世界的不稳定性反而加大了，局部战争的现实危险性加大了，世界霸权主义造成的潜在战争危险加大了。

现实的或潜在的战争危机从何而来？

最值得注意的是四大战争的根源：

第一，现代资本主义的私有资本垄断制度，这是战争危险的最为深刻的社会制度根源；

第二，妄图实现世界霸权、全球垄断的帝国主义、霸权主义，这是世纪之交威胁世界和平的最大危险；

第三，世界各国，特别是西方列强中顽固存在的、落后于时代的冷战思维方式，还有十分危险的恐怖主义毒瘤，在许多地方迅速生长起来；

第四，西方文化，特别是在当代世界历史上占主导地位的西方近代文化的根本缺陷，集中表现为个人本位、自我中心的单主体观，这是近代殖民主义、帝国主义、霸权主义乃至战争危险的最深层的思想根源、文化根源。

2022年爆发的乌克兰危机，使全球战争危机的风险度骤然升温。乌克兰危机的直接导火索是2022年2月24日，受到北约东扩威胁的俄罗斯，对顿巴斯地区采取特别军事行动。危机的深刻根源，则是美国为维护全球霸权，部署北约五次东扩，直接威胁到俄罗斯国家安全。

2022年2月开始大爆发的乌克兰危机，是当代世界历史的一个重要转折点和风向标，表明自1992年东欧剧变后出现的持续30年的后冷战时代戛然而止，在欧亚大陆西方，美、俄、欧盟三个大国（国际组织）之间关系开始走上一个新冷战时代，并且必将对整个国际关系、世界历史发生深刻影响，甚至使全球范围内战争危机陡然升温。

能否超越新冷战，开创新时代——这成为摆到中国与全世界面前的一道头号难题。

第三节　当代南北关系危机
——全球范围内的贫富两极分化

世纪之交50年，从1973年到2022年，由于出现了金融资本的全球帝国，加上新自由主义严重抬头，因而贫富两极分化在全球范围内迅速发展起来，19世纪70年代—80年代—90年代，是其发展三部曲。

而国际垄断资本发展步伐，却并不局限于80年代，反而由此开始迈出了加大全球范围内两极分化的重大一步。其重要历史契机，就是美国总统里根、英国首相撒切尔夫人，几乎同时举起了新自由主义旗帜。这就使得全球资本主义像脱缰的野马一样，在整个世界范围内迅猛加速发展。南北分化、两极分化，也随之进一步加剧。

1991—2021 年这 30 年间，随着 1989 年东欧剧变，中国融入世界市场体系，1995 年世贸组织创立，首次形成了名副其实的世界市场、全球市场。而美国成了历史空前的全球帝国、金融霸权。因而，美国新自由主义国家权力，成了南北矛盾、全球分化的空前强大推手。

1973 年的石油危机，像暗夜中的一道闪电，使世人一下子看清了南北关系的全球性、尖锐性，也看清了发展问题的迫切性与首要性。

由于种种复杂的历史原因、社会原因，南北关系、全球发展中的危机，在世纪之交近 50 年间，可谓有增无减，这主要表现在以下六个层面上：

一、南北差距加大

西方七国集团占世界人口不足 12%，而在世界国民生产总值中占有的比重却是 63%。也就是说，他们人口不足世界 1/8，经济比重却接近于世界 2/3。

1993 年，世界人口 56 亿，国民生产总值 26 万亿美元，北美、欧共体加日本共 16 国，人口 8.7 亿，占世界人口的 15.58%，他们的国民生产总值为 18.3 万亿美元，占世界各国总和的 70.34%。发展中国家的人口占世界 3/4 以上，而经济比重却不足 1/4，甚至只是 1/5。

二、南北分化加剧

全球范围内的两极分化、贫富分化、南北分化，在 20 世纪后半叶这 50 年间大大加剧了。

以低收入国家与高收入国家的人均 GNP 相比，贫富分化显然加剧：

1950 年，二者相差 20 倍；

1970 年，二者相差 27 倍；

1980 年，二者相差 30 倍；

1990 年，二者相差 56 倍；

2000 年前后，二者相差扩大到 60 倍以上。

由此可见，20 世纪后期南北关系的两极分化，比起 20 世纪中期来说，不是有所缓解、有所缩小，而是大大扩大、大大加剧了。一个转折点是 20 世纪 80 年代。

三、发展中国家的贫困化扩大

不少发展中国家的现代化发展问题远未根本解决，表现为以下六种趋势：

人均 GNP 每天不足 1 美元，甚至年收入在 100 美元以下；

工业制造业在国民经济中比重不足 10%，近代工业化远未实现；

生产结构单一，还是原材料出口国；

贫富悬殊，贫困人口占绝大多数；

债务严重，每年债务负担在 3000 亿美元左右；

文盲占全国人口 80% 以上，受高等教育者不足 1%。[①]

四、南北矛盾深化

在世界市场上，工农业产品价格上的“剪刀差”在不断扩大。20 世纪 80 年代，国际市场上的工业制成品价格上扬 10%。而除了

① 黄安年：《当代世界五十年》，四川人民出版社1997年版，第643—646页。

石油之外，发展中国家出口的大多数初级产品平均价格下跌 33%，许多产品价格下降到 20 世纪最低水平，如蔗糖价格从 1980 年的每吨 630 美元，暴跌到 1985 年的 89 美元。仅据除石油之外的 18 种商品统计，发展中国家因价格暴跌就损失 630 亿美元，而非洲、拉丁美洲、亚洲等一部分发展中国家，20 世纪 80 年代因价格“剪刀差”而损失 1500 亿美元以上。初级产品在世界贸易中的比重，从 1979 年的 40.5%，下降到 1987 年的 28.4%，这种下降趋势几乎到 21 世纪头 20 年一直延续。

五、权力对峙的扩大化

仅以世界三大国际经贸组织机构为例，美国为首的发达国家，在很大程度上占据主导权乃至垄断权，占世界人口、国家总数绝大多数的发展中国家，普遍处于被动无权地位。

国际货币基金组织，是世界金融领域中最有影响的机构，在很大程度上掌握国际资金的分配与流向，决定着国际货币的稳定情况。发达国家投票权占 60%，而为数众多的发展中国家只占 40%，其中仅美国一家就占近 20% 的表决权。

世界银行也是影响重大的国际金融机构，持有股份最多的仍是美、英、法、德、日等发达国家，同样是仅美国一家就拥有 20% 的表决权。

关贸总协定是世界上最大的国际贸易机构，主管国际市场上的多边贸易事务，对于世界市场影响重大。然而少数发达国家却起了支配作用，美国更享有巨大特权，而大多数发展中国家起不了多大作用，最大的发展中国家直至 20 世纪最后一年还被排除在外。

曾任美国总统安全顾问的布热津斯基，在 1998 年出版的《大棋局——美国的首要地位及其地缘战略》一书中，不加掩饰地、洋洋得意地宣称："人们还必须把全球性的专门组织网，特别是'国际'金融机构，看作是美国体系的一部分。国际货币基金组织和世界银行，可以说代表'全球'利益，而且它们的构成成分可以解释为世界性。但实际上它们在很大程度上受美国的左右，而且它们本来就是在美国的倡议下产生的，特别是美国倡议的 1944 年布雷顿森林会议。"①

六、南北对立尖锐化

可以从以下六个方面的走向与流向，看出南北矛盾的尖锐化趋势：

第一，国际直接投资流向。发展中国家吸收国际直接投资的比重，20 世纪 70 年代初占 1/3，20 世纪 80 年代初降至 1/4，1987 年进而降至 1/5，这种下降趋势几乎一直持续至今。

第二，发达国家的官方援助削减。20 世纪 80 年代以来，西方发展援助委员会 17 国和多边机构，向发展中国家提供的援助数额呈直线下降趋势。1981 年为 914 亿美元；1983 年下降为 702 亿美元；1989 年进一步下降为 465 亿美元，不到十年，几乎下降一半。其中美国对发展中国家的官方援助下降最为急剧：1981 年为 264 亿美元；1985 年竟下降到 18 亿美元，减少 93%。不仅如此，美国还把已经少得可怜的外援集中到与自己战略利益直接相关的国家，并附上"人权""民主化""自由市场"等政治附加条件。仅以色列一国得到的美援，就相当于 80 多个发展中国家总和的一倍以上！②

第三，发达国家对发展中国家的银行贷款滑坡。仅以拉丁美洲

① [美]兹比格纽·布热津斯基：《大棋局——美国的首要地位及其地缘战略》，中国国际问题研究所译，上海人民出版社1998年版，第37页。

② 蔡拓等著：《当代全球问题》，天津人民出版社1994年版，第83页。

为例，西方发达国家的商业银行对拉丁美洲发展中国家的贷款，1980 年为 273 亿美元，1984 年剧减到 13 亿美元，甚至不足原来的 1/20。

第四，发展中国家的资金“倒流”。资金短缺的发展中国家反而向发达国家输出资金：20 世纪 80 年代中期，1983—1987 年这五年间，共有“倒流”资金 1390 亿美元，平均每年 278 亿美元。80 年代后期，1988 年和 1989 年两年，这种“倒流”资金就有 1036 亿美元，平均每年近 520 亿美元。20 世纪 90 年代直至 21 世纪初，这一问题依然存在。

第五，发展中国家的债务危机。发展中国家的债务总额，几乎以每年 20% 的速度激增：1970 年为 635 亿美元；1980 年为 4233 亿美元；1990 年为 13 190 亿美元。发展中国家外债的还本付息额，1980 年为 927 亿美元；1989 年增至 1630 亿美元。发展中国家外债与国民生产总值的比率，1980 年为 29.8%；1989 年达到 44.1%，其中拉丁美洲国家高达 50%—60%，不少撒哈拉以南的非洲国家甚至高达 100% 以上。

第六，科技人员的逆向流动。发展中国家的科技人员，仅占世界比重的 13%。然而，不是发达国家向发展中国家输送科技人员，而是恰恰相反。20 世纪六七十年代，发展中国家向发达国家输送科技人才 400 万人，20 世纪八九十年代乃至 21 世纪这种人才流向有增无减。

20 世纪中后期，以 20 世纪 80 年代为转折点，南北关系的矛盾，即广大发展中国家同少数发达国家之间的矛盾，不是走向缓解，而是走向加剧了。

1991—2021 年这 30 年间，首次形成名副其实的全球一体化的世界市场、美国金融资本史无前例的全球霸权，而美国式的新自由主义更使南北矛盾、两极分化在全球范围内达到登峰造极。

第四节　文明冲突危机
——文化霸权主义的严重后果

20 世纪后期，特别是 20 世纪 90 年代以来，乃至 21 世纪头 20 年，多元民族、多元文化的冲突问题日趋突出，所谓“文明冲突论”曾经盛行一时，使全球化过程中的文明冲突问题成为亟待解决的全球问题之一。

所谓“文明冲突”，只是一种似是而非的历史表象，这并不是一个经得起推敲的科学概念。美国文化霸权主义抛出这个口号，意在掩盖他们的全球霸权。“文明冲突”的背后，其实是美国借助全球霸权，加剧国家体系、意识形态的分化、对立与冲突。他们又打又拉，拉帮结伙，最终目的仍是美国金融资本全球霸权。

在全球化过程中，如何处理多元民族、多元文化的相互关系问题，的确是一个不易解决的棘手问题，而文化霸权主义的“文明冲突论”，更助长了这种前所未有的独特危机。该问题主要表现在以下七个层面上。

一、“文明冲突论”的提出，为文化霸权主义在理论上张目

从 1993 年起，美国学者亨廷顿先后发表了《未来的文明冲突也就是西方同其他地方的冲突》《不是文明又是什么？》等文章。他提出，文明就是不同的文化实体，文明的固有特点决定了文明冲突不可避免，未来 21 世纪的世界冲突主要根源将不再是意识形态因素或经济因素，而是不同文明之间的文化冲突，西方文明的主要

敌手就是西亚的伊斯兰文明与东亚的儒家文明，命运攸关的是要防止二者联合。

二、文化霸权主义与文化殖民主义

在《大棋局——美国的首要地位及其地缘战略》一书中，布热津斯基把军事、经济、技术、文化作为支撑美国世界霸权的四大支柱，并且特别突出了美国文化的独特作用："美国的全球体系也在很大程度上依靠对依附它的外国精英们行使间接的影响。由于美国主宰全球通信、大众娱乐和大众文化的巨大但又无形的影响，也由于美国技术优势和全球的军事作用的潜在的有形影响，以上这一切都得到了加强。""文化统治是美国全球性力量的一个没有受到足够重视的方面。不管你对美国大众文化的美学价值有什么看法，美国大众文化具有一种磁铁般的吸引力，尤其是对全世界的青年。它的吸引力可能来自它宣扬的生活方式的享乐主义的特性，但是它在全球的吸引力却是不可否认的。美国的电视节目和电影大约占世界市场的3/4。美国的通俗音乐居于同样的统治地位。同时，美国的时尚、饮食习惯甚至穿着，也越来越在全世界被模仿。因特网用的语言是英语，全球电脑的绝大部分敲击动作出自美国，影响着全球会话的内容。最后，美国已经成为那些寻求高等级教育的人的圣地，有近50万的外国学生涌向美国，其中很多最有能力的学生永不再回故国。在世界各大洲几乎每一个国家的内阁中都能找到美国大学的毕业生。"①

① [美]兹比格纽·布热津斯基：《大棋局——美国的首要地位及其地缘战略》，中国国际问题研究所译，上海人民出版社1994年版，第34—35页。

三、把自己的人权观念、民主制度、思维方式、价值体系强加于人

布热津斯基毫不掩饰地说："民主理想同美国的政治传统结合起来，进一步加强了一些人眼中的美国的'文化帝国主义'。在民主形式的政府非常普及的时代，美国的政治经验似乎正在成为学习的榜样。""当对美国方式的模仿逐渐遍及全世界时，它为美国发挥行使间接的和似乎是经双方同意的霸权创造了一个更加适宜的环境。"①

四、不同宗教信仰之间的激烈冲突乃至战争

由基督教和伊斯兰教两大教组成的黎巴嫩，至今已进行长达几十年的内战。

五、同一宗教的不同教派、不同民族国家兵戎相见

这方面的一个典型是两伊战争，伊朗和伊拉克同属伊斯兰教国家，伊朗是什叶派掌权，伊拉克是逊尼派掌权，20 世纪 80 年代进行了长达八年的两伊战争。

六、不同民族、不同文化之间的矛盾导致长期战争

旷日持久的以色列与巴勒斯坦之争、印度与巴基斯坦之争，都是这方面的典型事例。当然这里可能有复杂历史背景、殖民主义留

---

① [美]兹比格纽·布热津斯基：《大棋局——美国的首要地位及其地缘战略》，中国国际问题研究所译，上海人民出版社1998年版，第35、36页。

下的遗留问题。

七、一个民族内部不同部族、不同文化的武装冲突

非洲国家布隆迪的部族之争、亚洲阿富汗的长期内战，大体属于这类情况。

八、恐怖主义成为和平威胁、世界公害，加剧了不同文明之间的对立冲突

这些冲突危机，各有其深刻的经济根源、政治根源、社会根源，其实质不能简单归结为“文明冲突”“文化冲突”。

在此前提下，也应如实看到，上述种种冲突危机，一个共同的思想文化根源，就是不能正确处理多元化文化、多元民族的复杂关系，固守唯我独尊、排斥异己的单元文化观。

2021 年，美国民主党总统拜登上台，把时代特点进一步定义为“大国竞争时代”，把中美关系进一步定义为“基于规则的国际秩序”之争、“西方民主国家与东方专制国家”之争、“东西方民主与专制的两种价值观”之争。

美国利用所谓“文明冲突论”作为旗号，制造国家体系、意识形态的全球对立，以维护美国全球霸权，已达到了极致。

第五节　当代国际金融危机
——经济社会关系上的严重失衡

近代自由资本主义危机的主要表现形式，是以“生产过剩”为特征的周期性经济危机。而到了20世纪、21世纪之交的近50年间，实行全球垄断的新帝国主义的危机主要表现形式，则更多地表现为上述七大危机的综合集成，其中往往以金融危机为主要表现形式的经济危机，仍是全球危机的重要表现形式之一，甚至可以说是全球性危机的深层经济基础。2008年爆发的当代金融危机，已是当代自由主义、资本主义第三次危机：

1929年爆发了“自由主义模式”的第一次危机，1974年爆发了“凯恩斯模式”的第二次危机，到2008年爆发了“新自由主义模式”的第三次危机。

2008年9月14日，从1987年至2005年曾连任美联储主席18年之久的格林斯潘，称这是一次“百年一遇”的世界性金融危机。实际上应当说，这是20世纪以来，现代资本主义遭受的第三次世界性的重大金融危机、经济危机。

第一次重大危机，开始爆发在1929年，延续到20世纪30年代初，史称20世纪30年代大萧条。表明从18世纪70年代英国产业革命以来，亚当·斯密倡导的自由竞争的资本主义上升时代已经走到尽头，古典自由主义经济模式遇到了严重危机。凯恩斯的国家干预模式应运而生。美国靠“罗斯福新政”走出危机。德国则出现了希特勒推行的纳粹主义，即德国式国家垄断资本主义，最终导致第二次世界大战。美国的头号世界强国地位借此脱颖而出。

第二次重大危机，第二次世界大战之后，在1945—1974年，凯恩斯主义的国家干预模式走到了死胡同里。于是，美国的里根总统、英国的撒切尔首相重新祭起了新自由主义的招魂幡，呼唤自由市场的幽灵重现。他们把市场化与全球化熔为一炉，再加上信息网络化的科技革命先行优势，结果形成了美国连续发展，形成了相当繁荣的“美国奇迹”，新自由主义的美国模式称雄一时，主张市场自由化、产权私有化、政治民主化的“华盛顿共识”不胫而走……

第三次重大危机，就是这一次，爆发在2008年，至今尚未完全摆脱其阴影。这一次既不是鼓吹自由竞争的古典自由主义模式的危机，也不是凯恩斯主义的国家干预模式危机，而是曾经风靡一时、称雄世界的新自由主义模式的危机，因而至少带来四个前所未有的新历史特点。

一、从美元霸权的金融创新，走向泡沫破灭的金融危机

“成也萧何，败也萧何。”“美国奇迹”的创造与破灭，都系于金融资本的变革一身。金融创新，支撑起了美国奇迹、美国繁荣；新自由主义纵容的金融自由化必然酿成的金融危机，酝酿着逐渐成熟的经济危机。

1971年8月，美国总统卡特宣告废除1945年开始实行的布雷顿森林体系，美元与黄金脱钩，美元自由浮动，美元发行摆脱了黄金储备数量的严格制约，美国可以自行其是、为所欲为地发行纸币美元，为后来泡沫化倾向埋下伏笔。

1979—1982年，英美等发达国家纷纷走向放弃严格的金融监管政策，开始推行金融自由化，并且逐步走向金融全球化。

30年间，为了维持美元霸主地位，创造持续繁荣的“美国奇迹”，格林斯潘等人放纵、支持了名目繁多的金融衍生品，纷纷打着金融

创新旗号招摇过市，据说是足足有 1500 种之多！

这就为泡沫破灭的金融危机铺平了道路。

二、企图用金融创新掩盖“生产过剩”与“资本过剩”

从自由资本主义的“生产过剩”“商品过剩”危机，走向现代资本主义的“资本过剩”“金融过剩”“金融衍生品过剩”危机，实质上是企图用后者掩盖前者。

马克思《资本论》揭示出资本主义危机的深层根源，是大生产的社会化与生产资料私人占有制的基本矛盾，资本主义经济危机的基本表现形式是“生产过剩”，生产能力过剩，而劳动群众的有效需求不足。在自由竞争的资本主义时代，经济危机的爆发点与导火索通常是商品过剩，生产出来的大量商品无人购买，因而有意停止生产、毁弃产品的咄咄怪事屡屡发生。这种周期性危机，相当于资本主义社会机体的“感冒伤风”。

如果说，金融是现代市场经济的核心的话，那么当代资本主义得的是“心脏病”，金融危机往往成了经济危机的爆发契机。

20 世纪 30 年代大萧条，爆发点与导火索是 1928 年 9 月 24 日纽约股市崩盘，纽约证券市场大跳水，史称“黑色星期四”。

近 30 年，已有五次较为重大的金融危机反复出现。

而这一次国际金融危机的导火索与爆发点，则是美国住房的次贷危机。美国的“两房”——房地美、房利美作为美国两家最大的住房次贷款机构，利用各种金融衍生品，超额发放许多住房贷款，暂时掩盖了住房生产过剩、许多平民百姓实际买不起房的两极分化现象。而一旦房价大跌，还不起贷款的人纷纷弃房而走，就会引起经济危机爆发。

三、从实体经济危机引起金融危机，到金融危机引起实体经济衰退

在自由竞争资本主义阶段，金融市场是反映实体经济的一面镜子。往往是实体经济层面先出现“生产过剩”“商品过剩”的问题，而后引发相应的金融问题，或者表现为通货膨胀，或者表现为通货紧缩。

而这次国际金融危机表现出来的一个鲜明历史特点，就是从2007年3月开始，金融危机爆发在前，至2008年第三季度开始，经过一年半的时间，实体经济的经济衰退倾向才开始明显表现出来，二者呈现出这样一种时间差。

2007年3月，最先爆发的金融危机先兆，是美国第二大次级贷款抵押机构——新世纪金融公司陷入8000亿债务危机，4月2日向法院申请破产保护。2007年7月，贝尔斯登所属对冲基金又爆发危机，引起全球股市暴跌。直至此时，美联储主席科南克、美国国务卿赖斯等人，还信誓旦旦地宣称，房贷市场问题不会引起经济衰退。

2008年7、8月间，美国最大的住房次级贷款机构房地美、房利美公司，最大的储蓄银行华盛顿银行，最大的跨国贷款保险公司美国国际集团，最大的投资公司中的五家，都陷入危机。

2008年第三季度，美国经济开始出现负增长，居民消费减少了，第四季度趋势依然如此，由此标志实体经济开始出现衰退。

四、从实体经济、产业资本的过度扩张，到虚拟经济、虚拟资本的泡沫化膨胀

资本具有自我扩张的内在冲动，这是不可改变的资本天性。

在自由竞争的资本主义时代，实体经济、产业资本也具有自我扩张的强烈冲动，然而很难摆脱四道硬约束：第一是黄金、白银等货币的数量约束；第二是固定资本、机器设备的约束；第三是自然资源数量有限的约束；第四是国家领土、地理空间、资金流动、势力范围有一定限度的约束。因而，虽然扩张趋势是无限的，但实际上扩张空间还是相当有限的。

而到了虚拟经济、虚拟资本的领域中，这些硬性约束几乎被一齐打破，真正成了金融资本、虚拟资本无限扩张的“自由王国”。对于美国这个金融资本全球帝国来说，尤其是这样。

20 世纪 70 年代以后，美元发行数量与资金储备脱钩。

而虚拟经济、虚拟资本，又与产业资本、实际交易脱钩。

有了这两方面的脱钩，再加上金融自由化、金融全球化的双轮推动，减少了对金融资本、虚拟资本的严格监管，虚拟经济、虚拟资本打着“金融创新”的旗号，如脱缰野马，恶性膨胀，泡沫激增。

2008 年当代国际金融危机以来，迄今为止，已经又过去 15 年，世界经济的当代走向如何呢?

前人研究中，曾有两种各执一端的两极看法：

一种是速战速胜、盲目乐观的“V”形反弹论，不少世界闻名的美国经济学家就持这种看法，认为当代国际金融危机只不过是经济发展中的一段小插曲，很快就会烟消云散，重新恢复美国与世界经济高速发展的黄金时代；

另一种是一蹶不振、盲目悲观的“L”形滑坡论，一些反全球

化的新“左”派理论家持这种看法，认为自由主义、资本主义末日已到，资本主义世界经济会从此一蹶不起，根本不会出现经济复苏与反弹趋势。

实际上，2008 年当代国际金融危机之后的世界经济发展趋势，看来更近似一条“W”形曲线。也就是说，固然不是从此一蹶不起，但也绝不是轻轻松松迅速反弹，而是在 5—10 年内进入了经济复苏与危机倾向，交织一起，反反复复，曲曲折折，中长时期处于低迷状态。自 2008 年当代国际金融危机之后，2010 年开始复苏，2014 年前后又遭受欧洲主权债务危机。之后两三年，再次出现经济复苏趋势，但好景不长，2020 年又遭遇新冠病毒全球大流行，世界经济再度出现衰退，而后又遭遇 2022 年乌克兰危机。连联合国秘书长古特雷斯都大声疾呼，世界经济已经遭受粮食、能源和金融三大危机，17 亿人陷入饥饿与贫困。

真是一波未平，一波又起。

2008 年当代国际金融危机的阴影尚未完全走出，2020 年新冠病毒全球大流行，加上 2022 年乌克兰危机，看来经济衰退、经济危机的阴霾又在全球范围内再次泛起……

第六节 当代世界道德危机
——国际金融危机背后的深层根源

当代战争危机、国际金融危机、全球气候变暖的生态灾变等全球问题、人类困境，促使当代人类开始反思自身建构的主体关系，尤其是当代世界在伦理道德领域中出现的深刻危机。

所谓“主体关系”，指的是人在劳动实践活动、社会交往活动、语言符号活动这三大主体活动中所建立的三大关系：人与自然、外部世界的关系；人与人、人与社会的关系；人与自我、身与心、理智与情感的关系。

所谓“道德危机”，就是指当代人类在处理上述三大主体关系时的评判标准、行为规范、价值尺度从根本上发生了严重问题，不是促进人的自由、和谐、全面发展，而是严重危及人的主体地位，甚至严重危及人类自身的生存发展、存在本身、存在前提——追根溯源，还是资本逻辑占据了全球统治地位。

当代国际金融危机，就是透视当今世界道德危机及其深刻根源的一面最好镜子。

2008 年，一场百年一遇的金融危机、经济危机突兀而至，席卷全球，数以万计的工人市民陷入失业困境，全球股市有几十万亿美元市值蒸发殆尽，全世界的经济在 2009 年陷于普遍衰退之中……

这场金融危机、经济危机的背后根源是什么？

这是一个引人深思的深刻问题。把问题根源局限于“资本流动性过强”“金融监管不力”等技术层面的流行说法，显然是过于肤浅表面了。

认真反思这次国际金融危机，我们不得不指出的一个重要症结就是，当代国际金融危机背后的一个深层根源，实质上是这个资本全球化时代人类面临的道德危机，从危机步步深化的每一步，都可以看到道德危机的阴影所在。

第一步，美国次贷危机的源头，可追根溯源到美国“两房”机构的彻底变质，从帮助贫困群众解决住房困难的机构，变为追求利润、唯利是图的赚钱机构，这里本身就蕴含着一个严重的道德危机问题。

本来“两房”机构的设立，曾是有明确宗旨的，就是帮助广大贫苦群众、收入较低的社会阶层，通过这条途径，通过国有化的金融机构，相对容易地获得住房。

然而，从 20 世纪 80 年代起，由于新自由主义严重抬头，这个宗旨被彻底抛弃了，“两房”机构走向私有化、公司化，变成了以追求超额利润为最高目标的一般金融机构。

在这个深化过程中，除了政治上、政策上的导向问题之外，人们的道德蜕变显然起了推波助澜的作用，否则怎么能容忍甚至推动这种机构蜕化变质呢?

第二步，在次级房贷发放规模不断扩大过程中，美国华尔街的金融业借“金融创新”之名，行“金融欺诈”之实，为了追求超额利润，完全有意地隐瞒金融风险账、坏账，昧着良心，骗取大量不义之财。

“金融创新”本身是不能简单否定的，对于现代市场经济运行，增进经济发展活力，推动资源配置全球化，有巨大的积极作用。问题在于，他们是假借金融创新之名进行金融诈骗。在他们创造三种形式的金融（MBS–CDO–CDS），实现三次证券化过程中，每一步都是昧着良心的金融欺诈。

第一次证券化，所谓 MBS，明明是次货款，却标上“三 A”的最高评级，这不是有意制造的金融欺诈又是什么呢?

第二次证券化，所谓 CDO，明明是“败絮其中”、问题严重的次级贷款，却再次打包，再次包装，使其“金玉其外”，这不是昧着良心为富不仁又是什么呢?

第三次证券化，所谓 CDS，即当问题已败露，却还要再行欺骗，第三次打包包装，不仅卖给美国人，而且卖到全世界，这不是道德危机又是什么?

第三步，在大量炮制各种金融衍生品，乃至实现三次证券化过程中，华尔街的金融资本既逾越了金融监管的制度规范，又逾越了道德规范，实行令人吃惊的高薪制度，造成了一种“赌场式的资本主义”。

仅以2006年为例，华尔街金融高管收入排名第一的，是最大的投资银行高盛公司首席执行官劳埃德·布兰克费恩，5430万美元；排名第二的，是美林公司首席执行官奥尼尔，4640万美元，简直都是令人吃惊的天文数字。

奥尼尔领导的美林公司，是世界上最大的三个投资银行之一。奥尼尔的错误方针，使美林2007年受到次级房贷的冲击，第四季度亏损98亿美元，创美林有史以来季度亏损的最高纪录，奥尼尔难辞其咎，被迫退休。可是，在他退休之际，却“无功受禄”，拿到了各项退休福利3000万美元，手中股票和期权市值约1.29亿美元，总额近1.6亿美元。

且看华尔街三大评级机构员工对评级工作的评价。

其实，穆迪公司首席执行官麦克丹尼尔早在2007年就意识到了金融系统的风险。在2007年10月给公司董事会的报告中，麦克丹尼尔就明确告知管理层：公司处于一种进退两难的境地。他说，真正的问题并不是市场忽视评级质量，而是对评级质量进行惩罚。发行人要高评级，投资者不想评级下调，银行家在玩短视的游戏，在此基础上的恶性竞争已将整个金融体系置于危险之中，“我们的竞争对手发疯了，所有的东西都给了投资评级，而这些东西根本不合乎投资评级”。麦克丹尼尔当时就警告，次贷市场正在走下坡路。

众议院监管和政府改革委员还提供了这样的证据：三大评级机构员工对于评级工作的评价。

标普员工的话令人震惊：“我们什么都可以评级，哪怕它是头母牛。”而穆迪员工评论自己的工作时宣称：“我们不像是进行职业的评级分析，更像是把自己的灵魂出售给魔鬼来换取金钱。”惠誉公司的员工则说：“评级机构创造出一个更大的怪物——债务抵押债券市场（CDO）。但愿当问题出现的时候我们大家都已经富裕地退休了。”[1]

金融危机后面隐含的道德危机，于此可见一斑。

第四步，水落石出，图穷匕见，随着泡沫经济的破灭，经济危机爆发，一桩桩金融诈骗案浮出水面，道德败坏，令人发指。

首先是纳斯达克董事会前主席麦道夫一手导演了美国历史上最大规模的“庞氏骗局”，诈骗金额总数超过600亿美元！他的欺骗手法，无所不用其极。他用诈骗来的资金，在纽约曼哈顿地区购买了价值700万美元的豪华公寓。他的“庞氏骗局”，维持了近20年之久，总共犯下11项欺骗罪。麦道夫还把自己的妻子、两个儿子、侄女等亲戚安排在自己的公司中任职，在相当程度上把家人拖下了水。

2009年初又传出金融丑闻，美国得克萨斯州富豪斯坦福涉嫌欺诈投资者80亿美元。同时，替卡内基梅隆大学和其他机构管理投资的两名经理人，也因涉嫌诈骗5.5亿美元而被捕。

这些金融腐败案，是道德危机的一面镜子。

第五步，在危机爆发、政府出巨资救市之后，华尔街金融高管并未受到良心谴责，痛改前非，而是挪用政府出的巨资，照样给自己发巨额奖金。

布什政府结束任期之前，曾推出7000亿美元救市的庞大计划，并有3500亿美元付诸实施，其中相当一部分用来救助银行资本，购买呆账、坏账，力图以此使金融体系避免崩溃，并且活跃起来。然而实际影响相当微弱，此中原委，值得探究。

美国国际集团（AIG）的高额奖金事件曝光，使人们像在暗夜中的闪电一样，一下子看到金融问题的背后黑幕，掩藏在金融危机

---

① 孙飞等：《金融风暴启示录》，新世界出版社2008年版，第17页。

后面的道德危机。

美国国际集团经营问题严重，已经陷入困境，并已接受美国政府提供的数百亿美元资助，还准备再接受300亿美元的政府援助款项。然而，就是在这种情况下，国际集团管理层不是反躬自问，承担责任，而是一如既往，继续发放巨额奖金。2009年3月15日，国际集团管理层宣布：按照以往合同，向员工发放1.65亿美元奖金。实际上一查，数目绝非如此，而是已经发放2.18亿美元巨额奖金。

此举引起美国上下群情激愤，然而AIG董事长兼CEO李迪，坚持这是公司按合同办事，别人无权过问，也无权改变。连美国总统奥巴马出面，痛斥这种无理行为，也无法阻止奖金发放。万不得已的情况下，美国政府只好在2009年3月19日由国会众议院通过特别法案，力图追回奖金。

依据特别立法，也许奖金可以追回，然而，这后面的道德危机，却很难根本解决：金融资本财团贪欲恶性膨胀，没有良心、没有社会责任感的问题，怎能一下子解决呢？

说起全球性的资本主义世界道德危机来，还有一个世人皆知的典型案例。2003年，美英等国为了维护全球霸权，决计入侵伊拉克，剪灭萨达姆。于是，美国总统布什、英国首相布莱尔，都信誓旦旦地声称伊拉克拥有大规模杀伤性武器。美国防长鲍威尔还信誓旦旦地在世人面前展示了铁的证据——一个玻璃试管中的白色粉末，指认这就是伊拉克拥有大规模杀伤性武器的铁证。然而，在美国侵占伊拉克全境之后，最终也没有发现一件大规模杀伤性武器。

看来在现代西方资本主义世界，特别是美国式金融资本的新帝国主义霸权中，在生态危机、战争危机、金融危机、两极分化危机，还有所谓文明冲突危机背后，潜藏的更深层次的危机，就是资本逻辑、金钱至上造成的道德危机——这乃是上述五大危机的深层内在根源。

第七节　西方主流价值观危机
——抽象道义论掩盖下的狭隘功利主义大泛滥

当今时代的一个重要特点，一方面有现代新型文明的萌芽；另一方面却有旧时代狭隘功利主义价值观的严重阻碍，二者形成了尖锐矛盾。这一点，在今天独一无二的超级大国美国这里，表现得特别明显、特别集中、特别典型，值得我们再做些深入解析。

我们可以举出这种深刻矛盾在以下五个层面的具体表现：

一、宏大的全球战略与狭隘的美国目标

世纪之交，美国加强了对全球化、大历史的研究，表现出空前广阔的全球视野。有些美国思想家在此基础上，进一步专门探索与制定美国的国家战略与全球战略，在这里确实表现出似乎无与伦比的全球眼光。

稍感遗憾的是，当问到“将把一个什么样的世界带入21世纪”时，他们对这个与整个人类命运息息相关的重大时代课题，却鲜见有专门研究和深入思考。他们考虑更多的，却是如何保持美国这个独一无二大国的首要地位：“半个世纪之后，这个问题已有了新的含义：美国在欧亚大陆的首要地位能否持续下去和美国的首要地位会为何目的而使用？美国政策的最终目标应该是善良的和有眼光的：依照长期的潮流和人类的根本利益建立一个真正合作的全球大家庭。但与此同时，在欧亚大陆上不出现能够统治欧亚大陆从而也能够对美国进行挑战的挑战者，也是绝对必要的。因此，制定一项

全面和完整的欧亚大陆地缘战略是本书的目的。”①

二、包罗万象的全球体系与相当狭隘的美国利益

美国全球战略的一个最终目标，是建立一个“美国的全球体系”。

面对经济全球化时代，构建一个“全球体系”，无疑是一个宏大目标，宏大构想，甚至是一个给全人类带来希望的梦想，一个点燃光明火炬的理想。当然，这应当是，也必然是一个世界各国的、多元主体的、多元文化的全球体系。

问题是，他们在这里加上了一个前缀，一个限制词——“美国的全球体系”：“美国的首要地位在新的挑战面前可能是脆弱的。这种挑战或者来自地区竞争者，或者来自新的联盟。美国的首要地位受长期的地缘战略的指导，它应以和谐协调的社会政治制度为基础，后者可由美国主导的多边框架连在一起。只有在存在这种美国首要地位的地方，目前占据主导地位的美国的全球体系——一种‘没有公开的战争威胁’的体系——才可能获得稳定。”②

三、统摄全球的四大优势与心胸狭隘的美国霸权

在《大棋局——美国的首要地位及其地缘战略》一书中，布热津斯基列出了美国领先于世的四大优势：军事优势、经济优势、科技优势、大众传媒文化优势。

① [美]兹比格纽·布热津斯基：《大棋局——美国的首要地位及其地缘战略》，中国国际问题研究所译，上海人民出版社1998年版，第2、3页。

② [美]兹比格纽·布热津斯基：《大棋局——美国的首要地位及其地缘战略》，中国国际问题研究所译，上海人民出版社1998年版，第74页。

如果说美国发挥上述四大优势，带领世界各国人民走向和平与发展，尤其是永久和平与共同发展的人类伟大理想目标的话，那是多么值得期待呀！

然而，他们却主张以这四大优势作为四大支柱，支撑美国在世界上的霸权："国家实力有四个主要方面，即军事、经济、技术和文化。它们合在一起造成决定性的全球政治影响力，而在这四个方面没有任何一个民族国家能与美国相比拟。""美国在全球的首要地位，就其范围和性质而言，都是独一无二的。它是一种新型的霸权，反映了美国民主制度的众多特点：多元性、渗透性和灵活性。美国在不到一个世纪的时间内获得了这一霸权，其主要的地缘政治表现是美国在欧亚大陆所发挥的前所未有的作用。"①

四、全球化的宏大视野与短视化的善后考虑

当然，他们也考虑到美国独一无二的超级大国地位不可能永久保留下去，那么怎么做一些"理论长远考虑"呢？他们考虑的不是整个人类的可持续发展，而是一个怎样对美国更有利的狭隘目标，他们也坦言这一点：

"既然随着时间的推移，美国前所未有的实力势必减弱，那么当务之急必须是以不威胁到美国在全球的首要地位的方式处理好其他地区大国的崛起问题。""新的主要全球目标方面所作出的努力一直是片面的，没有把改善人类生存条件的需要与保持美国力量在世界事务中的重要地位的必要性联系起来。"②

---

① [美]兹比格纽·布热津斯基：《大棋局——美国的首要地位及其地缘战略》，中国国际问题研究所译，上海人民出版社1998年版，第255、254页。

② [美]兹比格纽·布热津斯基：《大棋局——美国的首要地位及其地缘战略》，中国国际问题研究所译，上海人民出版社1998年版，第259、280页。

五、现代化战争手段与狭隘性霸权目标

从2002年开始，前后打了十来年的伊拉克战争就是一个典型范例。在这里，就集中地体现出现代化科技手段与狭隘价值目标的深刻矛盾：

一方面，他们确实有现代化科学技术、现代化军事装备，打了一场信息化战争，海陆空军出动的立体战争，迅速攻下伊拉克；另一方面，这场战争的价值目标是如此狭隘，如此偏颇，如此虚伪，虽然借口是这里有大规模杀伤性武器，这里和恐怖组织有联系，实质上却是为了霸权，为了超级大国的霸权，与广大人民利益无涉，只是全球垄断资本的霸权，石油大亨的霸权，金融资本垄断寡头的霸权。

在这一方面，伊拉克战争最为典型，却不是个别案例，与此类似的还有一系列案例：

1999年，美国为维护其全球霸权，肢解南斯拉夫，悍然发动对塞尔维亚的空袭行动；

2001年，又打着打击恐怖主义、捍卫世界和平旗号，大举入侵阿富汗，打了长达20年的阿富汗战争，2021年8月仓皇撤离；

2022年，又打着“捍卫民主国家价值观与世界秩序”的旗号，多次强行推进北约东扩，成了2022年乌克兰危机的始作俑者……

现代高科技的发达手段与金融资本狭隘价值目标的矛盾，的确是美式全球新帝国主义的一大矛盾，当代世界的一大危机。

这一点在2022年乌克兰危机中表现得特别突出：一方面，美国总统拜登等人把“西方民主价值观”的大旗举得比以往任何时期都高；另一方面，美国狭隘功利主义价值观的危机，也暴露得比以往任何时候都更充分。

他们由美国总统拜登亲自出马，反复强调，乌克兰危机背后的最深层实质，就是要维护“基于规则的世界秩序”，而反对者则是基于规则的世界秩序的破坏者、挑战者。他们甚至还赤裸裸地把中国定义为“最严重的长期挑战者”“最危险的主要对手”。

他们打出的旗帜，是“捍卫民主国家价值观”，是“民主自由与专制主义的对决”，是关于“民主价值观”的生死之战。

而在这些抽象道义论的背后，则是“美国至上”“美国第一”，维护美国全球霸权，维护金融资本、全球帝国的狭隘功利主义价值观。

这一点早已不是什么深奥秘密，而是众人皆知的基本事实，真可谓“司马昭之心——路人皆知”。还有不少顺从者，主要是碍于美国金融资本、全球帝国的霸权地位、垄断功能、威慑作用。

第三章　决定资本主义文明盛极而衰的三大规律
——创新领先律、综合创新律、百年周期律

纵观世界历史发展长河，近现代资本主义工业文明500年，经历了盛极而衰的历史进程，出现了引人注目的七大全球性危机，这种跌宕起伏的历史命运，究竟是历史的偶然，还是历史的必然？

看清近现代世界历史500年的三大基本规律，将有助于我们从根本上回答上述问题。

观水有术，必观其澜。

当我们考察近现代世界历史500年的发展过程时，绝不仅仅是为了发思古之幽情，感慨世界格局的跌宕起伏，细心辨认前人留下的历史足迹；我们需要透过历史长河的层层泡沫，发现隐藏在下面的深层激流；我们更需要透过起伏不定的历史表象，发现蕴含其中的历史普遍性、规律性、必然性，促使我们在探寻中国道路时增加自觉性，减少盲目性。

纵观近现代世界历史发展的500年长河，我们依稀可辨地从中发现三个基本规律：创新领先律、综合创新律、百年周期律。

正是这三大规律，决定着西方近现代资本主义工业文明盛极而衰的历史必然性，是一种不以任何人的个人主观意识为转移的客观大趋势，一种难以逆转的时代大潮流……

第一节　创新领先律

从1500年前后的文艺复兴年代起，直至2000年前后的经济全球化浪潮，这500年间的近现代世界历史，国际关系、国家体系、世界格局，都超出了古代中世纪的千年帝国基本稳定格局，出现了激烈变革、不断发展的历史变局。而创新是这种发展的动力，因而哪个国家借助于天时、地利、人和，率先推动了近代化创新，往往就能取得领先优势。

近年来，国内外的一个流行话题，就是近代以来的“大国兴衰”“强国更替”。问题是，大国何以为大？强国何以为强？他们领先于世界的动力源泉、关键因素究竟是什么呢？

在这方面有两种流行较广、影响较大的观点值得特别留意：

一种观点是，以经济技术为基础的军事强权决定论。这方面的一个典型，尤为引人注目的，是美国学者、耶鲁大学教授保罗·肯尼迪的名著《大国的兴衰——1500—2000年的经济变迁与军事冲突》（1987），该书的副标题，标明了作者的基本观点。

该书一开头，就在前言中表明了这一基本观点：“本书是论述近现代（即启蒙运动以来）的国家或国际力量，追述和阐明自西欧建立‘新君主国’和全球性跨洋国家系统以来，五个世纪中各大国的相互关系与兴亡盛衰。毋庸赘言，这将涉及大量战争，特别是那些对国际秩序有巨大影响的、由大国联盟进行的大规模长期战争。但是，这又不完全是一部军事史，它也追溯1500年后世界经济力量对比的变化；但它也不是一部经济史，本书重点是描绘国际体系中的一流强国在励精图治、富国强兵过程中经济与战略的相互影响。因此，本书副标题所讲的‘军事冲突’，总是与‘经济变化’联系起来考查。在这一时期，任何大国的胜利或崩溃，一般地都是其武装部队长期作战的结果。”①

在全书的最后，可谓“图穷匕见”，“技术经济基础上的军事强权决定论”的观点，又一再地反复得到了阐明与强化：“对国际体系中 500 年的大国兴衰史进行考察后，在本书结束之前，笔者写了最后一节。在这相当重要的一节中，笔者阐发了许多理论问题，如‘战争与力量对比发展周期’‘全球性战争，公债与长周期’‘帝国的大小与持续时间’，以及许多政治社会学家曾经探讨过的其他各种理论，以便使读者对本书所述主题有一个总体概念，并对某些事物未来的发展趋势进行预测。但是，这不是一部政治学专著，尽管它向正在研究战争和国际秩序变化规律的政治学家们提供了大量翔实的材料和评论。”

“1500—1945 年间发生的多次大规模联盟战争的结局，在很大程度上证实了长期以来一直在进行的经济力量的变化。因此，每次战争结束后建立起来的‘各国版图’新秩序，都是国际体系中权力再分配的结果。”

“在混乱的世界秩序中，兴旺和衰微的大国的存在是否必然导致战争，尚无法确定。大部分历史著作认为，‘战争’与‘大国体系’是形影不离的”。②

总之，“大国竞争论”与“军事争霸论”——这就是肯尼迪《大国的竞争——1500—2000 年的经济变迁与军事冲突》一书的正副主题与基本观点，这种观点在西方影响至深至广，直至当今美国总

① [美]保罗·肯尼迪：《大国的兴衰——1500—2000年的经济变迁与军事冲突》，王保存等译，求实出版社1988年版，第1页。

② [美]保罗·肯尼迪：《大国的兴衰——1500—2000年的经济变迁与军事冲突》，王保存等译，求实出版社1988年版，第649、650页。

统拜登等人信奉的国家意识形态，仍然是这种观点的沿袭与延续。

与此相应，另一种观点则是“劳动分工决定论”“地缘政治决定论”。这方面的一个典型，则是美国纽约州立大学教授伊曼纽尔·沃勒斯坦提出的“现代世界体系论”。

沃勒斯坦认为，人类历史虽然包含着各个不同的部落、种族、民族和民族国家的历史，但这些历史不是孤立地发展的，而是相互联系着发展和演变的，总是形成一定的“世界性体系”。16世纪以前，“世界性体系”主要表现为一些“世界性帝国”，如罗马帝国、中华帝国等。这些“世界性帝国”有一个单一的政治中心，但没有与之相应的“世界性经济”，即使有一点，也是极不稳定的。到了16世纪，随着资本主义生产方式的发展，开始以西北欧为中心，形成“世界性经济体系”，就是“资本主义的世界经济体”。资本主义从一开始就不是在单个国家内孤立地出现的，而是作为一个世界性的体系出现的，它由中心区、半边缘区和边缘区这三个组成部分联结成一个整体结构。它不同于“世界性帝国”之处在于，它有一个自成一体的经济网络，却没有一个统一的政治中心。三个不同的组成区域承担着三种不同的经济角色：中心区利用边缘区提供的原材料（包括用于铸币和饰物的贵金属）和廉价劳动力，生产加工制品向边缘区销售，并控制世界体系中的金融和贸易市场的运转。边缘区除了向中心区提供原材料、初级产品和廉价劳动力，还提供销售市场。半边缘区介于两者之间：对中心区部分地充当边缘区角色，对边缘区部分地充当中心区角色。三种角色中缺掉任何一种，资本主义世界经济体就不可能存在。三种不同的经济角色是由不同的“劳动分工”决定的。“资本主义世界经济体是以世界范围的劳动分工为基础而建立的，在这种分工中，世界经济体的不同区域（我们名之为中心区域、半边缘区域和边缘区域）被派定承担特定的经济角色，发展出不同的阶级结构，因而使用不同的劳动控制方式，从世界经济体系的运转中获利也就不平等”；以16世纪而论，“边缘区是奴隶制和‘封建制’，中心区是雇佣劳动和自我雇佣，……半边缘区是分成制……世界经济体系正是建立在下述的居高临下地位之上，即当时存在三个不同区域，每个区域确实有不同的劳动控制方式。如果情况不是这样的话，就不可能确保剩余产品流入西欧以保障其资本主义制度的生存”。①

认真分析起来，上述两种观点虽然各自有一定道理、一定根据，但又都存在着不可回避的重大历史局限与理论局限：

技术经济基础上的军事强权决定论难以说明技术优势、经济优势乃至军事优势究竟靠什么形成。

劳动分工决定论、地缘政治决定论则未能说明一个近代民族国家何以在国际分工体系中占据优势地位，并成为中心国家。难道这种地缘关系就是历史“宿命”吗？那么，改变“宿命”的出路又何在呢？

在这里，我试着运用新时代中国特色社会主义思想及其创新理论，特别是发挥张岱年先生首倡的马克思主义综合创新论，把它从哲学观、文化观领域，推广到近代世界历史新领域、现代政治哲学国家制度研究新领域中来，提出创新才是他们带头发展的动力源泉，才是他们先后领先于世界的关键因素。

我的这种新观点，也可以简单明了地称之为“创新动力论”“创新领先论”，或叫“创新关键论”“创新决定论”。

“山不在高，有仙则名；水不在深，有龙则灵。”国不在大小强弱，创新则兴，创新则强，创新是决定国家命运的关键要素。由于天时、地利、人和的综合优势，先发制人地实行创新，往往成为一个创新型国家领先于世的决定因素，也是决定其取得技术优势、经济优势、劳动分工优势、地缘政治优势的基础性因素，甚至是关键性

① [美]伊曼纽尔·沃勒斯坦：《现代世界体系》第1卷，高等教育出版社1998年版，序言第4、5页。

因素。

1500 年前后，文艺复兴时代，佛罗伦萨、威尼斯、那不勒斯等意大利城市共和国，正是借助创新之势，走在那个时代前列，引领了时代潮头。“文艺复兴”这个流行说法，其实只是一种历史表象，表明他们在“走出中世纪，走向近代化”的最初起步之时，曾广泛利用古希腊、罗马的文明遗产、思想遗产、科学遗产、人文主义哲学遗产。从 11 世纪开始，自治城市兴起—罗马法复兴—中世纪大学创立，这三大制度创新三足鼎立式地支撑起意大利城市共和国在地中海周边崛起，走向现代化的近代资本主义萌芽最早在这里产生。

17 世纪荷兰的近代兴起，主要也是借助创新之势。由于地理大发现引发的近代交通革命、商业革命，使国际商道中心从地中海转向大西洋，为荷兰的近代创新提供了天时地利。正是在这样的历史背景下，“尼德兰革命”应运而生，使荷兰成为第一个典型的近代资产阶级民主国家、主权国家。荷兰发起的近代商业创新、交通创新、金融创新，使荷兰领先一时。而荷兰莱顿大学成为第一个试图突破中世纪古典大学的近代大学雏形，造就了格劳秀斯、惠更斯、伦勃朗这样的创新人才。

18 世纪英国的近代领先，更明显的是借助创新之功。英国资产阶级政治革命，使它成了议会制、民主制的近代创新型国家。18 世纪产业革命，进而使英国有了近代新型科学、新型技术、新型产业、新型经济结构。牛津大学、剑桥大学则成为最早的近代创新型大学。

19 世纪德国一度在许多方面领先于世，其实也得益于创新。19 世纪初期施泰因、哈登贝格先后发起的国家制度创新，使德国取得了后来居上的发展势头。洪堡、费希特、施莱尔马赫等人创立的柏林大学，使他们举起了近代大学教育创新的旗帜。而从康德、费希特到黑格尔的德国古典哲学，更使他们一度成为世界哲学创新的中心。

美国建国才200多年，然而在20世纪前后的100多年间却一直领先于世，这种“美国奇迹”，其实质更是“创新奇迹”，创新式发展道路才是其深层奥秘。当古老的欧洲趋于保守时，美国由于其与生俱来的开放性、多元性、革新性，在国家制度上实行了创新。美国在科学创新、技术创新上，也始终走在20世纪的世界前列。而实用主义的哲学创新，则为他们提供了一种行之有效的新思维方式——反对一切死板教条的新式美国价值观。

国家大小、国土资源、经济规模、地缘优势等因素，对一个国家是否能领先于世，固然也有不可忽视的重要历史作用，但比起创新来说，都要稍逊一筹。

国家不论大小，创新之道足以使一个国家变强大起来，甚至使区区小国变成世界大国。这方面的典型就是17世纪的荷兰、18世纪的英国。荷兰在欧亚大陆西端，国土面积为4.15万平方千米，即使把原来曾属于尼德兰范畴的比利时、卢森堡全都加起来，也不过七八万平方千米。那时荷兰的人口，也不过200多万人。其土地多为海平面以下的沼泽地带，资源相当贫乏，可以说是微不足道的小国。然而，借助创新之势，荷兰却成为17世纪几乎首屈一指的世界大国。18世纪前的英国，又何尝不是小国？其本土面积不过24万平方千米。其人口不过2000来万。然而，借助创新优势，加上海上霸权，英国侵占的殖民地人口相当于本土的8倍，侵占的殖民地领土则比本土大111倍，成了18世纪头号世界大国，甚至号称“永不落日的大英帝国”。

国家不论强弱，创新之道足以使一个国家变成强国，甚至可以使一个弱国成为世界强国。相反，一个老大帝国，如果久久不能走上创新之路，也会从强国变成弱国。如上所述，17世纪荷兰、18世纪英国，堪称借助创新由弱变强的典型。而欧亚大陆另一端，17

世纪和18世纪的中国大清王朝，所谓“康乾盛世”，则恰恰是由于缺少创新，由强变弱的典型。

对于一个民族国家的历史命运来说，创新的影响远比劳动分工、地理位置的影响更加深刻、更加重大、更加持久。一个国家，之所以能在劳动分工，尤其是国际劳动分工体系中取得优势地位，往往不能仅靠资源优势、地缘关系，更主要的是靠创新优势，增加了对全球资金、资源、人才的吸引力。而一个国家带头创新，则可以成为创新中心、现代国家体系的新兴中心，大大改变原有的“中心—外围”的地缘关系系统结构。由综合创新带动地缘关系、国际关系的重新建构，这样的历史实例还少吗？17世纪荷兰、18世纪英国、20世纪美国，不正是很好的范例吗？

第二节　综合创新律

在考察近现代世界历史500年的历史发展时，还可以发现一条重要规律，那就是综合创新律：每个时代，每个创新型国家，每一项重大创新，尤其是影响世界历史的、划时代的重大创新，都不是孤立地、单一地发生的，都表现为多方面创新的综合机制、相互作用、成为配套。综合创新律的典型表现，是每个世纪创新型国家、创新型大学、创新型哲学几乎都有不可割裂的伴生关系，而科学创新、技术创新、文化创新也往往表现为一种相互配合、相互补充、相得益彰的伴生关系。综合创新律的深刻根据，乃在于现代社会发达有机体的内在联系与有机系统。

纵观近现代世界历史发展长河，大体上是以每个世纪100年为周期有一个创新型国家出现，引领整个世界历史发展时代潮流，而创新型国家、创新型大学、创新型哲学则往往是“三位一体”的伴生现象，三足鼎立，相辅相成。

1500年前后，大体上是16世纪前后，整个世界历史还处于地中海时代，地中海周边的意大利佛罗伦萨等城市共和国，成为那个时代的近代最早的创新型国家，波伦那大学和萨莱诺大学，这两所诞生于意大利的世界最早的中世纪大学，被称为欧洲“母大学”，实际是那个时代最初的创新型大学，冲破中世纪神学蒙昧主义统治的人文主义哲学创新，最早也在意大利这里萌生。

17世纪，随着国际商道的重心转移，世界历史的重心从古代地中海时代转向近代大西洋时代，荷兰作为17世纪创新型国家应运而生。荷兰莱顿大学成为17世纪创新型大学。在17世纪荷兰完成哲学创新之作的，不仅有荷兰的斯宾诺莎，还包括近代英国哲学创新奠基人洛克，近代法国哲学创新奠基人笛卡尔。

18世纪，英国成为首屈一指的创新型国家，其主要支柱不仅有政治上的英国资产阶级革命、18世纪产业革命，而且有18世纪的创新型大学牛津大学、剑桥大学，有培根、霍布斯、洛克等人推动的英国近代唯物主义经验论哲学创新。

19世纪，德国一度后来居上、超越英法，成为创新型国家，其重要支柱是19世纪80年代洪堡创立的柏林大学，费希特、黑格尔、谢林，乃至费尔巴哈、马克思，都曾先后在这里倡导哲学创新，则是一大精神支柱。

20世纪，美国成为领先于世界的创新型国家，哈佛大学、斯坦福大学成了现代新型大学，在这里，皮尔士、詹姆斯创立的实用主义，则引领了现代西方世界哲学创新潮流。

纵观近现代世界历史500年，还可以发现综合创新律的另一种重要表现形式，即科学创新、技术创新、文化创新的内在有机联系，在历史上的伴生现象。

1500年前后，地中海周边意大利城市共和国的文艺复兴运动中，科学创新、技术创新、文化创新交织到一起，表现出综合创新的历史趋势：在科学创新中，有哥白尼在天文学中的重大革命，伽利略在物理学中的重大创新，乃至近代科学的萌芽；技术创新也应运而生，有显微镜、望远镜、温度计、钟表、气压计等科学仪器的发明，新的农业技术、农业工具的发明，针织技术的发明，达·芬奇等建筑大师对建筑技术的革新；人文主义的文化创新，更是这个时代的本质内容，出现了但丁、马基雅维里等思想文化大师，艺术上达·芬奇、拉斐尔、米开朗琪罗等开风气的一代绘画大师。

17世纪荷兰成为近代创新型国家，科学创新、技术创新、文化创新成为三足鼎立式的三大支柱。法学中的格劳秀斯、光学中的惠更斯、艺术上的伦勃朗、哲学上的斯宾诺莎，我们只要看看17世纪荷兰这四大文化巨人，就可以对那个时代的“综合创新”窥见一斑。

18世纪英国的近代兴起，更是科学创新、技术创新、文化创新近代综合机制的典型体现：以牛顿数学、物理学为代表的近代科学创新，以瓦特蒸汽机发明为代表的近代技术创新，以新教伦理与功利主义兴起为代表的价值哲学创新，成为英国近代崛起的三大支柱。

19世纪德国之所以能借助创新后来居上，也得益于科学创新、技术创新、文化创新的综合机制：施莱登、施旺等人创立的细胞学说代表了德国的近代科学创新，西门子电器、奔驰汽车则代表了德国技术创新潮流，歌德、席勒等人的文学创作则代表了德国文化创新的思想成果。

20世纪美国成为创新型国家，同样在很大程度上借助科学创新、技术创新、文化创新的耦合作用：科学家富兰克林成了美国科学创新的象征，而电器发明大王爱迪生则成了美国技术创新的象征，好莱坞电影、迪斯尼乐园则成了美国式现代大众文化、娱乐文化创新的象征。

综合创新律之所以能成为近代创新型国家的重要发展规律，其深刻根据在于近代世界历史民族国家、复杂社会机体的客观规律：

近现代化的世界历史进程，是一个整体化、系统化的发展进程，呼唤着综合创新的全面发展，而不仅限于个别方面的个别创造；

近现代创新型国家兴起，需要综合创新作为强大支柱，既需要国家制度创新作为制度保障，又需要大学教育创新提供人才支持，还需要文化创新作为精神支柱。

近现代社会已从古代较简单的社会结构，演化为高度发达、极为复杂的社会机体，因而任何一个方面的重大创新，势必引起连锁反应，要求走向综合创新：划时代的重大技术创新，必然上升到理论层面，表现为重大的科学创新；而科学创新、技术创新又要求国家制度上进行相应改革，作为制度保证；科学创新、制度创新反映到思想意识中，则势必要求推进相应的文化创新。近现代民族国家要确定新发展，都必须有现代革新的民族精神作为思想基础和精神支柱。

正基于此，超越古代单项发明、单项创造的综合创新，必然成为近现代创新型国家产生与发展的一条基本规律。

第三节　百年周期律

中国有首古诗，说的是文坛流变：“江山代有人才出，各领风骚数百年。”

纵观近现代世界历史长河 500 年，创新型国家形成、发展、衰落、替代的一条基本规律，或许应当说是：创新国家难持久，各领风骚一百年，堪称是创新型国家的百年周期律。

我们从下面这个最为简要的历史年表，不难看出百年周期律：

16 世纪创新型国家——地中海沿岸的意大利城市共和国；

17 世纪创新型国家——尼德兰革命中兴起的荷兰；

18 世纪创新型国家——在资产阶级革命和产业革命支撑下的英国；

19 世纪创新型国家——在综合创新中一度后来居上的德国；

20 世纪创新型国家——建国虽晚却迅速崛起的美国。

为什么会出现百年周期律的“历史宿命”？

为什么这一代又一代创新型国家，其创新势头勃然而兴，却又倏忽而逝？

为什么这些国家领先于世界的综合创新优势，难以突破“百年周期”的“历史大限”，难以走出百年周期，走向持久创新发展？

看来，这里的问题症结，不是个别时代、个别国家、个别人物的偶然过失，而是有更为深刻的社会根源、历史根源、制度根源。

历史深层奥秘：泡沫经济的十大规律。

1. 近代资本主义起源发展的近 500 年历史长河中，先后出现了泡沫经济的五代典型：16 世纪热那亚；17 世纪荷兰病；19 世纪、20 世纪英国病；20 世纪末日本病；21 世纪美国病。这就说明，泡沫经济是资本主义的伴生现象、固有病症，既是与生俱来的先天遗传病，又是流传甚广的常见流行病。

2. 近代资本主义经济，由先后起主导作用的三个层次组成：商业资本、产业资本、金融资本。泡沫经济的实质，是金融资本、生息资本、信用资本、虚拟资本的过分膨胀，经济过热的虚假繁荣。

3. 由于金融资本、生息资本、虚拟资本自身有独特的运动规律，在相当程度上可以脱离实际经济、实物贸易，相对独立地运行发展，因此其本性就必然趋向于自我膨胀无限扩张。因而泡沫经济在近现代市场经济中频频出现，带有一定的历史必然性，是合乎规律性的历史现象。

4. 泡沫经济的产生根源，是金融资本、生息资本、虚拟资本为追求利息利润，超越现实生产、现实买卖的自我运动、自我膨胀，是信用的过度膨胀，其数量规模往往大于实物经济、实物交易的几倍，十几倍，甚至几十倍之多。

5. 泡沫经济的两大源头，是投机性商业最为集中的两大部分：一是股市，二是房地产市场，或者简称“股市 + 楼市”。这是最容易产生泡沫的地方，也是泡沫经济的两大热点，往往二者结合起来，一起制造泡沫。

6. 泡沫经济形成的两大条件：一是只有在资本主义世界体系的经济中心、金融中心，才能成为震源所在、泡沫中心；二是只有其上升时期、黄金时代，才能造成经济泡沫，吸引世界各地的巨额资金。

7. 泡沫经济形成的双重机制：金融市场、虚拟资本、信用经济中自发生成的泡沫，是个别泡沫，在各个国家、各个时期，在所难免，不足为奇；而要造成整个经济过热，形成席卷整个经济市场的巨大泡沫，必然要有国家权力介入，政府机构推波助澜。“看不见的手”与“看得见的手”，市场与政府，自发生成机制与政府推动机制相结合，才能形成影响一个国家，乃至一个时代的巨大泡沫经济。

8. 泡沫经济形成、发展与破灭的三个阶段：第一阶段是泡沫产生阶段，在经济上升阶段，随着经济上升，经济发展过热，开始产生泡沫、制造泡沫、吹胀泡沫，造成虚假繁荣；第二阶段是泡沫破灭阶段，在泡沫经济、虚拟资本自我膨胀到一定程度的时候，势必出现泡沫破裂、难以为继的局面；第三阶段是走出泡沫经济、恢复正常发展的历史阶段。

9. 经济泡沫的破灭，通常是在泡沫膨胀的高峰时期："物极必反""盛筵必散""亢龙有悔"，虚热股市、楼市的高价，实在难以为继，势必会在某一个关节点上断裂。于是引起整个信用体系崩溃，人们纷纷要求把证券、股票、债权立即换成现金，银行则不愿发放贷款。整个信用经济陷入瘫痪之中，资本运动陷入停滞。金融危机势必演化为经济危机，虚拟经济势必反过来深刻影响到实体经济。

10. 泡沫经济就像一片沼泽地，陷进去了就会难以自拔。走出泡沫经济的道路通常是艰难的、曲折的、长期的。要想在一两年、三五年的短期之内就轻易走出泡沫泥潭，几乎是没有先例的。至少也要三五年、七八年；长一点的，则要十年、二十年；更长一点，则要几十年，乃至上百年。

第四章　从西方文艺复兴走向“东方文艺复兴”

——从“百年大变局”到“五百年有王者兴”

公元1500年前后，从地中海沿岸的意大利各城市国家开始，西方兴起了文艺复兴运动，以此为引擎，开启了近代世界历史新篇章。“走出中世纪，走向现代化”，并且走向工业化、市场化、全球化，成为近现代世界历史的时代主潮。

然而，资本主义国家制度、社会制度的历史局限，加上个人本位、自我中心、零和博弈型、对外征服型的单主体性观念，却在新的世纪之交、千年之交，造成了全球危机，造成全球问题与人类困境。

东方有一句古老的格言：“五百年必有王者兴。”今天，我们不仅站在世纪之交，而且站在千年之交，根本超越西方近代资本主义工业文明，开创人类文明新形态，从西方文艺复兴走向“东方文艺复兴”——正成为不可阻挡的时代大潮。

这并不意味着，用新起的“东方中心论”取代狭隘的“西方中心论”，而是世界历史上首次开创东西融合、综合创新的现代新型全球化，首创新时代人类文明新形态。

第一节 “东方文艺复兴”曙光初现

当代人类的历史命运，是自我毁灭，还是改革创新？提出这个问题，并不是危言耸听，而是每一个国人世人、思考者都不能回避的时代问题。

正是这个迫在眉睫的时代课题，把我们的希望目光引向东方，引向太平洋，引向太阳升起的地方。

在那里，有没有可能兴起东方的文艺复兴，既汲取西方文艺复兴、近代工业化文明成果，又在“世界的发现和人的发现”这两大发现上，根本超越西方文明、西方世界的历史局限？

“天时、地利、人和”，这三大机缘结合到一起，使世界历史的命运女神，再一次眷顾世界东方的中华大地：

一是“天时”——世纪之交、千年之交，西方文艺复兴之后500年，世界历史走向一个新时代、新阶段、新起点，这是一个危机创新时代。当代资本主义面临全球化普遍危机，呼唤人类文明开创新形态，从而走出危机。而中国正好开始了改革开放新时期，而且像“三级跳”或“三级火箭”一样，进入了现代化起飞的高速轨道：1978年十一届三中全会开始了改革开放启动阶段；1992年邓小平南方谈话、党的十四大关于社会主义市场经济的战略抉择，改革开放开始了根本突破阶段；2013年十八届三中全会，改革开放进入全面深化新阶段。

二是“地利”——经济全球化的时代大潮，使国际商道、世界市场乃至世界历史重心，从古代地中海时代、近代大西洋时代，转向全球化太平洋时代。而中国正处在太平洋一侧，西部依托世界最大陆地欧亚大陆，东部面临世界最大海洋太平洋，与美国等北美、中南美洲国家隔洋相望。目前世界经济头三甲的美国、中国、日本，全都集中在这个广义的“亚太地区”，正成为世界经济发展的主要引擎，其发展速度最快、创新动力最强、发展潜力最大、世界影响最广泛。而中国正在这个地区的中心地带，岂非天意所在？

三是“人和”——从1840年鸦片战争到1945年抗日战争、反法西斯战争的胜利，中华民族根本解决了“外患”问题，1978年后“文化大革命”的“内忧”问题也根本解决，改革开放新时代的中国：对内求和谐，对外求和平。中国特色社会主义本质上也是对内超越两极分化，走向共同富裕、社会和谐的社会主义，对外主张和平的社会主义，国内国际和谐关系空前发展，还是大有希望的。

当然，在当代中国，也有许多问题，甚至是重大问题、严重问题、尖锐问题有待解决。

西方文艺复兴，本质上是多元文化综合创新的过程，是回归希腊罗马古典文化，又超越希腊罗马古典文化，创造近代科学主义、人文主义新文化。大体上，在公元1500年以前、文艺复兴盛期之前，主要是超越中世纪蒙昧主义、专制主义，重新发掘古希腊罗马的古典文献、古典文化，新人文主义文化创新蕴含其中；1500年前后、文艺复兴达到盛期之后，时代精神主潮转向在回到古希腊罗马古典文化基础上，进一步作出近代化的文化创新。

在超越中世纪专制主义、蒙昧主义的历史进程中，伴随着思想解放的时代潮流，进而兴起走向近代民主法治的国家制度创新。这种个性自由、创造自由的自由解放精神，应当视为西方文艺复兴的时代精神、思想精髓，至今对我们当代中国深化改革主旨仍有重大启迪作用、借鉴作用。

恩格斯晚年在《自然辩证法》手稿中，对于西方文艺复兴的时代风云、时代精神，个性自由、创造自由，做了淋漓尽致的生动描述：

现代的自然研究同古代人的天才的自然哲学的直觉相反，同阿拉伯人的非常重要的、但是零散的并且大部分已经毫无结果地消失了的发现相反，它唯一地达到了科学的、系统的和全面的发展——现代的自然研究，和整个近代史一样，是从这样一个伟大的时代算起，这个时代，我们德国人由于当时我们所遭遇的民族不幸而称之为宗教改革，法国人称之为文艺复兴，而意大利人则称之为五百年代，但这些名称没有一个能把这个时代充分地表达出来。这个时代是从15世纪下半叶开始的。

这是人类以往从来没有经历过的一次最伟大、进步的变革，是一个需要巨人而且产生巨人——在思维能力、热情和性格方面，在多才多艺和学识渊博方面的巨人的时代。给资产阶级的现代统治打下基础的人物，决不是囿于小市民习气的人。相反地，成为时代特征的冒险精神，或多或少地感染了这些人物。那时，差不多没有一个著名人物不曾作过长途的旅行，不会说四五种语言，不在好几个专业上放射出光芒。莱奥纳多·达·芬奇不仅是大画家，而且也是大数学家、力学家和工程师，他在物理学的各种不同分支中都有重要的发现。阿尔布雷希特·丢勒是画家、铜版雕刻家、雕塑家、建筑师，此外还发明了一种筑城学体系，这种筑城学体系，已经包含了一些在很久以后被蒙塔朗贝尔和近代德国筑城学又加以采用的观念。马基雅维里是政治家、历史编纂学家、诗人，同时又是第一个值得一提的近代军事著作家。路德不但清扫了教会这个奥吉亚斯的牛圈，而且也清扫了德国语言这个奥吉亚斯的牛圈，创造了现代德国散文，并且创作了成为16世纪《马赛曲》的充满胜利信心的赞美诗的词和曲。那时的英雄们还没有成为分工的奴隶，而分工所具有的限制人的、使人片面化的影响，在他们的后继者那里我们是常常看到的。但他们的特征是他们几乎全部处在时代运动中，在实际斗争中生活着和活动着，站在这一方面或那一方面进行斗争，有人用舌和笔，有人用剑，有些人则两者并用。因此就有了使他们成为全面的人的那种性格上的丰富和力量。书斋里的学者是例外：他们不是第二流或第三流的人物，就是唯恐烧着自己手指的小心翼翼的庸人。①

21世纪的中国，为了迎接“东方文艺复兴”的曙光，在全面深化改革的新阶段，也需要这样的体制大创新、思想大解放，自由大发展，个性大张扬！

这是“东方文艺复兴”必不可少的历史前提，也是全面深化改革新阶段必须紧紧抓住的主要矛盾、主要任务、主要使命。

世纪之交、千年之交的中华民族，面临着世界历史双重使命：

传承弘扬中华文明的原创性与生命力，让中华文明在近代工业化、现代社会化时代大潮中，走向综合创新，现代复兴；

学习借鉴西方文艺复兴以来500年的文化创新成果、文化创新精神，并且根本超越其历史局限和思想局限，迎接“东方文艺复兴”的新时代！

第二节　生态危机的思想根源
——征服自然的西方式主体性观念

征服自然的主体性观念，是西方文化传统中具有广泛影响力的一种观念。它曾以宗教的加上哲学的形式出现，并强有力地影响了西方乃至世界上大多数人。

这一观念从最初宗教的形态，慢慢向哲学世界观转变。在此过

① 《马克思恩格斯选集》第4卷，人民出版社1995年版，第261、262页。

程中，西方近代哲学倡导者法国笛卡尔和英国培根，尤其是后者起到了重要的作用。笛卡尔认为，精神和物质是两种不同的实体，这两种实体是不同质的。精神的基本特性是思维，物质的基本特性是广袤，即占有空间。物质世界和精神世界是两个平行的世界。无机物、植物、动物和人体都属于物质世界，物质世界是个机械的世界，被自然规律所支配。精神世界是平行于物质世界的，人因其拥有理性灵魂，可以参与到精神世界中。笛卡尔精神和物质二元的观念，为主客二分的观点奠定了哲学基础。只有拥有精神才是主体，否则就是客体，即是被主体认识、加工和改造的对象。笛卡尔以清晰的概念为人和自然的分离奠定了哲学基础。在培根那里，控制自然的观念得到进一步发展："培根的伟大成就就在于他比以往任何人都清楚地阐述了人类控制自然的观念，并且在人们的心目中确立了它的突出地位。培根将这种观念的危险性与炼金术士们的狂妄幻想的联系分割开，在注入文艺复兴的新鲜血液后，又再次与当时文化的支配力量即基督教结合了起来。这种观念赢得了'尊重'。"[①] 控制自然的观念通过基督教强有力的影响，潜移默化地流传下来，而培根则通过科学技术进步的结果，使控制自然的主体性观念正式确立并进一步发展。在培根时代，基督教力量仍然十分强大，所以培根不可能把控制自然的观念一下子转到科学和技术上来，借宗教的外衣，把科学和宗教并列起来，也就是信仰和理性并行不悖。他指出：人因为堕落而失去了清白及对创造物的统治，不过所失去的这两方面都可能部分地恢复，前者靠宗教和信仰，后者靠技艺和科学。通过科学和技术征服自然的观念，在 17 世纪以后日益成为不证自明的东西，几乎所有的哲学家都认为没有必要对"控制自然"的观念做进一步分析和解剖。控制自然观念彻底抛开

① [加]威廉·莱斯：《自然的控制》，岳长龄等译，重庆出版社1993年版，第44页。

宗教的外衣，人类不再依赖上帝赋予的统治权，而是依据科学，依赖人的理性（主体性）直接对自然实行“控制”。在基督教教义中，人类统治自然的权力是上帝赋予的，在培根这里，人类之所以能够统治自然，是因为人具有知识和理性。“知识就是力量”（权力），这是培根的名言。理性使人从自然界中分离出来，并优于自然界。

马克思曾在《1844 年经济学哲学手稿》中分析了哲学领域的类似状况，他指出认识领域出现了这种情况，即主观主义和客观主义、唯灵主义和唯物主义、能动和受动的对立。这种认识集中地反映在对自然的认识和对人的认识上。自文艺复兴以来，基于基督教的创世说和全能上帝的观念，基于人类设计和构造机械的经验，人们不仅认为自己的造物是机械的，同样那未经人类干预的按其本来应是的样子所是的事物也是机械的，自然也是一台机器。自然界虽按照一定的规律运动和变化，但它如同人造的机械一样，其动力和目的都是由它之外的东西赋予的，自然界没有自己的意志和目的，自然被彻底物化。就对人的认识来看，一方面，认为只有把人还原成更基本的成分，这样人才能接近更实在更基本的层面，才是真实的，人这一实体受物理学定律的制约；但另一方面又认为人是与自然界完全不同的存在，因为，人拥有“自由意志”或“心灵”，这使他不受严格的物理学制约。上述认识把人与自然界分离开，视人和自然为二元对立结构。

工业革命以来，随着生产力的发展和科学技术的进步，人们支配和改造自然界的能力越来越强，人类支配自然界的规模越来越大，生产对自然界的占有超过了以前任何一个时代。人对自然的关系也由对自然的崇拜转变成对自然的占有和控制，人与自然的关系成了人对自然界的普遍占有和自然界对人的普遍有用。自然界是一个巨大的机器，大自然中有取之不尽的资源，人类可以按照自己的需要和欲望去改造自然，甚至在想象和实际中双重地去征服自然、统治自然，成为自然的主人。人在自然之外，人与自然打交道时，所考虑的就是支配和控制，不必去理会自然界会作出什么反应。随着所支配的生产力越来越多，对自然界统治规模越来越大，对大自然进行的斗争越来越残酷，人类开始陶醉于支配自然和统治自然的“伟大胜利”中，开始狂妄地把自己视为自然的主人。这种过分相信自身能力，从而忽视自然界对人类所具有的制约力和威慑力的思维惯性，必然会导致人与自然界的对立。征服自然的主体性观念是生态危机的思想根源。

第三节　古代世界历史上的第一次生态危机

直到当下还有一些人，有的不了解生态危机的严重性，有的怀疑生态危机的严重性，甚至还有些人，因资本逻辑与利益驱使等各种复杂原因，故意无视或掩盖生态危机的严重性。这是非常糟糕的现象，如果这样的人在世界足够多的话，人类也许真的离灭绝之日不远了。当前，不仅自然科学以充分的证据向我们揭示了生态危机的严重性，社会科学也以独到视角展示了生态危机的严重性。不仅当下许多人能不同程度感受到生态危机的危害，历史上也曾出现因人类不当行为引发生态环境问题所导致的文明的衰退或消亡。人们应以史为鉴，避免重蹈历史的覆辙。

今天，人们在近代工业化时代遭受的生态危机，实质上已经是人类世界历史上的第二次生态危机，而大约5000年前古代农业化过程曾导致了人类世界历史上的第一次生态危机。

环境历史学家注意到，至少从大约公元前3000年起，由于人类活动引起的环境破坏，在埃及、美索不达米亚、多瑙河河谷、印度河谷和地中海盆地周围许多地区的许多早期文明，经历了严重的农业衰退，甚至是崩溃。历史学家汤因比指出，世界上曾有 21 个文明，其中 14 个文明已经消失。当然这些文明的消失原因是复杂的，但不可否认的是，生态环境的恶化是一个非常重要的原因。恩格斯在研究古代农业文明的时候，也发现生态环境恶化是导致局部文明衰退的非常重要的原因。他指出，美索不达米亚、希腊、小亚细亚以及其他各地的居民，为了得到耕地，毁灭了森林。但是他们做梦也想不到，这些地方竟因此成了不毛之地，因为他们使这些地方失去森林，也就失去了积聚和贮存水分的中心，导致这些地区旱涝交替，自然环境极为恶劣。环境历史学家认为，在大多数情况下，砍伐森林、土壤侵蚀、土壤盐碱化、过度放牧、沙漠化、气候变化和人口过多，是引起灾难的主要原因或附属原因。非常明显，对资源环境不当和过度使用会引发生态失衡，从而导致文明的衰退。

众所周知，对于中国人来说，天人合一的宇宙观是统摄一切的、最核心的哲学理念，因而，人们把大自然看成是人类的母亲，把天地万物看成是人的生存伴侣。

因而，上下五千年来，中国文化的本质特征，就是原创型文明、文明型国家、生态型文明的“三位一体”。

中华文明的人文始祖，是大约 5000 年前的黄帝，而他之所以被尊称为黄帝，乃是因为他有土德之瑞，像大地一样包容万物，保护生命。

开创了夏代，乃至夏商周三代的禹，之所以被尊称为“大禹”，不是因为他的权力大、军功大，而是因为他一生最大的功德就是治水，为了治理洪水，保护环境，多年在外，一心为公，无私奉献，“三过家门而不入”。

正是因为有了这种哲学理念与国家传统，才使中华文明在世界历史六大原创文明中，成为唯一一个连续进化、从未中断的独特文明。

中华文明虽是一个总体结构上没有中断的文明，但在其历史进程中也出现过局部文明崩溃的状况。我国古代西域丝绸之路上曾经有一个昌盛的王国——楼兰国。楼兰因其出现在唐代著名诗篇中而广为人知。王昌龄诗云：“青海长云暗雪山，孤城遥望玉门关。黄沙百战穿玉甲，不破楼兰终不还。”李白诗云：“晓战随金鼓，宵眠抱玉鞍。愿将腰下剑，直为斩楼兰。”一个古代小王国不曾被中原大国征服，但终于为黄沙所吞没。从史料及考古学家对古城遗址的研究，可以得知楼兰古时自然条件良好，气候温和，水量丰沛，河渠蜿蜒，湖泊棋布，植被茂密。这些自然条件使楼兰成为一个物产丰富的王国，成为西域粮仓，商业、农业、交通、文化的中心。然而这样一个迷人的国度，却早已经消失了。楼兰的消失跟人们破坏大自然的生态平衡大有关系。楼兰古城正建立在当时水系发达的孔雀河下游三角洲，这里曾有长势繁茂的胡杨树供其取材建设。当年楼兰人在罗布泊边筑造了十多万平方米的楼兰古城，他们砍伐掉许多树木和芦苇，这无疑会对环境产生副作用。同时，楼兰地处丝绸之路的要冲，汉、匈奴及其他游牧国家经常在楼兰国土上挑起战争；同时，为了本国的利益过度垦种，使水利设施、良好的植被受到严重破坏。楼兰墓地上密植的“男根树桩”说明，当时的楼兰人已感到部落生存危机，只好祈求生殖崇拜保佑其子孙繁衍下去。但他们大量砍伐本已稀少的树木，使当地已经恶化的环境雪上加霜。据《水经注》记载，公元 3 世纪后，流入罗布泊的塔里木河下游河床被风沙淤塞，在今尉犁东南改道南流。这无疑是对楼兰的致命一击，致使楼兰“城郭岿然，人烟断绝”“国久空旷，城皆荒芜”。与楼兰同样遭遇的，还有鄂尔多斯毛乌素沙漠的统万城。统万城是南北朝时期大夏国国都，素有“临广泽而带清流”的肥美水土和粮仓，经济繁荣，但随着人类大量砍伐森林资源以及隋唐时代加大屯垦、转牧为农的不当行为，水土严重流失，导致土地沙漠化，统万城衰退消亡。

黄河流域是中华文明的三大主要发祥地之一。据研究发现，先秦时期，黄河中上游地区气候温和，植被茂密，整个黄土高原森林覆盖率超过 50%。中国人的祖先在此逐水而居，繁衍后代，创造了辉煌的古代文明。秦始皇统一中国后，开始大兴土木，为建阿房宫等庞大宫殿群，砍光了周边地区山岭上的树木。到了汉朝，人口剧增，粮食需求急剧增长，毁林开荒成为解决问题的最重要手段，于是，规模空前的大垦殖出现，耕地面积由秦时 1 亿亩左右上升到 8 亿亩。西汉之前有些植被很好的地区，经过历代砍伐开荒，到了宋代就成了沙漠。东汉至隋唐间，人口锐减，环境压力相对减轻，生态环境有一定恢复。至唐朝，经济开始繁荣，人口急剧增长，又开始了新的一轮更大规模的毁林开荒，仅新开垦土地就有 6 亿多亩。这种对森林的开垦，严重破坏了高原植被，给生态环境带来了严重后果。经过秦汉唐等几代的开垦，黄土高原已变得沟壑纵横、满目疮痍，导致黄河频繁泛滥。自唐“安史之乱”后，黄河流域经济衰落到极点，田地荒芜、水利失修，人口大量死亡和南移，黄河流域社会经济开始衰落，经济文化中心渐渐南移至长江流域。[①]再往后的时段，一直到今天，黄土高原的许多地区依然荒芜不堪，黄河也经常面临着雨季泛滥、旱季断流的情况。

这种历史教训，从古至今，一直警醒着中华民族的历代子孙。

所幸这种历史教训，在整个中华文明历史长河中，还只是局部现象，因而在上下五千年的历史发展中，总体上保持了连续发展、从未中断的“中国奇迹”。其正反两方面的历史经验，在今天看来都弥足珍贵。

---

① 雷毅：《生态伦理学》，陕西人民教育出版社2000年版，第7页。

第四节 走灭绝之路，还是可持续发展之路？

在当代世界，导致农业社会局部文明衰退的因素依然存在，这些因素加上近代工业化生产方式、资本主义异化劳动和征服自然的主体性观念，其“合力”将对生态环境造成致命性影响，如果人们还不调整和改变，那么衰退的和消失的将不是局部的文明，而是人类的整个文明。

温室效应和全球气候变暖是当代生态危机的最显著征候。科学界向人们揭示了温室效应导致的可怕后果。科学家马克·林纳斯在对数千份科学文件进行精心的研究后，撰写了一部有关全球变暖危害的专著，首度向世人系统描述了地球气温升高 6℃后全球面临的灾难。全球气温升高 1℃，美国著名的大粮仓——内布拉斯加州将会变成沙漠，海洋低级生命将面临致命性的影响。气温升 2℃，两极冰块消融，海平面上升 7 米，1/3 的动植物种群会因为气候变化而灭绝。科学家们估计，如果我们想将全球气温上升控制在 2℃内，那么从现在起还有十来年时间让人类控制二氧化碳排放量。气温升 3℃，气候彻底失控，生态灾难全面上演。气温上升 3℃是地球的一个重大“拐点”，因为地球气温一旦上升 3℃，那么就意味着全球变暖的趋势将彻底失控，人类再也无力介入地球气温的变化。气温升 4℃，1/3 生物会灭绝，人类口粮受影响。气温上升 4℃对于地球的大部分地区来说都是灾难。这意味着数十亿吨被冰封在南北两极和西伯利亚的二氧化碳气体将释放出来，进入臭氧层，从而成为全球变暖的倍增器——加快变暖的速度。北冰洋所有的冰盖将全部消失，北极成了一片浩瀚的海洋，这将是地球近 300 万年来首度发生的现象，北极熊和其他需要依赖冰为生的动物将彻底灭绝。气温升 5℃—6℃，由于陆地大部分被淹没，动植物因无法适应新的环境将有 95% 的种类灭绝，因此地球面临着一个与史前大灭绝一样的最后劫难。[①]

无须更多的证据了，要生存下去，人类必须走可持续发展之路。“可持续发展”概念最先是 1972 年在斯德哥尔摩举行的联合国人类环境研讨会上被正式讨论。最广泛被采纳的定义，是在 1987 年由世界环境及发展委员会所发表的布伦特兰夫人报告书所载的定义：既满足当代人的需求，又不对后代人满足其需求的能力构成危害的发展称为可持续发展。可持续发展有三个基本原则：公平性原则（包括代内和代际的公平）、持续性原则、共同性原则。可持续发展观是一个密不可分的系统，既要达到发展经济的目的，又要保护好人类赖以生存的大气、淡水、海洋、土地和森林等自然资源和环境，使子孙后代能够永续发展和安居乐业。可持续发展中的发展，是在控制人口数量、提高人口素质和保护环境、资源永续利用的前提下，推进经济和社会的发展。

可持续发展的概念正式提出距今已经 50 多年了，这一理念被越来越多的人了解和接受，局部生态环境也有了不同程度的调整和改善。但遗憾的是，地球整体的状况并没有大的、根本性的改善，这种情况说明，观念和现实之间还有很大的距离。要实现代内和代际公平，就要有大的社会变革。在资本支配一切的环境中，很难谈得上真正的代内和代际的公平。同样，在资本支配一切的环境中，也根本不可能实现人与外部自然之间的可持续关系。在资本统治

① 该材料源自《科学发现报》，2007年5月8日。

下，资本通过外部自然界实现了对人的剥夺，又通过人实现了对自然界的剥夺，从而实现自身的增值。由此可见，人类要走上可持续发展之路，利用资本、发展资本，而又引导资本、规范资本，乃至超越资本，扬弃资本的作用，是一个非常必要的条件。同样，在可持续发展之路上，人们应进一步反思自身同自然界的关系，人不在自然之外、不在自然之上，而是在自然之中；征服自然的单主体性观念已经让人们自食恶果，也到被摒弃的时候了。重温马克思以下的观点，应会让人们对生态危机的解决之路有更深的理解。马克思认为，只有在共产主义社会中，自然界的人道主义和人的自然主义才有可能达到完整的统一："这种共产主义，作为完成了的自然主义 = 人道主义，而作为完成了的人道主义 = 自然主义，它是人和自然界之间、人和人之间矛盾的真正解决，是存在和本质、对象化和自我确证、自由和必然、个体和类之间的斗争的真正解决。"①

经济全球化，人类对自然干预能力的增强，使得生态危机在全球范围内凸显出来，而其根本解决，也必定要以全球合作的方式进行。

2022 年乌克兰危机，犹如暗夜中的一道闪电，全世界的有识之士，一下子看清了当代世界的危险所在、希望所在：

美国金融资本、全球霸权的新帝国主义盛极而衰，利用北约，绑架欧盟，在欧亚大陆西部和俄罗斯搞起了新冷战，乃是乌克兰危机的真正始作俑者，潜藏着影响全球、爆发大战的巨大风险。

人们只能把希望的目光转向世界的东方，转向重新焕发生机活力的东方巨龙，转向那古老而常新的东方智慧，在那里能不能找到一种"解药"，走出资本主义近代文明造成的人类困境，为人类文明发展开辟一种新的可能性呢？

---

① 马克思：《1844年经济学哲学手稿》，人民出版社2000年版，第81页。

也正是在2022年党的二十大上，人们可以惊喜地看到，中华文明中蕴含的生态文明原创基因、天人合一的宇宙观得到了现代新生：把人与自然的和谐共生、构建人与自然的生命共同体，作为中国式现代化新道路的基本特征，乃至本质要求，正在向全世界发出走出生态危机，开创人类文明新形态的强烈呼唤！

第二部分 怎样开创人类文明新形态
——在“五位一体”新型文明基础上构建新时代四大共同体

怎样才能根本超越西方近代资本主义工业文明，开创人类文明新形态？

中国有句格言：“万事起头难。”更何况创造人类文明新形态，这是一个综罗百代、前无古人的宏大事业，全球多线一体的空前复杂系统工程，究竟从何着手呢？这真是一个世界历史性的头号时代之问、时代难题、时代难关。

令人感到欣喜的是，中国特色社会主义新时代与中国式现代化新道路，为解开这道时代难题提供了一把金钥匙。

从 2012 年党的十八大到 2017 年党的十九大、2022 年党的二十大，中华文明现代复兴迎来新时代、新阶段，一个显著的标志是以物质文明、政治文明、精神文明、社会文明、生态文明“五位一体”的新型文明建设为基础构建新时代四大共同体，成了中华文明现代复兴新来潮的四维坐标，而这四大共同体的系统构建，则成为中国首倡创造人类文明新形态的四大支柱、四大潮头。

也就是说，创造人类文明新形态的复杂系统工程，需要分为两大层面系统展开：

第一个层面，是按照“五位一体”总体布局，努力推进物质文明、政治文明、精神文明、社会文明、生态文明的协调发展，形成中国特色社会主义现代新型文明的总体建构，这是创造人类文明新形态的基础工程；

第二个层面，则是以此为基础，进一步构建新时代的四大共同体，作为创造人类文明新形态的四块基石与四大创新。

新时代四大共同体就是：

第一，多元一体的中华民族共同体。

第二，合作共赢的人类命运共同体。

第三，人与自然和谐共生的生命共同体。

第四，人机结合、人工智能、全球网络的现代新人共同体。

我们从文明形态演进的理论视角，分别考察一下“五位一体”总体布局和四大共同体的构建问题。

第一章　“五位一体”总体布局
——创造人类文明新形态的基础工程

近 40 年来的中国特色社会主义建设，始终作为一种现代新型文明，努力致力于总体布局、系统建构。特别是从 2012 年党的十八大到 2022 年党的二十大以来近十年，更加明确自觉地上升到五大文明的总体建构、协调发展：

物质文明；

政治文明；

精神文明；

社会文明；

生态文明。

这种“五位一体”总体布局、协调发展、系统建构，使中国特色社会主义文明建设开创了一个新时代，同时也为创造人类文明新形态奠定了重要基础，提供了一个雏形。

第一节　物质文明
——现代新型文明的物质基础

中国特色社会主义文明建设，是在一个人口众多的东方大国进行的，如何解决社会生产力落后的突出矛盾、首先为现代新型文明建设打下坚实可靠的物质技术基础，自始至终是一个关系其历史命运的头号关键问题。

1949 年，中华人民共和国成立前后，我们提出的首要目标，是改变旧中国落后根源，变农业国为工业国；

1953 年，过渡时期总路线的核心内容是“一化三改”，构成一体两翼，这里作为“一体”的“一化”，首先就是近代工业化；

1954 年，最初提出的“四个现代化”，主要是工业、农业、交通运输业和国防现代化；

1964 年，“四个现代化”上升为农业、工业、国防和科学技术的现代化；

2013 年，新时代起点上最初提出的“四个现代化”，是工业化、信息化、城镇化、农业现代化。

中国特色社会主义新时代，物质文明建设的两个最大特点，一是以现代科技革命的创新为动力；二是构成现代化经济新体系。

一、科技创新驱动发展战略——创新首要动力论

从 2012 年党的十八大到 2017 年党的十九大，中国发展方式、发展战略的一个重大转变，就是提出要从主要依靠资源、资本、劳

动力三大要素投入的“增长”驱动，投资、出口、消费三驾马车驱动，转向主要依靠创新驱动发展的全新战略——这是新时代科技创新论在实践观念、发展方式上的一个重大创新。

2012 年党的十八大，已经把“实施创新驱动发展战略”作为“加快转变发展方式”的一项重要内容。而从党的十八大到党的十九大、党的二十大的新发展，在于进一步从“世界大势与中国国情”这双重视角统一的新高度，使创新驱动战略的地位更加重要，内容更为具体。

2014 年 6 月 9 日，习近平总书记在两院院士大会上发表讲话，主旨之一就是“加快从要素驱动、投资规模驱动发展为主向以创新驱动发展为主的转变”，首先提出了从全球视野新高度，抓住现代科技革命、产业革命方兴未艾新潮头，迫切需要我们转变发展方式，实施创新驱动新战略：

进入二十一世纪以来，新一轮科技革命和产业变革正在孕育兴起，全球科技创新呈现出新的发展态势和特征。学科交叉融合加速，新兴学科不断涌现，前沿领域不断延伸，物质结构、宇宙演化、生命起源、意识本质等基础科学领域正在或有望取得重大突破性进展。信息技术、生物技术、新材料技术、新能源技术广泛渗透，带动几乎所有领域发生了以绿色、智能、泛在为特征的群体性技术革命。传统意义上的基础研究、应用研究、技术开发和产业化的边界日趋模糊，科技创新链条更加灵巧，技术更新和成果转化更加快捷，产业更新换代不断加快。科技创新活动不断突破地域、组织、技术的界限，演化为创新体系的竞争，创新战略竞争在综合国力竞争中的地位日益重要。科技创新，就像撬动地球的杠杆，总能创造令人意想不到的奇迹。当代科技发展历程充分证明了这个过程。

面对科技创新发展新趋势，世界主要国家都在寻找科技创新的突破口，抢占未来经济科技发展的先机。我们不能在这场科技创新的大赛场上落伍，必须迎头赶上、奋起直追、力争超越。①

中国现代化发展动力何在？这是中华人民共和国成立70年、改革开放40年上下求索的一个重大问题。

改革开放以前的30年，曾经一度力图把“以阶级斗争为纲”作为以和平与发展为主题的时代社会发展主要动力，因而走了一段弯路。

自1978年十一届三中全会以来的40多年间，把工作重心转向经济建设，实质上也就意味着把社会发展动力机制、动力源泉，主要转向经济建设、经济要素，先后在投资规模、对外开放、消费需求三大要素之间，寻找经济增长动力之源，有时也称之为要素驱动增长模式的“三驾马车”。

要实事求是地把握现代科技革命、产业革命大方向、大趋势，重点突破科技创新成果产业化瓶颈环节，为产业结构创新、发展方式创新作出坚强有力的战略支撑。

2014年8月18日《在中央财经领导小组第七次会议上的讲话》，2015年10月26日《关于〈中共中央关于制定国民经济和社会发展第十三个五年规划的建议〉的说明》，习近平总书记两次阐发了这一新战略：

要紧密结合我国发展遇到的瓶颈制约，进一步明确技术创新和产业化的方向和重点。要面对现实需求，通过形成良好市场环境，发挥企业主体作用，发挥不同地区比较优势，大力推动产业化进程。同时，要抓住一批事关国家安全和发展全局的基础性、核心性的重大科研项目，组织力量进行攻关，努力突破制约产业优化升级的关键核心技术，为转变经济发展方式提供有力科技支撑。

落实创新驱动发展战略，必须把重要领域的科技创新摆在更加

① 中共中央文献研究室编：《十八大以来重要文献选编（中）》，中央文献出版社2016年版，第19、20页。

突出的地位，实施一批关系国家全局和长远的重大科技项目。这既有利于我国在战略必争领域打破重大关键核心技术受制于人的局面，更有利于开辟新的产业发展方向和重点领域、培育新的经济增长点。二〇一四年八月，我们确定要抓紧实施已有的十六个国家科技重大专项，进一步聚焦目标、突出重点，攻克高端通用芯片、集成电路装备、宽带移动通信、高档数控机床、核电站、新药创制等关键核心技术，加快形成若干战略性技术和战略性产品，培育新兴产业。在此基础上，以二〇三〇年为时间节点，再选择一批体现国家战略意图的重大科技项目，力争有所突破。从更长远的战略需求出发，我们要坚持有所为有所不为，在航空发动机、量子通信、智能制造和机器人、深空深海探测、重点新材料、脑科学、健康保障等领域再部署一批体现国家战略意图的重大科技项目。已经部署的项目和新部署的项目要形成梯次接续的系统布局，发挥市场经济条件下新型举国体制优势，集中力量、协同攻关，为攀登战略制高点、提高我国综合竞争力、保障国家安全提供支撑。①

这就意味着发展方式、动力机制上的一个重大转变，现代科技创新变成首屈一指的头号动力，变成新时代的新动力、物质文明建设的火车头。

二、构建现代化经济新体系

——党的十九大后制度创新六大生长点

如果说2013年十八届三中全会提出“使市场在资源配置中起决定性作用和更好发挥政府作用”，抓住了一个推进社会主义市场经济体制创新的“关键突破口”，那么2017年党的十九大则在此

① 中共中央文献研究室编：《习近平关于科技创新论述摘编》，中央文献出版社2016年版，第100—102页。

基础上提出了全面建构现代化经济体系的新方略、新目标。

党的十九大报告的第五大部分，专门讲了这个重大问题，题目就是“贯彻新发展理念，建设现代化经济体系”。这里所讲的“新发展理念”，实现发展方式的重大创新，实际上就是十八届五中全会在制定“十三五”规划时提出的“创新、协调、绿色、开放、共享”五大发展理念。这五大发展理念之间并不是平行并列关系，其中“创新”是处于第一位并起统摄全局作用的核心理念、首要理念、关键理念，其他理念则是“创新发展”在各个方面的具体表现形式。

因而，这里的实质内容，实际上是提出了社会主义市场经济体制创新的六大任务，借以实现构建现代化经济体系，实现发展方式上的重大创新，实现中国特色社会主义制度创新总体目标，这就为我们理解中国经济、体制创新在新时代的新走向提供了一把钥匙。

（一）深化供给侧结构性改革——实质上就是产业结构创新问题

这就意味着，要严密防止金融过热泡沫、房地产炒作泡沫，加上工业盲目重建过热的泡沫、钢铁煤炭等传统基础工业过热的泡沫，把重心转向实体经济与结构创新。这里特别提到，要激发和保护企业家精神，鼓励更多社会主体投身创新企业，建构起现代化、信息化、网络化创新型产业结构，让亿万劳动者、劳动集体成为创新创业主体。

（二）以科技创新为龙头，建设创新型国家——实质上是科学技术创新成为发展首要动力的问题

这一条很重要，讲的是现代化经济体系的新动力、新支撑、新龙头问题，也就是要用现代科学创新、技术创新作为第一动力、战

略支撑，创新整个中国经济结构、产业结构。

（三）实施乡村振兴战略——实质上是在中国经济现代化转型创新中注重重塑农业基础问题

这是21世纪中国特色社会主义新时代必须下大功夫根本解决的一个重大时代课题，也是中国改革开放新阶段的新问题。改革开放初期，20世纪80年代，尤其是1985年以前，以联产承包责任制与自主兴办乡镇企业为两大龙头，农村改革一度走在前面，出现了城市系统化改革有所滞后的历史现象。现代化经济起飞阶段，尤其是从1992年起至21世纪初，城市改革、经济发展又走在前面，乃至21世纪中国，在不少地区程度不同地出现“城市飞速发展—农村冷落凋敝”的矛盾现象，一些农村“空心化”，只剩下“老弱病残”在留守。从2012年党的十八大到2017年党的十九大，尤其是党的十九大报告，把“实施乡村振兴战略”作为“八大战略”中的第四条，意味着这方面将有大举措、大变化、大创新。这里提出了实施乡村振兴战略的五条总体要求和九条具体方略。

（四）实施区域协调发展战略——从不平衡发展战略走向相对平衡的发展战略创新问题

改革开放头30多年，为了根本突破“文化大革命”中的长期停滞状态，在改革开放总设计师邓小平倡导下，采取了让一部分人、一部分地区先富起来的不平衡发展战略，这在当时那种历史条件下是完全必要、完全正确的。而在改革开放30年之后，尤其是2008年国际金融危机之后，中国经济发展战略必须作出相应的重大调整、重大创新。

党的十九大精神，体现了中国经济发展战略的这种重大调整、重大创新。

要实施区域协调发展战略，要把倾斜重心转向那些原先发展不协调、不充分的地区，即通常所称的“老少边穷”地区。另外，还要特别注意东北等老工业基地振兴；发挥某些特殊优势，推动中部地区崛起。这是新战略重点加强的“六朵金花”，要让它们放出异彩。

这不意味着否定贬低东部沿海、中心城市的创新引领作用；相反，在21世纪经济全球化新形势下，要用“交通先行、高铁先行、网络先行”的方式，形成中国沿海城市带、西太平洋城市带，在全球科技创新、经济创新中起到龙头作用。其中，特别突出的是三大城市群，构成“三位一体”的中国沿太平洋城市带，可谓中华腾飞，东方复兴，全球化太平洋时代三大龙头：

第一，以北京为中心的京津冀城市群，乃至环渤海湾城市群。

第二，以上海为中心的长三角城市群，乃至长江经济带城市群。

第三，以广州、深圳、香港为核心区的珠三角城市群，乃至粤港澳大湾区城市群。

（五）加快完善社会主义市场经济体制——经济体制创新问题

在21世纪新时代，要构建中国现代化经济体系，必须有制度创新、体制创新作为坚强有力的制度保障，这就是加快完善社会主义市场经济体制。

围绕这个主题，提出了下阶段着力解决的两大重点问题：一是产权制度，即所有制的创新与完善；二是要素市场化配置，包括深化金融体制改革。在这个大框架下，党的十九大报告提出十项重要举措。

为了完善社会主义市场经济体制，我们必须把握好社会主义与市场经济的有机结合，为此必须排除两种僵化观念干扰：

“左”的僵化观念，就是只要社会主义，不要市场经济；

右的僵化观念，就是只要市场经济，不要社会主义。

（六）推动形成全面开放新格局——实质上是国际贸易、国际关系上的继续创新、升级模式问题

2008 年当代国际金融危机之后，尤其是近几年来，由于时任美国总统特朗普特别标榜“美国优先”原则，大力鼓吹“用美国人，买美国货”的贸易保护主义政策，因而所谓“逆全球化”风潮一度似乎席卷全球。问题的实质在于，经济全球化是时代潮流、本质特征，不可逆转；而某些国家、政府，却受到垄断资本、金融资本驱使，逆潮流而动，打出贸易保护主义旗号。

世界贸易、世界经济向何处去？世纪之交、千年之交，重新站在一个十字路口之上。正是在这个世界历史关键时刻，从 2017 年党的十九大到 2022 年党的二十大、习近平新时代中国特色社会主义思想，旗帜鲜明地坚持改革开放，推动全球开放新格局，坚决反对关门主义、孤立主义、狭隘的贸易保护主义。

在 2022 年党的二十大上，从以现代科技革命为龙头，到创新驱动发展战略，都进一步得到充分体现，意味着中国式现代化新道路必将建立在现代化的物质技术基础之上。

这里为 21 世纪中国全面开放新格局，提出了一整套创新举措，堪称是中国对外开放新阶段、新格局的指导思想、理论纲领、行动指南，让人们看到一个更加自主开放的中国，更加大有希望，也给世界带来新的希望！

这是物质文明建设的新时代、新走向，使中国特色社会主义现代新型文明建设有了更坚实也更现代的物质技术基础。

第二节　政治文明
——现代新型文明的政治保证

中国特色社会主义新型文明要想得到健康持续发展，不仅需要有坚实可靠的物质基础，而且需要坚强有力的政治保证，这就是要有相应的国家制度创新，其中最核心的内容，就是现代新型政党——中国共产党的坚强领导，国家治理体系与治理能力的现代化。

马克思主义建党学说，主要是围绕着两个基本问题展开的：一是建党目标问题——建设一个什么样的党；二是建党方法——怎样建设工人阶级先进政党？

马克思、恩格斯《共产党宣言》，为马克思主义建党学说奠定了基础，指明了党的阶级性、先进性、群众性的有机统一：共产党人为工人阶级的最近目的和利益而斗争，但他们在当前的运动中同时代表运动的未来。

列宁在俄国农民占人口多数的特殊历史条件下，在以战争与革命为主题的时代背景下，特别强调党是工人阶级先锋队的思想：党是有阶级觉悟的先进阶层，是工人阶级的先锋队。

毛泽东思想代表了马克思主义中国化的正确方向，解决了在新民主主义革命时期，在广大农村根据地如何建设一个马克思主义的、先进的工人阶级政党的历史性难题——这是马克思主义史和中国历史上的一大创新。

邓小平理论开创了改革开放的现代化建设新时期，也为新时期党的建设指明了正确方向，但是党的建设问题、精神文明建设问题未能完全解决。世纪之交，江泽民同志提出的“三个代表”重要思想、胡锦涛同志提出的科学发展观，都为解决这个重大问题作出了持续努力，也留下了一些未能根本解决的重大历史性问题。

习近平新时代中国特色社会主义思想，正是沿着这条道路继续前进、面向21世纪新时代、新国情，在建党目标、党的性质上，要求中国共产党体现阶级性、先进性、群众性、代表性、创新性的更高综合。中国共产党的坚强领导，成为中国特色社会主义的本质特征，也是中国特色社会主义最大政治优势。

而面向21世纪，我们面临的是以和平与发展为主题的崭新时代，现代科技革命与经济全球化两大潮流代表时代主流。正是在这种新的形势下，习近平新时代中国特色社会主义思想坚持和发展了邓小平理论，要求中国共产党作为中国工人阶级先进政党，最重要的工作重心不是再搞“以阶级斗争为纲”，而是代表先进生产力、先进文化和广大人民利益、人民民主的未来发展方向，特别是要把人民对美好生活的追求作为自己的奋斗目标。

习近平新时代中国特色社会主义思想体现了创新主体的重大创新。

在当代国际上流行的创新理论中，往往对创新主体作出不同规定：有的把企业与企业家作为技术创新主体；有的把科学家、科学院、大学作为科学创新、知识创新主体；有的把国家政府作为政策创新、体制创新主体……但很少专门探讨党的创新、执政党的创新、工人阶级执政党的创新主体作用问题。

习近平新时代中国特色社会主义思想则解放思想，实事求是，从中国国情实际出发，专门探讨了中国共产党作为工人阶级执政党的全面创新问题，把党作为统摄全局的现代新型创新主体，作为中国国家创新体系的核心力量，这不愧是一个理论与实践统一的重大创新。

习近平新时代中国特色社会主义思想体现了中国国家创新体系的独特创新。

在目前已有的国家创新体系中，较有影响的是美国模式与日本模式。

美国式国家创新体系，显著特点是强调科学创新与技术创新结合，特别突出企业与企业家在技术创新中的主体作用，在一定意义上或许可称为“企业主体型国家创新体系”，其深层奥秘是资本主体论。

日本式国家创新体系，多年来比较突出与市场结合的技术创新，特别强调政府部门通产省及其产业政策在技术创新中的主导作用，在一定意义上或许可称为“政府主导型国家创新体系”，其深层奥秘是国家权力主体论。

中国在认真学习借鉴美、日等发达国家创新体系的同时，也努力开创有中国自己特色的国家创新体系。其显著特点之一，就是把中国共产党作为国家创新体系的能动主体之一，并作为领导多元主体综合创新的核心力量与整合机制，或许可称为“党领导型国家创新新体系”，其深层奥秘则是劳动主体论、人民主体论。

2013 年十八届三中全会以来，把“国家治理体系与治理能力的现代化”作为全面深化改革新阶段的两大总目标之一，堪称是一个关系全局、影响深远的重大理论创新。

创新治理体系与治理能力的现代化，简言之，国家的现代化、国家制度的现代化创新——这是政治现代化的时代主题与本质内容，由此也构成了新时代头十年奋力解决的重大课题。

从中国历史、社会主义历史来看，把国家现代化、国家制度创新作为时代主题，都是在理论创新、实践创新、制度创新上迈出的重要一步。

这是首次把推进国家治理体系和治理能力现代化作为中国特色

社会主义制度创新的正副主题、两大总体目标之一，从而把国家制度创新作为改革新阶段总揽全局的总目标之一。

也可以说，这是继马克思《资本论》体系中资本与国家，列宁《国家与革命》及其“政治遗嘱”，改革开放起点上邓小平同志首倡经济体制改革与国家制度创新并举的基本思路之后，在新的历史条件下再次提出了“改革与国家”“全面深化改革与国家制度创新”的重大时代课题。

2019 年 10 月 31 日，十九届四中全会讨论通过了《中共中央关于坚持和完善中国特色社会主义制度、推进国家治理体系和治理能力现代化若干重大问题的决定》，是在政治现代化、国家现代化大道上迈出的重要一步。

党的二十大报告的题目就是《高举中国特色社会主义伟大旗帜为全面建设社会主义现代化国家而团结奋斗》，把国家现代化、政治现代化提到了新时代新高度，并且更加突出了三大奠基石的总体建构：党的领导、人民民主、法治国家。

第三节　精神文明
——现代新型文明的内在灵魂

中国特色社会主义现代新型文明，不仅有其物质基础与政治保证，而且有其精神文明作为活生生的内在灵魂。中国特色社会主义精神文明的建构，是“融汇中西马，创造新文化”“马列魂、民族根、全球范”的有机统一，把“时代精神、民族精神、建党精神”熔为一炉。

2022 年党的二十大，把中国特色社会主义精神文明建设提高到一个新时代的新高度，其显著标志就是把马克思主义中国化时代化新飞跃作为开创中国式现代化新道路的指导思想与内在灵魂，并且提出了当代中国马克思主义必须实行“两个结合”的基本原则——不仅与现代化的中国实际相结合，而且要与中华民族优秀传统文化相结合。

一、“马列魂”

“领导我们事业的核心力量是中国共产党。指导我们思想的理论基础是马克思列宁主义。”① 毛泽东同志在1954年第一次全国代表大会召开、旨在制定新中国第一部宪法时讲出的这段名言金句，鲜明昭示了新中国、新时代精神文明的鲜活灵魂，这根思想红线一直贯穿到改革开放、中国特色社会主义新时代。

马克思主义、科学社会主义的创立，犹如人类思想史上的壮丽日出。唯物史观和剩余价值学说这两大发现，为人类解放的理论奠定了理论基石，而之所以能走到这一步，乃在于马克思主义是19世纪德国古典哲学、英国政治经济学、法国空想社会主义三大思潮的综合创新。

在1919年五四运动之前或说马克思主义传播中国之前，先进的、爱国的中国人一直在黑暗中摸索，却苦于找不到救亡图存、强国富民之道；是马克思主义传入中国，并且和中国实际相结合，与中华民族优秀传统文化相结合，形成马克思主义中国化新形态，并且在近百年间实现了马克思主义中国化三次飞跃，才使中国人民真正站起来，富起来，强起来。

中国特色社会主义新时代的精神文明，更高地举起了马克思列

① 《毛泽东著作选读》下册，人民出版社1983年版，第715页。

宁主义旗帜，并且实现马克思主义中国化的新时代、新飞跃，形成了习近平新时代中国特色社会主义思想。这就使中国特色现代新型精神文明建设有了伟大旗帜与指导思想，并且建立起党和国家的强大意识形态体系，由此决定了党和国家的根本性质和前进方向。

二、“民族根”

当代中国的现代新型精神文明大厦要建立起来，并且牢牢站稳脚跟，不仅需要“马列魂”，而且需要把“马列魂”与“民族根”结合起来，否则就成了无源之水、无本之木，形不成长江大河，长不成参天大树。

马克思主义中国化，中国特色社会主义的思想真谛与神奇魅力，就在于把马克思主义这个世界最先进的科学理论创新，与最古老的中华原创文明中的哲学理念、文化基因结合起来，从而使古老原创的中华文明在现代、在未来迸发出前所未有的生机活力。

2014 年 9 月，习近平主席出席了纪念孔子诞辰 2565 周年国际学术研讨会暨国际儒学联合会第五届会员大会，在开幕式讲话中，他旗帜鲜明地提出了现代中国精神文明的“民族根”“民族魂”问题：

文明特别是思想文化是一个国家、一个民族的灵魂。无论哪一个民族，如果不珍惜自己的思想文化，丢掉了思想文化这个灵魂，这个国家、这个民族是立不起来的。①

怎样才能把“马列魂”与“民族根”有机地熔为一炉呢？在这里，重要的是以马克思主义、中国特色社会主义为指导，重点做好“双创”工作，就是对中华民族优秀传统文化的“创造性继承”和“创

① 《习近平在纪念孔子诞辰2565周年国际学术研讨会暨国际儒学联合会第五次会员大会开幕会上的讲话》，《人民日报》，2014年9月25日。

新性发展”。

或许也可以用三句来表达，就是“继承不泥古”“扬弃不伤根”“发展不离宗”。

在中华民族精神家园的建构中，固然也需要有马克思主义的指导作用，也需要吸收世界各国文明，尤其是西方发达资本主义国家的最新文明成果；然而最主要的源头活水，却首先是来自中华民族上下五千年的文化传统，最主要的思想资源是中华优秀传统文化经典，最主要的语言符号资源也是来自民族传统。

也就是说，要重新建构中华民族的精神世界，必须到上下五千年民族文化的历史长河中去淘宝，提取精华，让精神家园更富有东方神韵、中国精神。

这也就是说，要让中国人心灵世界找到家的归属感，要为中华民族的灵魂找到家，要为中华民族精神找到归宿，就必须到民族文化、民族传统中去寻根。

今天，我们的思想境界应当上升到党的二十大精神新高度，从马克思主义中国化时代化“两个结合”新飞跃的高度，重新思索这个新时代的新问题。主要的根据是六条：

第一，每个民族的精神世界，尤其是具有上下五千年历史的中华民族心灵世界，具有特别鲜明的民族特性，只有从民族文化宝藏中汲取营养成果、思想资源，才能构筑起整个民族的精神家园。先进的科学技术、先进的物质生产力、先进的设施设备、先进的物质文明成果，我们尽管放心大胆地采用“拿来主义”，从国外引进。然而，精神家园，中国人的心灵居所，用拿来主义的方式从发达国家引进，却不是一条好路，至少不能是一条主路。

第二，中华文明作为有上下五千年历史的原创文明，具有世界历史上最持续不断的文化基因传承系统，中华优秀传统文化的古典文献宝库是世界上最丰富的，中华民族的文化宝藏既是源远流长的，又是博大精深的。对于我们今天建构中华民族精神家园来说，是取之不尽、用之不竭的文化资源宝库。

第三，中华民族有长达近5000年的经学传统，有二十四史形成的历史文献记载传统，形成了薪火相传的文化传承机制，是多元一体、连续进化、综合创新、万年不断的独特中国文化传承模式。直到20世纪，从梁启超到张岱年，他们在从哲学理论高度提炼民族精神时，都把思想源头追溯到3000年前的《周易》之中，从乾坤两卦中提取了“自强不息，厚德载物”这两句古典成语，作为中华民族精神的经典表述。

第四，只有从中华民族文化、经典文献中提取思想精华、文化基因，才能得到人民大众的广泛认同，才能使劳动群众有找到精神家园的归属感。相反，如果从内容到形式都照搬外国，照搬洋人，言必称希腊罗马，言必称欧美，即使有很现代、很先进的思想文化内容，也很难在大庭广众之间得到普遍认同。

第五，只有注重从民族文化、民族元典、民族语言、民族智慧宝库汲取思想资源、符号资源、文化资源，构筑起民族精神家园，才能更加贴近大庭广众的日常生活，贴近广大群众的日常意识，才能更好融入民族心理、民族理想、民族语言、民族文化，在中华民族现代化发展道路上，打下深刻印记。有些文化精品，的确是我们没有的域外创造，我们应当尊重其他国家、其他民族的创新成果；而在传播时，最好和发掘优秀中华民族传统文化结合在一起，否则行之不远，传播不广。

第六，也只有注重从民族文化、民族传统、民族精神中提取文化基因，构筑精神家园，才能走进亿万普通群众的内在心灵，让百姓喜闻乐道，日用不知，潜移默化为中国人的精神世界，让每个现代中国人，既是世界公民，又有一颗中国心，带着民族魂融入全球化。再现代化的思想，再好的文化产品，如果仅有民族形式，或者只披上“民族外衣”，那么就很难得到广泛流传，很难走到普通百姓的千家万户、内心深处。

三、“全球范”

当然，这里还是要补充说明的是，在建设中华民族精神家园时，固然要以中华民族优秀传统文化为主，但不能走国粹主义狭隘道路，还是要有时代精神、世界眼光。

因而，吸取其他民族优秀文化、人类文明新的成果，其中包括西方发达资本主义国家最新文明成果、创新成果，是使中国人精神家园富于时代性、开放性、世界共同性的必要保证、必经之路。

党的十八大和十八届三中全会开创了改革开放新阶段、新起点，对外开放只能前进、不能逆转；只能升级换代，不能停滞不前；只能优化结构，不能原地踏步。

纵观当今时代的经济文化全球化时代大势，近代工业化与现代社会化先行一步的西方发达国家，经过几百年，尤其是近几十年的发展，已经形成了现代化中的“四大体系”，对于我们实现中华复兴、后来居上，具有重大借鉴意义：

一是现代科学创新理论体系；

二是现代技术创新体系；

三是现代市场经济体系；

四是依法治国法律体系。

在新世纪、新时代，全面开放的新阶段、新特点，就是不止局限于开放引进个别技术、个别项目、个别成果，而是要从宏观总体上，把西方领先、中国缺乏的现代化“四大体系”“四大支柱”，作出系统引进，认真消化，综合创新。

或许可以称之为，这是一个“全面系统借鉴西学”的新阶段，为中华复兴、文化创新增加异质性的新鲜血液，使我们综合创新的范畴更广，势头更大。

第一，全面系统借鉴发达国家现代科学创新理论体系，作为我们21世纪科学创新的思想酵母。

西方文明，远自古希腊时代，以亚里士多德等人为代表，就注重科学实验、科学方法、科学理论；近代文艺复兴以来，更从伽利略、牛顿、笛卡尔开始，形成近代科学实验、科学方法、科学精神、科学理论体系；及至现代科技革命中，更形成了现代科学实验、科学方法、科学精神、科学理论体系，至今领先于世。

时至今日，我们仍对科学理论体系创新重视远远不够，我们最为自豪的“四大发明”，其实都是实用技术，不是科学理论。直到今天，当人们把“科技”连用，讲“科技革命”“科技创新”时，仍是重技术应用、市场效益，忽视科学理论、原始创新。

而如果我们不能在基础理论上有原始创新、重点突破，中国就不能登上21世纪创新型国家的高峰，中华复兴就难以达到世界历史高度。

第二，全面系统借鉴发达国家技术创新体系，作为我们开创21世纪技术创新的基点。

文艺复兴以来500年、英国产业革命以来160多年，西方发达国家已经形成一整套现代技术创新体系及其文明规范体系。因而对我们来说，为了后来居上，首先需要认真学习。

我们讲“自主创新”，只能是强调有“自主创新精神”。那是在冷战时代，军事科技尖端领域西方对我们实行技术封锁，“两弹一星”，只能自力更生。即使那个时代，钱学森等人，还是尽可能利用了国际研究成果。那是特殊时期、特殊领域。直至今天，军事科研等要害领域，仍有这个问题，关键技术创新要拿在自己手中。

而从总体来说，我们还是要走“综合创新”大道，通过各种途径，特别是世界市场、网络平台，千方百计充分借鉴国际上的先行成果，作出综合创新。

中国“高铁”，不失为这方面的一个良好典型。

第三，全面系统借鉴发达国家现代市场经济体系及其文明规范，建构中国特色社会主义现代新型市场经济体系。

第四，全面系统借鉴发达国家依法治国的法律体系，建设中国特色社会主义法治国家体系。

开放引进西学，全面开放也存在一定风险、一定的负面影响，因而不是没有边界的、没有底线的。我们必须坚守的、最重要的思想底线，就是四项基本原则，在思想文化上，主要是两条：

一是决不能毫无批判、简单照搬西方世界观、价值观；

二是决不能毫无批判、简单照搬自由主义多党制的政治思潮、国家观。

我们这里讲的是“以西益智”，充分利用西方发达国家文明成果、工具理性，推动中华文明现代复兴；而不是“以西易帜”，照搬西方价值观念、政治制度、社会制度，改旗易帜，自毁长城！

我们在张开双手，积极迎接改革开放新阶段，全面系统借鉴西学新阶段时，苏联解体的历史教训，还是不可忘记的。

在社会文明、社会建设方面，我们先后迈出了四大步：

2007 年党的十七大，首次把社会建设列入“五位一体”总体布局，提出加快推进以民生为重点的社会建设；

2012 年党的十八大，是新时代的新起点，强调在改善民生和创新管理中加强社会建设；

2017 年党的十九大，把社会保障、脱贫攻坚、共同富裕作为全面建成小康社会的坚实基础；

2022 年党的二十大，总结了建党百年，尤其是新时代十年社会建设的历史性成就，为构建中国特色社会主义现代社会文明指明了方向，提出了纲领性任务。

第四节　社会文明
——现代新型文明的社会支柱

中国特色社会主义现代新型文明，还有一个不可忽视的重要内容，就是在人与人的社会关系上实现重大变革，根本超越两极分化、阶级对立、“人人为自己，上帝为大家”的资本主义文明中的社会关系、伦理规范，从而在社会建设、社会关系上，开创一种以“自由平等，合作劳动，共同富裕，和谐发展”为本质特征的现代新型社会关系、社会文明，为整个文明大厦提供一种全新的社会支撑。

一、社会文明的本质内容是构建人与人的新型社会关系

目前流行的说法，多半是把社会文明归结为社会建设，又把社会建设归结为社会保障与社会治理两大板块，或叫两大层次。

为了进一步提高认识，我们需要从马克思列宁主义基本理论入手，真正澄清社会文明的本质内容乃是人与人的社会关系、伦理规范。

1845 年春天，马克思写下包含“新世界观萌芽”的第一份文献——《关于费尔巴哈的提纲》，其中第六条提到“人的本质”与“社会关系”的内在联系：“人的本质不是单个人所固有的抽象物，在其现实性上，它是一切社会关系的总和。”①

① 《马克思恩格斯选集》第1卷，人民出版社1995年版，第56页。

十月革命后，列宁1919年写下的《伟大的创举》一文，更把建立人与人的新型社会关系、社会联系，列为社会主义两大任务之首。[1]

二、近代资本主义社会文明的二重性

一方面，近代资本主义推翻了专制主义、蒙昧主义的中世纪封建制度，推翻了神圣罗马帝国与君主专制主义对人的压迫，使人的自由、人的个性、人的解放，成了文艺复兴以来的时代主潮，使社会文明从古代中世纪走向近代自由资本主义新形态。而另一方面，近代资本主义实行的是资本主义私有制，少数资本家垄断一切主要生产资料，而工人却一无所有，只能出卖劳动力，因而必然走向贫富两极分化、阶级对立冲突。“人对人是狼”“他人是地狱”，这些哲学箴言是资本主义工业文明制度下，人与人对立关系的真实写照。

人对人的剥削对立关系——这是资本主义近代社会文明最大、最根本的历史局限性，今天必须突破。

三、中国特色社会主义新型社会文明的本质特征

中国特色社会主义新型社会文明的本质特征是超越资本主义制度下人对人的剥削对立关系，整个社会的两极分化、阶级对立，建立起以平等和谐为本质特征的新型社会关系，这就是新型社会文明的本质内容，统摄社会建设方方面面的一个总纲。

保障民生等具体措施，只是社会文明建设的具体内容，不能取

① 《列宁选集》第4卷，人民出版社1995年版，第13页。

代或冲淡新型社会关系这个本质内容与总的纲要。

四、中国特色社会主义社会文明的基本内容、基本特征是什么？

这个问题尚有待我们从这一新的高度，作出新的探讨，这里仅仅列出新时代新探索的五点要义。

第一，自由平等。我们超越资本主义制度及其人际关系的地方，就在于我们用社会主义基本经济制度，加上人民民主的新型国家制度，克服资本垄断及其社会弊端，保证每个劳动者都有平等的社会地位，都有充分的自由权利，这是建立新型社会关系、社会文明必不可少的前提条件。

第二，合作劳动。既然是中国特色社会主义，那就要求按照实际国情、生产力状况、劳动者的自愿互利原则，逐步走向劳动社会化，以市场机制为基础，实行联合劳动、合作劳动。平等联合、互利合作、公平分配应是一条基本原则。如有资本参与，既要积极发展，又要适当规范，防止资本垄断现象的发生。

第三，共同富裕。要通过社会主义市场经济新型体制的制度创新，保障不同地区、不同类型、不同所有制的经济主体共同发展，平等竞争，防止出现官商勾结造成资本垄断。实行以按劳分配为主的分配制度，保证所有人都走在共同富裕的道路上，反对官僚腐败、非法致富，借以保证整个社会秩序的公平正义。为了有效地防止两极分化现象发生发展，要建立健全一整套社会保障制度体系，保护广大劳动群众，保护弱势群体。

第四，社会和谐。为了防止分配不公、官僚腐败、两极分化、社会动乱的发生，党和国家把构建和谐社会、全面建成小康社会作为建党百年必须达到的社会目标。为此，实行举国上下的精准扶贫，确保每个地区、每个民族、每个单位，直至每个偏僻角落里的劳动群众、普通百姓，都不能落在共同富裕的大道之外。上至整个社会，下至每个企业、每个单位、每个乡村、每个社区都实行共建、共治、共享的社会治理，保证每个人平等参与，民主治理，共同享受一切社会福利。

第五，公平正义。在党的领导下，有国家的有力支持，全社会共同参与，努力达到中华民族社会理想中的公平正义目标：幼有所育、学有所教、劳有所得、病有所医、老有所养、住有所居……

我们欣喜地看到，2022 年党的二十大把改善民生、建构新型社会关系作为“五位一体”总体布局中的一个重要方面，作出了细致全面的战略部署，提出了新时代进一步建设社会文明的指导思想与理论纲领。

第五节　生态文明

——现代新型文明的时代特征

生态革命与信息革命——这是现代科技革命在跨向 21 世纪之际两个最突出的生长点，从不同侧面映现出劳动社会化、交往普遍化、信息产业化的时代大潮流。通常人们更注重信息革命对当代人类生存方式的直接影响。不过，相比较而言，这里应当指出的是，生态革命或许比信息革命影响更深刻、更久远。

为了摆脱生态危机，解决全球问题，我们需要的不只是生态科学技术的枝节修补，而是现代新型的生态革命——人类整个生态系统，按照全新的价值理性和工具理性，进行全新的建构。

这种旨在彻底走出生态危机的现代生态革命，不仅意味着一种产业革命，一种现代化模式的革命，一种发展道路的革命，而且从更深刻、更长远、更根本的意义上说，意味着人类社会生产力的大革命，天人关系上的大革命，人类价值观、天人观、发展观上的大革命。可以合乎逻辑地进一步断言：这是人类文明形态上的一次大革命，从古代农业文明形态，走向近代工业文明形态，再走向现代新型的生态文明形态。

现代生态革命的深意所在，首先意味着人类社会生产力形态上的一次大革命。过去，我们将生产力定义为人类改造自然、征服自然、获取物质生活资料的能力。这种说法打上了近代工业文明的明显烙印，未能充分反映现代科技革命带来的最新认识成果与实践成果。今天我们应当说：生产力是人类利用自然、改造自然、控制自然，使之造福于人类持续发展的主体性能力；从较低的层次上看，生产力具体表现为工具操作系统的物质手段；从更高的层次来看，生产力总体表现为人在实践活动中展现的调节控制自然的系统功能。

古代农业革命，突出的是人利用自然，利用农业劳动的手段，增加自然物；近代工业革命，突出的是人改造自然，利用工业劳动的手段，加工自然物；现代生态革命，突出的是人调节控制自然，利用现代化、社会化、信息化的劳动手段，创造天人和谐的矛盾统一体，开发形形色色的新自然物。

古代与近代的传统生产力，强调的是人类利用自然、改造自然、向自然索取物质生活资料的物质手段；而与现代生态革命、信息革命同行的现代新型生产力，首先强调的却是人类调节控制自然，以求天人和谐的系统功能。古代与近代的传统生产力，强调的是人类征服自然的能力；而现代新型生产力，强调的却是人控制自身、自然，与外界自然统一起来的系统功能。

或许有人以为，这种带有现代系统论、控制论、信息论色彩的生产力定义，是否远离了马克思的历史唯物论。事实上恰恰相反，这才真正接近马克思在《资本论》中对劳动实践活动本质特征的理解：劳动首先是人和自然之间的活动过程，是人以自身的活动来引起、调整和控制人和自然之间的物质变换的过程。

现代生态革命的深意所在，还意味着人与自然的关系——天人关系上将产生的一次大革命。

远古蒙昧时代的历史出发点，是天人一体、天人合一的时代。人类祖先类人猿的自然存在，与生态环境是浑然一体的。人乃是生态系统发展到一定阶段的历史升华，劳动实践活动则是这种历史升华的推进器。

野蛮时代，是天人相分、天命人从的时代。劳动实践活动使前人的自然存在跃升到人的社会存在，人开始作为一种优越的特殊种群，荟萃万物之灵，从生态系统中分化出来，天然生态系统开始转化为人的生态环境。然而，由于社会生产力的极其低下，人的劳动实践活动对生态环境的改造作用是微不足道的，人对生态环境的控制作用也是极其微小的，乃至人基本上还是臣服于周围的生态环境，人在许多地方仍是动物式地消极服从生态环境。这时天人关系的历史格局是天本人末，天命人从。

现代化的文明时代，是天人冲突的时代。现代科技革命使大机器生产如虎添翼，人们驾驭自然、改造自然的能力大大增强，人化自然、人化环境、人征服生态环境成了时代主旋律。但正如恩格斯在《自然辩证法》中深刻告诫的：我们不要过分陶醉于我们人类对自然界的胜利。对于每一次这样的胜利，自然界都对我们进行报复。每一次胜利，起初确实取得了我们预期的结果，但是往后和再往后却发生完全不同的、出乎预料的影响，常常把最初的结果又取消了。今天看来，在地球表层结构这个巨大的舞台上，正演着一出以人与自然为正副主角的悲喜剧：一方面是人类征服自然环境节节胜利的凯歌行进；另一方面是生态环境使人类陷入生态危机的全球困境。

这一时期，天人关系的总体格局是人本天末，人的主体性地位空前增强，而自然环境也给了人类以无情报复。

未来社会的发展远景，则是在现代科技和新型文明的基础上走向天人交融、天人和谐。这不仅要求赋予人与人的社会关系以崭新形式，而且要求赋予人与自然关系以崭新形式。它要寻求天人一道、天人一理的和谐发展，建立一种以人为中心的天人融合、天人归一的理想的生态平衡。这就是一种未来生产的自由王国，如马克思《资本论》中所预言的：联合起来的生产者，将合理地调节他们和自然之间的物质交换，把它置于他们的共同控制之下，而不让它作为盲目的力量来统治自己；靠消耗最小的力量，在最无愧于和最适合于他们的人类本性的条件下来进行这种物质变换。

人与生态环境的混沌统一，人从属于生态环境的对立状态，生态系统受制于人的历史形态，人与生态环境的和谐统一——这就是人在社会实践活动与生态环境关系问题上循序发展的必由之路。当今的世界与中国，已认识到从天人对立走向天人和谐是历史的必然。因而，我们要加倍注意到社会生产与生态环境的平衡发展。

越来越重视生态环境保护问题，正是邓小平理论的发展轨迹。他在这方面的认识，随着改革开放的深入和现代化建设的发展而不断深化。

1979 年 10 月 15 日，邓小平同志在会见英国知名人士代表团时，提出了“加快经济发展，保护生态环境”辩证统一的基本思路，生态环境问题开始列入重要议事日程中来。

1983 年 1 月 12 日，在《各项工作都要有助于建设有中国特色的社会主义》这篇重要谈话中，邓小平同志把“保护生态环境”作为农业发展的六大重点课题之一：农业文章很多，我们还没有破题。农业科学家提出了很多好意见。要大力加强农业科学研究和人才培养。提高农作物单产、发展多种经营、改革耕作栽培方法、解决农村能源、保护生态环境，等等，都要靠科学。要切实组织农业科学重点项目的攻关。邓小平同志在这里列出了要发展农业必须重点进行科学攻关的六个重点项目：农业科研、提高单产、多种经营、耕作方法、农村能源、保护生态环境。保护生态环境的重要性，已经成为关系农业发展乃至全局发展的重点课题之一。

1990 年 12 月 24 日，邓小平同志在《善于利用时机解决发展问题》的重要谈话中，列出了关系中国发展全局、跨世纪持续发展的六大战略问题，其中保护自然环境成了跨世纪发展的压轴戏和归宿点。

而在中国特色社会主义新时代，生态文明建设不仅成了“五位一体”总体目标之一，而且成为中国式现代化道路的鲜明时代特征，创造人类文明新形态的主要抓手。

现代生态革命的深意所在，还意味着它必将带来人类价值观、世界观、发展观等观念形态上的大革命。

传统价值观强调的是人征服自然、占有自然，让自然服从于人的需要，服从于人的目的，把自然变成人的致富之源，高扬人的主体性、驾驭自然的有用性。现代新型价值观强调的是人与自然和睦共处，和谐结合，共同发展，持续发展，这才是最高价值。

传统世界观强调的是个人本位、自我中心，人以自身的主体性去改造自然、征服自然，人要主宰自然界，“人为自然立法”——德国古典哲学奠基人康德哲学的这个命题，是这种西方近代主体性思想的典型表述。现代新型世界观，却要求根本超越个人本位、自我中心的西方传统主体性，承认人与自然是相互依存的统一整体，人是自然的一部分，自然是人类的母亲，大自然是人类的家园，爱护人自身周围的自然，就是爱护人类自身。

传统发展观强调的是单纯经济增长高于一切，人占有自然资源的增长高于一切，人的物质财富、物质消费、物质享受高于一切。

现代新型发展观强调的重心，却是以经济为基础的社会、文化的全面持续发展，人与自然、人与人、身与心在发展中的和谐关系，在持久和平的基础上走向可持续发展。

上述现代新型价值观、世界观、发展观的确立，必然伴随着东西方文化综合创新的深刻变革。西方文化，尤其是近代科学在思维方式上的典型特点，是注重分析的要素分析法、还原分析法；其核心观念是主客二分法的思维模式、个人本位论的人学观念；最深层的哲学底蕴是主客对立型、外在征服型的单主体性观念。与此形成鲜明对照的是，东方文化尤其是中国古代科学和智慧在思维方式上的典型特征，则是注重综合的整体直观法、系统综合法；其核心观念是主客一体化的思维模式、家国本位论的人学观念；最深层的哲学底蕴是天人合一型、内在超越型的互主体性观念。只有以马克思主义、中国特色社会主义为指导，走“古今中外，综合创新”的大道，才能创造出富有时代精神与民族特色的新型生态文明。

创造天人和谐型的新型生态文明，是一个极为复杂艰巨的系统工程，需要有统摄全局的长期规划，更需要锲而不舍的长期努力。我们要以现代科学技术带头，在城市建设新型的无污染工业，在农村建设新型的大生态农业。与此同时，我们还要在全国建设以马克思主义实践观为核心观念的、天人和谐的新型生态文明。我们不可能一步跨向这个理想目标，但应当脚踏实地地去努力争取。

在中国社会主义现代化进程中，我们首先采取经济增长与环境保护两手兼顾的大战略：没有经济的协调稳定发展，我们就没有资金、技术、经济实力去有效地治理保护环境；而没有生态环境的基本平衡，经济增长就失去了长期持续、协调、稳定发展的自然物质基础。

现代科学技术的带头发展，是经济增长与生态保护协调发展的火车头。又要经济增长的一定速度，又要生态系统的基本平衡，这好像是中国现代化大门上两道难开的铁锁。钥匙在哪里？出路在哪里？最重要的一条，就是科学技术的超前发展与不断创新。只有现代科技的带头发展与不断创新，才能给经济增长注入永不衰竭的强大活力，促使其保持协调、稳定、持续发展的良好势头；也只有现代科技的带头发展与不断创新，才能有效制止野蛮式开发和污染性废弃，迎来天人和谐的新型生态文明。

2022 年党的二十大，把生态文明建设的重要意义、历史地位、世界影响，都提高到一个新时代、新高度，显著标志就是把人与自然和谐共生，构建人与自然的生命共同体，不仅作为中国式现代化新道路的五大基本特征之一，而且作为其本质要求，作为构筑人类文明新形态的重要基石。

让我们更加勤奋地开拓耕耘，去迎接中国特色社会主义现代化的美好春天，中国可持续发展的美好春天，天人和谐的现代新型生态文明的美好春天！

第六节　五个文明协调发展
——创造人类文明新形态的基础与雏形

物质文明、政治文明、精神文明、社会文明、生态文明，这五个文明的协调发展、总体建构，就形成了中国特色社会主义现代新型文明，同时也为根本超越近现代世界历史 500 年形成的西方资本主义工业文明形态，开创新世纪、新千年、新时代的人类文明新形态，提供了坚实基础与可贵雏形。

为什么中国特色社会主义有可能推动五个文明协调发展？在资本主义制度下，资本逻辑占据统治地位，而资本的本性，就是自我扩张，追求利润最大化，垄断利润最大化，因此金钱至上、利润至上的地位必然不可动摇，精神文明、生态文明等方面，必然不可能受到应有重视。然而，共产党的领导、社会主义制度，却使我们完全有可能根本超越资本逻辑、资本主义制度的狭隘性，走上五个文明协调发展的金光大道。

五个文明之间是什么关系呢？从总体上看，这五个文明之间是既相区别又相联系，一种对立统一的辩证关系，特别突出的是相互补充、相互依存、相互支撑、相得益彰的耦合关系：

物质文明——这是构建中国特色社会主义现代新型文明的物质技术基础，重点解决的是原先经济文化落后国家的生产力落后这个物质基础先天薄弱的突出问题；

政治文明——这是构建中国特色社会主义现代新型文明的政治制度保证，重点解决的是国家制度创新滞后问题，实现国家治理体系与治理能力的现代化；

精神文明——这是构建中国特色社会主义现代新型文明的内在灵魂，为其提供强大的精神支柱与精神动力源泉；

社会文明——这是构建中国特色社会主义现代新型文明的社会支柱，本质内容是人与人之间公平和谐的新型社会关系；

生态文明——这是构建中国特色社会主义现代新型文明的鲜明时代特点，意味着走出西方资本主义近代工业文明造成的全球生态危机，建立人与自然的新型和谐关系，这既是走向现代新型文明的前提，又是其归宿与理想目标。

“五位一体”总体布局意义何在呢？我们可以从以下五个层面，层层深入地发掘其新时代新意义：

第一，“五位一体”总体布局、五大文明协调发展，集中体现了中国特色社会主义新时代的新特点，集中回答了新时代坚持和发展什么样的中国特色社会主义，怎样坚持和发展中国特色社会主义的新时代基本问题，从而使中国特色社会主义建设上升到一个新时代的新水平。

第二，“五位一体”总体布局、五大文明协调发展，也开创了中国式现代化道路的新境界，使我们对“现代化”的理解上升到一个新高度。中华人民共和国成立前后我们首先强调的是工业化，20世纪五六十年代乃至80年代上升到“四个现代化”，而新时代新战略，要求上升到物质文明、政治文明、精神文明、社会文明、生态文明“五位一体”式的现代新型文明总体构建。

第三，“五位一体”总体布局、五大文明协调发展，也使我们对“什么是社会主义，怎样建设社会主义”这个基本问题的回答上升到一个新高度，意味着社会主义观在新时代的新发展。社会主义历史近“三个五十年”，使我们对“什么是社会主义”的回答先后上了三个台阶：理论体系—实践运动—社会制度。而到了新世纪、新时代，我们才更充分认识到，社会主义更应当是一种文明形态，是一种根本超越西方近代资本主义文明的现代新型文明形态。

第四，中国特色社会主义五个文明的协调发展，根本超越了近代资本主义文明的历史局限。囿于资本逻辑只追求超额利润的狭隘本性，只能是物质文明一枝独秀，而其他文明却难免凋零，因而仅仅为创造人类新型文明提供了历史起点与最初基础。

第五，中国特色社会主义五个文明的协调发展，也为解决当代世界面临的全球问题、人类困境开辟了一条新道路，提供了一种新的可能性。因而或许可以说，这是创造人类文明新形态的一种新的可能性尝试，甚至孕育着人类新文明的新雏形。

2022年党的二十大，不仅深化具体了“五位一体”总体布局，而且在此基础上，首次初步构建了中国式现代化的理论体系，提出了中国式现代化新道路的五大基本特征及其本质要求，为开创人类文明新形态指明了科学方向，奠定了重要基础。

第二章　构建多元一体的中华民族命运共同体
——开创人类文明新形态的第一大创新

在太平洋西岸，欧亚大陆的东部，其主体部分形成一个相对独立的生态地理系统。自古以来，在这片东方大地上，形成了多元一体的中华民族共同体，并且在世界历史长河中创下了一项独具特色的“中国奇迹”。这就是在上下五千年间，多元一体，连续发展，综合创新，生生不息：在古代世界，实现了“北方草原文化—中原旱作农耕文化—南方水作稻米文化”三元结构的国家统一；在近现代实现了民族独立，国家富强，现代化经济起飞；在新世纪、新千年，改革开放新时期，中国特色社会主义道路，正使古老原创的中华文明爆发出创造未来的无限生机活力。因而可以说，构建多元一体的中华民族共同体，这是开创人类文明新形态的头一个重大创新，为解决当代全球问题、人类困境，提供了一种新的可能性。

这一特点，往往被西方及日本的世界历史著作所忽视，一个重要原因，是他们往往套用20世纪中期德国学者魏特夫的说法，将元朝、清朝称之为“外来民族”的“征服王朝”，因而否认中国大历史、中华民族共同体的历史连续性。

这个特点，在世纪之交、千年之交，经过人类学家费孝通、陈连开，考古学家苏秉琦、严文明等人的学术阐发，逐渐被国人、世人关注，可惜至今鲜有人将其放到世界大历史的天平上，作出深入具体的历史比较研究。因而，我们试着在这里，按照“古代世界—现代世界—未来世界”这三个尺度，对中华民族共同体的多元一体独特结构及其对于开创人类文明新形态的世界历史意义，做一番理论阐发。

第一节　多元一体、连绵不绝的中华原创文明
——世界历史长河中的古代“中国奇迹”

古代世界历史中，包括在5000年前形成的六大原创文明、母体文明中，多元一体的中华文明共同体独树一帜。

纵观世界历史长河，主要存在六大原创文明，从大约5000年前开始，逐步构成东西方两大世界、两大体系。

古埃及文明、西亚两河流域文明、古希腊文明，再加上距离稍远的印度河文明——这四大原创文明构成古代地中海世界，或叫西方环地中海国家与文明体系，由此衍生出后来的整个西方世界，诸多派生的国家与文明体系、环地中海西方文明。

以中华文明为主体，再加上太平洋彼岸的中南美洲文明（时间稍晚）——这两大原创文明构成古代东方世界、古代太平洋世界，或叫东方环太平洋国家与文明体系，由此演化发展出后来的整个古代东方世界，诸多派生的国家与文明体系、环太平洋东方文明。

古代西方，地中海世界，其发展轨迹的特点，是多元开放性，非连续性，“你方唱罢我登场”，各领风骚数百年。其历史主角不断转化替代，如古埃及、巴比伦、古希腊、西罗马、东罗马等，还不断穿插着先后兴起的诸多帝国，如亚历山大帝国、马其顿帝国、波斯帝国、奥斯曼帝国、伊斯兰帝国等。而在东方世界，环太平洋

世界，却有一个连续进化、连绵不断的历史主体力量，这就是多元一体的中华民族共同体，简称古代中国。

为什么能在世界历史长河中形成如此独特的历史格局？究其历史原因，看来主要有以下方面：

古代中国有一个丰富多样而又相对独立的生态地理环境，可以称之为“东亚大陆，中华大地，风水宝地，相对独立”。在这近千万平方千米的广阔文明场的四方周边，形成了古代世界难以逾越的四道安全阀、隔离墙，或叫安全带，只留下个别开放的交通孔道：

东面，是世界上最大的海洋，古代难以逾越的太平洋；

北面，是西伯利亚的原始森林与千年冻土地带，再北还有千里冰封的北极大冰盖；

南面，是横断山脉与浩瀚的南海；

西面，则有青藏高原上的世界屋脊，称为世界第三极的喜马拉雅山脉，还有帕米尔高原、天山山脉。

号称世界屋脊、三江之源的青藏高原，还成了中华大地的天然水塔，不仅有从这里发源的黄河、长江、澜沧江，而且从北到南，河流众多，可谓“茫茫九派流中国”。

在生态地理环境中，还孕育出生产方式、经济形态、民族文化的多样性，形成了独具特色的三元结构：“北方草原文化—中原旱作农业文化—南方水稻农业文化”。

正是这种相对独立而又完整系统的生态地理环境，促使中华民族共同体自古以来从萨满式的原始自然宗教与龙文化开始，就萌发形成了自己特有的、主张天人合一的宇宙观，追求人与自然和谐共生的理想境界。中华文明一开始就是主张天人和谐的古代原始生态文明。

也正是这种相对独立完整的生态地理环境，促使中华民族在劳动实践、交往活动、语言符号活动中，为了和平共处、共同生存，至迟从2500年前老子《道德经》、孔子仁学、墨子“兼相爱，交相利”学说开始，就形成了多元主体和谐共生的多元交互主体性思想，注重多元一体化的民族融合、文化融合，自古以来形成的是原创文明型国家，更强调多元一体的中华民族文化共同体。

纵观世界历史上的其他五大原创文明，多半在不同时期、不同程度上，都曾先后发生过历史断裂、文化断层，唯独中华文明共同体借助上述生态地理环境的相对独立、多元一体的综合创新进化机制，在上下五千年间，连续发展，连绵不绝，没有断裂——这是世界历史上的古代“中国奇迹”，人类文明史上的“东方奇葩”。

第二节　九死一生、大器晚成的中国现代化起飞新道路
——世界近现代史上的“中国奇迹”

历史走着曲折的路，中国大历史、世界大历史，也都概莫如此。

中华文明，是大约5000年前黄帝时代形成的原创文明，不仅是世界历史上的六大原创文明之一，而且还与生俱来地带着“三位一体”的独特文化基因：原创型文明、文明型国家、生态型文明。这是中华文明上下五千年长盛不衰的独特文化基因、文化密码。

早在1000年前的宋代，中国就有了从古代走向近代化的三个最初萌芽：一是古代商业革命、城市革命、文化革命萌芽；二是火药、罗盘、活字印刷术三大发明；三是带有重商主义色彩的王安石变法。可惜这种萌芽，却一再夭折。

18世纪70年代英国产业革命、18世纪80年代法国大革命

后，相对隔离封闭的中华民族，一度从古代辉煌走向近代落后：在1840—1949年这段中国近代史中，遭受了落后挨打的历史命运；甚至曾先后六次遭受帝国主义列强的野蛮侵略，几度深陷亡国灭种的危机深渊之中！

但是，中华民族没有屈服，他们奋起反抗，不怕牺牲，前赴后继，终于在中国共产党的坚强领导下打败了侵略者，成立了新中国。

1949年10月1日，中华人民共和国的成立，标志着中国人民站起来了，中华民族共同体重新屹立于世界民族之林！

通常现代化经济起飞期，国民经济每年平均发展速度在5%，时间上西方发达国家通常不超过10年，日本及东亚国家不超过20年。唯独中国，借助改革开放、中国特色社会主义道路，使现代化起飞期已延长到40年，平均每年增长速度甚至曾接近9%——这是现代化起飞的“中国奇迹”，使中华民族进一步走向富起来。

一些发展中国家，在现代化起飞过程中，曾出现“两极分化危机”、国家认同危机。而有中国共产党作为中流砥柱，加上中国特色社会主义的制度创新、道路创新，再加上近十年来精准扶贫的伟大实践创新，中华民族共同体成了“共同富裕共同体”“国家稳定共同体”，这为现代化起飞的“中国奇迹”增添了独具异彩的新篇章。

第三节　百年大变局中的中国新愿景
——开创人类文明新形态

世纪之交、千年之交，正如习近平总书记所说，人类历史正在经历“百年未有之大变局”，2020 年以来的新冠病毒全球大流行、大危机，还有 2022 年乌克兰危机，更为这种“百年变局”增添了新的加速机制、放大机制、增效机制。

以美国为代表的西方资本主义发达国家，虽有世界最先进的医疗设备、医疗技术、现代化卫生体系，却因为资本绑架国家，成了抗疫中的“失败国家”。

而中国，本着“人民至上、生命至上”的宗旨，依靠党的领导、人民主体，中国特色社会主义的制度优势，构筑起抗疫的人民战争铜墙铁壁，不仅有望带头战胜新冠病毒，恢复经济，而且为开创 21 世纪人类文明新形态，提供了一种新的可能性。

什么是“多元一体”？

所谓“多元”，是指中华民族共同体的复杂性、多样性、包容性，其各个地方、各个族群、各种文化，兼容并包，丰富多彩，不拘一格；不是简单的、纯粹的、单一结构的，而是有点像“四世同堂”式的大家庭，成分多样的“八宝饭”。而其中最大的复杂系统性，是把近似欧洲大小、近千万平方千米的三元结构：“北方草原文化—中原旱作农耕文化—南方水稻农耕文化”，全都包容在统一的中华民族国家中。

所谓“一体”，是指中华民族共同体的相互依存性、系统整体性、不可割裂性；各个地方、各个兄弟族群、各种文化，相互依赖、相互渗透、相互融合，你中有我，我中有你，你离不开我，我离不开你，像石榴籽一样抱在一起密不可分；经过农牧依存、交通网络、商贸往来、文化交融，达到“北方草原文化—中原旱作农耕文化—南方水稻农耕文化”三元结构的系统整体性；并用中国国家统一的大一统政治形式，以国家制度巩固加强中华民族共同体，从而走向共同发展、文化认同、繁荣富强。

正是中华民族共同体的这种“多元一体”独特格局、独特风格、独特境界，不仅使她在古代世界历史中历尽沧桑、长盛不衰，在上下五千年历史长河中，几乎一直屹立世界东方，成为环太平洋东方世界的历史主角；在近现代世界历史中，又九死一生，奋起直追，创造了现代化起飞期持续 40 年的“中国奇迹”，而且今天正为解决当代世界面临的全球问题、人类困境、普遍危机，开创一种新的可能性。

经过世纪之交 20 年的“空前加速”，又经过近 20 年的“空前危机”，人们对全球化的世界走向产生了众说纷纭的激烈争论，不少人纷纷在追问：世界向何处去？我们怎么办？

先后有两种各执一端的世界流行思潮：

一种观点，毫无保留、毫无分析地鼓吹全球化、全球一体化是人类世界唯一选项，甚至主张全球化就是同质化、西方化、美国化；另一种观点则对全球化、全球一体化持根本拒斥态度，这种拒斥态度在新冠病毒全球大流行、大危机后显著抬头，流行一时，乃至有的过去带头鼓吹全球一体化者，忽然又调头，转向鼓吹反全球化、逆全球化，鼓吹脱钩论、闭门论，走上狭隘民粹主义道路。

上述两种观点，其实都有很大的主观片面性，都是弯路、歧路，甚至是死路一条。

“多元一体的中华民族共同体”包含的文化理念、哲学理念，或许可以为我们走出当代人类困境，找到一条金光大道，即多线一体化的全球化新道路：

一方面，要坚持人类命运共同体的相互依存性、不可割裂性、系统整体性原则，保持积极推进全球化的大方向，作为世界潮流，不可逆转；另一方面，又要坚持全球化过程中人类命运共同体的复杂性、多样性、包容性，克服强求“全球化 = 西方化 = 美国化”的霸权主义简单化倾向，尊重各个民族、各个国家、各种民族文化的多样性、独特性、相对独立性，让多线一体的全球化世界历史走向更加包容、更加和谐、更加丰富多彩！

第四节　铸牢中华民族共同体意识
——新时代的新使命

中华民族、中华文明多元一体的特殊结构问题，是改革开放以来反复讨论的一个重大问题，这个问题在中国文化现代化新来潮，中国特色社会主义新时代，又被重新赋予了前所未有的特别重大意义。

从党的十八大到党的十九大、党的二十大，习近平新时代中国特色社会主义思想的一个重要新发展，就是提出了“铸牢中华民族命运共同体意识”这个新命题，其中核心内容就是提出了“中华民族共同体”这个新概念、新理念。这就要求我们重新审视中华文明、中华民族多元一体的独特结构、独特历史、独特命运，回答中华民族共同体在这个新时代遇到的新问题，从而发挥其在中华民族复兴中的奠基作用。

中华文明、中华民族的多元一体独特结构问题，本来只是国内外思想文化界长期讨论的学术问题。而在中国特色社会主义新时代、中国文化现代化新来潮中，从党的十八大到党的十九大、党的二十大，上升到党和国家意志问题，中国发展大局的战略问题，党和国家指导思想、重大基本理论问题，并且引人注目地提出了“铸牢中华民族共同体意识”这个新命题、新创造、新使命。

2012 年召开的党的十八大，在“坚持走中国特色社会主义政治发展道路和推进政治体制改革”这一部分，专门讲了如何把握“各民族共同团结奋斗、共同繁荣发展”的主题，努力达到“三和”目标：

全面正确贯彻落实党的民族政策，坚持和完善民族区域自治制度，牢牢把握各民族共同团结奋斗、共同繁荣发展的主题，深入开展民族团结进步教育，加快民族地区发展，保障少数民族合法权益，巩固和发展平等团结互助和谐的社会主义民族关系，促进各民族和睦相处、和衷共济、和谐发展。[①]

经过近五年的实践创新与理论创新，我们党和国家的民族理论在党的十九大，有一个显著的飞跃，就是更加明确地提出了“中华民族共同体”这个新概念，更加明确地提出了“铸牢中华民族共同体意识”的新问题：

全面贯彻党的民族政策，深化民族团结进步教育，铸牢中华民族共同体意识，加强各民族交往交流交融，促进各民族像石榴籽一样紧紧抱在一起，共同团结奋斗、共同繁荣发展。[②]

为什么“铸牢中华民族共同体意识”，会显得如此重要？

这首先是出于中国特殊国情、中国历史发展的特殊道路、中国文化、中华文明上下五千年来的多元一体的固有特征。过去的很长

① 《中国共产党第十八次全国代表大会文件汇编》，人民出版社2012年版，第27页。

② 习近平：《决胜全面建成小康社会　夺取新时代中国特色社会主义伟大胜利》，人民出版社2017年版，第40页。

时间里，人们多半把中国文化发展，看成是以中原为主的“一个中心”“一种模式”“单向传播”。

实际上，历史的真实情况却是，中国文化、中华文明的起源发展，同两河流域、古埃及、古希腊不同的一个特点，就是在“上下五千年，纵横十万里”的巨大时间轴和空间场中进行的，这个空间场有几百万、近千万平方千米的广阔空间，是一个多源发生、多元主体、综合创新的复杂历史进程，形成的是一个复杂共同体。

中国思想文化界中，带头倡导这一研究的，首先是著名民族学家、社会学家费孝通及其学术团队。1989年，由中央民族大学出版社出版了费孝通、陈连升等合著的学术专著《中华民族多元一体格局》，1999年又出版了费孝通主编的新版修订本，实开风气之先，影响重大而又深远。

几乎与此并驾齐驱的，是苏秉琦、严文明、郭大顺、俞伟超、张忠培等一批考古学家。苏秉琦先生这方面的主要代表作是《苏秉琦考古学论述选集》（文物出版社1984年版）、《华人·龙的传人·中国人——考古寻根记》（辽宁大学出版社1994年版）、《文明起源新探》（三联书店1999年版）。苏秉琦、严文明等考古学家特别注重从考古学的类型论、文化区系论出发，探讨中华文明的多元一体结构问题。

我学习借鉴了费孝通等民族学家、苏秉琦等考古学家的学术成果，在他们讲的六大区系的基础上，提出了“新九州”理论，补充了四川、新疆、西南三大区系。

同时，我力图把问题上升到世界历史与哲学高度，以全球眼光重提世界历史、世界文化区系论，提出“环太平洋”与“环地中海”东西两大区系、两大源头、东西相映、合二为一的新概念、新观点。

多元一体的中华民族共同体意识可谓源远流长、根深蒂固、基因独特、风范长存。而在新世纪、新时代、新千年，怎样加强国家认同、民族认同、文化认同问题，显得格外迫切。在中华人民共和国成立之初，在建立民族区域自治制度之始，在重点做好各个民族的身份识别过程中，曾经一度比较强调中华民族内部、不同族群的差异性、不同性。而在改革开放新时代，怎样突出中华民族共同性，并特别加强各个兄弟族群对中华民族这个大家庭的心理认同、国家认同、文化认同，成为命运攸关的大事。

从全球范围来看，1648 年《威斯特伐利亚和约》的签订，标志着英、法、德、俄、瑞典、荷兰等诸多欧洲国家突破古代罗马帝国、霸权体系的桎梏，纷纷独立，创立自己的近代民族国家、主权国家，成为近代化世界历史、国家形态主流。但他们有些人，不顾中国历史、国家历史发展的特殊性，再加上资本垄断、全球霸权的利益驱使，企图把这种模式强加到中国头上，对中国实行民族分化、“和平演化”战略。

由于有上述国际霸权势力为背景，国内少数人的离心倾向恶性膨胀，极端主义、恐怖主义、民族分裂主义势力，作为一种历史逆流、敌对倾向，也就必然长期存在，一有风吹草动，还会有所抬头，甚至猖狂一时。

因而，寻求国家长治久安，铸牢中华民族共同体意识，在新世纪、新时代、新起点上，显得尤为重要、命运攸关。也可以说，这是在思想政治、文化领域里，筑起一道新的长城！

长期以来，我国一直在各个自治区总结经验中寻求新的可持续发展之道。在中国特色社会主义新时代，在处理各自治区稳定发展问题方面，都采取了一系列富有成效的重大举措，兄弟民族和睦相处、共同发展的长治久安局面正在形成之中。

一个面向新时代的中华民族共同体，一个具有牢固中华民族共同体意识的强大中国，21 世纪创新型国家，如日出东方，必将给世界历史带来新的希望！[①]

第五节　中华民族复兴是世界走向永久和平的希望之光
——汤因比从世界文明研究中得出的最终结论

当代资本主义面临的全球性、普遍性危机，有着深刻的思想文化根源，这正是西方传统发展观、发展模式之所以在给近代西方带来经济繁荣的同时，也给当代世界带来了生态危机、环境破坏、全球问题、人类困境的深刻思想文化根源所在。

因而，为了彻底走出当代人类的全球问题和生存困境，就必须首先走出西方传统发展观、发展模式的历史困境，必须首先走出西方传统价值观念、传统文化的历史困境。正是在这种广阔深厚的世界历史背景下，当代进步人类思想界发出强烈的时代呼唤：让中华智慧、中国文化在跨向新世纪的新时代，放射出更大的光彩！

首先提出这一点的，不是我们中国人，而是20世纪西方世界的两位著名科学家，一位是人文科学家汤因比，另一位则是自然科学家李约瑟。

具有世界影响的英国历史学家、文化学家汤因比对文明问题持续研究60年之久，对比研究了古往今来、世界历史长河中的种种文明。他本来带有欧洲中心论色彩，对中国文明并无好感。经过几十年研究之后，在1973年他年已84岁高龄时，写下的最后一部传

---

① 王东：《中华文明论——多元文化综合创新哲学》，黑龙江教育出版社2002年版；《龙是什么——中国符号新解密》，中央编译出版社2012年版；《文化创新论——中国文化从何处来，向何处去》，吉林人民出版社2015年版。

世之作《人类与大地母亲》中，却有一番大彻大悟式的思想升华。他指出了西方近代传统发展模式的根本缺陷，在于以外在征服型的主体性思想，犯下了破坏人类大地母亲的弑母之罪：“在1763—1973年这200多年间，人们获得了征服生物圈的力量。这一点就是史无前例的。在这些使人迷惑的情况下，只有一个判断是确定的。人类，这个大地母亲的孩子，如果继续他的弑母之罪的话，他将是不可能生存下去的。他所面临的惩罚将是人类的自我毁灭。”

因而在全书最后一章的尾声，这位耄耋之年的历史老人，以全身心的力量，向人类世界敲响了警钟：“人类将会杀害大地母亲，抑或将使她得到拯救？如果滥用日益增长的技术力量，人类将置大地母亲于死地；如果克服了那导致自我毁灭的放肆的贪欲，人类则能够使她重返青春，而人类的贪欲正在使伟大母亲的生命之果——包括人类在内的一切生命造物付出代价。何去何从，这就是今天人类所面临的斯芬克斯之谜。”

正是在这样一个决定人类命运的关键时期和关键问题上，这位西方历史哲人最终把希望的目光、深情的目光，转向东方的中国：

如果中国人真正从中国的历史错误中吸取教训，如果他们成功地从这种错误的循环中解脱出来，那他们就完成了一项伟业，这不仅对于他们自己的国家，而且对处于深浅莫测的人类历史长河关键阶段的全人类来说，都是一项伟业。①

这一思想并非倏忽而逝的火花，在翌年进行的他与池田大作对话的《展望二十一世纪——汤因比与池田大作对话录》中，他再次表达了对中国文化的无限深情和无限希望：

世界统一是避免人类集体自杀之路，在这点上，现在各民族中具有最充分准备的，是两千年来培育了独特思维方式的中华民族。

---

① [美]汤因比：《人类与大地母亲》，徐波等译，上海人民出版社1992年版，第726、735、734页。

中国人和东亚各民族合作，在被人们认为是不可缺少和不可避免的人类统一的过程中，可能要发挥主导作用，其理由就在这里。①

中国将为人类未来提供一种天人和谐、人际和谐、国际和谐、身心和谐的新价值观。

如果真能做到这一点，那么，这可能就是在人类历史和当今时代，最重大而又最重要的“中国创造”了吧？其重大意义比起古代四大发明，甚至有过之而无不及。

我们欣喜地看到，2022 年党的二十大，对中国式现代化新道路与人类文明新形态的理论阐发，正是对这一时代课题作出的新时代新回答。

① [英] 汤因比、[日] 池田大作：《展望二十一世纪——汤因比与池田大作对话录》，国际文化出版公司1985年版，第295、294页。

第三章　合作共赢的人类命运共同体
——开创人类文明新形态的第二大创新

在习近平新时代中国特色社会主义思想中，一个具有历史文明哲学底蕴与世界历史意义的重大理论创新，就是提出了构建人类命运共同体的时代课题，这是中国式现代化道路的一大特色，也是开创人类文明新形态的一大创新。

第一节　推动构建人类命运共同体
——解决当代难题的中国方案

抚今忆昔，我们十分欣喜地看到，在党的十八大、十八届三中全会之后，在改革开放新阶段、新时代，习近平总书记在一系列重要讲话中，不止一次突出地强调“大道之行，天下为公”的美好憧憬。

2014 年 5 月 4 日，习近平总书记亲临五四新文化运动发源地北京大学，在北京大学师生座谈会上，发表重要讲话《青年要自觉践行社会主义核心价值观》，其中把“大道之行，天下为公”，作为中华民族价值体系、文化基因：

中华文明绵延数千年，有其独特的价值体系。中华优秀传统文化已经成为中华民族的基因，植根在中国人内心，潜移默化影响着中国人的思想方式和行为方式。今天，我们提倡和弘扬社会主义核心价值观，必须从中汲取丰富营养，否则就不会有生命力和影响力。比如，中华文化强调“民惟邦本”“天人合一”“和而不同”，强调“天行健，君子以自强不息”“大道之行也，天下为公”；强调“天下兴亡，匹夫有责”，主张以德治国、以文化人；强调“君子喻于义”“君子坦荡荡”“君子义以为质”；强调“言必信，行必果”“人而无信，不知其可也”；强调“德不孤，必有邻”“仁者爱人”“与人为善”“己所不欲，勿施于人”“出入相友，守望相助”“老吾老以及人之老，幼吾幼以及人之幼”“扶贫济困”“不患寡而患不均”，等等。①

2014 年 5 月 30 日，习近平总书记又在北京市海淀区民族小学主持召开座谈会时，发表了《从小积极培育和践行社会主义核心价值观》重要讲话，特别强调了价值观念与孔子的突出历史作用：

一个民族的文明进步，一个国家的发展壮大，需要一代又一代接续努力，需要很多力量来推动，核心价值观是其中最持久最深沉的力量。中华民族有着 5000 多年的悠久历史和灿烂文化，而且中华文明从远古一直延续发展到今天。为什么中华民族能够在几千年的历史长河中顽强生存和不断发展呢？很重要的一个原因，是我们民族有一脉相承的精神追求、精神特质、精神脉络。今天我们使用的汉字同甲骨文没有根本区别，老子、孔子、孟子、庄子等先哲归纳的一些观念也一直延续到现在。这种几千年连贯发展至今的文明，在世界各民族中是不多见的。②

特别引人注目、意味深长的是，2015 年 9 月 29 日，习近平主席

① 《习近平谈治国理政》第一卷，外文出版社2014年版，第170页。
② 《习近平谈治国理政》第一卷，外交出版社2014年版，第180、181页。

在对美国进行首次国事访问，并出席第七十届联合国大会一般性辩论时，发表了有国际影响的重要讲话《携手构建合作共赢新伙伴同心打造人类命运共同体》，更以显著地位引述了孔夫子“天下为公”的价值观念，作为“人类共同价值”的重要思想源头：

世界格局正处在一个加快演变的历史进程之中。和平、发展、进步的阳光足以穿透战争、贫穷、落后的阴霾。世界多极化进一步发展，新兴市场国家和发展中国家崛起已经成为不可阻挡的历史潮流。经济全球化、社会信息化极大解放和发展了社会生产力，既创造了前所未有的发展机遇，也带来了需要认真对待的新威胁新挑战。

“大道之行也，天下为公。”和平、发展、公平、正义、民主、自由，是全人类的共同价值，也是联合国的崇高目标。目标远未完成，我们仍须努力。当今世界，各国相互依存、休戚与共。我们要继承和弘扬联合国宪章的宗旨和原则，构建以合作共赢为核心的新型国际关系，打造人类命运共同体。①

2017年1月18日，瑞士日内瓦万国宫，中国领导人对人类未来出路的深沉思考，赢得全场三十多次热烈掌声。习近平在主旨演讲中指出，“让和平的薪火代代相传，让发展的动力源源不断，让文明的光芒熠熠生辉，是各国人民的期待，也是我们这一代政治家应有的担当。中国方案是：构建人类命运共同体，实现共赢共享”。2月10日，“构建人类命运共同体”理念，被正式写入联合国决议。联合国社会发展委员会第五十五届会议主席菲利普·查沃斯认为，这一理念“体现了中国人着眼于维护人类长远利益的远见卓识”。

在习近平总书记所作的党的十九大报告中，讲国际问题的第十二部分，标题就是“坚持和平发展道路，推动构建人类命运共同

① 习近平：《携手构建合作共赢新伙伴　同心打造人类命运共同体——在第七十届联合国大会一般性辩论时的讲话》，《人民日报》，2015年9月29日。

体”，可谓为人类走出生存困境，开创了一种新的可能性：

世界命运握在各国人民手中，人类前途系于各国人民的抉择。中国人民愿同各国人民一道，推动人类命运共同体建设，共同创造人类美好未来！①

这个远大目标，还进一步写进了党的十九大修改的党章，成为全党长期奋斗的目标：

维护世界和平，促进人类进步，推动构建人类命运共同体，推动建设持久和平、共同繁荣的和谐世界。

2022年党的二十大报告，不仅把“和平发展”作为中国式现代化新道路的五大基本特征之一，而且把“推动构建人类命运共同体”作为中国式现代化的本质要求。党的二十大报告接近尾声的第十四部分，引人注目的鲜明标题就是“促进世界和平与发展，推动构建人类命运共同体”。

这些，为我们解放思想、创新哲学，指出了时代方位，提出纲领性任务，开拓出广阔无比的理论创新天地，提供了思想驰骋的无限空间……

第二节　大道之行，天下为公
——孔子首倡的民族理想

在新世纪、新千年的历史起点上，在当代中国与当今时代发展的危机与创新并存的关键时刻，在世界历史发展的新的轴心期、创新关键期，以习近平同志为核心的党中央领导集体，为什么能带头倡导21

① 《中国共产党第十九次全国代表大会文件汇编》，人民出版社2017年版，第49、95页。

世纪与当代中国马克思主义理论创新，并且从世界历史与哲学高度，提出了“构建人类命运共同体”这个新理念、新成果、新课题？

首要思想理论源头，固然是马克思主义创始人从《共产党宣言》到《资本论》中，提出的人类社会共同体思想。同时也应当指出的是，还有一个十分重要的理论源头活水，那就是中国哲学、中国智慧，富于时代永久魅力生机的中华民族大智慧、活智慧、新智慧。其中，特别重要的一个思想理论源头，就是从孔夫子到孙中山先生，乃至从毛泽东同志、邓小平同志直到习近平同志，一以贯之地传承发展的中华民族伟大理想：“大道之行，天下为公”“协和万邦，天下一家”“合作共赢，天下太平”。

如果说“己所不欲，勿施于人”的宽恕之道，是“仁者爱人”必须坚持的最低底线的话，那么，“己欲立而立人，己欲达而达人”，则是仁者力争达到的最高境界、最高目标。孔子本人正是这样提出问题的。

子贡提出“什么是仁，怎样行仁”的问题：如果有人能造福百姓，帮助大众，怎么样呢？可以称作“仁”吗？孔子回答道：何止是应当叫作“仁”，必须称之为圣啊！连尧舜大概远未能做到这一步呢？作为仁者，己欲立而立人，己欲达而达人。能够从自己身边事做起，可以说是行仁道的方法途径。

在孔子仁学奠基之时，还包含着更广泛的仁学哲学底蕴，这就是人与周边世界、周边万物、周边生命和谐相处，共同发展，可称之为“中华生态智慧”，人与各种生命友好相处的“大仁大德”。

这个基本思想，可见之于《易传 · 象传》：“天行健，君子以自强不息；地势坤，君子以厚德载物。”①

与此相印证的，还有《易传 · 系辞》中讲的“易与天地准”“生

① 苏勇点校：《易经》，北京大学出版社1989年版，第52、53页。

生之谓易”“仁者见之谓之仁”等命题：

易与天地准，故能弥纶天地之道。仰以观于天文，俯以察于地理，是故知幽明之故。原始反终，故知死生之说。……一阴一阳之谓道，继之者善也，成之者性也。仁者见之谓之仁，知者见之谓之知。百姓日用而不知，故君子之道鲜矣。

显诸仁，藏诸用，鼓万物而不与圣人同忧，盛德大业，至矣哉！富有之谓大业，日新之谓盛德。生生之谓易，成象之谓乾，效法之谓坤，极数知来之谓占，通变之谓事，阴阳不测之谓神。[①]

《大学》中的一些命题，正是孔子仁学这一哲学底蕴的发挥，如讲道并行而不悖，万物并生而不相害。

孔夫子把义利统一的价值观、仁者爱人的人性观，运用于考察礼制运行轨迹，社会制度、国家制度运行轨迹、发展大道，于是他提出了自己的社会理想，最高理想是“大道之行，天下为公”，现实理想是“克己复礼，百姓小康”——这不仅是孔子社会理想、儒家社会理想，也成为中华民族世代信奉的共同社会理想，也是不同于古希腊柏拉图《理想国》的中华民族独有的共同社会理想。

记载孔子对社会理想表述的文字，见之于《礼记·礼运》。文字记载虽经过了孔子弟子子游及其后人，乃至汉元帝时戴德、戴圣叔侄二人整理，而基本思想，却非孔子莫属。后人种种加工整理、历史考据，并未能根本推翻这一基本事实。

《礼记·礼运》，白纸黑字，明明白白地交代了孔子晚年对其弟子子游直抒胸臆，道出自己社会理想的前因后果、思想渊源、历史语境：

昔者仲尼与于蜡宾，事毕，出游于观之上，喟然而叹。仲尼之叹，盖叹鲁也。言偃在侧，曰：“君子何叹？”孔子曰：“大道之行也，

① 苏勇点校：《易经》，北京大学出版社1989年版，第82页。

与三代之英，丘未之逮也，而有志焉。”①

为什么说《礼记·礼运》记载的是孔子社会理想，其基本思想非孔子莫属呢？

主要证据是三条：

第一，这一历史文献记载，是清清楚楚、明明白白的，孔子对自己的弟子子游（即言偃）在鲁国行蜡宾礼之后，讲自己的社会理想，是合情合理的。

第二，这里表达的孔子社会理想，与孔子一生基本思想是完全一致的，是高度统一的，尤其是和孔子特有的价值观念、治国主张、仁学理念一致。

第三，这里表达的社会理想具有孔子的鲜明个性、鲜明特征，乃是绝非别人所有的。

孔子把社会制度、国家制度的发展变化轨迹，都归结为礼制运行的历史命运。孔子还把礼制规范的外在形式和他主张的“仁者爱人”的仁义内核结合起来，作为衡量规范礼制命运、水平高低的内在价值尺度。

由此，孔子把自古以来的中国历史分为三大历史阶段：三皇五帝大同时代、夏商周三代小康时代、春秋战国礼崩乐坏乱世时代。

因而，孔子在那个时代，首倡中华复兴的社会理想，其中最高理想，就是恢复中华文明原创时代、原创精神，“大道之行，天下为公”的大同世界、大同理想：

大道之行也，天下为公，选贤与能，讲信修睦。故人不独亲其亲，不独子其子，使老有所终，壮有所用，幼有所长，矜、寡、孤、独、废疾者皆有所养，男有分，女有归。货恶其弃于地也，不必藏于己；

① 孙希旦撰：《礼记集解》中卷，中华书局1989年版，第581页。

力恶其不出于身也，不必为己。是故谋闭而不兴，盗窃乱贼而不作，故外户而不闭。是谓大同。[①]

第三节 天下为公的传承发展
——从孙中山到毛泽东

传承创新“天下为公”的“中山大道”，更好地体现人民主体、造福人民的中国特色社会主义精神实质，是我们在新世纪、新时代的一项重大时代课题。

天下为公的中华民族社会理想，不仅贯穿于从孔夫子到孙中山先生的中华民族优秀传统文化之中，而且贯穿于中国化时代化的马克思主义指导思想、基本理论之中，从毛泽东思想、邓小平理论，直到党的十八大至党的二十大以来习近平总书记系列重要讲话之中。

毛泽东新民主主义论为马克思主义中国化第一次飞跃奠定了重要基础，他不仅提出了传承发展从孔夫子到孙中山的中华民族优秀传统文化的历史任务，而且自始至终把“天下为公”的社会理想作为贯穿其中的一条思想红线。

早在五四时代新文化运动中，青年毛泽东面对20世纪起点上的世情国情，纷纷纭纭，主张从哲学、伦理学、价值观入手，立大本大源，求宇宙人生大道。他把孔夫子主张的“大道之行，天下为公”“大同世界，人人公平”作为社会理想、人生理想。1917年8月23日，时年24岁的毛泽东，奋笔疾书长信一封，寄给引为知音

---

① 孙希旦撰：《礼记集解》中卷，中华书局1989年版，第582页。

的挚友、曾任长沙师范教师而时赴北京师范大学的黎锦熙，直抒胸臆，表达了对孔子大同理想的内心向往，甚至把孔子主张作为人生理想、社会理想，“大同者，吾人之鹄也”：

然小人者，可悯者也，君子如但顾自己，则可离群索居，古之人有行之者，巢、许是也。若以慈悲为心，则此小人者，吾同胞也，吾宇宙之一体也。吾等独去，则彼将益即于沉沦，自宜为一援手，开其智而蓄其德，与之共跻于圣域。彼时天下皆为圣贤，而无凡愚，可尽毁一切世法，呼太和之气而吸清海之波。孔子知此义，故立太平世为鹄，而不废据乱；升平二世。大同者，吾人之鹄也。立德、立功、立言以尽力于斯世者，吾人存慈悲之心以救小人也。[①]

对于孔夫子“天下为公，大同世界”价值观念、社会理想的基本认同，不仅仅是毛泽东青年时代的个别思想火花，后来走上马克思主义中国化大道，并且创立了毛泽东思想、新民主主义论的毛泽东盛年时代，依然以传承发展“天下为公，世界大同”的中华民族理想为己任，并且更加明确地把从孔夫子到孙中山的中华民族理想传承的思想主线，完整贯穿下来，还特别注意到孙中山的中介作用。

1924 年，首倡“联俄、联共、扶助农工”三大政策的新三民主义者孙中山先生，在中山大学最后一次系统阐发其三民主义。3 月 6 日这一天，他讲到“民族主义”最后一讲的尾声，提出中华民族社会理想，在于“大同之治”，而不在“帝国霸权”：

中国如果强盛起来，我们不但是要恢复民族的地位，还要对于世界负一个大责任。如果中国不能够担负这个责任，那么中国强盛了，对于世界便有大害，没有大利。中国对于世界究竟要负什么责任呢？现在世界列强所走的路是灭人国家的；如果中国强盛起来，

① 《毛泽东早期文稿》，长沙岳麓书社1994年版，第89页。

也要去灭人国家，也去学列强的帝国主义，走相同的路，便是蹈他们的覆辙。所以我们要先决定一种政策，要济弱扶倾，才是尽我们民族的天职。我们对于弱小民族要扶持他，对于世界的列强要抵抗他。如果全国人民都立定这个志愿，中国民族才可以发达。若是不立定这个志愿，中国民族便没有希望。我们今日在没有发达之先，立定扶倾济弱的志愿，将来到了强盛时候，想到今日身受过了列强政治经济压迫的痛苦，将来弱小民族如果也受这种痛苦，我们便要把那些帝国主义来消灭，那才算是治国平天下。

我们要将来能够治国平天下，便先要恢复民族主义和民族地位。用固有的道德和平做基础，去统一世界，成一个大同之治，这便是我们四万万人的大责任。诸君都是四万万人的一份子，都应该担负这个责任，便是我们民族的真精神！①

正是孙中山先生秉承孔子大同理想，加以三民主义，乃至社会主义发挥的闪光思想，引起了第一次国共合作时期起了重要作用的毛泽东同志高度重视，思想上有了强烈反响，并作为反击国民党右翼的思想武器。1925 年冬，他在《国民党右派分离的原因及其对于革命前途的影响》一文中指出，国民党“代表者（孙中山先生）列为他们政党的纲领：其结果是要达到建设各革命民众统治的国家；其终极是要消灭全世界的帝国主义，建设一个真正平等自由的世界联盟（即孙先生所主张的人类平等、世界大同）”②。

1937 年 3 月 1 日，毛泽东同志在其凤凰山住处，会见美国记者、作家史沫特莱发表谈话，论及西安事变、抗日战争、中国前景等问题，再次论及大同理想：

中国共产党是国际主义者，他们主张世界大同运动；但同时又是保卫祖国的爱国主义者，为了保卫祖国，愿意抵抗日本到最后一

① 《孙中山全集》第9卷，中华书局1986年版，第253、254页。

② 《毛泽东文集》第1卷，人民出版社1993年版，第484页。

滴血。在回答没有国际援助，中国能否支持战争的财政经济负担的问题时，毛泽东说，没有友军，中国也是必须抗战的，而且以中国的资源与自然条件，是能够支持长期作战的。但是我们正在寻找友军，中国决不能自处孤立。我们主张中、英、美、法、苏建立太平洋联合战线，否则有被敌人各个击破的危险。只有中国的独立解放，才有可能去参加世界的大同运动。①

众所周知，在中华人民共和国成立前夕，1949年6月30日，毛泽东同志写了《论人民民主专政——纪念中国共产党二十八周年》这篇文章，文章开头与中间，两次提到“中华民族的大同理想”：

对于工人阶级、劳动人民和共产党，则不是什么被推翻的问题，而是努力工作，创设条件，使阶级、国家权力和政党很自然地归于消灭，使人类进到大同境域。为着说清我们在下面所要说的问题，在这里顺便提一下这个人类进步的远景的问题。

就是这样，西方资产阶级的文明，资产阶级的民主主义，资产阶级共和国的方案，在中国人民的心目中，一齐破了产。资产阶级的民主主义让位给工人阶级领导的人民民主主义，资产阶级共和国让位给人民共和国。这样就造成了一种可能性：经过人民共和国到达社会主义和共产主义，到达阶级的消灭和世界的大同。康有为写了《大同书》，他没有也不可能找到一条到达大同的路。②

如果要想了解毛泽东思想中“天下为公，世界大同”的世界眼光、天下情怀，也许最好不过的办法，是把1935年10月、1936年2月，红军长征初到中国大西北时他写下的两首词——《念奴娇·昆仑》和《沁园春·雪》联系在一起来阅读：

① 中共中央文献研究室编：《毛泽东年谱（1893—1949）》第七卷，中央文献出版社1993年版，第657、658页。

② 《毛泽东选集》第4卷，人民出版社1991年版，第1471页。

俱往矣，
数风流人物，
还看今朝。
……
而今我谓昆仑：
不要这高，
不要这多雪。
安得倚天抽宝剑，
把汝裁为三截？
一截遗欧，
一截赠美，
一截还东国。
太平世界，
环球同此凉热。

在这里，头三句摘自 1936 年 2 月写成的《沁园春·雪》，最初发表于 1945 年毛泽东赴重庆谈判时。作者自注云：

雪：反封建主义，批判二千封建主义的一个反动侧面。文采、风骚、大雕，只能如是，须知这是写诗啊！难道可以谩骂这一些人们吗？别的解释是错的。末三句，是指无产阶级。

从第四句起，都摘自 1935 年 10 月毛泽东写成的《念奴娇·昆仑》，最早发表于《诗刊》1957 年创刊的 1 月号。其中倒数第三句为“一截留中国”，1963 年版《毛主席诗词》改为“还东国”。作者自注云：

昆仑：主题思想是反对帝国主义，不是别的。改一句：一截留中国，改为一截还东国。忘记了日本人是不对的。这样，英、美、日都涉及了。别的解释不合实际。[①]

改革开放新时期，中国改革初期总设计师邓小平，又以自己特有的方式传承发展了“天下为公，世界大同”的民族理想、价值观念。

1979年12月6日、1984年6月30日，邓小平在会见日本首相大平正芳和日本友人时，正是对照《礼记·礼运》中孔子关于“大同理想”与“小康时代”的提法，首次提出“改革开放建小康”的中国式现代化目标：

我们要实现的四个现代化，是中国式的四个现代化。我们的四个现代化的概念，不是像你们那样的现代化的概念，而是“小康之家”。到本世纪末，中国的四个现代化即使达到了某种目标，我们的国民生产总值人均水平也还是很低的。要达到第三世界中比较富裕一点的国家的水平，比如国民生产总值人均一千美元，也还得付出很大的努力。就算达到那样的水平，同西方来比，也还是落后的。所以，我只能说，中国到那时也还是一个小康的状态。当然，比现在毕竟要好得多了。到了那个时候，我们有可能对第三世界的贫穷国家提供更多一点的帮助。[②]

在改革开放新时期，特别是到了20世纪80年代中期，邓小平同志以巨大的理论魄力和理论预见，以他特有的大德、大智、大勇，提出了振聋发聩的和平与发展两大时代主题论：“国际上有两大问题非常突出，一个是和平问题，一个是南北问题。还有其他许多问题，但都不像这两个问题关系全局，带有全球性、战略性的意义。”“现在世界上真正大的问题，带全球性的战略问题，一个是和平问题，一个是经济问题或者说发展问题。和平问题是东西问题，发展问题

① 陈国民译注：《毛泽东诗词百首译注》，北京出版社1997年版，第89、78、79、92、81、82页。

② 《邓小平文选》第2卷，人民出版社1994年版，第237页。

是南北问题。概括起来，就是东西南北四个字。南北问题是核心问题。”“应当把发展问题提到全人类的高度来认识，要从这个高度去观察问题和解决问题。”“总之，一个是对国际形势的判断，一个是根据这个判断相应地调整对外政策，这是我们的两个大变化。现在看来，这两个变化是正确的，对我们是有益的，我们要坚持下去。只要坚持这样的判断和这样的政策，我们就能放胆地一心一意地好好地搞我们的四个现代化建设。”①

面向科技革命、和平发展的新时代观，使邓小平理论具有双重品格：既富于民族精神，又富于时代精神；既是有中国特色的社会主义，又是有时代精神的现代化理论。他以立足中国、面向世界的广阔胸襟，捕捉世界历史发展的潮流，寻求和平与发展的时代精神，喊出了为人类永久和平、共同发展而奋斗的时代最强音。诚如邓小平同志本人指出的：“我们搞的是有中国特色的社会主义，是不断发展社会生产力的社会主义，是主张和平的社会主义。”② 邓小平理论没有离开马克思主义发展大道，没有离开中华文明的发展大道，也没有离开人类文明、世界历史的发展大道。

而在 1992 年初的邓小平南方谈话中，他对时任中共珠海市委书记的梁广大同志两次说道：

中国文化从孔夫子就提倡赡养老人。孔夫子讲：修身、齐家、治国、平天下。社会上要讲修身、修养、持家，既修身又持家，就能治国、平天下。

我们不能学国外搞福利社会。他们已受到很大困扰；靠高税率来保证其福利，但由于高税赋本国生产积极性又受到影响……我们不能走这条路，还是孔夫子说过的修身、齐家、治国、平天下有道理。

---

① 《邓小平文选》第3卷，人民出版社1993年版，第96、105、282、128页。

② 《邓小平文选》第3卷，人民出版社1993年版，第328页。

我国好多问题就是靠一家一户来解决的，都靠社会来解决还得了。[①]

这段话很重要，有闪光思想，可惜在整理编辑南方谈话要点时，未能收入《邓小平文选》第3卷，因而至今仍鲜为人知……

第四节　面向新时代的人类命运共同体
——开创人类文明新形态的重大创新

在新世纪、新千年，世界历史新起点上，中国首倡构建21世纪人类命运共同体——这是一个最富于时代精神的哲学创新。

比如说，现在14亿中国人，可能有近半数的人，至少好几亿人有手机、电脑。微电子技术创新显然源于美国，许多干脆就是源自美国的产品。而在太平洋彼岸，在美国的许多超市中，甚至也包括2014年巴西世界杯的赛场内外，许多商品，日常生活用品，都是“中国制造”，源自中国。经济全球化造成的这种情况，似乎可以这样形容：两个泥娃娃，一齐都打破，再重新和泥，重新塑成两个泥娃娃，结果是你中有我，我中有你，紧密联系，难以分离。经济全球化时代的太平洋体系，不正是有这种相互渗透、相互联系吗？

从反面来说，则是当今时代的全球问题，七大危机，人类困境，尤其是气候变化、生态危机造成的人类生存危机，使经济全球化时代的太平洋体系成为同舟共济的命运共同体。2000年，在《中国龙的新发现——中华神龙论》一书中，我曾列出了世纪之交人类文明面临的四大危机：现代生态危机、现代战争危机、南北关系危

① 中共中央文献研究室编：《回忆邓小平》下卷，中央文献出版社1998年版，第500、501页。

机、文明冲突危机。2008 年爆发了当代国际金融危机，2011 年，在《时代精神与马克思主义哲学创新》一书中，我又补充了三大危机：当代国际金融危机、主体关系中的道德危机、义利关系中的价值危机。

最近这几年，气候极端变化加剧，更使生态危机有如悬在人类头顶上的利剑。不是人类自我超越、制度创新、观念创新，就是人类走向自我毁灭、自我灭亡！

20 世纪，人类还先后进行了两次世界大战，最后关头，美国还在日本广岛、长崎，使用上了威力巨大的原子弹。如果不改弦易辙，还照样发展下去，不是人类自我毁灭，又是什么呢？

如果再发生新的世界大战，环太平洋地区，势必取代第一次、第二次世界大战欧洲主战场地位，成为主战场、重灾区。

因而，太平洋两岸各国人民，首先是中美两国人民，在维护和平方面，有世界历史责任。中美两国关系，是和平共处、友好相待，还是冷战冲突、兵戎相见，不仅关系到两国命运、两国人民命运，而且直接关系到 21 世纪太平洋命运、人类历史命运。

“太平洋号”大船——这是 21 世纪的诺亚方舟，这里将决定 21 世纪的人类命运。

太平洋时代——这是世界历史的十字路口，是沿着“古代地中海体系帝国霸权——近代大西洋体系大国霸权”的老路走下去，还是能够改弦易辙，开辟新的方向、新的可能性？

太平洋体系——是走西方老路，建立霸权体系，还是调正船头，开辟新航向，走向新型国际关系？

正是在这一意义上，中华人民共和国主席习近平，首倡“构建人类命运共同体”的新思想……

在 2022 年党的二十大上，走和平发展道路成了中国式现代化新道路的五大基本特征之一，而推动构建人类命运共同体、创造人类文明新形态，更进而成为中国式现代化的本质要求。

第四章　人与自然和谐共生的生命共同体
——开创人类文明新形态的第三大创新

如何处理人与自然关系的问题，自始至终是人类文明史上的一个首要重大课题。

而在世纪之交、千年之交的历史时刻，这个问题提到前所未有的空前高度上来，就是因为西方近代资本主义文明野蛮地征服自然，造成了生态危机的全球问题、人类困境。

中华民族在探索中国式现代化道路过程中，努力探索一条解决人与自然关系的新路径，并在中国特色社会主义新时代，提出了构建现代新型生态文明、人与自然生命共同体的当代世界历史新使命，堪称是开创人类文明新形态的第三大创新。

2022 年党的二十大，更把人与自然和谐共生，不仅作为中国式现代化新道路的五大基本特征之一，而且作为其本质要求。

第一节　从建设生态文明到构建人与自然的生命共同体

从 2012 年党的十八大到 2022 年党的二十大，一个重大的理论创新，就是把生态文明建设作为“五位一体”总体布局的压轴戏、重头戏。从2017年党的十九大报告到2022年党的二十大报告，不仅提出了“铸牢中华民族共同体意识”“构建人类命运共同体”的时代课题，而且还提出了“构建人与自然生命共同体”的世界历史使命，旨在充分发掘中华民族的生态智慧、生态理念，开创生态文明新时代！

应当说，2012年党的十八大已经把生态文明建设列入“五位一体”总体布局，并且首次提出“走向生态文明的新时代”：

建设生态文明，是关系人民福祉、关乎民族未来的长远大计。面对资源约束趋紧、环境污染严重、生态系统退化的严峻形势，必须树立尊重自然、顺应自然、保护自然的生态文明理念，把生态文明建设放在突出地位，融入经济建设、政治建设、文化建设、社会建设各方面和全过程，努力建设美丽中国，实现中华民族永续发展。

我们一定要更加自觉地珍爱自然，更加积极地保护生态，努力走向社会主义生态文明新时代。①

党的十九大报告总结新时代、新实践、新观念，不但延续了把生态文明列入“五位一体”的战略总布局，而且更加突出地强调了人与自然和谐共生的新理念，鲜明提出了“构建人与自然生命共同体”的新命题、新目标：

坚持人与自然和谐共生。建设生态文明是中华民族永续发展的千年大计。必须树立和践行绿水青山就是金山银山的理念，坚持节约资源和保护环境的基本国策，像对待生命一样对待生态环境……

人与自然是生命共同体，人类必须尊重自然、顺应自然、保护自然。人类只有遵循自然规律才能有效防止在开发利用自然上走弯路，人类对大自然的伤害最终会伤及人类自身，这是无法抗拒的

① 《中国共产党第十八次全国代表大会文件汇编》，人民出版社2012年版，第36、38页。

规律。

我们要建设的现代化是人与自然和谐共生的现代化，既要创造更多物质财富和精神财富以满足人民日益增长的美好生活需要，也要提供更多优质生态产品以满足人民日益增长的优美生态环境需要。[①]

2022年党的二十大报告，更进一步把人与自然和谐共生提到一个新高度，即将其作为中国式现代化新道路的五大基本特征之一，进而作为其必不可少的本质要求。

第二节　新时代生态文明观的五点理论创新

改革开放、经济起飞，持续40年的现代化经济起飞，堪称是世界历史上的“中国奇迹”，这一点是任何人都难以否定的伟大成就。

同时，我们也不能不清醒地看到，在取得这一伟大成就的同时，也付出了沉重代价，其中的一个突出表现，就是也曾一度出现相当严重的生态破坏。

从2012年党的十八大到2022年党的二十大，以习近平同志为核心的党中央，为了解决这个中国历史、世界历史上的“老大难”问题，提出了一系列新思想、新观念、新战略，或许可以简称之为“新时代生态文明观”。

为了更好地把握马克思主义中国化的这一最新成果，我们在这里试着探讨两个基本理论问题：

---

① 习近平：《决胜全面建成小康社会　争取新时代中国特色社会主义伟大胜利》，人民出版社2017年版，第23、24、25页。

新时代生态文明观有什么理论创新?

新时代生态文明观的思想精髓是什么?

概括地说，从党的十八大到党的二十大，新时代生态文明观不仅逐步生成发展，而且在我们党的指导思想、创新理论发展史上，作出了五点重要理论创新。

第一点理论创新，就是在2012年党的十八大提出“努力走向社会主义生态文明新时代”的文明创新目标，把生态文明建设提高到开创新时代新文明的高度。

2012年党的十八大召开之际，改革开放新时期已经走过了30多年，新中国建设已经走过60多年，在总结历史经验、规划未来远景时，报告专门有一章“大力推进生态文明建设”，开门见山地提出了生态文明建设问题的迫切性与全局性:

建设生态文明，是关系人民福祉、关乎民族未来的长远大计。面对资源约束趋紧、环境污染严重、生态系统退化的严峻形势，必须树立尊重自然、顺应自然、保护自然的生态文明理念，把生态文明建设放在突出地位，融入经济建设、政治建设、文化建设、社会建设各方面和全过程，努力建设美丽中国，实现中华民族永续发展。[①]

党的十八大报告提出了“大力推进生态文明建设”的四大举措，最后又画龙点睛，提出了开创社会主义生态文明新时代的总体目标:

我们一定要更加自觉地珍爱自然，更加积极地保护生态，努力走向社会主义生态文明新时代。[②]

在我们党的历史上，对于生态问题、生态建设的重要性，认识

① 《中国共产党第十八次全国代表大会文件汇编》，人民出版社2012年版，第36页。

② 《中国共产党第十八次全国代表大会文件汇编》，人民出版社2012年版，第38页。

深度是不断发展的。把解决生态问题提高到开创社会主义生态文明新时代的高度，意味着我们建设中国特色社会主义、解决生态问题，不仅着眼于解决迫在眉睫的急切生态问题，而且要开创超越古代农牧文明、近代工商文明的现代生态文明新形态。我们不仅要实现生态文明建设的新愿景，而且要在世界历史上努力开创社会主义生态文明新时代。

第二点理论创新，是从党的十八大到党的二十大，以习近平同志为核心的党中央领导集体，把生态建设与经济、政治、文化、社会建设统筹考虑，形成“五位一体”总体布局，意味着中国特色社会主义建设总体布局的新发展。

20 世纪 80 年代，针对改革开放初期一度反复出现的“一手硬、一手软”的问题，邓小平同志提出了“一个中心、两个基本点”的战略布局，并且特别强调要克服“一手硬、一手软”的倾向，努力做到物质文明建设与精神文明建设两手抓、两手都要硬。

20 世纪 90 年代，特别是在 1992 年邓小平南方谈话和党的十四大以后，以江泽民同志为核心的党的第三代中央领导集体，努力借鉴列宁晚年经济、政治、文化“三位一体”系统改革的总体构想，逐步形成经济、政治、文化；中国特色社会主义；市场经济、民主法治、精神文明建设“三位一体”总体布局。

在 21 世纪头十年，以胡锦涛同志为总书记的党中央领导集体，带头倡导科学发展观，把以旨在构建中国特色社会主义新型社会关系为主题的社会建设列入总体布局，这就形成了“四位一体”总体布局：经济建设、政治建设、社会建设、文化建设。

而从 2012 年党的十八大开始，乃至近十年，针对生态破坏的中国严峻问题、气候变化的全球生态危机世界历史背景，以习近平同志为核心的党中央领导集体，审时度势，把生态文明建设融入“四位一体”总体布局，从而形成了“五位一体”总体布局。

在“五位一体”总体布局中，生态文明建设既是一个重要前提，又是贯穿始终的一条红线，又以开创社会主义生态文明新时代作为最终归宿。因而，可以说，这是中国特色社会主义理论的一个重要创新。

第三点理论创新，是2013年十八届三中全会作出的《中共中央关于全面深化改革若干重大问题的决定》提出，要用系统改革、制度创新，为生态文明建设提供制度创新保证。

对于这个新思想、新理念、新战略，十八届三中全会决议中“加快生态文明制度建设”这一章，开门见山地做了说明：

建设生态文明，必须建立系统完整的生态文明制度体系，实行最严格的源头保护制度、损害赔偿制度、责任追究制度，完善环境治理和生态修复制度，用制度保护生态环境。①

为了突出这个新思路，习近平总书记又在对十八届三中全会《中共中央关于全面深化改革若干重大问题的决定》草案的说明中，做了画龙点睛式的理论揭示：

我国生态环境保护中存在的一些突出问题，一定程度上与体制不健全有关，原因之一是全民所有自然资源资产的所有权人不到位，所有权人权益不落实。针对这一问题，全会决定提出健全国家自然资源资产管理体制的要求。②

在自然资源管理制度建设方面，十八届三中全会上通过的《中共中央关于全面深化改革若干重大问题的决定》指出，健全自然资源资产产权制度和用途管制制度。对水流、森林、山岭、草原、荒地、滩涂等自然生态空间进行统一确权登记，形成归属清晰、权责

① 《中国共产党第十八届中央委员第三次全体会议文件汇编》，人民出版社2013年版，第72、73页。

② 《中国共产党第十八届中央委员第三次全体会议文件汇编》，人民出版社2013年版，第110页。

明确、监管有效的自然资源资产产权制度。建立空间规划体系，划定生产、生活、生态空间开发管制界限，落实用途管制。健全能源、水、土地节约集约使用制度。

党的十八大之后，我国设立了统一规范的国家生态文明试验区，开展生态文明体制改革综合试验，为完善生态文明制度体系探索路径、积累经验。不断推进国土空间开发保护制度、空间规划编制、生态产品市场化改革、建立多元化的生态保护补偿机制、健全环境治理体系、建立健全自然资源资产产权制度、开展绿色发展绩效评价考核等重大改革任务开展试验，重点解决社会关注度高、涉及人民群众切身利益的资源环境问题。全面推行河长制，构建责任明确、协调有序、监管严格、保护有力的河湖管理保护机制，为维护河湖健康生命、实现河湖功能永续利用提供制度保障。在保护自然资源，严格执法监督管理方面，2013 年 5 月 24 日，习近平总书记在中央政治局第六次集体学习时指出，要建立健全资源生态环境管理制度，加快建立国土空间开发保护制度，强化水、大气、土壤等污染防治制度，建立反映市场供求和资源稀缺程度、体现生态价值、代际补偿的资源有偿使用制度和生态补偿制度，健全生态环境保护责任追究制度和环境损害赔偿制度，强化制度约束作用。

新时代强调要完善经济社会发展考核评价体系，把资源消耗、环境损害、生态效益等体现生态文明建设状况的指标纳入经济社会发展评价体系，使之成为推进生态文明建设的重要导向和约束。一定要彻底转变观念，再不单纯以 GDP 增长率论英雄。如果生态环境指标很差，一个地方一个部门的表面成绩再好看也不行，不说一票否决，但这一票一定要占很大的权重。

第四点理论创新，是在 2015 年十八届五中全会上，在为“十三五”规划提出的指导性建议中，不仅提出了以创新理念为首的五大发展理念，把“绿色”作为五大发展理念其中之一，而且具体阐明了“绿色”发展理念的科学内涵与重大意义。

第五点理论创新，是 2022 年党的二十大，把生态文明建设的重大意义，又提高到一个新高度，就是把人与自然和谐共生，不仅作为中国式现代化新道路的五大基本特征之一，而且进一步将其作为体现中国式现代化核心实质的本质要求。

这是新时代生态文明观的最新创新成果，也是影响最为深远的一个重大理论创新思想。

第三节 新时代生态文明观的思想精髓

新时代生态文明观有丰富多彩的理论内容、生动形象的语言表述、应接不暇的思想火花。如果不能找到一个一以贯之的思想精髓，就很难真正做到准确系统地整体把握。

中国特色社会主义生态文明观的思想精髓究竟是什么呢?

或许，可以简单明了地概括说，新时代生态文明观的思想精髓是马克思主义、中国特色社会主义的综合创新论，强调人与自然、经济与社会、中国与世界的和谐发展、综合创新。简而言之，用一句话来概括，也许可称之为“天人和谐型生态文明观”。

在这里，把马克思主义批判资本主义、倡导科学社会主义的生态危机观与生态创新观，中华民族优秀传统文化中的天人合一宇宙观，现代西方全球问题、生态问题研究的最新成果，全都综合起来，立足新世纪、新千年的中国实践创新，作出富于时代精神与中国神韵的重大理论创新。

天人和谐型生态文明观的首要理念，是要扬弃超越西方资本主义近代文明中主客对立、征服自然的世界观，形成天人合一、人与自然和谐统一、共同发展的新理念、新世界观、新价值观。

这一思想精髓，最典型、最生动、最集中的表述，就是习近平总书记提出的“两山论”——象征经济财富的“金山银山”，与象征生态保护的“绿水青山”，二者关系辩证发展，是二者和谐统一的新型辩证法、发展观。

2013 年 9 月 7 日，习近平主席在哈萨克斯坦纳扎尔巴耶夫大学发表演讲时，对“两山论”进行了一次全面阐述。他说：“我们既要绿水青山，也要金山银山。宁要绿水青山，不要金山银山，而且绿水青山就是金山银山。”

环境保护与经济发展是工业化阶段最为明显的一对矛盾。习近平总书记历来十分关注这对矛盾，早在 2005 年 8 月 15 日，时任浙江省委书记的习近平同志在安吉县余村考察时，就曾提出“两山论”的思想火花：“我们过去讲，既要绿水青山，又要金山银山。其实，绿水青山就是金山银山。”“两山论”思想破解了发展中人对物质利益的追求与人赖以生存的生态环境的关系这一难题，形成了全新的发展理念，深刻影响着中国现代化发展的思路和方式。

2016 年 3 月 8 日，习近平总书记在中国人民大学的讲话中，生动具体地论述了实践中人们对“两山”之间关系认识的三个阶段：第一个阶段就是用绿水青山去换金山银山，砍树砍竹子，用牺牲绿水青山去换金山银山；第二个阶段就是既要金山银山，但是也要保住绿水青山，人们的理念已经是进步了；我们现在追求的是更高的境界，就是把绿水青山转化为金山银山，绿水青山本身就是金山银山，我们种的常青树就是摇钱树，生态优势变成生态经济优势，变成一种完全浑然一体的关系，和谐统一的关系。“两山”关系三段论，蕴含着对生态文明发展道路的诠释，对人类历史发展过程的展望，体现了对理论与实践相统一的马克思主义生态观的发展。

“两山论”思想蕴含和弘扬了中华文明、中华智慧天人合一的哲学思想，开辟了处理人与自然关系的新境界。这一思想中包含辩证思维，在超越人对物质利益的追求与人赖以生存的生态环境的两难困境中，找到人与自然和谐共生的双赢之道，打破了简单地把发展与保护对立起来的思维束缚，突破了“先发展后治理”旧发展模式的窠臼，找到了实现科学发展、可持续发展、包容性发展的现实途径。这反映了人类发展的价值观念创新，从单纯经济优先，转到经济发展与生态保护并重，再到生态价值优先的变化轨迹。这标志着价值取向的深度调整和发展模式的根本转换，是人与自然关系不断调整、趋向和谐的过程，是我国当今发展方式绿色化转型的本质体现，有力地指导了我国经济社会发展与自然环境保护的实践。

从理论上看，“两山论”在分析“发展与环境”这对矛盾中看到了“保护环境就是保护生产力”的统一之法，在解决“绿水青山与金山银山”的对立中找到“绿水青山就是金山银山”的转化之机，是马克思主义矛盾论系统化的应用和发展。“两山论”重要思想继承和发展了马克思主义生态观和生产力理论，指明了实现发展和保护生态的内在统一、相互促进、协调共生的方法论，是马克思主义中国化在人与自然和谐发展方面的集中体现，是马克思主义生态观在中国的进一步丰富和发展。

从实践上看，“绿水青山就是金山银山”的发展理念是习近平总书记破解经济发展难题、总结发展经验的理性升华，是他长期研究思考我国经济社会发展方式的认识飞跃，也是他对人类文明发展道路深刻反思批判的思想结晶。

习近平总书记关于生态文明建设的思想中，以“两山论”为代表的对生产力发展规律的新思考，开辟了处理人与自然关系的新境界。

习近平总书记指出，我们追求人与自然的和谐，经济与社会的和谐。绿水青山与金山银山既会产生矛盾，也会辩证统一。他认为应该在二者的正确选择之中，找准方向，创造条件，让绿水青山源源不断地带来金山银山。

把握这一精髓，有助于我们完整准确、全面系统地把握新时代生态文明观的理论创新，更好地带领群众作出实践创新。

第四节　根本超越西方近代文明中人对自然的野蛮征服关系

天人合一的世界观，加上由此衍生出来的中华生态智慧，不仅使中华文明依赖“黄帝有土德之瑞”“大禹治水功在天下”，走出了古代农业化中的第一次生态危机，而且对于我们走出近代工业化造成的第二次全球性生态危机，有巨大启迪意义。

天人关系中，人与自然之间的矛盾冲突与深刻危机，集中表现为20世纪70年代以来，50年间日益暴露出来的生态环境危机等全球问题。

20世纪70年代以后，生态危机、环境污染、资源匮乏、人口爆炸，成了迫在眉睫的四个全球性问题，几乎造成了威胁整个世界的人类困境。究其深刻根源，是人与自然关系问题上发生了严重失调与危机。西方那种以高消耗求高消费，先污染后治理的近代工业化发展模式陷入深刻危机之中。在这种发展模式的背后，则是过分强调主客二分、主客对立的外在征服型主体性思想，企图在人与自然之间建立外部征服性关系，康德所讲的“人为自然立法”乃是这种主体性观念的典型表述。全球问题、人类困境，本质上是这种外在征服型主体性观念的危机，是西方近代工业文明的危机，是西方近代文化的现代性、主体性观念的危机。

今天，人们在近代工业化时代遭受的生态危机，实质上是人类世界历史上的第二次生态危机，而古代农业化过程曾导致了人类世界历史上的第一次生态危机。

环境历史学家注意到，至少从大约公元前3000年起，由于人类农业化活动引起第一次古代世界性的环境破坏：在埃及、美索不达米亚、多瑙河河谷、印度河谷和地中海盆地周围许多地区的许多原创文明与早期文明，经历了严重的农业衰退，甚至是崩溃。历史学家汤因比指出，世界上曾有21个文明，其中14个文明已经消失。当然这些文明的消失原因是复杂的，需要具体分析。但不可否认的是，除了战争之外，生态环境的恶化是一个非常重要、非常普遍的原因。恩格斯在研究古代农业文明的时候，也发现生态环境恶化是导致古代原创文明衰退的非常重要的原因。他指出，美索不达米亚、希腊、小亚细亚以及其他各地的居民，为了得到耕地，毁灭了森林。但是他们做梦也想不到，这些地方竟因此成了不毛之地，因为他们使这些地方失去森林，也就失去了积聚和贮存水分的中心，导致这些地区旱涝交替，自然环境极为恶劣。环境历史学家认为，在大多数情况下，砍伐森林、土壤侵蚀、土壤盐碱化、过度放牧、沙漠化、气候变化和人口过多，是引起灾难的主要原因或附属原因。非常明显，对资源环境不当和过度使用会引发生态失衡，从而导致所具有的制约力和威慑力的思维惯性，导致人与自然界的对立。近代西方日益扩大的征服自然的主体性观念，是现代生态危机的思想根源。

从炎帝到黄帝、大禹治水，从先秦到汉唐，中华民族以其特有的古典生态智慧，摸索出一条走出第一次生态危机的中国道路，这是中华文明薪火相传、万代不断的深层奥秘，至今仍有启迪意义。

认真吸取中国文化中强调人与自然是和谐整体的天人合一观，有助于超越与发展西方近代文化中强调主客对立的征服自然观。

强调人与自然要和谐相处，构成一个有机整体的天人合一观念，的确是贯穿中国传统文化的思想主线、核心理念。其思想源头可上溯至黄帝时代、《周易》、老子开创的道学、孔学开创的儒学、孙子兵法开创的实学，其思想发展则几乎贯穿于诸子百家之中：

孟子倡导“仁民爱物”、天人合一；

庄子向往的理想境界，是“天地与我同生，万物与我为一”“与天地精神相往来”；

惠子同样主张“泛爱万物，天地一体”；

司马迁、董仲舒都主张“究天人之际”，视人与自然为一有机整体；

陶渊明更以诗歌散文形式，用“桃花源”的美好理想，最充分地表达出中国式自然主义的人生最高理想境界，是与自然完全归于一体；

宋代张载则从哲学高度，更明确提出“民吾同胞，物吾与也”，世界上的众人都是我的同胞兄弟，天地间的万物都是我的朋友同伴；

郑板桥则具体阐明把仁爱之心扩展到人周围的生命、自然，各适其天，斯为大快：“平生最不喜笼中养鸟，我图娱悦，彼在囚牢，何情何理，而必屈物之性以适吾性乎！”“所云不得笼中养鸟，而予又未尝不爱鸟，但养之有道耳。欲养鸟莫如多种树，使绕屋数百株，扶疏茂密，为鸟国鸟家！”“而万物之性人为贵，吾辈竟不能体天之心以为心，万物将何所托命乎？”“大率平生乐处，欲以天地为囿，江汉为池，各适其天，斯为大快”[①]……

在中国思想史的几千年历史长河中，主张天人合一、保护生态、

---

① 《郑板桥文集》，巴蜀书社1997年版，第14、15页。

和谐相处、共同发展的闪光思想，缕缕不绝，不胜枚举，去掉神秘主义色彩，定将大放异彩！

这些文化资源、思想资源、智慧资源，是人类的宝贵财富，如果发掘出来加以发展，必将成为克服生态危机，走上可持续发展，创造现代新型生态文明的源头活水！

正是在2022年党的二十大上，我们看到这一中华民族智慧思想宝藏，得到了高度评价与创新发展：

人与自然和谐共生，构建人与自然的生命共同体，成为中国式现代化新道路的五大基本特征之一；

构建人与自然和谐共生的生命共同体，还进一步成为中国式现代化的本质要求；

努力构建人与自然和谐共生的生命共同体，成为实现中华文明现代复兴，并且开创人类文明新形态的重要突破口与奠基石！

第五章　人机结合、人工智能的现代新型主体全球网络共同体

——开创人类文明新形态的第四大创新

改革开放40余年，特别是从党的十八大到十九大、二十大，都是高度重视现代科学技术创新的引领作用的。党的十九大与党的二十大报告，还特别突出了建设21世纪创新型国家的战略目标，并且提出了建设“网络强国”的重大举措。2018年11月7日，世界第五届互联网大会在浙江乌镇开幕，中国国家主席习近平致贺信提出：走出一条互信共治之路，让网络空间命运共同体更具生机活力。

这里提出的“网络空间命运共同体”概念，始于2015年习近平主席致世界互联网大会，实际上与党的十九大报告中蕴含的三个共同体概念——“中华民族共同体”“人类命运共同体”“人与自然的生命共同体”，是遥相呼应的，堪称中国文化现代化在新时代的新表征，应对现代科技革命的新举措。这意味着，要建构人与网络、人机结合的现代新型共同体，意味着人机结合、人工智能是现代新型主体——人的存在的新形态。

这里的历史、文化、哲学底蕴，需要我们试着做一番追根溯源式的深入探讨。

第一节　现代科技革命带头的三大变革
——劳动方式、生活方式、思维方式

马克思关于现代科技发展社会历史作用二重性的哲学洞见，正在当代科技革命中日益深刻地显现出来：一方面，由于资本的垄断作用，现代科学技术在解放着人，同时却加深了人的异化，造成固定资本、现代科技设备对人的统治，人成了现代技术的工具与奴隶，乃至造成整个社会生活、社会关系的全面异化、普遍异化；另一方面，现代科技革命从根本上开辟了扬弃资本统治的人类解放道路，提供了人走向自由和谐全面发展的物质技术手段，为新世纪、新时代人类解放开创了新的可能性发展空间。

当然，生活在 19 世纪的马克思，不可能预先设想到 21 世纪科技革命的具体内容，他的许多个别结论和历史预言已被历史进程扬弃，因而决不应当奢望到《资本论》历史观中去寻找现代科技革命问题的现成答案。《资本论》历史观、科学观的永久性生命力，不在于其中的个别结论、个别原理，而在于贯穿其中的方法论。掌握了这种方法，马克思主义哲学就不会成为落在历史车轮后面蹒跚而行的“事后诸葛”，它应当走在时代车轮的前面，成为科技革命时代的超前反映，而且能够向前探出去很远很远。

在如何看待这一重大变革的实质特征问题上，当代东西方学者提出了种种不同的经验描述和理论解释：（1）“后工业化社会”理论；（2）“第三次浪潮”理论；（3）“新的工业革命”理论；（4）“信息社会”理论；（5）科技革命理论；（6）“生产力的第四次革命”理论；等等。

我们认为，应当立足当代现实，对马克思的哲学预见和现代学者的经验描述、理论分析作出新的综合，对这股潮流的本质特征作出创造性的、独立的哲学概括，科学揭示现代科技创新的重大意义，给整个人类劳动方式、生活方式、思维方式，带来全面深刻变革。

科技革命是由四大历史环节构成的统一的历史链条：“科学革命—技术革命—生产力革命—社会变革”。科学革命指的不是科学知识数量的一般增长和科学理论的一般发展，而是指科学概念、科学理论、科学方法发展中，产生了巨大的质变和明显的裂变，传统知识、理论、方法发生了重大危机，一系列学科的重大发现导致了新概念、新理论、新方法的建立。19 世纪末 20 世纪初以来，直至 21 世纪，就经历着这种科学革命。技术革命，就是意味着人的劳动工具、工艺、能源、管理技巧上发生了重大质变，使人们改造与调节控制自然的手段、方法、能力产生了重大飞跃。

20 世纪乃至 21 世纪，技术革命的核心内容是代表信息业的电子技术的发展，尤其是微型电子计算机的广泛应用，信息的全球化、网络化、产业化，与此紧密联系的，还有生物基因技术，由此形成一系列新兴的技术群：核能技术、宇宙空间技术、光导纤维技术、新材料技术、海洋开发技术、生物遗传工程、人工智能技术。科学—技术革命迅速地引起生产力的根本变革，也就是改造自然、人化自然的能力有了质上的跃进。而生产力的革命又势必引起社会结构、社会生活的全面变革。人们往往抓住这个链条上的某一个环节，片面地称之为“信息革命”“智能革命”“技术革命”“产业革命”，等等。我们要坚持马克思主义唯物史观的系统整体性原则，抓住这个链条上所有环节的总和，揭示这一变革的深刻性、全面性。

从马克思主义、唯物史观的观点看来，当代世界的这种重大历史变革，可以用“现代科技革命”这个科学概念来表述。当代科技革命的实质在于：它是20世纪中期开始出现，21世纪方兴未艾，全球性的科学技术领域和经济社会领域的重大变革，表现为“科学革命—技术革命—生产力革命—社会变革”四位一体的统一过程。由于科学转化为直接生产力的根本趋势引起了社会的技术结构、产业结构、劳动性质、主体发展上的重大变化，它作为人类历史上的第三次社会大分工，推动着社会主义走向自身完善，从资本主义向社会主义过渡，从近代资本主义文明形态走向人类文明新形态。

第二节　现代科学创新两大航程的综合创新
——现代科学创新的新特点

有人说，21世纪是信息科学的世纪。

也有人说，21世纪是生命科学的世纪。

与此类似的种种说法，或许各有一定根据，但又都有较大局限。

现代科学认识，开始了前无古人的两大指向、两大航程：一是远离人的航程，从日常生活所接近的中观世界，走向精妙万分的微观世界和宏大无比的宇观世界；另一个则是向人自身回归的航程，更加关注人自身的奥秘：大脑的奥秘、心灵的奥秘、灵魂的奥秘，在现代科技革命的更高基础上，向古代哲学箴言回归——“人，认识你自己”。

现代科学认识的一个特殊对象、特殊指向，就是多层、复杂、开放的大系统。两大航程、两大指向，都是围绕这个主题展开，只是主旨与指向有很大不同。

现代科技革命开始了人类认识的第一大航程，是离人越来越远的航程，日益突破人的日常生活、中观世界范畴，向微观世界和宇观世界进军。

在微观世界的认识上，已突破“分子—原子—原子核—基本粒子”等四个层次，日益逼近物质结构的微观奥秘，日益接近“至小无内”的认识极限。

而在走向宇观世界方面，人类科学认识也在当代迈出一大步。1961 年苏联宇航员加加林乘坐东方 1 号载人飞船首飞上天；1969 年，美国阿波罗 1 号载人飞船实现登月飞行；2004 年，人类发射的飞行器已经抵达火星；而人类的射电望远镜已经发现了 100 多亿光年以外的天体，日趋接近“至大无外”的认知极限，即银河系以外的“河外星云”。

对宇观世界、微观世界的认识，反过来也影响到对人的中观世界的认识，一个引人注目的新走向，是正在建构一门新兴科学，把地球作为一个复杂开放大系统的地球系统科学。我国杰出科学家钱学森特别强调，重点是研究和人实际生存发展联系最直接的地球表层系统科学。今天看来，近几百年来，尤其是近几十年间的全球变化，对于人类生存发展来说，简直有命运攸关的决定性影响。

宇观世界—中观世界—微观世界，在现代科学创新之中，三个世界，一个整体，集中反映了人的“身外之物”，人之外的大宇宙、大系统，物质世界的大系统。

另一个则是向人自身回归的航程，破解人类基因的深层奥秘，认识人自己，达到人的自我意识，从人的自然存在，深化到人的社会存在，再深化到人的文化存在、语言符号存在，人的大脑结构、神经中枢，人的心灵深处、精神存在、灵魂奥秘。

在这方面，特别引人注目的五个重大科学创新是：

第一，人类基因组工程的研究。

第二，现代脑科学与神经科学的重大进展。

第三，现代心理学的重大突破。

第四，语言符号学及其解释哲学重要成果。

第五，心灵哲学与心灵世界、精神现象的新探索。

这五大科学创新，都指向一个目标，就是人的大脑、人的灵魂、人的心灵，“人的自我意识”对于“什么是人”的重新思索、重新界定、重新认识。早在2500年前，老子《道德经》就提醒人们自我意识的必要性、重要性与艰巨性：“自知者明，自胜者强。”而古希腊德尔斐神庙中的神谕，同样启示人们：人，认识你自己。在古希腊神话中，“什么是人”之谜，对人类来说是一个命运攸关的斯芬克斯之谜。

这两大指向、两大航程，在现代科学认识中正走向有机统一，将导致在世界历史新的高度上重新认识世界，也重新认识人自身，在经济全球化的新时代，上演新一轮“世界的发现和人的发现”。

第三节　新时代新召唤
——构建人机结合、利用人工智能的人与网络共同体

2017年党的十九大，乃至2022年党的二十大，提出加快建设创新型国家，其中包括建构网络强国、交通强国、数字中国、智慧社会的重要战略目标。

2018年，习近平总书记在主持中共中央政治局第九次集体学习时强调，加快发展新一代人工智能是我们赢得全球科技竞争主动权的重要战略抓手，是推动我国科技跨越发展、产业优化升级、生产力整体跃升的重要战略资源。

2018年11月7日，第五届世界互联网大会在浙江义乌开幕。中国国家主席习近平特别致贺信，提出了一系列新命题、新判断。

习近平主席指出，当今世界，正在经历一场更大范畴、更深层次的科技革命和产业变革。互联网、大数据、人工智能等现代信息技术不断取得突破，数字经济蓬勃发展，各国利益更加紧密相连。为世界经济发展增添新动能，迫切需要我们加快数字经济发展，推动全球互联网治理体系向着更加公正合理的方向迈进。

各国应该深化务实合作，以共进为动力，以共赢为目标，走出一条互信共治之路，让网络空间命运共同体更具生机活力。

习近平主席指出，本届世界互联网大会以“创造互信共治的数字世界——携手共建网络空间命运共同体”为主题，希望大家集思广益、增进共识，共同推动全球数字化发展，构建可持续的数字世界，让互联网发展成果更好造福世界各国人民。

在短短的贺信中，习近平主席两次使用了“网络空间命运共同体”这个新概念，固然和大会的既定主题直接相关，同时也富有独特的理论深意、哲学智慧深意。

纵观现代科技革命发展大势，或许可以说，这里的深意就在于，看到了在新世纪、新千年的新起点上，我们正迎来现代信息革命的新来潮、新时代，全球化、互联网、大数据、机器人、人工智能，成为新时代科技创新的新潮头，也为中华民族提出了新挑战、新机遇。

在近代工业化上一轮世界历史变革中，中华民族起步落后了，甚至经历了落后挨打的悲惨命运；而在新一轮现代信息化历史变革中，我们则应当也可以也应该迎难而上，甚至是后来居上。

从上到下，整个中国，每个中国人，都积极融入这一时代潮流，使每个中国人成为人机结合、人网结合的现代新型主体，乃至构建每个人与全球网络的共同体，实在堪称中国文化现代化的最新潮头。

这也是 2022 年党的二十大前后，中国式现代化新道路的新潮头。

第四节　人的存在新形态：从智人走向新人
——人类文明新形态的历史远景

近400万年世界历史，人的存在、人的发展经历了哪些历史形态？人是世界历史的主要创造者，又是世界历史的主要成果，因而，人的存在形态是世界历史发展的集中表现与主要标志。“世界历史—文明形态—人的存在形态”，这三者是大体同步、内在统一的，近400万年间主要经历了六大历史阶段，形成六大历史形态：

第一大历史形态，距今400万年至200万年间，在东非稀树草原，或许还有东亚中国域内，森林古猿从树上走到树下，形成“直立人”，“直立行走，解放双手”是其本质特征；

第二大历史形态，距今200万年至30万年间，在东非大裂谷与东亚京西大峡谷，直立人发展成为能人、工具人，本质特征是能够比较系统地制造工具，使用工具；

第三大历史形态，距今30万年至3万年间，特别是距今4万年前后，以人工用火、人工取火技术创新为物质技术基础，直立人、能人、工具人进一步发展为智人、现代人，当时的人多半是采集狩猎人，本质特征是有氏族制度创新、复杂语言系统及文化符号的文化创新，开始能利用语言符号进行抽象思维，构想虚拟事物、虚拟世界；

第四大历史形态，从距今5000年开始，以国家与文字形成为重要标志，形成古代农牧文明形态，农牧民成为人的主要存在形态，也可称之为“古代农牧文明人”；

第五大历史形态，从距今500年的公元1500年前后开始，从古代农牧文明走向近代工商文明形态，工商业者成了人的近代主要存在形态，分化为工人与资本家两大阶级，可称之为“近代工商文明人”；

第六大历史形态，公元2000年前后，世纪之交、千年之交，最近50年，一方面有人工智能、信息网络、基因工程等现代科技革命推动；另一方面更面临全球问题、气候灾变、生态危机、人类困境的空前挑战，正在推动智人、现代人走向新人，开创新时代、新文明、新的可能性。

世纪之交、千年之交，为什么会从智人、现代人走向新人？

一方面，主要是受到现代科技革命与全球危机大挑战这正反两方面的双重推动。古代与近代的科技革命，重点还是加强四肢功能，而以信息网络、个人手机、人工智能、基因工程为主要潮头的现代科技革命，重心转向大大强化人的大脑功能、智力功能，从而使人的存在形态正在发生前无古人的剧变，可谓现代新型“人的革命”。这是从智人、现代人走向新人的崭新物质技术基础，使一代新人诞生有了客观现实性、可能性；另一方面，世纪之交、千年之交，出现了全球问题、人类困境，更尖锐地提出挑战，使全球人类走到一个十字路口面前：是沿着老路，自取灭亡，还是改弦易辙，自我革命，自我超越，从智人、现代人走向一代新人？资本主义社会制度、国家制度，加上个人本位、自我中心、零和博弈型、对外征服型的单主体性观念，使当今人类正面临着前所未有的七大全球问题、全球危机：一是人与自然关系上的生态危机；二是国际关系中的战争危机；三是南北关系中的贫富分化危机；四是东西关系中的冷战冲突危机；五是经济关系中的金融危机；六是主体关系中的道德危机；七是义利关系中的价值观危机。由此导致20世纪发生两次世界大战，几十亿人民卷入战火之中，近亿人死于非命。21世纪起点上，更连续发生三大危机——气候灾变的全球大危机、2020年以来新冠病毒全球大流行危机、2022年乌克兰战争危机……这就为我们当代人类亮出红灯，敲响警钟：不是走向新人，就是自取灭亡——这不是危言耸听，而是严峻现实！

正是这一切，强烈呼唤着人的革命，人的创新，从智人、现代人走向新人。

代表世界历史新时代、人类文明新形态的新人，新在哪里？

新人的首要时代特征，在于取得了前无古人的存在形态，在世界历史上首次生成了“人机结合”的现代新型主体，每个人小小手机在手，就可以联通全球网络，把以人工智能、基因工程为代表的人类文明成果，全都掌控在个人手中，为走向自由个性奠定了物质技术基础。

新人最重要的本质特征，乃是现代新型的社会关系的总和，集中表现为三大主体关系重新建构，从三大对立走向全面和谐：人与自然关系的和谐、人与人关系的和谐、人与自我关系的和谐。

新时代最大的时代课题，就是重新开始学习怎样处理人与自然、人与人的关系问题；根本超越个人本位、自我中心、零和博弈型、对外征服型的单主体性关系，共同学习怎样一起走向人与自然、人与人、国与国、民族与民族之间的和谐共生、共同发展。

从智人走向新人，其最深层的历史人文哲学底蕴，就是根本超越个人本位、自我中心、零和博弈型、对外征服型的单主体性，开创新时代的多元交互主体性，从而构建起人类命运共同体、人与自然的生命共同体、全球网络共同体，并最终走向自由人联合体，让人类走出全球危机、人类困境，为世界历史、人类文明开创新的可能性，迎来新的希望、新的未来！

2022 年党的二十大，提出了两个引领时代潮流的重大新命题：

一是创造中国式现代化新道路；

二是开创人类文明新形态。

不正是在这里，我们可以看到现代科技革命带来的熹微曙光，人的存在新形态、人类文明新形态的远大发展前景吗？

第三部分

何以开创人类文明新形态
——中华原创文明蕴含的四大哲学理念、文化基因

和平与发展，已成为第二次世界大战战后半个多世纪的时代主题。而伴随资本主义近代工业化，与之俱来的全球问题、普遍危机、人类困境，却使人类社会在世纪之交、千年之交，走上危机创新新时代：全球性危机倒逼创新；只有创新才能走出危机。这是世界新型文明的难产期。近 500 年来广为流行的个人本位、自我中心、零和博弈型、对外征服型的西方单主体性观念，则是全球危机的深刻哲学根源。因而充分发掘中华文明四大哲学理念、文化基因，有助于我们坚定不移走中国特色社会主义道路，并发挥其国际意义，创造人类文明新形态，从而有助于促进人类社会走出危机，走向创新：

发掘“天人合一世界观”，有助于克服人与自然对立的生态危机；

发掘“人我统一的互主体观”，有助于构建现代新型国际关系，克服单边主义、霸权倾向必然造成的战争危机；

发掘“多元兼容文化观”，有助于克服所谓“文明冲突论”，即实质上乃是文化霸权主义、文化殖民主义引发的国家体系对立危机；

发掘“义利统一价值观”，有助于克服狭隘功利主义必然引发的价值观念、价值体系危机。

传承发展中华文明文化基因、民族精神，有助于我们创造中国特色社会主义新型文明，为创造现代新型世界文明，开掘富有东方魅力的源头活水！

第一章 “东升西降”大势已成
——李约瑟预言

中华文明的现代复兴，中国式的现代化新道路，何以能够成为超越西方近代资本主义工业文明、开创人类文明新形态的源头活水？

在世界历史上，首先提出这个新问题、新观点，并且在国际社会中产生巨大影响力的，并不是我们中国人自己，而是两位世界著名的英国科学家，一位是上面已经提到的世界文明史专家汤因比，另一位则是世界科技史专家李约瑟。

第一节 李约瑟的东方文明复兴预言

19 世纪中期，英国在两场鸦片战争中，依靠近代化的船坚炮利，打败了中国；而到了 20 世纪，当代英国的两位科技人文巨擘——李约瑟与汤因比，却都把创造世界新型文明的希望目光投向世界东方与中国。

李约瑟是 20 世纪享誉世界的一位科技哲人，1900 年生于伦敦，在他 40 岁时，已经成为生物化学方面的世界著名专家，当选为英国皇家学会会员。然而，在“二战”的连天烽火中，他却毅然决然地转向《中国的科学与文明》创作，数十年如一日，写出七卷巨著，一生志在为沟通中西文明搭建桥梁，为世界文明发展找出新的方向。

他也像英国的世界文明历史研究专家汤因比一样，具有世界眼光和批判眼光，关注着当今世界的全球问题，上下求索着全球治理的“治世之道”，并且同样开出了以中国智慧医治现代世界病症的特殊药方：

事实上，世界上其他各国都需要满怀虚心地向中国学习，不但向现代的中国学习，也要向历史上的中国学习，因为从中国人的智慧和经验中，我们可以获得许多医治现代病症的良药，以及推进今后全人类哲学发展的必不可少的要素。①

这是对症下药的一剂良方，针对的就是西方近代发展模式，乃至西方整个传统文化的历史痼疾，思想根源、哲学根源在于主客对立型、外在征服型的天人观、主体性观，缺少天人和谐、天人一体的综合观、互主体性观：

从欧洲思想史肇始之时起，欧洲人的世界观就不断地从一个极端走向另一个极端，从来没有能够综合起来。一方面，有上帝，以及天使，神鬼，造物主，生命原始，等等超自然主义的观点，另一方面，则有原子和无限的宇宙空间。神学的唯心主义和机械的唯物主义两者之间进行着永恒的斗争。这种二元论的冲突反映在无数无数的矛盾之中——必然与自由的矛盾，物质与精神的矛盾，情欲与禁欲的矛盾，现实与理想的矛盾——这一切就好像在一个宇宙性的大战役中的许多局部的交锋。他们所宣扬那种文化本身却多少带有一种自相矛盾的性质，因为欧洲人始终没有能够把物质与精神，理

① ［英］李约瑟：《现代中国的古代传统》，见李约瑟：《四海之内——东方和西方的对话》，劳陇译，三联书店1987年版，第85页。

性认识和浪漫精神，这两方面调和起来。[①]

与此形成鲜明对照的，则是中国文化的深刻一元性，有机自然主义的一元论，主张天人合一论、天人和谐论，正好是针砭医治西方文化弊端的一剂良药。他赞赏这样一种学术观点：

儒教、道教和（佛教的）禅宗所表达的一种精神境界，认为它本身和整个宇宙是完全适合的，把人看作是它的环境的一个组成部分。人类的智能并不是从远方来的、被囚禁的精神，而是整个自然世界复杂而平衡的有机组织的一个方面。这些原理首先在《易经》中阐述。天和地同样都是这个有机组织的组成部分，自然既是我们的父亲也是我们的母亲，因为自然的运转之“道”表现为“阳”和“阴”——男性的和女性的，正和负的原则，由于这两者的平衡运动，保持了世界的秩序。远东文化在根本上存在着一种看法，认为对立是相互联系的，因此根本上是和谐的。冲突往往只是表面上的，因为在一对相互依赖的事物之间不可能有根本的冲突。[②]

中国文化的思想主流是科学人道主义，源出于儒道互补，其中古代儒家提供了人道主义，而道家提供了科学，这种科学人道主义将会在东西方文明交汇的时代潮流中发射出更加灿烂的光辉。这就是李约瑟对新世纪的预言：

毫无疑问，现代科学对于人类文明所起的最大作用就是使整个世界在地面上统一起来。人类在向更高级的组织和联合形式进展的过程中，在当前我们所面临的许多统一的任务之中，我想最重要的任务就莫过于欧美文化和中国文化之汇合了。我们愈深入地研究这两种文化，就愈深刻地感到它们就像两个不同的作曲家所谱写的两

① [英] 李约瑟：《现代中国的古代传统》，见李约瑟：《四海之内——东方和西方的对话》，劳陇译，三联书店1987年版，第18、64、1页。

② [英] 李约瑟：《现代中国的古代传统》，见李约瑟：《四海之内——东方和西方的对话》，劳陇译，三联书店1987年版，第66页。

部交响曲，而其基本旋律却是完全一致的。[1]

今天，李约瑟离开我们已经近 30 年了，他倡导创作的《中国的科学与文明》多卷本巨著，这一系列闪光智慧的伟大预见，不但没有尘封湮没，而且还随着改革开放、中华复兴的时代潮头，放射出更大的光彩……

第二节　中华文明中蕴含的四大文化基因与哲学理念

影响乃至决定人的生产方式、交往方式、思维方式、精神风貌的，不仅有生物基因，并且有近 400 万年，尤其是文明起源以来近 1 万年、文明形成近 5000 年来历史实践基础上生成的文化基因。

我们且举三个最新的、基本的科学数据来说明这个问题：

人与其他高级哺乳动物的生物基因差别，不超过 2%；

人与最接近人的黑猩猩的生物基因差别，不超过 1.28%；

人与人的生物基因差别，不超过 0.1%。

如果人只有生物基因，没有文化基因，怎么能充分说明人的活动方式、生活方式、思维方式，如此深刻的千差万别？怎能充分说明人的个性的多样性、差异性、丰富性？怎能充分说明东西方文明，民族文化、人的精神文化世界的丰富多彩？

因而，我在这里试图把信息论与生命科学最新潮头综合起来，加以哲学概括，提出“文化基因”“中华民族文化基因”“世界新型文明的文化基因”等系列性新概念。

---

① [英] 李约瑟：《中国对科学人道主义的贡献》，见李约瑟：《四海之内——东方和西方的对话》，劳陇译，三联书店1987年版，第94页。

文化基因，是决定文化系统、文明形态传承与发展的基本要素。

文化基因的核心内容，就是思维方式与价值观念，集中体现到哲学观念中。这正是哲学研究的历史深意与当代新意所在。这有助于我们重新回答一个元哲学的基本问题：什么是哲学，哲学有什么用?

文化基因是通过生物遗传和文化教育这双重渠道来传承发展的，基于劳动实践活动、社会交往活动、语言符号活动这三大主体活动，得到创新发展。

文化传承，本质上是文化基因的世代相传。

文化创新，本质上是文化基因的重组变异，不同文化基因的综合创新。

寻根就是寻基因：为民族寻根，就是到文化基因形成的原创期、关键期去寻找民族文化基因。

中华文化基因库传承与创新，有五大特殊支柱：一是连续演化几千年而不中断的汉字系统；二是中国经学系统；三是中华文化元典与国学系统；四是孔子起了重要奠基作用的，从蒙学到国学、大学的中国独特教育系统；五是中华智慧、中国哲学中的哲学观念。

德国历史哲学家、文化哲学家雅斯贝尔斯关注的世界历史轴心期，是公元前 500 年前后。实际上，人类文明的文化基因形成关键期，应当上溯到 5000 年前的文明形成期，乃至 1 万年前开始的文明起源期。

中华文明属于世界六大原创文明之一，中华民族文化基因就在起源 5000 年、发展 5000 年的万年历史长河中形成发展。

文化基因可以分为良性基因与不良基因、活性基因与惰性基因、健康基因与致病基因。不应讳言，在封建社会后期近 1000 年中，尤其是在 1750 年到 1950 年这 200 年间，中华文明中封建主义、专制主义、蒙昧主义的不良文化基因、致病基因，一度有所蔓延，使中华民族在从古代农业文明向近代工业文明转型的现代化变革中，落后了 200 年。

然而，这 200 年在中华文明万年历史长河中，只是短短瞬间，只是一段支流岔道。从总体上看，中华民族传统文化本质与主流绝不能简单归结为封建文化、历史陈迹。其中蕴含着中华民族精神与文化基因，可以而且应当成为世界新型文明的源头活水与文化基因。

对于创造 21 世纪新型文明来说，中华文明中孕育的最重要的文化基因就是四大哲学理念：天人合一的宇宙观；仁者爱人的互主体观；兼容并包的多元文化观；义利统一、以和为贵的价值观。

第三节　创造人类文明新形态的源头活水

中华文明蕴含的这四大核心理念，充分发掘出来，有助于解决伴随着西方近代工业文明兴盛一时而产生的当代世界四大危机：天人关系中的生态危机、国际关系中的战争危机、不同文化圈之间的文明冲突危机、西方近代文明中万能工具理性与狭隘价值理性之间矛盾造成的价值观念危机。

在新世纪起点上，这种危机暴露得更加明显了。这四大危机的深层实质，乃是西方现代化模式的危机，西方现代性和主体性观念的危机，西方近代文化基因中思维方式与价值观念的危机：

过分强调征服自然、为我所用、主客二分、天人对立的世界观；

个人本位、自我中心的单主体观；

过分夸大文明冲突的单质文化观；

不讲道义、不讲和谐的狭隘功利主义价值观。

这种文化基因、文化理念，在近代工业文明兴起过程中，在近代市场经济、民主政治、科学文化兴起过程中，也曾起到巨大历史进步作用。吸收这些外来的异质文化基因，是中国现代化的一条捷径，在经济全球化时代甚至是一条历史必由之路。

要彻底走出上述四大危机，真正解决和平与发展这两大时代课题，并走向持久和平、永久和平，共同发展、可持续发展，就必须根本超越西方近代文明，创造与经济全球化、政治多极化、文化多元化相适应的新型世界文明。

要创造世界新型文明，源于西方的近代工业文明固然仍要起重大作用，一段时期内甚至仍会起主导作用。然而仅靠这样一个文化源头，是远远不够的，必须走“融汇东西，综合创新”的大道。

正是在这里，我们看到了中华文明在创造人类文明新形态中的未来世界意义：

中华文明不是“失落的文明”，而是活生生的文明；

中华文明不是僵死的木乃伊、古老的活化石、博物馆中供人观赏的老古董，而是创造世界新型文明的源头活水。

我们可喜地看到，2022年党的二十大，首次明确提出了马克思主义中国化“两个结合”的基本原则，强调马克思主义不仅必须同中国实际相结合，而且必须同中华优秀传统文化相结合。

不仅如此，党的二十大还特别提出要注意学习把握习近平新时代中国特色社会主义思想的世界观、方法论，并且还具体地点到了中华优秀传统文化中“天人合一的宇宙观”等文化基因、哲学观念。

这些闪光思想、哲学智慧，都是走出生态危机、开创人类文明新形态的思想大道、无价之宝……

中华文明思想宝库中，蕴含着未来世界新型文明的哲学理念文化基因，这是一个需要我们今后更加深入发掘，取之不尽、用之不竭的人类信息库、思想库、文化基因库！

第二章 天人合一的整体宇宙观
——走出生态危机之道

天人合一的宇宙观、世界观，加上由此衍生出来的中华智慧、生态智慧，不仅使中华文明依赖“黄帝有土德之瑞”“大禹治水功在天下”，走出了古代农业化中的第一次生态危机，而且对于我们走出近代工业化造成的第二次全球性生态危机有巨大的当代世界历史启迪意义。

第一节 天人合一的整体宇宙观
——人与自然和谐相处的生态理念

天人合一的宇宙观、世界观，堪称中华民族文化中最核心的哲学理念。

西方哲学，东方智慧，话语不同，问题相通，精神契合。一个最根本的哲学问题，说到底还是人与世界的关系问题。

天人关系，实质上指的是人与自然之间的关系，包括人与天地的关系，人与物质世界的关系，人与生态地理系统的关系。这是人的实践活动、劳动活动、主体活动的前提条件，并且是人主体活动的对象世界，提供劳动实践的工具手段，最终出现在人的活动目的和活动结果之中。

天人关系为什么会在中华文明中占据命运攸关的首要地位？

中华文明起源与发展的上下两个五千年，虽然古代北方有游牧文明，近代150年来转向工业文明，现代中国又开始走向新型文明，但主体部分却是东方特色的农牧文明，基本上是“靠天吃饭”，因而天人关系——人与自然关系，成了决定中国人命运的生命线。在中国古代的农业文明和北方草原文化、游牧文明中，形成“天—地—人”三元一体的宇宙观模式，带有很大的历史必然性：

天——气候是农牧业生产的首要自然条件；

地——土地是农牧业生产的首要生产资料；

人——人力是农牧业生产的首要主体生产力。

在中华智慧的天人关系观念中，势必首先强调天人合一的整体性：在古代农牧业文明与农牧业劳动实践活动中，人的活动处处离不开“天”，处处依赖于“天”，处处决定于“天”，人与天的一体性成了决定人的命运的命根子。

中国人既然把实现天人合一作为最高境界，势必要求寻找通天之桥，即沟通“天—地—人”的中介桥梁。实际上，从今天的眼光来看，实践活动、工具系统、科学技术与语言符号系统，这是沟通天人关系的三大中介系统。然而在古代中国文明形成过程中，却带有东方神秘主义色彩地找到了沟通天人关系的三大中介：龙、玉器、周易八卦。

即将到来的2024年，也是改革开放40多年来我们遇到的第四个龙年，中国龙文化势必成为一个热门话题。我们这里把龙文化作为中华民族、中华文明的独特文化符号，旨在发掘蕴含其中的哲学理念与文化基因。

第二节　中国原创文明中蕴含的天人合一宇宙观萌芽

在公元前3000年前后的中华文明起源与形成期萌生了一种中国人特有的宇宙观模式："人—龙—天"。人通过龙这个特殊的、神秘的中介，可以和天沟通为一体。

在这种"人—龙—天"的三项式宇宙观模式、思维模式雏形中，实际上是要寻找一种特殊的中介环节，沟通天人关系，实现天人合一，以神秘主义的龙文化形式，孕育着天人合一宇宙观萌芽。

在公元前1000年前后的商周之际，在中华文明雏形期的历史时期，在中华文化元典《周易》乾坤两卦中，在商周夔龙的形态中，初步生成了天人合一宇宙观雏形。

龙作为苍龙星座象征，在《周易》古经中初步形成了"天—地—人"统一的天人合一思维模式。《易经》号称群经之首，在中华文化元典中是形成最早、思维层次最高、影响最大的一部，它以占卜之书的神秘形式，蕴含深刻的哲学智慧，对于中华民族的思维方式和价值观念，都产生了巨大而深远的导向作用与定型作用。《周易》六十四卦之首的乾卦，就以龙—苍龙星座的物候历法为中介，提出了"天—地—人"统一的思维框架、思维模式。这里讲的，是以苍龙星象表征的时间、历法、物候为导引，天人合一的统一关系，"天—地—人"的互动关系：苍龙星象在地平线以下，呈潜龙状态时，要做准备，然而隐忍勿动；苍龙星象出现在田地上空时，作为君子的人要开始活动；苍龙星象呈跃龙形象，跳跃深渊时，君子也要一试身手；而到了"飞龙在天"的时候，走向高攀，全盛时期，则可能取得好的收成，君子要积极努力，大胆收获；而到了“亢龙”的时候，则要防止走过了头，物极必反……这里实际上是以龙为契机，提供了一种天人统一、“天—地—人”统一的思维模式，引导规范中国人的思维方式与价值观念。

《周易》形式上是神秘主义的占卜之书，实际上却是中华智慧、中国哲学的最早雏形、最早源头。《周易》中蕴含的天人合一核心观念，集中体现在开宗明义的乾坤两卦之中。乾卦以苍龙星象显示的时间物候为契机，阐明了龙的六种形态与人（君子）的六种态势：潜龙勿用、见龙在田、跃龙在渊、飞龙在天、亢龙有悔、群龙无首。乾坤两卦的基本思想是：天行健，君子以自强不息；地势坤，君子以厚德载物。在这里，“龙”是神秘主义外壳，天人合一宇宙观与思维模式则是蕴含其中的核心观念。

老一辈哲学家冯友兰先生在其生命最后时刻，曾经满怀深情地留下其一生的“哲学遗嘱”：中国哲学、东方智慧一定会在未来世界哲学、新型文明中大放光彩的，要特别注意《周易》哲学……或许深意就在这里吧？

第三节　世界文明轴心期
天人合一宇宙观基本定型

公元前 500 年到公元元年前后的春秋战国之交到秦汉之交，在中华文明定型期的历史时期，《易传》、龙学与飞龙形态，使天人合一的宇宙观基本定型。

《易传》、包括 1973 年新发现的帛书易传，不仅为易学从占卜之学转化为义理之学奠定理论基础，而且为中国龙学、龙文化奠定了理论基础。贯穿其中的核心观念之一是天人合一的宇宙观。前人多认为这一观念源于孟子,其实首先源于作为中华智慧源头的《周易》与孔子、老子、孙子。

《易传·彖传》在解释乾坤两卦时，阐发了天人合一宇宙观的基本思想，认为乾卦讲的是天道，坤卦讲的是地道，天地之道蕴含人道，特别是君子乘龙御天之道：“大哉乾元，万物资始，乃统天。云行雨施，品物流形。大明终始，六位时成，时乘六龙以御天。乾道变化，各正性命，保合大和，乃利贞。首出庶物，万国咸宁”……“至哉坤元，万物资生，乃顺承天。坤厚载物，德合无疆。”①

《易传·文言》在阐发乾卦龙德——君子之德时，再次深化了天人合一宇宙观：“夫‘大人’者，与天地合其德，与日月合其明，与四时合其序……”②

《易传·系辞下》与帛书易传《易之义》，都把“天道—地道—人道”的统一作为“易之道”：“易之为书也，广大悉备。有天道焉，有人道焉，有地道焉，兼三材而两之，故六。六者非它也，三材之道也……其要无咎，此之谓易之道也。”③

帛书易传“要”篇的最后，画龙点睛式地提炼升华出“易之要”，与“易之道”相呼应，强调的仍是“天道—地道—人道”的合一之道：“故明君不时不宿，不日不月，不卜不筮，而知吉与凶，顺于天地之心，此谓易道。故《易》有天道焉，而不可以日月星辰尽称也，故为之以阴阳；有地道焉，不可以水火金土木尽称也，故律之以柔刚；有人道焉，不可以父子君臣夫妇先后尽称也，故为之以上下……”④这里明显地包含着一个基本思想：天道、地

① 苏勇点校：《易经》，北京大学出版社1989年版，第37页。

② 苏勇点校：《易经》，北京大学出版社1989年版，第79页。

③ 苏勇点校：《易经》，北京大学出版社1989年版，第89页；参见邓球柏：《帛书周易校释》（增订本），湖南出版社1996年版，第456、461页。

④ 邓球柏：《帛书周易校释》（增订本），湖南出版社1996年版，第484页。

道、人道，在表现形式上是不同的，本质内容上是统一的。

在《易传》与帛书易传中，正是从天人合一的宇宙观高度来解释《易经》乾卦内涵的："大哉乾元，万物资始，乃统天""六位时成，时乘六龙以御天"。后来在《易经·象传》中，又把乾坤两卦结合起来加以解释，更明确地升华出"天—地—人"统一的思维方式："天行健，君子以自强不息；地势坤，君子以厚德载物。"在《易传·文言》中，则更明确地点出了天人合一的基本思想："夫'大人'者，与天地合其德，与日月合其明，与四时合其序……"

战国时期从孟子到荀子，从不同方面继承发展了天人合一宇宙观。秦汉之际从《淮南子》到董仲舒，一方面进一步提出了"天—地—人"三者合一的宇宙模式论；另一方面也强化了天人合一论的神秘主义色彩。

龙作为通天之物，还有助于生成"天人合一""天—地—人"统一的宇宙模式。在这方面有代表性的，或许可以举出西汉初期杂家巨作《淮南子·地形训》："正土之气，御乎埃天。埃天五百岁生缺，缺五百岁生黄埃，黄埃五百岁生黄澒，黄澒五百岁生黄金，黄金千岁生黄龙，黄龙入藏生黄泉。黄泉之埃，上为黄云。阴阳相迫为雷，激扬为电。上者就下，流水就通，而合于黄海……"①

这里有许多神秘主义、牵强附会的地方，但一个合理内核，则是表达了"天一地二人三"的宇宙模式，提出了天人合一的宇宙观，而龙成了沟通"天人"或"天、地、人"的神秘主义特殊中介。

① 陈广忠注释：《淮南子译注》，吉林文史出版社1990年版，第214、215、196页。

第四节　1000 年前宋代张载、朱熹的天人合一哲学理念

公元 1000 年前后的两宋时期，中华文明转型期的历史时期，张载、二程、朱熹发展了天人合一宇宙观，宋、元、明、清时期的黄龙形态，仍以神秘主义形式继续保持天人合一的有机整体宇宙观念。

张载率先明确提出了天人合一哲学命题，并赋予其天人一气、天人一体、天人一性、天人一易四层含义。在用气的辩证法思想重新解释《周易》乾卦的《乾称篇》中，张载留下号称《西铭》的哲学箴言："乾称父，坤称母；予兹藐焉，乃混然中处。故天地之塞，吾其体；天地之帅，吾其性。民，吾同胞，物，吾与也……"正是基于这种天人合一宇宙观，他提出了气贯天人的哲学宗旨："为天地立心，为生民立道，为往圣继绝学，为万世开太平。"①

程颢、程颐这二程兄弟，首先沿着唯心主义道学方向继承发展了张载的天人合一论。他们认为，"天道人道、同是一道""仁者以天地万物为一体"。

南宋理学集大成者朱熹，则从"天人一理、理一分殊"的角度，阐发《易经》乾坤两卦与张载思想主旨："天地之间，理一而已。然乾道成男，坤道成女，二气交感，化生万物，则其大小之分，亲疏之等，至于十百千万而不能齐也，不有圣贤者出，孰能合其异而反其同哉！《西铭》之作，意盖如此，程子以为'明理一而分殊'，

① 《张载集》，中华书局1978年版，第62、376页。

可谓一言以蔽之矣。”“一统而万殊”，“万殊而一贯”，“此《西铭》之大指也”。[1]

“三停九似”，形似飞天的宋、元、明、清黄龙，在宋明理学的影响下，既是通天神兽的象征，又是吉祥符号的象征，同时又是天人合一的有机整体宇宙观的象征。

通过龙的形象，表达出来的天人合一宇宙观，表现出中华文明在处理人与自然关系上的四大特点：

一是强调天人关系的整体性，反对把人与自然关系做二元割裂的孤立理解，把个人小宇宙与自然大宇宙，看作彼此相通的有机整体；

二是强调天人关系的依存性，反对过分强调人对自然的征服性，要求承认自然是人类母亲，人类生存发展永远不能摆脱对自然母亲的依存性；

三是强调天人关系的和谐性，反对“人为自然立法”的对立性，人与自然不是根本对立关系，人要像孔子晚年的《易传》所倡导的那样，“财成天地之道，辅相天地之宜”，寻求人与自然的和谐相处；

四是强调天人关系的中介性，反对神秘主义的先定和谐，不过中国古代文明多半把“龙、玉、八卦”作为沟通天人的三大特殊中介，表现出东方神秘主义的历史局限与思想局限。

---

① 《朱熹西铭记》，见《张载集》，中华书局1978年版，第410页。

第五节 超越西方对外征服型主体性观念的源头活水

在中国思想史的几千年历史长河中，主张天人合一、保护生态、和谐相处、共同发展的闪光思想缕缕不绝、不胜枚举，去掉神秘主义色彩，定将大放异彩！

这些文化资源、思想资源、智慧资源，是人类的宝贵财富，如果发掘出来加以发展，必将成为克服生态危机，走上可持续发展，创造现代新型生态文明的源头活水！

天人关系中，人与自然之间的矛盾冲突与深刻危机，集中表现为 20 世纪 70 年代以来日益暴露出来的生态环境危机等全球问题。

20 世纪 70 年代以后，生态危机、环境污染、资源匮乏、人口爆炸，成了迫在眉睫的四个全球性问题，几乎造成了威胁整个世界的人类困境。究其深刻根源，是人与自然关系问题上发生了严重失调与危机。西方那种以高消耗求高消费，先污染后治理的近代工业化发展模式陷入深刻危机之中。在这种发展模式的背后，则是过分强调主客二分、主客对立的外在征服型主体性思想，企图在人与自然之间建立外部征服性关系，康德所讲的“人为自然立法”乃是这种主体性观念的典型表述。全球问题、人类困境，本质上是这种外在征服型主体性观念的危机，是西方近代工业文明的危机，是西方近代文化的现代性、主体性观念的危机。

混沌理论的创立者，1977 年诺贝尔物理学奖获得者、世界著名科学家普里戈金与李约瑟相呼应，精神契合，同样公正地指出了这一点：“中国的思想对于那些想扩大西方科学的范围和意义的哲学家和科学家来说，始终是个启迪的源泉。”“我们相信，我们正朝着一种新的综合前进，朝着一种新的自然主义前进。也许我们最终能够把西方的传统（带着它对实验和定量表述的强调）与中国的传统（带着它那自发的、自组织的世界观）结合起来。”①

中华文明之所以能上下五千年长盛不衰，一个重要历史原因是形成了天人合一宇宙观、世界观，强调人与自然、人与宇宙、人与世界是一个不可割裂的有机整体，甚至把大自然看成人类的母亲，把自然界中的众多生命，还有世间万物，都视为人类生存的共同伴侣，希望人与自然和谐共生，共同发展。

毫无疑问，把这种天人合一的宇宙观、世界观，作为一种新的哲学理念、文化基因，深入发掘出来，有助于超越西方文明中对外征服型主体观念的历史局限与理论局限，克服全球性的生态危机，为创造人类文明新形态，开掘出富于生机活力的东方源头活水。

① [比] 伊·普里戈金等：《从混沌到有序——人与自然的新对话》，上海译文出版社1997年版，第1、57页。

第三章　仁者爱人的互主体观
——超越冷战霸权、走向和平共处的必由之路

和平发展已成为当今时代主潮，但战争危机却至今仍是悬在人类世界头上的重大威胁。而造成战争危机的种种势力，如帝国主义、霸权主义、恐怖主义、冷战思维，等等，一个共同的理论根源、思想根源、哲学根源，就是个人本位、自我中心的单主体观，加上夸大矛盾斗争性的“斗争哲学”“战争哲学”。而为了真正走出这块“沼泽地”，固然首先需要完成国家制度与社会制度创新的重大时代主题，同时也需要重新发掘中国文化及其古典哲学中孔子仁者爱人的互主体性哲学，墨子思想中兼爱非攻的永久和平论，以及当代生成的和平共处五项原则，探索一条走向天下太平的思想大道。

2022 年召开的党的二十大，不仅把和平发展作为中国式现代化新道路的五大基本特征之一与本质要求，而且特别明确地要求继承发展中华优秀传统文化中“厚德载物、讲信修睦、亲仁善邻”的“天下观”。

第一节　仁者爱人互主体观的来龙去脉
——贯穿中华文明5000年的一条脉络

纵观中国龙文化发展的上下五千年历史长河，仁者爱人的互主体观像一条缕缕不绝的思想主线贯穿其中。中国龙文化的四大历史形态，也标志着这一观念萌生发展的四大形态：

炎黄时代中华文明起源形成期，仁者爱人互主体观的思想萌芽已在酝酿之中，像历史与文化的“化石”那样，映现在原龙形态之中。炎黄时代，据说在黄帝、炎帝、蚩尤三大部族联盟之间，曾有争夺主导权的“涿鹿之战”“阪泉之战”等三次大战，先后还有五十来次战争。作为战胜者的黄帝部族联盟，建立了中国最初的原始国家（或叫早期国家），对炎帝、蚩尤等战败部落及其他众多部落，不是采取简单的消灭政策，而是采取和平共处、共同发展、互不侵凌的怀柔政策。《尚书》头一篇“尧典”，提出了互主体观的基本思想：“光被四表，格于上下。克明俊德，以亲九族。九族既睦，平章百姓。百姓昭明，协和万邦。”[①] 中国原龙形态正是在这个时代应运而生的一个独特文化创造：中国原龙源于原始图腾，而又根本超越了一般的单一图腾、混合图腾，而成为一种兼容各种图腾特征、文化特征的文化创造，象征多元民族融合的文化符号。

在商周之际的中华文明雏形期，“仁”的思想或范畴开始出现在《周易》《诗经》《尚书》《周礼》等中华元典中，特别体现在周公改革之中，并符号化到商周夔龙形态之中。《周易》古经中虽

① 江灏等译注：《今古文尚书全译》，贵州人民出版社1990年版，第14页。

没有出现“仁”的范畴，却以“亢龙有悔”“群龙无首”的形式，提出了互主体观的思想萌芽。在《诗经》中，“仁”字两见：《郑风·叔于田》中讲，“洵美且仁”；《齐风·卢令》中讲，“其人美且仁”。这两处“仁”字，都讲的是人的至善美德。在《尚书·周书》中，有两个地方明确使用了“仁”字：在《武成》篇中，周武王讲“予小子既获仁人”；在《金滕》篇中，周公讲“予仁若考能”[①]。过去被长期忽略的《逸周书》，或叫《汲冢周书》，更集中映现出周人、特别是周公那里“仁”的思想雏形。在这里“仁”的范畴出现十几次，并作为“五良（善）”之首，“四聚（取）”之首，“六厉（励）”之首，“七信（详明）”之首，“十因（依靠）”之首，“九行（善行）”之首，“九守（坚持）”之首，“七顺（顺应）”之首。在这里，“仁”的含义还从人际关系扩展到生态伦理之中。[②]为了解决“小邦周”借助九族联合之力征服“大邦殷”之后的长治久安问题，周公不仅提出了“以德配天、敬天保民”的德政思想，而且提出了“仁者爱人”的基本思想，这正是作为殷人之后的孔子反复申明“吾从周”的深意所在。与此相应，商周夔龙表现出特别广泛的包容性、多样性、丰富性，借以表现民族融合过程中的互主体观。

公元前1000年前后的商周之际，周公等人为寻求形成之中的中华民族长治久安之道，发展了民族融合过程中的互主体观，也表现为商周夔龙兼容并包的综合性。夏、商、周三代，不仅是前后相继的三个王朝，而且代表了三种有所不同的文化，三个文化特征有所不同的民族。以周代商之际，兴起于西北，人数较少，文化比较落后的“小邦周”，怎样才能较好地统治原来的“大邦殷”和其他

---

① 江灏等译注：《今古文尚书全译》，贵州人民出版社1990年版，第226、253页。

② 黄怀信：《逸周书校补注译》，西北大学出版社1996年版，第55、56、59、34、65、192、197、143、206页。

众多民族，这是一个需要高超智慧的历史难题。周公是那个时代中国与世界的大政治家、大思想家，他在实现民族融合过程中进一步发展了互主体观的思想萌芽。鉴于实力对比悬殊，周武王、周公借九族联合灭商之后，并没有将殷都及其王畿据为己有，而是把商纣王之子武庚、禄父封在那里，继续管理殷商遗民，同时还把殷都王畿分成三个封区，分封给武王的弟弟管叔、蔡叔、曹叔，起监视商王之子与商代遗民的作用，史称“三监”。武王在克商之后第二年就去世了，而周成王年幼，于是王叔周公“乃摄行政当国”。管、蔡二叔借机联合武庚，原属于殷的东方诸邦国发动叛乱。周公与召公，“内弭父兄，外托诸侯”，东征三年，终于得以平定叛乱。为了寻求长治久安之道，周公实行了一系列重大社会改革，以推行新的一整套治国方略：敬天保民，软硬兼施，承认差异，和平共处，武装殖民与民族融合相结合。一方面，周公等人分封了53个姬姓王国，还封18个周朝开国功臣为王。在诛武庚、杀管叔、放蔡叔的同时，封商纣王庶兄微子于宋，代表商代遗民，奉祀祖先。为了减少被征服者的敌对情绪，周公采取了尽量尊重原有的多元民族、多元文化的态势：对商代遗民，尽量保留“殷民之族”的公社组织和风俗文化，仍用商代遗民，“使帅其宗氏，辑其分族，将其类丑”，只要求他们服从周的主要法令；对于鲁、卫两国，“启以商政，疆以周索”；对于晋，“启以夏政，疆以戎索”；封神农之后于焦，黄帝之后于祝（涿鹿），帝尧之后于蓟，帝舜之后于陈，大禹之后于杞。在《尚书·酒诰》中，周公还特别告诫分封到卫国的康叔，要恭恭敬敬地对待“自成汤咸至于帝乙”，效法殷先哲王的种种嘉言懿行，以“应保殷民”。周公不愧是孔子仁学的思想先驱，也是中华智慧中互主体观的思想先驱。

在公元前500年前后的春秋战国之时，中华文明多元一体的基本格局正是这一时代奠定，孔子、墨子在理论上首倡互主体观，这一时期基本定型的飞龙更明确地蕴含着互主体观。这一时期是多源一统的中华文明定型期，也是多元一体的中华民族奠基期。齐、楚、燕、韩、赵、魏、秦，这七雄并立、争霸中国的独特格局，实际上提出了多元民族、多元文化的中华民族怎样走向统一的时代课题。在这种错综复杂的历史背景下，怎样处理人与人、国与国、民族与民族之间的关系问题，成为命运攸关的时代课题。春秋战国之际形成的儒墨两家显学，在中国思想史、世界思想史上率先从理论思维高度提出了互主体观。

孔子儒学中心范畴形式上是礼，实质上却是更深层次、更具原创性的仁，正是在“仁”这个范畴中，集中表现出互主体观。仁学中的互主体观，集中表现在三个基本命题之中：仁者爱人；己所不欲，勿施于人；己欲达而达人，己欲立而立人。孔子晚年在解析《周易》的《易传·系辞》中，又发挥了互主体观的基本思想：“子曰：‘天下何思何虑？天下同归而殊途，一致而百虑……穷神知化，德之盛也。’”[①]1973年出土的长沙马王堆西汉墓中，发现了孔子晚年传易的一些文献，其中《缪和》第五章，在校释《易·屯之九五》时，提出了君子“四处四思”之道，反对处上者只知追求自身利益，不顾下层利益，具体发挥了仁学、易学、龙学中的互主体观：“夫《易》，上圣之治也。古君子处尊思卑，处贵思贱，处富思贫，处乐思劳。此四者，足以长有其[立]，名与天地俱。今《易》曰‘屯其膏’，此言自闰者也。夫处上立者，自利而不自恤下，小之犹可，大之必凶。且夫君国有人而厚佥，致政以自封也，而不顾其人，此除也。”[②]这里讲的“君子四处四思之道”，既体现了忧患意识，又贯穿了互主体观的基本思想。

《礼记·礼运》，以孔子名义，提出了大同理想，互主体观的

① 苏勇点校：《易经》，北京大学出版社1986年版，第87页。
② 邓球柏：《帛书周易校释》，湖南出版社1996年版，第497页。

思想仍是理论基石、哲学基石："大道之行也，天下为公，选贤与能，讲信修睦。故人不独亲其亲，不独子其子，使老有所终，壮有所用，幼有所长，矜、寡、孤、独、废、疾者皆有所养，男有分，女有归。货恶其弃于地也，不必藏于己；力恶其不出于身也，不必为己。是故谋闭而不兴，盗窃乱贼而不作，故外户而不闭。是谓大同。"①

孔子晚年整理的《尚书》第一部分第一篇"尧典"，其思想主旨之一是把互主体观贯穿到国家关系、民族关系之中去，提出了"协和万邦"的理想目标："……光被四表，格于上下。克明俊德，以亲九族。九族既睦，平章百姓。百姓昭明，协和万邦。"②

在春秋战国、秦汉之际的中华文明定型期，孔子首倡以"仁"为中心范畴的仁学，并提出"龙德广大论"，这一时期飞龙形态形象地体现了这种互主体观。仅在《论语》中"仁"的范畴就出现多达 81 次，并成为一以贯之的核心理念。

孔子仁学的四个理论支点是：仁者爱人；己所不欲，勿施于人；己欲立而立人，己欲达而达人；为仁由己。贯穿其中的核心观念是互主体观：不仅承认自己是人、有主体性，而且承认别人也是人、也有主体性。这种仁学观念在孔子晚年的《易传》、帛书易传中，演化成了"龙德广大，无所不包"的基本思想。与此相应，这一时代的飞龙形态，包括蟒蛇形飞龙与走兽形飞龙，通过龙的多样变化特征的共存关系，表现出人际关系上互为主体的共存关系。

互主体观的另一理论源头，当属墨子。墨子的特点：一是把孔子仁学中的互主体观发挥得更为彻底了，超越了孔子囿于宗族关系、人伦关系的"爱有等差"的思想；二是把仁——互主体观，从一般人际关系更直接地贯穿到交往关系、国际关系中去，提出了

① 孙希旦撰：《礼记集解》中卷，中华书局1989年版，第582页。
② 江灏等译注：《今古文尚书全译》，贵州人民出版社1990年版，第14页。

“兼相爱，交相利”的交往原则、兼爱非攻的理想目标。在《兼爱》篇中，墨子开宗明义地提出了“兼相爱，交相利”的互主体观基本原则：“仁人之所以为事者，必兴天下之利，除去天下之害，以此为事者也。”“然则天下之利何也？天下之害何也？子墨子言曰：‘今若国之与国之相攻，家之与家之相篡，人之与人之相贼，君臣不惠忠，父子不慈孝，兄弟不和调，则此天下之害也。’”“‘凡天下祸篡怨恨其所以起者，以不相爱生也，是以仁者非之。’既以非之，何以易之？子墨子言曰：‘以兼相爱、交相利之法易之。’然则兼相爱、交相利之法将奈何哉？子墨子言曰：‘视人之国若视其国，视人之家若视其家，视人之身若视其身。’”①

在两宋时期的中华文明转型期，张载、朱熹发展了孔子仁学思想中的互主体观，“三停九似”的黄龙形态也基本上继续保存了这种文化观念内涵。张载主张“以爱释仁”，提出“以爱己之心爱人则尽仁”，并在《西铭》中提出了“民胞物与”的仁道主义纲要：“民吾同胞，物吾与也。”“尊高年，所以长其长；慈孤弱，所以幼其幼。圣其合德，贤其秀也。”“凡天下疲癃残疾，惸独鳏寡，皆吾兄弟之颠连而无告者也。”②从二程到朱熹，发挥了“以爱释仁”“以公释仁”的互主体观。朱熹主张：“仁者，爱之理；爱者，仁之用。”“仁是根，恻隐是萌芽。亲亲，仁民、爱物，便是推广到枝叶处。”（《北溪字义》见《朱子语类》卷六）

在龙文化中，自觉体现了这种仁学互主体观的，首推南宋后期画龙大师陈容。他在《二龙图》上自题明志，倡导仁爱之心：“士君子受民社之寄，岂以弄戏翰墨为能事哉，其必有托兴者矣。吾闻君子之治乎期民也，作而新之如震斯惊，时而化之如泽斯溥，于以致雷雨满盈之功，于以成天地变化之造。是故勇以发至仁之心，诚

① 吴毓江：《墨子校注》，西南师范大学出版社1992年版，第133、134页。
② 《张载集》，中华书局1978年版，第32、62页。

以通至神之迹，则善体物者矣。”在他绘成的《墨龙图》上更自题小诗一首，把龙的形象中包孕的仁学互主体观发挥得淋漓尽致：“扶河汉，触华嵩；普厥施，收成功；骑元气，游太空。”①

宋代以降，中国封建社会走向后期，把黄龙作为皇权垄断的象征趋势，严重压抑与扭曲了中国龙文化中蕴含的仁学互主体观。不过，这种深层观念并没有完全泯灭，不时地通过“三停九似”的民间黄龙形态，或隐或显地表现出来。

中国龙文化中蕴含的仁者爱人的互主体观，无论在中华文明史上，还是在世界文明史上，都有不可磨灭的特殊意义。

第二节　中国特色的“仁道主义”
——人与人、国与国和谐发展的“仁道理念”

互主体观，是多元主体观、交互主体观，即不仅承认自己是主体、是目的，而且承认他人也是主体、也是目的。

这种互主体观根本超越了个人本位、自我中心的单主体观。

这种互主体观是中国人、中国文化中特有的一个基本观念。互主体观在理论上的典型形态，见之于孔子的仁学、墨子的“兼相爱，交相利”学说。而互主体观流行最广的萌芽形态则蕴含在中国龙文化中龙的形象背后。

互主体观，几乎自始至终是龙的观念的重要组成部分，成为独具特色的龙的观念。或者更确切些说，除了作为封建君权象征的封建社会后期皇龙之外，大多数中国龙普遍包含着互主体性的观念。

① 陈容：《通园学古录》卷11，转引自刘志雄、杨静荣：《龙与中国文化》，人民出版社1992年版，第302页。

仁者爱人的互主体观——中国人旨在寻求人与人、国与国、族群与族群之间和平共处、和谐发展的独特仁道理念，或者叫中国特色的“仁道主义”“仁道理念”。

仁者爱人的互主体观之所以成为中国龙文化乃至各中华文明传统的重要理念，有着特别深刻的客观依据和历史依据。

人际关系，讲的是人与人之间的社会关系，在人的主体活动中是不可忽视的基本关系。实际上，在任何人的主体活动中，立刻会碰到相互联系的双重主体关系：一是人与自然的关系，即天人关系；二是人与人的关系，即社会关系。

中华文明产生的生态地理系统具有特殊的广阔性、复杂性、多样性，因而使多元主体的互主体观具有特殊意义。与世界历史上其他五大原创性古典文明相比，其他文明多半是在比较狭小的生态地理系统中产生的，呈“点状文明”或“带状文明”。而中华文明从诞生之日起，就分布在几百万平方千米乃至千万平方千米的东亚大陆上。如何处理人际关系问题显然更为重要。

中国人种的历史进化特点，或许使互主体观问题显得格外突出。中国人种，通常为发源于东亚大陆的蒙古人种，其典型特征是体形较小，动作灵活，智力较好。因而，为了求生存、求发展，自古以来的中国人特别要靠两手：一是以智取胜，以柔克刚；二是以群取胜，以群为本。因此，巧妙处理人际关系显得特别重要。

多元民族、多元文化、多元一体、综合创新，这是中华文明的独特发展大道，使得巧妙处理多元主体之间关系的互主体观格外突出。

这种仁者爱人的互主体观，是中国龙文化乃至整个中华文明特有的人学观念、主体观念，其本质特征就是承认多元世界、多元主体的共同存在，即承认自己是人、是目的、有主体性，也承认别人是人、是目的、有主体性。

这种仁者爱人的互主体观，反映出中国人在处理人际关系上的独特理念：在处理人与人、家与家、民族与民族、国家与国家的相互关系时，不仅承认自己作为主体的存在，而且承认他人作为主体的存在；最低标准是从抑恶的消极方面，要做到“己所不欲，勿施于人”；最高标准是从行善的积极方面，努力做到“己欲立而立人，己欲达而达人”；理想境界是达到“民，吾同胞，物，吾与也”“四海之内皆兄弟也”，努力寻求人与人、家与家、国家与国家、民族与民族之间的和谐相处，共同发展。

这种仁者爱人的互主体观代表了中华文明中一种古代早熟的群体本位主体观，不同于西方文化中普遍流行的个人本位、自我中心的单主体观。因为它过于早熟，因而不利于近代化过程中反对封建主义、发展自由个性，而在现代与未来世界则有特殊意义。

这种仁者爱人的互主体观代表了一种中国特色的人道主义、人文主义，即强调互主体性的“仁道主义”，与单纯强调个人本位、自我中心、个性解放、个性自由的西方近代人道主义各有千秋。

中华文明的文化基因中，特别富于和平理想、和平哲学、和平主义的思想资源、文化资源、智慧资源，深入发掘出来必将成为世界持久和平、永久和平的重要思想基石。

与西方文明主流形成鲜明对照的是，古往今来的中华文明传统，都富于东方和平主义、和平理想、和平哲学的思想资源：

老子道家，以道法自然、清静无为、与世无争为主旨的和平理想；

孔子儒家，以以和为贵、仁者爱人、大同世界为主旨的和平理想；

墨子学说中，以“兼相爱，交相利”为主旨的兼爱非攻论和平理想；

近代有洪秀全、康有为、孙中山关于大同世界、永久和平的社会理想；

现代则有毛泽东、周恩来、邓小平倡导的和平共处五项原则、“一国两制”和平理论、建立世界经济政治新秩序的和平理想……

这种仁者爱人的互主体观，在新世纪、新千年，尤其是中国特色社会主义新时代，更有守正创新的新发展。

第三节　构建现代新型大国关系
——新时代的新倡导

在21世纪第二个十年的新起点上，中美关系既遇上了新问题、新挑战，又出现了新机遇、新发展。

一方面，2010年、2011年奥巴马总统等美国领导人高调倡导美国全球战略重心东移，“重返亚太”“重返亚洲”“实现战略再平衡”，或明或暗地把主要矛头指向正在走向现代复兴的中国；另一方面，2013年6月7日、8日，习近平主席访美时，与奥巴马总统在安纳伯格庄园举行特别会晤，中美两国领导人共同倡导，共同构建面向21世纪的中美新型大国关系。自1972年尼克松与毛泽东第一次握手之后40年，又开启了中美两国关系史上的新阶段、新起点。

这个新阶段，有四个新特点：一是提出共同构建中美新型大国关系；二是从利益共同体到命运共同体；三是全面构建全球化的新型国际关系，形成纵横交错的全球战略；四是立足亚洲太平洋。

先从2010年前后，美国总统奥巴马高调提出“重返亚洲太平洋地区”引出的新问题、新挑战谈起。

其实，实现美国的战略重心东移，是蓄之已久的美国全球战略考量。远的暂且不说，在2000年前后，小布什总统上台之前与上台之初，就都曾声言把美国全球战略重心转向东方，转向亚洲太平洋地区。可是后来，2001年发生“9·11”事件，同年为了把本·拉登捉拿法办而发动阿富汗战争，2003年又发动推翻萨达姆的伊拉克战争，接着又有伊朗问题、叙利亚战争、中东革命、利比亚战争，等等。这一切的一切，导致了美国战略重心至少在21世纪头十年，依然滞留在中东、近东、南亚一带，重心转移步履维艰，严重滞后，并不到位。

2009年，年仅49岁的奥巴马赢得大选。在全球战略上，他提出了重心东移的变革方针，旨在扭转美国颓势与软弱地位，遏止中国发展势头是其题中应有之义。

21世纪起点上主政的美国总统小布什，无论从新自由主义基本立场，还是处理内政外交的个人风格来说，都是非常强硬的。问题是形势比人更强：拖了近十年之久的阿富汗、伊拉克两场战争，以上万亿美元的庞大军费开支，加上6000多名美军士兵命丧黄泉的无比巨大代价，将美国拖得筋疲力尽，而反恐战争、以暴易暴、环环相报、恐怖主义威胁却有增无已；2008年开始的当代国际金融危机，使美国经济状况雪上加霜，陷入困境。

在这种情况下，如果再加大投入，继续加强阿富汗、伊拉克战争，或许再开辟伊朗、叙利亚两个战场，势必越陷越深无法自拔，损失会比当年朝鲜战争、越南战争更加惨重。而东亚经济发展、中国现代化起飞，却势不可当。

正是在这种国际局势与自身形势下，奥巴马总统决定改弦易辙，调整美国全球战略，实现重心东移。2009年，奥巴马总统高调宣示了美国“重返亚太”的全球战略重心东移。

奥巴马政府是在美国处于冷战后最低潮的时刻上台的。阿富汗和伊拉克两场战争使美国在战略上筋疲力尽，一场金融危机又使美国经济面临空前的困难。奥巴马要结束两场战争以使美国摆脱战略困境，要振兴经济以使美国恢复活力，欣欣向荣的亚太地区因而在奥巴马政府的战略调整和经济振兴日程上占有重要位置。奥巴马政府首先高度评价亚太的重要性。奥巴马本人出生在夏威夷，童年时在印度尼西亚生活过，对亚太地区有亲切感，自称是“美国首位太平洋总统”。他强调：“这个地区的未来与我们利害攸关，因为这里发生的一切对我们国内的生活有着直接的影响。”希拉里国务卿称：“越来越清楚的是，在21世纪，世界的战略和经济重心将是亚太地区。”“……21世纪历史的大部分将在亚洲书写。这个地区将见证地球上最具转变性的经济增长。这里的大多数城市将成为全球商业与文化的中心。随着本地区更多的人接受教育、获得机会，我们将会看到下一代商业、科技、政治与艺术领域的地区性和全球性的领军人物的崛起。”①

奥巴马政府认为，对美国而言，亚太经济上提供了机会，而在安全上则提出了挑战。亚太是世界上经济最富活力的地区。

2009年、2010年、2011年这三年间，美国“重返亚太”的全球战略调整，格局越来越清晰了，逐渐形成了三足鼎立的三个支撑点：

政治上和全球战略上：“转向亚洲”；

安全政策和军事战略上：实行再平衡战略，“枪打出头鸟”，遏止破坏原有平衡的崛起者；

经济上：打出“跨太平洋战略经济伙伴关系”。

美国“重返亚太”，完全有理，无可厚非。问题是，这种重返是带着军事霸权、强权政治，正如希拉里国务卿2011年在《美国

① 吴心伯主编：《21世纪的美国与中美关系》，时事出版社2013年版，第4页。

的太平洋世纪》中所明确昭示的。而在背后的一个明显目的则意在遏止中国发展势头，防止其挑战美国世界霸权地位。这已是“司马昭之心，路人皆知”。

一、倡导中美共同构建新型大国关系

正是这种极其复杂的世界历史背景下，在党的十八大前后，中美双方有一个中美关系的升温阶段。2011 年 8 月 17 日—22 日，受中国国家主席胡锦涛的邀请，美国副总统拜登访问中国北京，并去四川成都，参观青城山高级中学、都江堰水利枢纽，还在四川大学作了讲演。习近平副主席全程陪同，加深了彼此了解。

2012 年 2 月 13 日—17 日，习近平副主席在尼克松访华 40 周年之际对美国进行访问，在同美国领导人的会晤中，中美领导人达成了以共同利益为主线，走出一条大国之间和谐相处、良性互动、合作共赢的新型合作伙伴之路的共识。

习近平副主席应邀对美国进行正式访问，受到高规格接待。习近平副主席与奥巴马总统 2 月 14 日在白宫椭圆形办公室会晤，还会晤拜登、希拉里、国会领袖等高层，参观五角大楼，并会见美国国防部长帕内塔、美军参谋长联席会议主席邓普西，受到了全套军礼迎接。习近平副主席还出席了中美农业高层研讨会和中美经贸合作论坛开幕式。习近平副主席访美是根据胡锦涛主席 2011 年访美时与奥巴马总统达成的共识，落实两国副元首互访，推进建设相互尊重、互利共赢的中美合作伙伴关系。在双边贸易摩擦增多、贸易失衡加剧的背景下，这次会晤后发布的《关于加强中美经济关系的联合情况说明》，为促进互利共赢的中美经济关系列出了务实措施。除了强调“宽广的太平洋有足够空间容纳中美两个大国”，习近平副主席还与美国各界人士尤其是普通民众积极互动，以“人性之旅”展现中国新一代领导人更开放、更亲民的特点，并援引古诗强调中美友好和合作是“大势所趋、人心所向，不可阻挡、不可逆转”，有助于减少两国“信任赤字”。[①]

2013年6月7日、8日，中国国家主席习近平在结束了拉美各国访问之后，到美国华盛顿访问，与美国总统奥巴马举行了“庄园会晤”，提出构建中美新型大国关系，其基本特征是“不冲突，不对抗，互相尊重，合作共赢”，得到了美国总统奥巴马积极响应。这次两国元首的首次会晤，不但在日程上比预期常态提前了至少三个月，而且还选择在加州洛杉矶以南的安纳伯格庄园举行，被描述为“不戴领带”的密切沟通，将如何推进中美关系与国际事务，备受世界瞩目。

从美国对外交往的传统上看，所谓“庄园外交”，始终被视为顶级选项之一。

以领导人个人交往为中心的“庄园外交”，大都传达着三种外交定位，即近邻、盟友以及利益攸关者。近邻如做客克劳福德农场的加拿大总理马丁、墨西哥总统福克斯以及哥伦比亚总统乌里韦；盟友如先后造访戴维营和克劳福德农场的日本首相小泉纯一郎；利益攸关者则以1959年访问戴维营的苏联领导人赫鲁晓夫、2001年和2003年先后访问克劳福德农场和戴维营的俄罗斯总统普京，以及2002年访问克劳福德农场的中国国家主席江泽民为代表。在不同的外交定位上，“庄园外交”的共性是强化领导人沟通，寻求更为深层次的理念认同，简言之，是对双边关系以及共同关切的国际事务确定总体基调的战略会晤。

客观而言，中美最高层会晤，以“庄园外交”形式开启，充分展现了两国领导人对处理好双边关系的高度重视和增加互信的迫切

① 吴心伯主编：《21世纪的美国与中美关系》，时事出版社2013年版，第7、27页。

期待。奥巴马第二任期开启后，中国关于“新型大国关系”的战略判断得到美方的积极回应，此次会晤则推进这一概念的丰富与落实，将其定调为两国在互相尊重、互利共赢基础上深化关系的大方向。同时，必须看到的是，美国的“庄园外交”带有某些“区别对待”的“大国俱乐部”意味。对此，习近平主席先访拉美三国、再会晤奥巴马的行程安排，足以宣示出中国对世界各国的同等重视，展现了全方位、立体化的外交智慧。

按照习近平主席在与奥巴马会晤中的精辟概括，中美新型大国关系，即“不冲突，不对抗，互相尊重，合作共赢”。具体而言，在新型大国关系框架内，中美两国须客观理性看待彼此战略意图，坚持做伙伴、不做对手，通过对话合作而非对抗冲突的方式，妥善处理矛盾和分歧；两国要尊重各自选择的社会制度和发展道路，尊重彼此核心利益和重大关切，求同存异，包容互鉴，共同进步；两国要摒弃零和思维，在追求自身利益时兼顾对方利益，在寻求自身发展时促进共同发展，不断深化利益交融格局。

关于如何将新型大国关系落实到中美关系的方方面面，习近平主席提出了四点建议：一是提升对话互信新水平，把两国领导人在二十国集团、亚太经合组织等多边场合会晤的做法机制化，用好现有 90 多个政府间对话沟通机制。二要开创务实合作新局，美方应在放宽对华高技术产品出口限制等问题上采取积极步骤，推动两国贸易和投资结构朝着更加平衡的方向发展。三要建立大国互动新模式，双方应在朝鲜半岛局势、阿富汗等国际和地区热点问题上保持密切协调和配合，加强在打击海盗、跨国犯罪、维和、减灾防灾、网络安全、气候变化、太空安全等领域合作。四要探索管控分歧新办法，积极构建与中美新型大国关系相适应的新型军事关系。①

---

① 孙哲主编：《新型大国关系中美协作新方略》，时事出版社2013年版，第289—291页。

二、从利益共同体进而走向命运共同体

“跨越太平洋，寻找共同点”——这是自 1972 年毛泽东与尼克松首次握手之后，中美两国领导人于思想界上下求索的时代课题，其大体经历了三个历史阶段：

20 世纪七八十年代，中美寻求的共同点，主要是共同敌人，首先是反对世界霸权主义、战争威胁主要策源地，一度指向苏联帝国新沙皇的霸权主义倾向，战争威胁的主要危险。为此，还提出了“一条线”战略、“大三角”战略等。随着 1991 年前后东欧剧变和苏联解体，这个共同点的问题，也就失去了意义。

世纪之交这 20 年，中美寻求共同点，主要是寻找“利益共同点”。时任美国副国务卿的佐立克，2005 年 9 月在一次演讲中首次提出，要使中国成为“国际体系中负责任、利益相关的参与者”。中国外交部 2006 年 3 月发出通知，把译名从“利益相关者”改为“利益攸关方”，以期准确反映美国此一称呼的实质内涵和战略意图。①

不管怎么说，这 20 年间，主要是寻找中美两国国家利益、民族利益、人民利益的共同点。

21 世纪第二个十年的新起点，中国领导人习近平进一步提出“命运共同体”，作为共同点的新探寻、新发现、新理解。一方面，由于中美两国都是当代世界核大国，如果发生大规模正面军事冲突，必然引发大的战争，甚至核战争，这将没有胜利者可言；另一方面，更重要的是，由于经济全球化已成时代主要潮头，对于中美两国来说，正是因为身处太平洋两岸，因而你中有我、我中有你的

① 孙哲主编：《新型大国关系中美协作新方略》，时事出版社2013年版，第23页。

互相依存、互相渗透、互相影响作用特别突出。

2014年1月22日，美国《世界邮报》刊发了对习近平主席的专访。在谈处理中美关系、大国关系时，习近平主席强调，我们都应避免陷入所谓“修昔底德陷阱”。这是借用古希腊雅典同盟与斯巴达争霸而进行伯罗奔尼撒战争的历史教训，告诫我们要注意到“命运共同体”的深刻命意。

三、采用纵横交错的全球战略，全面建构全球化新型国际关系

春秋战国时期，尤其是战国七雄时期，出现了纵横家的两种国际外交战略：张仪代表的“连横派”，主张与最强大的秦国结成友好关系，甚至隶属关系，以保存自己，促进统一；苏秦代表的“合纵派”，则主张六国联合，对抗强秦。

当代中国明确化地形成了纵横交错、两手并用的全球战略。与美国搞“连横”，共同构建新型大国关系，以推进中国现代化起飞和可持续发展；与俄罗斯等周边国家，亚非拉等发展中国家，德法等欧盟国家，广泛地搞“合纵”，联合一切平等待我之民族、国家，形成争取和平、共同发展的最广泛的国际统一战线、全球统一战线。

在这里，“连横”与“合纵”这两手，如同人之两手，左右并用，相互补充，相得益彰：有了中美联合的“连横”关系，就可以保证中国带着现代化起飞势头，去推进“合纵”关系；而有了“合纵”关系这一手，则使得中国在与美国构建新型大国关系时，更有底气，更有实力，更有根基，更有定力，不会顺风转向，简单跟着走、照着做。

从习近平担任国家主席以来的外交活动日程表，可以对此窥见一斑：

2013年4月，习近平首次出访，第一站就是俄罗斯，会见了

俄罗斯总统普京；

2013年6月，习近平首先访问拉美三国，而后于6月7日、8日，来到美国首都华盛顿，并与美国总统奥巴马举行了“庄园会晤”；

……

四、更加明确地立足中国、立足亚洲，面向太平洋、面向全球化

这个基本立场、基本观点、基本立足点、基本出发点，新中国历代领导集体都是一以贯之的。以习近平同志为核心的党中央领导集体把这四个基点有机统一，做得更加明确、更加直接、更加充分、更加流畅。

立足中国是我们走向太平洋、走向全球化最基本的出发点、根据地。这不仅因为我们是中国人，而且因为中国自古以来就是太平洋文明与国家体系的发源地，而今天是倡导构建新型文明、新型国家体系、新型大国关系发源地。2012年党的十八大，2013年十八届三中全会，2017年党的十九大，乃至2022年党的二十大，更使中国改革开放走向全面深化新阶段，中华民族现代复兴有了更加强大的凝聚力、同心力、影响力、创造力。

立足亚洲，这也是特别重要的一个立足点、出发点。担任中国国家主席后，习近平出访的第一站，首先是亚洲最大邻国俄罗斯。在建立新型大国关系、新型国际关系体系过程中，中国同俄罗斯关系率先迈出第一步，并且同印度等诸多邻国关系也都走在前面。2014年5月，习近平主席在上海主持召开了亚洲相互协作与信任措施会议第四次峰会，并在《积极树立亚洲安全观，共创安全合作新局面》的主旨讲话中鲜明指出：“中国和平发展始于亚洲，

依托亚洲，造福亚洲。”①

面向太平洋，这是习近平主席特别强调的一个生长点与大视野。2013 年 10 月 7 日，在印度尼西亚巴厘岛举行的亚太经合组织领导人会议第一阶段会议上，他就以《发挥亚太引领作用，维护和发展开放型世界经济》为主题，发表重要讲演，鲜明提出亚洲太平洋的世界经济引擎作用：“亚太经合组织承载着推动本地区和全球发展的重要使命，面对上述挑战，应该展示勇气和决心，发挥引领和协调作用，维护和发展开放型世界经济，推动亚太地区继续在世界经济复苏方面发挥引擎作用。”②

面向全球化，这更是习近平主席特别强调的大视野与归宿点。强调立足亚洲，注重亚洲太平洋地区，不意味着可以忽视德国、法国等欧盟国家，发展中国家最集中的非洲大陆等。习近平主席、李克强总理等中国领导人，适应全球化时代潮流，加强了全方位的中国外交，展现了纵横交错的中国全球战略。

2014 年以来发生的一系列事件，表明中美共同构建新型大国关系不是那么一帆风顺的，既有世界历史性重大机遇，也有冷战时代、冷战思维遗留的问题造成的巨大挑战。那些年来最为突出、引人注目的，至少有四个事件：

第一，从 2013 年 11 月开始，乃至 2022 年 1 月以后，愈演愈烈的乌克兰危机。

第二，2014 年 4 月，美国总统奥巴马访问日本、韩国、菲律宾，旨在加强美国主导下的军事同盟关系，甚至提出钓鱼岛也在美日有关条约的防范之内。

第三，美国总统奥巴马 2014 年 5 月 28 日在西点军校毕业典礼上阐述美国外交新政策，比以往更加强调了中美竞争、美国霸权。

① 《人民日报》，2014年5月22日。

② 《人民日报》，2013年10月8日。

第四，共和党人特朗普、民主党人拜登先后担任美国总统，开始把中国作为威胁美国霸权地位的主要挑战者……

第四节　究竟什么是时代主题
——大国竞争，还是大国合作？

世纪之交、千年之交，时代主题究竟是什么？是把重心放在大国竞争上面，旨在维护全球霸权、单极世界，还是把重心放在大国合作上面，借以构建人类命运共同体，共同克服全球性的七大危机、人类困境？

这个命运攸关的大问题，劈头摆到当今时代的国际社会面前，并且出现了截然不同的两种历史抉择。

值得注意的是，对世界走向影响重大的美国政治思想界，作出了第一种选择。

其学术界的主要代表作有两部：一部是1987年，由耶鲁大学历史学家保罗·肯尼迪推出的著作《大国的兴衰——1500—2000年的经济变迁与军事冲突》；另一部是20世纪末，兹比格纽·布热津斯基的名著《大棋局——美国的首要地位及其地缘战略》。

与此相应，近年来三届美国总统越来越突出了为维护美国全球霸权而进行的大国竞争：

2014年前后，奥巴马总统提出了“重返亚太”战略，要求重塑美国在亚太地区的霸主地位；

2018年前后，特朗普总统提出让美国再次强大，保持世界第一的霸权地位不可动摇，并且开始把中国定义为主要的战略竞争对手，一连三次掀起对华制裁贸易战，并提出中美“脱钩论”；

2022 年前后，随着乌克兰危机的出现，拜登总统更加突出地把进行大国竞争、维护美国全球霸权作为时代主题，摆出“两个拳头打人”的架势：一方面在西方利用北约绑架欧盟，力图拖垮俄罗斯；另一方面则与日本等东方诸国签订“亚太经济框架”，并建立四方军事联盟，还企图利用所谓“台湾问题”制约中国。

怎样超越新冷战，开创新时代？这的确是一个摆在中国与世界面前的大问题。

好在中华文明中自古以来就存在仁者爱人的多元交互主体观，有助于形成一种超越新冷战的新时代新思维。在中美关系中，不是盲目性地搞对着干、硬碰硬，而是软硬两手并用，重在以柔克刚，以弱胜强，以智取胜，不战而胜。

2020 年新冠病毒全球大流行危机，加上 2022 年乌克兰危机，向全世界文明国家敲起警钟：

超越单极世界，走向多极世界；

超越单边主义，走向真正的多边主义；

超越大国竞争的全球霸权时代主题论，走向大国合作，共同应对全球问题；

超越新冷战，开创新时代！

而为了回答这一时代课题，必然要求：

根本超越西方近代资本主义文明；

开创新世纪、新千年人类文明新形态！

而要迈出这一步，一个必不可少的哲学基石、思想前提就是：

超越西方近代文明中个人本位、自我中心、零和博弈型、对外征服型的单主体性观念；

走向仁者爱人的多元交互主体性新观念！

第四章　兼容并包多元文化观
——走出“文明冲突论”冷战思维的出路

20世纪后期，特别是20世纪90年代以来，多元民族、多元文化的冲突问题日趋突出，所谓“文明冲突论”曾经盛行一时，使全球化过程中的“文明冲突”问题成为亟待解决的全球问题之一。

“文明冲突论”并不是一个科学概念、科学命题，只是一种似是而非的历史假象。所谓“文明冲突”，其实并不是什么文明与文明之间的冲突，而是强制维系资本逻辑统治地位的全球霸权主义，强行制造与扩大了国家体系及其意识形态之间的对立冲突。

在全球化过程中，如何处理多元民族、多元文化的相互关系问题，的确是一个不易解决的复杂问题、棘手问题。而文化霸权主义的“文明冲突论”，更助长了一种前所未有的深刻危机。充分发掘中华文明中蕴含的多元兼容、相互尊重的文化观，不失为走出“文明冲突论”危机与冷战思维死结的一条思想出路。

令人十分欣喜地看到，2022年党的二十大，更高地举起了和平与发展的伟大旗帜，把走和平发展道路、追求合作共赢作为中国式现代化新道路的显著特征，并进一步把推动构建人类命运共同体、创造人类文明新形态作为中国式现代化的本质要求，还为此要求特别注意吸取中华优秀文化中的智慧结晶。

第一节 “南北三元结构”与“东西二元结构”
——中华文明是多元一体的复杂系统

中国的黄河、长江两河流域，并不像西亚的两河流域那样两河中下游之间相距不过百十千米。中国的黄河长5000余千米，长江长6000余千米，两河最近的上游也相距至少100千米，整个中华文明起源场面积仅古代中心区域就在300万平方千米以上，连上外围则约1000万平方千米，几乎和整个欧洲一样大小，也可称之为东亚大陆“大两河流域”。

中华文明的这种巨大“群状文明”“场状文明”，比起西方各个狭小的“带状文明”“点状文明”来说，显然具有无可比拟的多源性、多样性、丰富性。

东亚大陆中华文明场的巨大空间和多元结构，决定了中国生态系统的多样性、经济模式的多样性，决定了中华文明母体结构的复杂多元性，因而特别需要多元一体、综合创新的文化精神支撑。

东亚大陆中华文明场，在生态系统方面表现出极大的特殊性、复杂性、多样性，使中华文明起源时代大体上呈现“南北三元结构”“东西二元结构”。

所谓“南北三元结构”，就是说以长江、黄河这两条母亲河为界，把中国生态系统分为三大块：南方的长江流域，或长江以南区域，主要是亚热带，南端部分甚至属于热带；中原的黄河流域主要是典型的温带气候；而北方的燕山以北，辽河流域乃至黑龙江流域，再加上西北高原，则已近于寒温带。

所谓“东西二元结构”，就是说，东部中国毗邻世界最大的海洋，称之为东部沿海地带；西部中国连接世界上最大的大陆，称为内陆中国。

人们通常把一般国家区分为两类：海洋国家与陆地国家。把西方典型强国称之为海洋文明、海洋国家，而把中国则简单归结为农耕文明、陆地国家。关于中国的这种说法其实并不准确，海洋文化也是中华文明自古以来的固有因素。

自古以来的中国，至少是到了秦皇汉武时期，既是大陆国家，又是海洋国家，只是近代海洋发展一度滞后。今天现代化新中国又走向全球化的双向全面发展，可谓新时代的左右逢源：背靠全球最大的大陆欧亚大陆，面向世界最大海洋——太平洋。

“南北三元结构”，再加上“东西二元结构”，由此形成整个中国生态地理系统的多元结构，或叫六大区系、三大板块：东北区系、西北区系、山东区系、中原区系、东南区系、中南区系。中国生态地理系统的这六大区系，充分展示着中国生态地理系统的复杂性、丰富性、多样性。在中国生态地理系统的这六大区系、六元结构中，也蕴含着统一性与整体性，毕竟整个东亚大陆是一个有机整体，再加上东有太平洋、西有高山戈壁、北有西伯利亚大森林，与周围形成一个相对隔离的天然屏障，更增加了东亚大陆的相对独立性、有机整体性、复杂系统性。

兼容并包的文化观——寻求多元文化关系走向和谐的中国文化理念。

如何处理多元民族、多元文化的相互关系问题，对于中华文明的历史命运来说，这是一个影响全局的重大问题。

这是由于，中华文明植根于东亚大陆，区域特别广大，几乎和整个欧洲面积接近，多元民族、多元文化问题不可回避；

这是由于，中华文明自公元前3000年的形成之日起，就生成了六大乃至九大文化区系的复杂母体结构，文化的多源性、多样性、地区性特点表现得特别突出；

这是由于，只有采取兼容并包的方针，承认多元一体文化格局的合理性，才是唯一正确选择，而追求清一色的、单打一的文化格局，则是脱离中国国情的错误选择。

2022年爆发的乌克兰危机更进一步表明，怎样才能走出冷战思维的死结，实在是关乎人类命运的一件大事，一个关系到世界历史走向的时代课题。

放眼世界文明的历史风云，中国龙文化中包含的多元一体、兼容并包的文化观，也许是有助于当代人类走出“文明冲突论”冷战思维死结的一条思想文化出路、解放思想的哲学理念创新之路。

盘根究底，应当说，兼容并包文化观是天人合一宇宙观、仁者爱人互主体观的题中应有之义。不过，在中国龙文化中得到充分体现的兼容并包文化观，也有其独特的历史文化哲学底蕴，构成中华文明的独特哲学理念与文化基因，值得我们再做一番追根溯源的现代求索。

第二节　多元一体、连续进化
——中华文明独特的进化模式

纵观世界文明史的历史长河，六大原创文明中，其他五个由于内外复杂历史原因，在人种、语言文字、文化上都曾先后在不同时代、不同程度上发生过断裂，因而多半成为泯灭的文明、失落的文明、中断的文明，唯独中华文明开创了多元一体、综合创新、万年不断、连续进化的中国模式、中国奇迹，因而具有不可比拟、不可取代、不可超越的独特魅力。

这并不是说中国人种、中国文化天然优越于其他种族、其他文明，而是说由于种种特殊的生态环境、历史条件结合在一起，使中华文明没有像世界历史上其他五大原创文明那样，经历种族、文字、文化、文明历史链条的断裂。

原创性、独特性和连续性，这是中华文明三个最显著的历史特征。

这种连续性具有内因外因的双重根源：

外因是中华文明具有相对独立、相对隔离、内部多元、外部安全的生态地理环境系统。接近1000万平方千米的东亚大陆中心地带，东边是世界最大的海洋太平洋，西边是号称世界屋脊的青藏高原、喜马拉雅山脉、帕米尔山系，还有难以逾越的千里戈壁，北边则有古代人迹罕至的西伯利亚大森林，加上千年不化的冻土地带和北极冰盖。虽然东西南北都有类似“丝绸之路”式的国际商道、洲际商道，使中华文明保持了同其他文明之间的相互交往，避免了封闭落后状态，但这种古代交往形式毕竟是相当有限的，由此保障中华文明相对独立、相对安全地连续发展起来，得天独厚地在近1万年间成功避免其他五大原创文明都曾屡有发生的种族文化、语言文字的断裂突变。

内因是中华文明从距今1万年前的新石器时代——文明起源时代起点开始，就在东亚大陆，黄河、长江两河流域的广阔空间，逐步形成了特别巨大的文明场、文明群，形成了多元一体的母体结构，形成了多元文化综合创新的独特进化机制，形成了多元共存、双向互动、兼容并包的文化基因。

中华文明的起源与发展，代表了巨大空间、六大区系、三大板块、多元一体、综合创新、万年不断、薪火相传、连续进化的独特模式，这在世界文明史上是独一无二的特殊模式。

巨大空间，就是说，中国文明起源于东亚大陆的“大两河流域”，这是一个面积达三五百万平方千米以上乃至上千万平方千米的巨大文明场、文明群，既不像西亚两河流域文明、尼罗河中下游古埃及文明那样，只有一二十万平方千米的狭长文明带，也不像古希腊文明那样在几十万平方千米沿海地带呈点状分布。中国四周有四大天然屏障，保证了她在古代不受外族强敌侵犯，独立发展，未曾中断：东面有世界最大的海洋太平洋，南面有世界最大的高原山脉青藏高原和喜马拉雅山脉，西面有天山山脉与千里戈壁，北面有千里冰封的西伯利亚原始大森林。在这种相对独立的生态和人文环境中，中华文明起源与发展都表现出特有的生态多样性、文化多样性。《禹贡》提出古代中国的“九州”概念，苏秉琦、严文明等考古学家提出“新石器时代六大文化区系”概念——东北区系、西北区系、中原区系、山东区系、东南区系、中南区系。我在这里，为了更充分地体现中国文化多样性，提出了九个区系的“新九州”概念。新增加的三个区系是：古称西域、联结中西的新疆区系；以成都平原古城群与三星堆青铜文明的考古发现震惊世界的四川区系；以云南、贵州、西藏为代表的西南区系。这“新九州”的九大文化区系构成中华文明多元一体的母体结构。

由于是多样性的多元文化，因而保持了内在活力，生生不息；但又不是不可兼容的异质文化，因而保持了整体性、包容性、开放性。无论是在多元一体的中华文明内部，还是对外来的海洋文明、大陆文明，中华文明在总体上（除了封建后期几百年闭关锁国政策之外），都保持了兼容并包、综合创新态势，既有分化式的裂变，更有综合式的聚变，有分有合，不断创新。中国文化的进化模式主要是连续式的，比较多地注意保存历史传统中的文化基因、民族传统。比如在从原始社会、氏族社会向国家形成、复杂文明社会发展过程中，不是简单地像古希腊雅典模式那样用地缘政治关系取代氏族血缘关系，而是在新型地缘政治关系中较多地包容了家族血缘关系、人伦关系。这种综合创新的渐进式模式，起源期 5000 年，发展期 5000 年，至今已连续进化 1 万年，堪称世界历史上独一无二、真正无与伦比的“中国奇迹”。

以上九大区系、三大板块，使我们的民族文化与精神家园独具魅力，向心力强、凝聚力大。

第三节　兼容并包文化观的一面镜子
——独具一格的中国龙文化

为什么说中国龙的形象包含着多元兼容的文化理念呢?

多元文化、兼容并包的文化理念，像一根思想红线那样，贯穿了龙的发展的四大历史形态，集中映现出中国人在处理不同文化、异质文化、多元文化关系时的独特方式与独特智慧。

中华文明起源期的原龙形态，九大区系、九种原龙的多元格局，孕育着兼容并包文化观萌芽。中国龙的起源与本质，在于它虽最初源于原始图腾，却最终超越了原始图腾：既超越了单一图腾，也超越了混合图腾，甚至也不能归结为所谓综合图腾。中国的龙，一开始就是多元文化的综合创造。

中华文明雏形期的夔龙形态，则形象地体现了夏、商、周三代文化的综合创造。今天的考古发现已经证明，夏、商、周不仅代表了历时性的三个朝代，而且代表了同中有异、有所不同的共时性的三种文化，族源有所不同，风格也有所不同。夏、商、周三代，有损益之道，但都保持了多元文化的兼容并包。尤其是公元前 1000 年前后商周之际、周公时代，周靠多族融合兴起于中国西北的渭水周原，靠九族联合取代商，靠对商民文化与多族文化的兼容并包，取得了“小邦周”征服“大邦殷”之后的长治久安。因而，商周时期的夔龙形态，在形象特征上表现出明显的综合性，思想内涵中则升华出多元文化的兼容性。

中华文明定型期的飞龙形态，《易传》中的龙学奠基，则更进一步使兼容并包的文化观上升到理论观念与哲学观念水平。《易传》和帛书易传中，不仅提出了“龙德广大，无所不包”“君子之道，和而不同”这样两个命题，而且提出了不同文化选择兼容并包的两种形式：《易传·系辞》中提出了“同归殊途”作为兼容并包的一种形式，“天下何思何虑？天下同归而殊途，一致而百虑”。[①]而帛书易传“要”篇，则提出“同途殊归”也可以作为兼容并包的另一种形式：“吾与史巫同途而殊归者也。”[②]《礼记·中庸》把这种兼容并包文化观进一步概括为“道并行而不悖”：“万物并育而不相害，道并行而不相悖。小德川流，大德敦化，此天地之所以为大也。”[③]春秋战国乃至秦汉时期的飞龙形态集中体现了这种兼容并包文化观。

中华文明转型期的黄龙形态，以“三停九似”的综合形象，进一步体现兼容并包文化观，特别是儒、释、道三大文化流的兼容并包。“三停九似论”和“龙生九子说”的提出，使宋、元、明、清时期的黄龙兼容并包性达到了极致。而“龙王称谓”“飞天神韵”“雄狮之鬣”“龙珠焰环”这四种宋代以降的黄龙新走向，都反映了外来佛教文化对中国龙文化的渗透影响，也集中反映出中国本土文化与外来文化的兼容并包。

---

① 苏勇点校：《易经》，北京大学出版社1989年版，第87页。
② 邓球柏：《帛书周易校释》（增订本），湖南出版社1996年版，第481页。
③ 《礼记·中庸》，见《十三经注疏》，中华书局1980年版，第1634页。

第四节 多元文化的兼容并包

——中国龙文化的四重内涵

这种兼容并包文化观是中华文明在处理不同文化关系上的独特智慧、独特理念。

龙以“三停九似”、通天神兽的独特形象，象征着一种多元文化、综合创新的精神，这是中华民族文化特有的一种基本精神，要求以宽厚博大的文化襟怀，富于东方神韵地巧妙处理以下四层关系：

第一层，多元文化的兼容关系。通过龙的形象，表明中国人在处理不同文化、异质文化、多元文化关系时，往往表现出一种独特的理性精神、宽容精神：不同文化、不同思维方式、不同价值体系、不同宗教信仰之间，多半不是采取简单对立、有我无你的对抗关系、排斥关系，而是采取海纳百川、兼收并蓄、宽大为怀、为我所用的博大文化胸襟来对待。除了少数敌对意识形态、价值体系之外，对一般的多元文化、异质文化，中国人通常都采取了宽大为怀的兼容并包态度。因而在中国历史上，没有其他文明历史上常见的宗教战争，没有长期的民族对抗。相反，儒教、道教、佛教的融合，多民族文化的融合，成了中华文明的主流，在世界文明史上可谓别开生面。

第二层，多元文化的综合关系。通过龙的形象，表明中国人在处理不同文化、异质文化、多元文化关系时，不仅采取兼容精神，而且往往表现出特有的综合精神。也就是说，不局限于一般的兼容关系、并存关系，还要进一步对不同文化、异质文化进行解析工作，把能够为我所用的有益成分综合进来。

第三层，多元文化的创新关系。通过龙的形象，还表明中国人更注重多元文化综合过程中的创新精神。“龙无定形，变化无穷。”龙的形象，生动体现了中国文化中的变易观、发展观、创新观。龙的发展历史表明，中国人在不同文化要素、文化内容、文化价值、文化体系的综合过程中，往往不满足于简单的机械相加，而是借助于中华民族文化的深厚底蕴，在综合中求创新、求发展、求创造。

第四层，多元文化的统一关系。通过龙的形象，还表明中国人善于在多元文化并存格局中，执着追求中华民族文化的主体性与一体化。多元民族、多元文化，不断融入中华文明发展的历史长河之中。中国人不仅以海纳百川、不拘细流的博大胸怀来对待外来文化，而且善于在综合过程中坚持以我为主，弘扬中华民族主体性，保持中华民族的多民族统一性。

龙的形象所包含的这四重关系，集中起来讲，就是兼容并包、综合创新的中国文化精神。

第五节　从多元兼容到多元一体
——中华文明特有的文化基因与哲学理念

以承认多元文化的兼容性为前提，以多元文化的综合性为途径，最终达到中国多元文化的创新性、中华文明的多元一体性——这就是龙的形象包含的深层精神底蕴和文化基因。

龙的形象所包含的这种文化精神，为什么会成为中华民族文明的基本精神呢？我们可以举出充分的科学论据：

这种多元文化的综合创新精神，是中华文明上下五千年间生生不息的内在动力，不断发展的强大源泉。

这种多元文化的综合创新精神，是我们中华民族文化的内在灵魂，贯穿着中国文化的方方面面，成为统摄中国文化传统的普照之光，赋予中国文化以活生生的民族魂。

这种多元文化的综合创新精神，为中国文化持续发展提供了内在机制，“多元兼容—多元综合—多元创新—多元一体”，成为中华文明不断进化的内在机理。

这种多元文化的综合创新精神，是中华民族文化传统的主要基因。这种文化精神通过龙的形象，找到了生动形象的符号化表现形式，当我们说自己是中国人、是“龙的传人”时，主要不是指血缘关系，而是指民族文化的认同关系，民族精神的传承关系。

这种多元文化的综合创新精神，是我们民族传统世代相传、防止断裂的文化基因。它辩证地解决了综合性与创新性、继承性与变革性、民族性与时代性的关系问题，保证中国文化具有一以贯之的学统、道统、民族传统，具有代代相传的永久魅力，使中华文明上下五千年间连绵不绝，成为世界文明史上的一大奇迹。

这种多元文化的综合创新精神，是中华文明不断发展、长青不衰的源头活水，众多古代文明都因动力衰竭而发生断裂，或因外族入侵而戛然中断，而唯独中华文明靠这种精神动力源泉与独特文化基因，历经百劫而不衰，屡历磨难而常新！

在世界文明史，尤其是西方文明史上，你死我活、不共戴天的种族冲突、文化冲突、宗教冲突，可谓屡见不鲜。

第六节　东西方文明的对立统一
——根本超越“文明冲突论”

东西方文明有着对立统一关系。

我们在这里把唯物辩证法的核心原理运用于东西方文化关系，力图提出根本超越所谓“文明冲突论”的对立统一文明观，其中包含以下七个理论要点：

一是东西方文化的多元共存关系。在迄今为止近400万年的人类历史长河中，在漫长的历史上，东西方文化曾长期处于多元发展的并存关系之中。

1万年前，文明起源有东西两大中心并存：环太平洋的东亚大陆与环地中海地带。

人类历史从原始社会的蒙昧时代、野蛮时代，进入文明时代，在公元前3000年前后最初形成了富有原创性的六大“母文明”，初步形成了东西方文化的多元共存关系：古代中华文明、古代印度河文明、西亚两河流域文明、古埃及文明、古希腊文明、中南美洲文明。在这种六元结构的“母文明”中，大体属于今天东方文明范畴的占五个，可谓“三分天下有其二”；真正属于西方文明范畴的仅占一个，可谓“三分天下有其一”。西半球中南美洲文明的最早源头，可能还在东亚大陆、中华大地，在3万至1万多年前的冰川时代，古人类从今天白令海峡的大陆桥上迁徙过去。

就以这种六元一体的“母结构”为基础，后来先后形成如汤因比所说的20多种文明。他的这种划分方法未必科学准确，但在世界文明史、古代文明史上，自古以来存在东西方文化并存的多元格局，则是确定无疑的基本事实。

二是东西方文化的个性差异关系。以东西方自然环境差异与人种的自然素质差异为前提，东西方文化从古代以来，一直存在着差异，不过在文明时代以前，这种文化差异不太明显、不太复杂。

从公元前 3000 年开始的古代文明起源期与生成期开始，到公元前 500 年前后的古代文明定型期、轴心期、关键期，东西方文明的历史差异、思想差异、风俗差异开始定型，并且逐步有所发展。

从公元 1500 年前后的文艺复兴开始，西方近代工业化进程领先于东方，率先从古代农业文明进入近代工业文明。与此同时，西方文明却以殖民主义野蛮手段，阻遏了东方文明的近代工业化进程。东西方文化的差异加大了，差距拉大了，分化加剧了。

东西方文化之间的地区性差异、民族性差异、时代性差异，至今错综复杂地交织在一起，需要我们在理论思维的显微镜下认真辨析，不能简单武断地对待这种极其复杂的历史差异、民族差异、文化差异。

三是东西方文化的对立冲突关系。东西方文化之间从历史差异关系，发展为对立冲突关系，主要是从近代世界史开始，影响到今天，充其量不过三五百年的历史。在长达 400 万年的人类文化史、长达上下五千年的人类文明史长河中，这不过是短短的瞬间。

西方近代工业化文明的深层核心观念，是个人本位、自我中心的单主体性观念，因而西方近代文明“萌芽—形成—发展”的“三部曲”，也带来了与之伴生的东西方文明冲突的“三部曲”：

在公元 1000 年以后，伴随着西方近代工业化的历史萌芽，也产生了东西方文明冲突的历史萌芽，典型表现是四次十字军东征，“圣战”与“商战”混合在一起，萌芽之中的西方近代文明首先把侵略矛头指向近东的阿拉伯文明。

公元 1500 年以后到 19 世纪，伴随着西方近代工业化文明的形成过程，也产生了东西方文明近代冲突的历史过程。随着哥伦布发现美洲、达·伽马远航印度、麦哲伦环球航行这三大探险活动，西方工业革命自1750年以后的逐步兴起，西方资本主义把殖民主义、帝国主义的侵略矛头，逐步扩大到中南美洲文明、非洲文明、印度文明和以中国为代表的远东文明，几乎走向东西方文明的全面冲突、全球冲突。

20世纪后半叶以来，西方文明进一步从近代工业化文明向现代社会化文明发展，而东方民族、东方文明也奋起抗争，取得独立，并开始现代化进程，东西方文明的对立冲突时有发展，时有缓和，又时有深化。

在世界近代史上的二三百年间，东西方文明之间的确存在着对立冲突关系，西方文明在这个特定的世界历史阶段暂时占据了上风，这是东西方文化关系史上的一段历史插曲，不能代表整个东西方文明关系史近1万年来历史长河的主流与本质。

在近代世界史上东西方文明冲突的这段历史插曲中，不是无是无非的历史混战，总的来说，西方资本主义文明是带有侵略性质的、殖民主义性质的、帝国主义性质的非正义一方，东方文明的奋起抗争带有自卫性质。

东西方文明的近代对立冲突，是东西方文化交往的特殊历史形态，其历史后果有二重性：一方面把东方文明强行卷入近代化、全球化的世界体系，给东方带来了西方近代文明；另一方面又把东方文明推入血与火的冲突之中，严重阻碍了东方文明的独立自主发展。

四是东西方文化的互补耦合关系。东西方文化之间，不仅有多元并存关系、历史差异关系、对立冲突关系，而且有相互促进的互补耦合关系，这种关系表现在思维方式、价值观念、天人关系、人际关系四个层面上：

在思维方式层面，西方思维方式更侧重于原子还原分析方法，东方思维方式更侧重于系统整体综合方法，二者互补有助于生成分析与综合结合的现代系统分析方法。

在价值观念层面，西方文明更强调自我中心、个人本位的功利主义价值观，而东方文明更强调集体本位的道义主义价值观，东西互补有助于生成义利统一、个性与群体统一的现代新型价值观念。

在天人关系层面，西方文明更强调外向性发展、研究自然的科学精神，人征服自然的主体性精神；而东方文明更强调人反身自求的人文精神，人与自然构成统一整体的天人合一精神，东西互补更有助于生成人与自然和谐统一的现代新型生态文明。

在人际关系层面，西方文明更强调个性解放、个性独立、个性自由的单主体性，而东方文明更强调群体本位、共同发展的互主体性，东西互补有助于生成群己和谐发展的现代新型主体性和东西综合的现代新型人权观念。

东西方文化之互补，会产生强烈的耦合作用，如原子核之聚变。

五是东西方文化的交往融合关系。东西方文明关系史上，近500年来近代的对立冲突虽然对今天影响较为直接，但在整个东西方关系史上却是一段短小的历史插曲。东西方文明之间的交往融合关系，才是上下两个五千年世界文明历史长河的真正主流。

东西方文化的交往融合关系，经历了三大历史形态：

从远古时代到古代农业文明时期，是东西方文化的个别交往、个别融合阶段，仅在个别结合点、交通线上，实现了东西方文化交往融合。如地中海是东西方文化的一个结合点，而海陆两途的丝绸之路则是东西方文化交往的两条重要交通线。

近代工业文明时期，是东西方文化的局部交往、局部融合阶段。东方文明中的火药、罗盘、印刷术三大发明等一部分最重要的文明成果传到西方文明的交通要道周围地区。而西方近代工业化文明的大部分主要文明成果则沿国际商道传播到东方大陆的沿海城市地带，开风气之先。至于广大农村内陆地区，曾远在这种东西方文化交融之外。

现代社会化、全球化的新型文明时代，加上互联网、全球通的现代通信技术体系，正在走向东西方文化的普遍交往、全面融合阶段。从 20 世纪下半叶开始，西方文明更明显地注意到要吸收东方文明的有益成果，以超越西方近代文明的历史局限。而走向复兴的东方文明更注意全面吸收西方现代化文明成果，全面推进自身现代化。

六是东西方文化的综合创新关系。东西方文化之间不仅有互补关系、融合关系，而且有更为深刻的综合创新关系。

在走向全球化、多极化的未来新型世界格局中，“河东”与“河西”、东方文化与西方文化之间，将不存在明显的难以逾越的鸿沟，而是开始形成连成一体的世界文化、全球文化。

东方文化与西方文化将综合起来，构成一个新的有机整体，升华出未来的世界新型文明，即人类文明新形态。

原有的东方文明不会失去固有的东方神韵，原有的西方文明也不会失去固有的西方风采，但它们都将在世界新型文明中得到更高升华。

七是东西方文化的对立统一关系。东西方文化之间，既有对立关系，又有统一关系，矛盾的斗争性与同一性是当今时代这一文化矛盾的双重关系。

东西方文化的对立冲突关系，仅仅是在近代二三百年中占据矛盾关系的主导方面。而在长达几百万年的历史长河中，在文明时代的上下五千年间，东西方文化多元共存、互相交流、综合创新的矛盾统一性关系，则是本质和主流方面。

当今时代，东西方文明之间既对立又统一的矛盾运动，推动世界新型文明的逐步形成。

我们不能否认，为了反对西方的文化霸权主义，必须坚持必要的斗争。

让我们看到这道曙光初现的，正是2022年党的二十大，十分明确地把走和平发展的道路作为中国式现代化新道路的五大基本特征之一。

党的二十大还把“构建人类命运共同体”“创造人类文明新形态”，进一步地作为中国式现代化必不可少的本质要求。

党的二十大还要求在走中国式现代化新道路、开创人类文明新形态历史过程中，把马克思主义思想精髓同中华优秀传统文化结合起来，并且特别注意“天下为公，亲仁睦邻”的“天下观”。

我们更需要超越片面强调东西方文化对立的所谓“文明冲突论”，走向对立统一的新型文明观，减少对抗，增加对话，寻求东西方文明的多元共存、综合创新！

以和为贵、和平共赢，必将成为新时代的崭新价值尺度！

让我们大家举起双手，共同迎接人类命运共同体的壮丽日出！

第五章　义利统一的中国价值观
——根本超越单纯功利主义狭隘价值观

在严重威胁人类生存发展的全球性危机中，最为深层的决定因素其实还是价值观危机。

解决这一危机单靠发掘西方思想资源是远远不够的。西方思想传统的历史特点是抽象道义论与狭隘功利论各执一端，而占绝对优势的则是狭隘功利主义，并和个人本位、自我中心的单主体观紧密结为一体，难以撼动。

而以美国实用主义为代表的现代西方价值观，其典型特点就是抽象道义论掩盖下的狭隘功利主义价值目标。

认真继承发展中国文化传统中强调物质欲望与精神追求、功利目标与道义理想有机结合的义利统一价值观，有助于超越近代西方占主导地位的只讲物欲、只讲功利的狭隘功利主义价值观，为创造人类文明新形态提供一块坚实可靠的哲学奠基石。

2022 年党的二十大、2023 年 2 月 7 日习近平总书记在学习贯彻党的二十大精神研讨班开班式上的重要讲话中，有一个十分引人注目的新提法，就是特别突出地强调价值观问题，并且特别明确地提出要到中华优秀传统文化中去寻求思想资源、智慧结晶，旨在突破西方资本主义文明的狭隘价值观，为开创人类文明新形态寻求新价值观的源头活水。

构成世界历史不同时期、不同社会经济形态决定的各种不同文明形态，赖以建立的两大哲学基础、哲学前提，一是世界观，二是价值观，其中价值观影响尤为直接。

第一节　西方价值观的当代危机

我们今天要进一步追问的是：

为什么如此发达的资本主义文明会出现工具理性过度膨胀，而价值目标却过分狭隘的尖锐矛盾与深刻危机呢？

在研究价值论的过程中，张岱年先生曾经高瞻远瞩地指出，道义与功利关系是价值论中的基本问题，道义论与功利论是价值论中的两大学派，在不同时期、不同民族、不同文化中，价值论都有其不同的、特殊的表现形态和历史特点。

当代世界出现价值危机、价值观念危机，其实是植根于西方文明的哲学基础之中，尤其是近代西方文明中道义论与功利论的畸轻畸重。

欧美哲学史上，始终未能很好解决义利统一的价值观问题，道义论与功利论基本上都是各执一端。

相比而言，道义论传统相当萎缩，18 世纪法国只有“自由、平等、博爱”的抽象口号，19 世纪德国古典哲学中康德的“绝对律令”也是苍白无力的，因而，或许在这里可称之为“抽象道义论”。

功利主义传统则是一以贯之的主导传统，上有古希腊伊壁鸠鲁快乐哲学作为源头，中有文艺复兴时代马基雅维里哲学作为思想重镇，下有十七八世纪边沁、密尔创立的英国功利主义，20 世纪皮尔斯、詹姆斯、杜威等人创立的美国实用主义，并与近代资本主义市场经济、政治制度相结合。

1971 年，罗尔斯发表《正义论》，产生重大学术影响，只是表明不少学者开始反思西方近代功利主义主流价值论，实际上却远未能根本解决问题。

一、欧美哲学史上，始终未能实现道义论与功利论的统一，根本解决义利关系这个价值观与伦理学中的基本问题

在价值论与伦理学中，如何处理义与利的关系问题，是贯穿始终、影响全局的一个基本问题。

欧美哲学发展的一个历史特点是，道义与功利统一的价值观几乎从来不占主导地位，甚至鲜见有这种学术观点、学术大师出现，通常占主导地位的多半是在功利论与道义论上各执一端的思想家。

二、欧美哲学史上，主张道义论的大思想家寥若晨星，和者甚寡，似乎只有古希腊亚里士多德和近代康德，并且在现实生活中从来不占主导地位

在古希腊历史中，雅典的城邦制度与科学文化虽然内涵丰富，却未能长久占据主导地位。倾向于军事专制的斯巴达多半占据了上风，这种历史背景决定了在古希腊城邦制度、商品经济发展中，多半是功利主义价值观占上风，道义论价值观则难有多少发展空间。

如果说在这方面有一个例外，那就是亚里士多德《尼各马科伦理学》等论著中阐发的美德论。他肯定个人维护自己切身利益的合理性，追求自身幸福的正当性，在此基础上他倡导人们把美德作为更高的价值目标，而“中和”是美德的最高境界，思辨是人最长久的快乐幸福。不过在那个时代，亚里士多德的美德论似乎没有多少

真心追随者，包括受他师传影响的亚历山大，当他挥师东下，攻城略地，建立帝国，称霸欧亚时，功利论倾向无以复加，与其师父亚里士多德的美德论可谓大相径庭。

在西方，最早提出应区分“是”与“应该”、“实然”与“应然”，并探讨二者关系的思想家、哲学家，是17世纪英国学者休谟，但他远未能解决这个问题。

在近代，道义论似乎只有一位重要代表，就是康德。他主张“绝对律令论”。康德认为，自然界的万事万物都是按照规律活动的，而作为理性存在的人，则是按道德原则来自由活动，按照“应该”来活动的。从人心发出的“应该怎样”的道德律令，是“绝对命令”，是理性的人、道德之人的最高准则，高于任何功利、实效的考量。而人内心发出的道德律令的最高原则，就是“人是目的”：“假如有一样东西，它的存在本身就有一种绝对的价值，它就是目的本身。”“现在我说：人，总之一切理性动物，是作为目的本身而存在的，并不是仅仅作为手段给某个意志任意使用的，我们必须在他的一切行动中，不管这行动是对他自己的，还是对其他理性动物的，永远把他当作目的看待。”“人之为物，其存在本身就是目的，而且是这样一种目的，这种目的是不能为任何其他目的所代替的，是不能仅仅作为手段为其他目的服务的，因为如果没有人，就根本没有什么具有绝对价值的东西了。”①

康德对于“道德律令”是“绝对律令”的论证，在很大程度上还是相当苍白无力的，未能解决怎样从“实然”引出“应然”，从“实有”引出“应有”。他自己也曾坦言这一点，并提出一个哲学上的“康德猜想”：把理论理性与实践理性做一比较，“这一类比较正当地使人们期望，或许有一天能够洞见到全部纯粹理性官能的

① 北大哲学系外国哲学史教研室编译：《西方哲学原著选读》，商务印书馆1982年版，第317页。

统一（理论的兼实践的两方面），并且，从一条原理推导出一切结论来”[①]。

三、在欧美哲学史上，功利主义价值观却有一条缕缕不绝、占据主导的思想主线

古希腊伊壁鸠鲁—文艺复兴时期的马基雅维里—17、18世纪英国功利主义—19、20世纪美国实用主义，它们在近代实际生活中占据统治地位倚仗三大支柱：商品拜物教的社会心理、近代市场经济、近代政治制度。

欧美功利主义价值观的最初源头，至少可以上溯到古希腊哲学中的伊壁鸠鲁。如果说，亚里士多德讲的是求知哲学的话，那么伊壁鸠鲁则开创了快乐哲学，或叫幸福哲学，其主旨就是通过心灵治疗，使人祛除病毒，走向快乐幸福，因而其主要原理，头四条讲的就是最为治本的“四重疗法”。他甚至把个人自由，尤其是心灵自由，作为最大的善，最根本的美德。

欧美功利主义还有一个重要源头，就是文艺复兴时代马基雅维里在《君主论》中倡导的功利主义权术论。他提出，为了建立强大统一的国家权力，君主有“三个不必”：

第一，不必据守善恶的伦理道德观念：“还有，如果没有那些恶行，就难以挽救自己的国家的话，那么他也不必要因为对这些恶行的责备而感到不安，因为如果好好地考虑一下每一件事情，就会察觉某些事情看来好像是好事，可是如果君主照着办就会自取灭亡，而另一些事情看来是恶行，可是如果照办了却会给他带来安全与福祉。”[②]

---

① [德]康德：《实践理性批判》，商务印书馆1960年版，第93页。
② [意]尼科洛·马基雅维里：《君主论》，潘汉典译，商务印书馆1985年版，第75页。

第二，一个强大的国家君主，不必据守仁慈美德：“现在谈谈前面列举的另一种品质。我认为，每一位君主都一定希望被人认为仁慈而不是被人认为残酷。可是他必须提防不要滥用这种仁慈。切萨雷·博尔贾是被人认为残酷的。尽管如此，他的残酷却给罗马尼阿带来了秩序，把它统一起来，并且恢复和平与忠诚。如果我们好好地考虑到这一点，就会认识到博尔贾比佛罗伦萨的人们仁慈得多了，因为后者为着避免残酷之名反而让皮斯托亚被毁灭了。所以君主为着使自己的臣民团结一致和同心同德，对于残酷这个恶名就不应有所介意。”①

第三，为了国家权力，君主不必一本正经地守信：“任何人都认为，君主守信，立身行事，不使用诡计，而是一本正直，这是多么值得赞美呵！然而我们这个时代的经验表明：那些曾经建立丰功伟绩的君主们却不重视守信，而是懂得怎样运用诡计，使人们晕头转向，并且终于把那些一本信义的人们征服了。”“必须理解：一位君主，尤其是一位新的君主，不能够实践那些被认为是好人应做的所有事情，因为他要保持国家（stato），常常不得不背信弃义，不讲仁慈，悖乎人道，违反神道。”②

《君主论》在马基雅维里死后五年的1532年开始印行，流行甚广，甚至直至20世纪80年代，还被西方国家一些媒体列为当代最有影响的十大名著之一。

近代功利主义理论来源除了古希腊的伊壁鸠鲁，文艺复兴时代的马基雅维里，或许还可以再加上英法两大学派：

17世纪英国资产阶级革命中出现的近代唯物主义经验论，18世纪以曼德唯尔、哈奇逊、休谟、亚当·斯密为代表的英格兰学派；

---

① [意]尼科洛·马基雅维里：《君主论》，潘汉典译，商务印书馆1985年版，第79页。

② [意]尼科洛·马基雅维里：《君主论》，潘汉典译，商务印书馆1985年版，第83、85页。

以爱尔维修、卢梭、霍尔巴赫等人为代表的18世纪法国唯物主义，葛德文、潘恩等人为代表的政治功利主义。

上述思想只能说是近代功利主义的理论来源或思想先驱，在18世纪英国产业革命时代，第一个创立了功利主义学说，打出了功利主义旗帜的，首推18世纪后期的英国哲学家边沁。他在1776年出版了《政府片论》，开创功利主义政治哲学基础；1789年出版了《道德与立法原理导论》，第一次比较系统地提出了功利主义的价值观、伦理学说以及政治哲学基本观点。

在上述《道德与立法原理导论》一书中，开宗明义，第一章的题目就是“功利原理”，并指出“功利原理是本书的基石”。

那么什么是“功利”呢？他有一个明确定义：

“功利是指任何客体的这么一种性质：由此，它倾向于给利益有关者带来实惠、好处、快乐、利益或幸福（所有这些在此含义相同），或者倾向于防止利益有关者遭受损害、痛苦、祸患或不幸（这些也含义相同）；如果利益有关者是一般的共同体，那就是共同体的幸福，如果是一个具体的个人，那就是这个人的幸福。”① 他认为，这种功利原理深深地植根于人性之中，是“人类身心的天然素质”，而趋利避害、趋向快乐、躲避痛苦势必成为人生在世的最高价值标准：“自然把人类置于两位主公——快乐和痛苦——的主宰之下。只有它们才指示我们应当干什么，决定我们将要干什么。是非标准，因果联系，俱由其定夺。凡我们所行、所言、所思，无不由其支配：我们所能做的力图挣脱被支配地位的每项努力，都只会昭示和肯定这一点。一个人在口头上可以声称绝不再受其主宰，但实际上他将照旧每时每刻对其俯首称臣。”②

不仅如此，他还要求把这一功利原理，从个人价值尺度、伦理

① [英]边沁：《道德与立法原理导论》，商务印书馆2000年版，第58、57页。
② [英]边沁：《道德与立法原理导论》，商务印书馆2000年版，第57页。

道德范畴，广泛地扩展为法律基础、政治基石、制度根本：

“功利原理承认这一被支配地位，把它当作旨在依靠理性和法律之手建造福乐大厦的制度的基础。凡试图怀疑这个原理的制度，都是重虚轻实，任性昧理，从暗弃明。”①

后来，他又把功利原理称之为“最大多数人的最大幸福”，并使之确立为功利主义学说的基本原则，认为这是道德与法律的最高基本原则和终极价值目标，也是个人与社会共同体的价值标准与最终目的。

约翰·密尔（旧译为“穆勒”），其父詹姆士·密尔，是边沁的朋友、开创了联想主义学派的心理学家。约翰·密尔1848年出版了《政治经济学原理》，1859年出版了《论自由》，1861年出版了《代议制政府》，1863年出版了《功利主义》。至此，他立足于英国资本主义的建立与完善，成为近代功利主义理论的集大成者，推进了这一理论的系统化、完善化、拓展化，使之产生了更广泛、更强大、更久远的生命力与社会影响。他弥补了边沁创立的功利主义理论的三个漏洞，并有三点发展：

第一，他要求不仅像边沁那样主要从量的方面度量快乐，更重要的是从质的方面区分不同层面的快乐，精神快乐大大高于肉体快乐。边沁讲的功利原则，实质就是快乐原则，并特别注重快乐的量化，曾被人讥讽为“伊壁鸠鲁快乐主义变种”“鼓吹感官享乐的猪哲学”。

第二，他试图超越边沁强调个人快乐、利己主义，而对利他主义、社会整体有所忽视的历史局限和理论局限，利用联想主义心理学的原则，阐发了从利己主义走向利他主义，从个人快乐走向社会发展的可能途径：“功利主义认为行为上的是非标准的幸福并不是

① [英]边沁：《道德与立法原理导论》，商务印书馆2000年版，第57页。

行为者的一己私利，而是一切与此行为有关的人的幸福（这是攻击功利主义的人很少能公正地承认的）。例如，功利主义者需要行为者对自己的和他人的幸福严格地同等看待，像一个超然而又仁慈的旁观者一样。从拿撒勒的耶稣的金律中，我们看到功利主义伦理学的全部精神。像你希望别人待你那样待人，像爱你那样爱你的邻居。做到这两条，功利主义道德也就达到了理论的完备。”①

第三，他写了《论自由》，试图沟通功利主义与自由主义，把功利主义价值论道德学说进一步引申到政治哲学、政治制度的建构中去，使之成为英国资本主义社会制度与价值评价相互支撑的两大支柱，从而为英国维多利亚时代构筑了意识形态基石和政治伦理学说基础。

19、20 世纪的美国实用主义，实质是英国功利主义的变形和发展，把功利主义基本原理与新的时代精神、土生土长的美国精神相结合。

功利主义之所以在西方资本主义近几百年发展中，几乎无可争议地占据主导地位，并不是由于它在学理上有多少原创性，理论上有多大系统性，而是在很大程度上借助市场经济、商品拜物教、近代政治制度这三大支柱。

第一大支柱——近现代资本主义市场经济。商品经济、市场经济、市民社会、商品交换，这种市场机构自发地需要一种价值观念与之适应，多半只能是功利主义的价值观念占据主导地位。道义论的价值观念要想占据主导地位，必须借助特殊的历史契机，干脆只能是例外。在这种市场经济中，必然伴随着竞争，鼓励强者，淘汰弱者。在这近 500 年历史长河中，1500—1900 年这 400 年间是自由竞争资本主义，近 100 年间虽是垄断资本主义，但没有消除竞争，

① [英]约翰·密尔：《功利主义》，唐钺译，商务印书馆1962年版，第18页。

反而使竞争有时变本加厉。这种资本主义竞争，通常是大鱼吃小鱼式的竞争，带有你死我活的性质。因而，功利主义价值观，优胜劣汰、适者生存的逻辑，几乎必然占据上风。

第二大支柱——资本主义市场经济中的商品拜物教。正如马克思《资本论》所揭示的，在资本主义异化劳动、市场经济中，商品拜物教、货币拜物教、资本拜物教不胫而走，四处流传，成了不可抗拒的社会心理，为意识形态提供了某种潜在的思想基础。以这种社会心理为基础，上升出来的价值观念、社会理想、意识形态，只能是近代功利主义的理论体系，几乎别无选择。

第三大支柱——近代自由主义政治制度。西方近代资本主义的政治制度、国家体制、上层建筑，形成的历史逻辑、内在逻辑就是：以功利主义价值观念、伦理精神为价值尺度，构建了自由主义政治哲学、国家体系、政治制度、上层建筑。反过来，自由主义政治制度、国家体系、上层建筑，又巩固与强化了功利主义的市场经济、价值体系。在这里，功利主义与自由主义，自由主义与功利主义，对近代资本主义世界历史来说，就像一枚金币的两面一样，你也离不开我，我也离不开你。

四、1971 年，美国哈佛大学教授约翰·罗尔斯出版了《正义论》一书，对西方近代价值观主流传统——功利主义，开始进行历史与哲学反思，在学术界反响强烈，但很难根本改变美国实用主义——新实用主义的价值观主流传统

在《正义论》序言中，一开头，就指出了西方功利主义在这几百年中的主流地位：“也许我能最好地把本书的目的解释如下：在现代道德哲学的许多理论中，占优势的一直是某种形式的功利

主义。”①

接着，他提出了出现这种现象的历史原因：“出现这种现象的一个原因是：功利主义是一直得到一系列创立过某些确实富有影响和魅力的思想流派的杰出作家们的支持。我们不要忘记：那些伟大的功利主义者像休谟、亚当·斯密、边沁和密尔也是第一流的社会理论家和经济学家；他们所确立的道德理论旨在满足他们更宽广的兴趣和适应一种内容广泛的体系。而那些批评他们的人……他们并没有建立起一种能与之抗衡的实用和系统的道德观。结果，我们常常看来不得不在功利主义和直觉主义之间进行选择，最后很可能停留在某一功利主义的变种上，这一变种在某些特殊方面又受到直觉主义的修正和限定。”②

他也提出了自己创作《正义论》的思想主旨：“我想通过提出一种正义论，把我过去十余年来所写论文中所表达的观念综合为一个前后连贯的观点。”

“我一直试图做的就是要进一步概括洛克、卢梭和康德所代表的传统的社会契约理论，使之上升到一种更高的抽象水平。藉此，我希望能把这种理论发展得能经受住那些常常被认为对它是致命的明显攻击。而且，这一理论看来提供了一种对正义的系统解释，这种解释在我看来不仅可以替换，而且或许还优于占支配地位的传统的功利主义解释。作为这种解释之结果的正义论在性质上是高度康德式的。确实，我并不认为我提出的观点具有创始性，相反我承认其中主要的观念都是传统的和众所周知的。我的意图是要通过某些简化的手段把它们组织成一个一般的体系，以便它们的丰富内涵能

---

① [美]约翰·罗尔斯：《正义论》，何怀宏、廖申白译，中国社会科学出版社1988年版，第1页。

② [美]约翰·罗尔斯：《正义论》，何怀宏、廖申白译，中国社会科学出版社1988年版，第2页。

被人们赏识。”[①]

许多国内外论者都论定，罗尔斯《正义论》的出现改变了美国乃至整个西方世界的价值观潮头。不管赞成他的观点的人，还是反对他的观点的人，往往都从与他的观点的关系出发，来开始自己的立论。

然而，鲜见却有人更为深刻地指出：

罗尔斯《正义论》的出版，不在于它是多么了不起的创新之作，而在于它传递了一个姗姗来迟的世界历史信息：

统治西方近代乃至整个世界近几百年的功利主义价值观，已经遭受了严重危机、严重挑战；

这种狭隘的价值观，是全球问题、人类困境的深刻思想根源，是价值观根源；

新的时代、新的人类、新的文明，呼唤根本超越近代西方功利主义价值观，创造现代新型价值观。

在价值论上历来有功利论与道义论两大学派，而在西方近代文明中，单纯功利主义价值论几乎始终占据主宰地位，道义论只是学术界的一股思想潜流。单纯功利主义价值论的主流，是与西方近代资本主义市场经济的逐步兴起大体相应的，主要经历了三大历史形态：十五六世纪意大利文艺复兴时代，马基雅维里代表的单纯功利主义价值论；十八九世纪英国近代工业化起飞时代，边沁、密尔父子代表的功利主义价值论；19、20世纪美国近代化起飞时期，皮尔士、詹姆士、杜威代表的实用主义价值论。这种单纯功利主义价值论，与西方近代市场经济、市民社会相结合，在国家意识形态与普遍社会心理中都占据了主导地位。近现代西方，康德代表的道义论、20世纪后期美国学者罗尔斯提出的正义论、麦金太尔提出的

① [美]约翰·罗尔斯：《正义论》，何怀宏、廖申白译，中国社会科学出版社1988年版，第2页。

至善论在学术界虽有一定影响，但在整个西方近代文明中却只是一股思想支流。单纯功利主义价值观在西方近代社会经济、政治、文化生活中占据上风，甚至自由、平等、博爱、人权这四大道义论的价值目标，有时往往也成了掩盖单纯功利主义价值目标的工具。

第二节 从物欲世界走向自由王国
——马克思呼唤人类解放的新价值观

马克思价值观的一个重大创新，就是积极倡导整个人类世界价值形态的划时代重大变革：不仅要根本超越近代资本主义价值形态，而且借此要开创世界历史上的全新价值形态，从物欲世界走向自由王国。

这一思想贯穿马克思毕生基本著作之中，形成一条缕缕不绝的思想主线，并且在《资本论》公开问世之后变得更加鲜明可辨。

早在《1844 年经济学哲学手稿》中已经蕴含着这种基本思想，把未来共产主义作为人与自然、人与人、人与自我关系中基本矛盾的全新解决之道。

1845 年的《关于费尔巴哈的提纲》，不仅包含着新世界观萌芽，而且包含着新价值观萌芽，集中表现在画龙点睛的最后三条上。

1848 年公开问世的《共产党宣言》，也是这种新世界观、新价值观的宣言书。

《1857—1858 年经济学手稿》提出人与世界三大历史形态学说，意味着价值形态的划时代变革。

1859 年，马克思公开发表的《〈政治经济学批判〉序言》，勾勒了对世界历史四大阶段的总体框架，并总体上称之为“人类社会的史前时期”，提出开创真正的“人类社会”：

大体说来，亚细亚的、古代的、封建的和现代资产阶级的生产方式可以看作是经济的社会形态演进的几个时代。资产阶级的生产关系是社会生产过程的最后一个对抗形式，这里所说的对抗，不是指个人的对抗，而是指从个人的社会生活条件中生长出来的对抗；但是，在资产阶级社会的胎胞里发展的生产力，同时又创造着解决这种对抗的物质条件。因此，人类社会的史前时期就以这种社会形态而告终。[①]

而在经恩格斯晚年整理加工的马克思《资本论》手稿第3卷尾声之处，则区分了“必然王国”与“自由王国”，把共产主义既作为社会经济形态的历史必然，又作为以人自身发展为主旨的价值目标、自由王国：

资本一方面会导致这样一个阶段，在这个阶段上，社会上的一部分人靠牺牲另一部分人来强制和垄断社会发展（包括这种发展的物质方面和精神方面的利益）的现象将会消灭；另一方面，这个阶段又会为这样一些关系创造出物质手段和萌芽，这些关系在一个更高级的社会形态内，使这种剩余劳动能够同一般物质劳动所占用的时间的较显著的缩短结合在一起。

事实上，自由王国只是在由必需和外在目的规定要做的劳动终止的地方才开始；因而按照事物的本性来说，它存在于真正物质生产领域的彼岸。像野蛮人为了满足自己的需要，为了维持和再生产自己的生命，必须与自然进行斗争一样，文明人也必须这样做；而且在一切社会形态中，在一切可能的生产方式中，他都必须这样做。这个自然必然性的王国会随着人的发展而扩大……这个领域内的自由只能是：社会化的人，联系起来的生产者，将合理地调节他们和

① 《马克思恩格斯选集》第2卷，人民出版社1995年版，第33页。

自然之间的物质交换，把它置于他们的共同控制之下，而不让它作为盲目的力量来统治自己；靠消耗最小的力量，在最无愧于和最适合于他们的人类本性的条件下来进行这种物质交换。但是不管怎样，这个领域始终是一个必然王国。在这个必然王国的彼岸，作为目的本身的人类能力的发展，真正的自由王国，就开始了。但是，这个自由王国只有建立在必然王国的基础上，才能繁荣起来。工作日的缩短是根本条件。①

1876 年 9 月—1878 年 6 月，恩格斯在马克思积极支持与亲自参与下，写作并发表了论战性著作《反杜林论》。1880 年又在此基础上修改补充，发表了更具基本理论性的著作《社会主义从空想到科学的发展》。全书结尾重申了《资本论》第 3 卷结尾时的基本思想，宣示了人类全新的价值形态，必将伴随未来社会经济形态，为人类世界历史开辟全新纪元、全新时代：

无产阶级革命，矛盾的解决：无产阶级将取得公共权力，并且利用这个权力把脱离资产阶级掌握的社会生产资料变为公共财产。通过这个行动，无产阶级使生产资料摆脱了它们迄今具有的资本属性，使它们的社会性有充分的自由得以实现。从此按照预定计划进行的社会生产就成为可能的了。生产的发展使不同社会阶级的继续存在成为时代的错误。随着社会生产的无政府状态的消失，国家的政治权威也将消失。人终于成为自己的社会结合的主人，从而也就成为自然界的主人，成为自身的主人——自由的人。

完成这一解放世界的事业，是现代无产阶级的历史使命。深入考察这一事业的历史条件以及这一事业的性质本身，从而使负有使命完成这一事业的今天受压迫的阶级认识到自己的行动的条件和性质，这就是无产阶级运动的理论表现即科学社会主义的任务。②

① 马克思：《资本论》第3卷，人民出版社1975年版，第926、927页。
② 《马克思恩格斯选集》第3卷，人民出版社1995年版，第759、760页。

在马克思身后，恩格斯是否继续这种价值形态的创新观念呢？有些人提出这一问题，并且企图作出否定性回答。其实这种说法是根本没有根据的，最有力也最权威的历史证据、历史文献，就是恩格斯晚年书信——1894 年 1 月 9 日从伦敦写给意大利人朱泽培——卡内帕的信。

1894 年初，意大利人卡内帕请求恩格斯为即将出版的《新纪元》周刊写一段题词，以便用精练的语句来表明未来社会主义新纪元的基本特征，以区别于但丁所说的“一些人统治，另一些人受苦难”的旧纪元。恩格斯在回信中写道：“我打算从马克思的著作中给您寻找一行您所要求的题词。马克思是当代唯一能够和伟大的佛罗伦萨人（指但丁。本书作者注）相提并论的社会主义者。但是除了从《共产党宣言》中摘出下列一段话外，我再也找不出合适的了：‘代替那存在着阶级和阶级对立的资产阶级旧社会的，将是这样一个联合体，在那里，每个人的自由发展是一切人的自由发展的条件。’”[①] 这掷地有声的铿锵语言，多么鲜明地昭示着这位白发苍苍、处于生命最后一息的老人的赤子之心！

看来，从马克思到恩格斯，从早年的《1844 年经济学哲学手稿》《共产党宣言》到后来的《资本论》《社会主义从空想到科学的发展》，都在倡导一种以人为本的新型价值观，借以根本超越前此以往——以现代资本主义为甚的物欲世界，以发财致富为最高价值目标的传统价值观。

这种新型价值观代表了新纪元、新时代，新的时代精神、新的时代走向！

① 《马克思恩格斯全集》第39卷，人民出版社1974年版，第189页。

第三节 超越狭隘功利，走向义利统一
——中国价值观的一条思想主线

与此形成明显对比的是，中国文化传统中占主导地位的却是义利统一的价值观，强调功利与道义不能完全割裂，并且重点强调道义论与人的内在精神追求、伦理道德追求，反对以过分膨胀的物质欲望压倒内心世界的精神追求，反对以单纯功利主义价值目标完全排挤道义论的价值追求、意义追求。

在中华文明定型期上，在诸子百家的学术争鸣中，在中华文明史上的第一次意义重大的“义利之辩”的价值观争论中，孔子儒学、墨家之学、老庄道家这三家显学，都以不同形式倡导义利统一价值观。

孔子首倡道义论价值观，并且首倡以义为主、义利统一的价值观。以往的流行说法往往把孔子儒学价值观说成是重义轻利的单纯道义主义价值观。实际上，这顶帽子加在董仲舒代表的汉代新儒学、朱熹代表的宋代新儒学头上或许差不多，但也不完全合适。加在孔子开创的原始儒学头上，实在是一桩思想史上的重大冤案。孔子价值观的本质特征，是把他的中庸之道辩证法贯穿到义利关系中来，重义而不轻利，以义为主，义利统一。他不仅强调以仁义为本的价值目标，也强调“庶之、富之、教之”的治国之道、义利统一的价值目标。针对当时古代城市商品经济兴起、物欲横流、为富不仁，单纯功利主义价值观有所抬头的倾向，他独树一帜地提出仁者爱人、以仁为本的道义论价值观，并在一定程度上注意到义利关系上的中庸之道，反复呼唤：“见利思义”“见得思义”

“君子义以为上”“君子忧道不忧贫”“义而后取，人不厌其取”。他的这种主张可以概括为：君子爱财，取之有道，取得财富而不违背仁义之道，发财致富而不失仁义之心。也就是孔子晚年“好易”时所说的：“富有之谓大业，日新之谓盛德”“崇德而广业也”。①

墨子首倡功利论价值观，同时首倡以利为主、义利统一的价值观。墨子比孔子更为突出地强调利，但他不能简单归属于单纯功利主义价值观。他特别强调义与利统一关系的这一方面，反对把义利这两大价值目标完全割裂开来，绝对对立起来。他还特别强调国家、天下、人民的公利、大利，认为正是在这里，大义与大利合二为一。他明确主张以利为主的义利统一：“义，利也”“义，利；不义，害”“夫义，天下之大器也”“万事莫贵于义”“天下有义则生，无义则死；有义则富，无义则贫；有义则治，无义则乱”。②他以禁欲主义的古代朴素形式、首倡古典形态的资源节约论，主张节用、薄葬，反对人追求过分的物欲，过分的消费，过分的奢华，更反对帝王富人的厚葬之礼。

老子、庄子、杨子的道家之学则首倡自然主义价值观，力图超越功利论与道义论两种对立的价值观，以否定的形式提出了顺其自然的义利统一价值观。老子之道，既否定了刻意追求道义论的价值目标，也否定了刻意追求功利论的价值目标，认为这都是身外之物，过眼烟云，没有什么内在的永恒的价值。对人来说，最重要的莫过于依照自己的自然本性生活，顺其自然，回归自然，永远保持一颗童心般的赤子之心。这是以德得道的自然境界，也是义利统一的最高目标。而庄子追求的最高理想境界，就是摆脱一切物欲束缚、精

---

① 金良年：《论语译注》，上海古籍出版社1995年版，第165、217、192、166页；苏勇点校：《易经》，北京大学出版社1989年版，第82页。

② 吴毓江：《墨子校注》，西南师范大学出版社1992年版，第397、515、565、250页。

神绝对自由的“逍遥游”状态。人只有既超越具体物欲的局限，又超越抽象道义的局限，才能达到物我两忘、身神合一、超凡脱俗、返璞归真、彻底解脱、完全解放的自由境界。杨朱被孟子斥为“无父无君”“拔一毛利天下而不为”的极端利己主义者，实际上杨朱是自然主义价值观的生动体现者，认为“全真保性，贵己长生”，保持个人的自然本性，远比君主权力、道义目标重要得多。人要是过上了这种自由自在的好日子，就是以君主权力也不换，这才是杨朱之道的本意所在。

特别重视价值观，是中国传统哲学的一大特点。义利之辩，贯穿了中国传统哲学乃至近现代哲学发展的全过程，迄今为止已有四次关系中国历史发展全局的义利之辩：春秋战国时期、秦汉之际、两宋时期、近代以来。纵观中国思想史长河，法家代表的单纯功利主义与后期儒家代表的重义轻利论，虽然都在一定时期、一定历史条件下有一定影响，甚至在一定历史阶段曾一度占据主流，但都不能代表整个中华民族精神的思想主流。义利统一的价值观、义利统一的辩证法，才代表了中国古典哲学与民族精神的主流。其中包括从孔子首倡的先秦原始儒家、墨子代表的墨家，到后来的荀子、司马迁，两宋时期的王安石、叶适、陈亮……

第四节　义利统一的中国价值观新飞跃
——构建人类文明新形态的拱心石

20世纪中国现代化中的三位巨人——孙中山、毛泽东、邓小平，尽管他们的思想重点有所不同，但思想主流都是义利统一的价值观。从毛泽东思想到邓小平理论，又提出了社会主义的义利统一价值观，作为中国社会主义现代化的价值目标，凝聚民族精神的哲学基础。邓小平同志还根据社会主义市场经济新型体制的需要，首倡“三个有利于”的价值标准，把“义利统一”价值观发展成为“义力统一”的新型价值观：把道义论的“义”，发展为社会主义的根本大义；把功利论的“利”，发展为解放生产力、发展生产力的根本动力。

价值观，特别是义利统一的新型价值观，正日趋成为当代哲学发展的主要生长点，这并非出于偶然。

首先，这决定于文化与哲学的实质。文化与哲学的深层实质内容，不外乎思维方式与价值观念这两大焦点问题，其中价值观念是最深层、最根本的，过去我们对此认识不足，今天需要重新认识。

其次，这决定于当代全球化趋势与全球化问题的凸现。所谓“全球问题”“人类困境”，世界新型文明难产期出现的四大危机——生态危机、战争危机、南北关系对抗危机、文明冲突危机，除了直接的经济政治根源之外，本质上乃是西方近代文化，特别是其狭隘功利主义价值观念的危机，万能工具理性与狭隘价值观理性尖锐矛盾的危机。只有倡导义利统一、多元兼容、以和为贵的新型价值观，才能真正走出新型文明难产期的困境。

如果说1992年邓小平南方谈话是通过“三个有利于”的价值观，借以倡导义利统一价值观的话，那么在党的十八大和十八届三中全会后，以习近平同志为核心的党中央领导集体，则是更加直接明确地提出了弘扬社会主义核心价值的重大深远意义，同时也更加直接明确地倡导义利统一价值观。

从手头掌握的文献来看，习近平总书记在2013年十一前后、中央召开的周边外交工作座谈会上的重要讲话，在倡导义利统一价值观上，是一个标志性的重要历史文献。正是在这里，习近平总书记旗帜鲜明地倡导义利统一的价值观，并从中国特色社会主义基本理论高度，讲清了义利统一价值观的全局意义、指导意义、核心意义。

2013 年 9 月 10 日，时任外交部部长王毅，在《人民日报》上发表文章，指出在如何摆平利与义关系的问题上，习近平主席秉承中华优秀传统文化和新中国外交传统，顺应和平、发展、合作、共赢的时代潮流，提出了在外交工作中要坚持正确的义利观，并就其内涵作出精辟论述。习近平主席指出：“义，反映的是我们的一个理念，共产党人、社会主义国家的理念。这个世界上一部分人过得很好，一部分人过得很不好，不是个好现象。真正的快乐幸福是大家共同快乐、共同幸福。我们希望全世界共同发展，特别是希望广大发展中国家加快发展。利，就是要恪守互利共赢原则，不搞我赢你输，要实现双赢。我们有义务对贫穷的国家给予力所能及的帮助，有时甚至要重义轻利、舍利取义，绝不能唯利是图、斤斤计较。”他强调：“对周边和发展中国家，一定要坚持正确义利观。只有坚持正确义利观，才能把工作做好、做到人的心里去。对那些长期对华友好而自身发展任务艰巨的周边和发展中国家，要更多考虑对方利益，不要损人利己、以邻为壑。”①

不仅如此，2013 年 10 月 24 日，习近平总书记又在周边外交工作座谈会上发表《坚持亲、诚、惠、容的周边外交理念》重要讲话，更加明确突出了“坚持正确义利观”的基本原则。

他首先回答了什么是“亲、诚、惠、容”的周边外交理念：

我国周边外交的基本方针，就是坚持与邻为善、以邻为伴，坚持睦邻、安邻、富邻，突出体现亲、诚、惠、容的理念。发展同周边国家睦邻友好关系是我国周边外交的一贯方针。要坚持睦邻友好，守望相助；讲平等、重感情；常见面，多走动；多做得人心、暖人心的事，使周边国家对我们更友善、更亲近、更认同、更支

① 王毅：《坚持正确义利观积极发挥负责任大国作用——深刻领会习近平同志关于外交工作的重要讲话精神》，《人民日报》，2013年9月10日第7版。

持，增强亲和力、感召力、影响力。要诚心诚意对待周边国家，争取更多朋友和伙伴。要本着互惠互利的原则同周边国家开展合作，编织更加紧密的共同利益网络，把双方利益融合提升到更高水平，让周边国家得益于我国发展，使我国也从周边国家共同发展中获得裨益和助力。要倡导包容的思想，强调亚太之大容得下大家共同发展，以更加开放的胸襟和更加积极的态度促进地区合作。这些理念，首先我们自己要身体力行，使之成为地区国家遵循和秉持的共同理念和行为准则。①

而在这次重要讲话的尾声，习近平总书记又画龙点睛，特别明确、特别突出地指出必须“坚持正确义利观”：

政策和策略是党的生命，也是外交工作的生命。做好外交工作，胸中要装着国内国际两个大局，国内大局就是“两个一百年”奋斗目标，实现中华民族伟大复兴的中国梦；国际大局就是为我国改革发展稳定争取良好外部条件，维护国家主权、安全、发展利益，维护世界和平稳定、促进共同发展。要找到利益的共同点和交汇点，坚持正确义利观，有原则、讲情谊、讲道义，多向发展中国家提供力所能及的帮助。②

2015年9月28日，习近平主席结束在美国的首次国事访问之后，在纪念联合国创立70周年的重要国际场合发表了重要讲话，旗帜鲜明地提出了中国价值观，其中一个显著特点是，不仅弘扬《礼记·礼运》中孔子讲的“大道之行也，天下为公”，而且特别明确突出了义利统一价值观：

我们要坚持多边主义，不搞单边主义；要奉行双赢、多赢、共赢的新理念，扔掉我赢你输、赢者通吃的旧思维。协商是民主的重要形式，也应该成为现代国际治理的重要方法，要倡导以对话解争

① 《习近平谈治国理政》第一卷，外文出版社2014年版，第297、298页。
② 《习近平谈治国理政》第一卷，外文出版社2014年版，第299页。

端、以协商化分歧。我们要在国际和区域层面建设全球伙伴关系，走出一条“对话而不对抗，结伴而不结盟”的国与国交往新路。大国之间相处，要不冲突、不对抗、相互尊重、合作共赢。大国与小国相处，要平等相待，践行正确义利观，义利相兼，义重于利。①

义利统一的正确价值观，究竟意义何在呢？

这是统筹把握国内国际两个大局的价值理念；

这是中国外交工作方针策略的生命灵魂；

这是开创人类文明新形态的中国价值观！

第五节　如何应对当代价值观全球争论
——创造人类文明新形态的哲学创新奠基

世纪之交、千年之交，哲学发展、文明发展的一个鲜明时代特征是出现了环太平洋东方世界与环大西洋西方世界——东西方两大国家与文明体系的全球大争论，而头号的焦点问题，就是价值观问题。2022 年乌克兰危机大爆发，更加明显出现了全球价值观大争论——这是我们必须积极面对的新时代、新问题、新挑战。

一、2022 年乌克兰危机表明，价值观已成为当代全球大争论的头号焦点问题，而西方主流价值观自恃长期以来一直占据主导地位，甚至是垄断地位

由美国总统拜登亲自出马，打出西方“民主自由价值观”作为

① 习近平：《携手构建合作共赢新伙伴　同心打造命运共同体——在第七十届联合国大会一般性辩论时的讲话》，《人民日报》，2015年9月29日。

旗帜，争取人心，并鼓吹这场大争论的实质，乃在于“基于规则的世界秩序”。

他们鼓吹的价值观本质特征，就是用抽象道义论作为华丽外衣，掩盖着狭隘功利主义价值观，背后则是美国金融资本、垄断资本的全球霸权。

古希腊和文艺复兴以来的西方哲学，历来重视价值观，近代又有休谟、康德两位大哲学家倡导，因而形成了抽象道义论与狭隘功利论两大学派、两大思潮。19 世纪中后期经新康德主义哲学倡导，在世界历史上率先形成了相对独立的、现代形态的价值哲学，在世界哲学史上一时形成了一枝独秀的思想格局。这种形式上的垄断地位，甚至在一定程度上一直延续至今。

二、价值观、价值哲学问题，在马克思主义中经历了相当曲折的历史命运，至今未能取得全球主导地位，1992 年邓小平南方谈话是一个重要的历史转折点

马克思主义创始人，实际上提出继承与超越西方传统的全新价值观，但他们那个时代，当务之急的时代课题，首先还是把社会主义从空想变为科学，变为工人阶级实际运动，因而当年曾明确反对把社会主义归结为伦理原则、价值原则。为此，马克思晚年笔记中还有一篇书评——《评阿·瓦格纳的〈政治经济学教科书〉》，反对把《资本论》中的商品价值论、劳动价值论上升为一般抽象的价值概念、价值理论。

从 19 世纪后期至 20 世纪中期，价值哲学、价值观念曾经被新康德主义哲学、当代西方哲学当成独领风骚的专属领地。

一直到 20 世纪 50 至 80 年代，才有少数苏联哲学家试图从马克思主义哲学观点专门研究价值观与价值哲学；而囿于苏联模式僵

化体制、僵化观念束缚，也未能深入展开，形成重大影响。

而在中国，一直到20世纪80年代中后期才借助改革开放的时代大潮，重新开始研究现代价值观与价值哲学，可以称之为改革开放与思想解放的一个重要思想成果。但大多数人拘泥于“满足需要论”的狭隘思想框架，尚有待作出重大成果，影响全球。

1992年邓小平南方谈话提出了“三个有利于”的新型价值观，第一次把价值观提到新高度。

三、在中国特色社会主义新时代，上述历史局面开始被真正打破，但真正完全彻底解决问题，还是任重道远的，还要走很长的路

中国特色社会主义新时代，从以下三大层面，以显著地位提出了价值观问题：

一是反对用西方狭隘价值观冒充全人类普适价值观，旗帜鲜明地提出了当今时代全人类共同价值——和平与发展、公平与正义、民主与自由；

二是明确提出社会主义核心价值观，作为支撑中国特色社会主义现代新型文明的重要思想基石，这就把价值观的重要性提高到了新时代、新高度；

三是首次从中国化马克思主义观点出发，提出了发掘中国传统价值观、义利统一价值观、天下为公价值观、天下大同价值观，作为创造人类文明新形态源头活水的时代课题。

对于中国传统的义利统一价值观的理论发掘，在中国特色社会主义新时代还被赋予特别重大的现时意义：

这是寻找利益共同点、交汇点的思想指南；

这是超越局部利益、构建人类命运共同体的精神柱石；

这是实现中国梦、振兴中华、天下为公价值体系的核心理念；

这是超越唯利是图狭隘价值观，迎来世界和平、共同发展的希望之光！

或许可以说，中国特色社会主义的新型民主自由价值观，加上源远流长的中国传统义利统一价值观——这是我们中国价值观走向世界的两面旗帜，也是根本超越西方主流价值观的两大突破口，新时代理论创新、哲学创新的两大生长点。

这种富于时代精神与民族特点的价值观，是开创人类文明新形态的奠基石与拱心石；

这种现代新型价值观，是我们积极参与当代价值观全球大争论的制胜法宝，有助于我们推动彻底实现价值观念、价值体系、价值本位的新时代、大转变；

这种富于时代性与民族性的现代新型价值观，是我们积极应对“百年未有之大变局”，努力开创人类文明新形态的思想源头活水！

我们十分欣喜地看到，正是2022年党的二十大，特别明确地指出，“天下为公、民为邦本、自强不息、厚德载物”等中华文明的哲学智慧结晶，是中国人民在长期生产生活中积累的宇宙观、天下观、社会观、道德观的重要体现，同科学社会主义价值观主张具有高度契合性。

2023年2月7日，习近平总书记在学习贯彻党的二十大精神研讨班开班式上的重要讲话，则更加明确地点明中国式现代化蕴含的独特世界观、价值观及其伟大实践，是对世界现代化理论和实践的重大创新，首次把价值观与世界观相提并论，作为开创人类文明新形态的两大哲学奠基石与拱心石。

结束语

中华民族对人类文明的重大贡献

人们常说，中华文明源远流长、博大精深。然而，若要进一步追问：中华民族对人类文明最大、最独特的贡献究竟是什么？那么，对于许多人来说，这还真是一个仁者见仁、智者见智、众说纷纭、莫衷一是的大问题。

迄今为止，流行最广的说法，还是“四大发明说”。是否有比四大发明更为深层的哲学理念、文化基因应当提炼出来，作为中华民族对人类文明的最大贡献，并且作为开创人类文明新形态，为当今人类走出全球危机、生存困境，开掘出富于生机活力的源头活水？

正是这个时代课题，引导我们做了一番追根溯源式的深入探讨，并且在这里画龙点睛，作出历史与逻辑统一的最终结论。

2022年10月召开的党的二十大、2023年2月7日习近平总书记在学习贯彻党的二十大精神研讨班开班式上的讲话，指引我们对这个重大时代课题作出全新回答。

一、培根与马克思论三大发明
——改变世界历史的伟大发明

真正对中国宋代三大发明——活字印刷术、火药、罗盘的世界历史意义作出科学理论说明的，其实不是别人，正是17世纪英国思想家培根、19世纪德国伟大革命家与思想家马克思和恩格斯。

培根是从“走出中世纪，走向现代化”的世界历史高度评价这三大发明世界历史意义的第一人。

17世纪英国学者培根1620年在《新工具》一书中写道：

首先要说，完成著名的发现，是人类一切活动中最为高尚的活动，这是历代前人所作的评判。历代对于发明家们都给以神圣的尊荣；而对有功于国家的人，如城市和帝国的创建者、立法者、拯救国家于长期祸患的人、铲除暴君者等类人，不过给以英雄的尊号。如果正确地将这两类人加以比较，无疑会看到古人的评判是公平的。因为发现有利于整个人类，而人事之功只及于个别地区。后者持续不过几代，前者则垂千古。

其次，发明的力量、效能和后果，是会充分看得到的，这从古人所不知、且来源不明的俨然是较近的三项发明中表现得再明显不过了，这就是（造纸和）印刷术、火药和磁针。因为这三项发明已经改变了整个世界的面貌和事物的状态：第一项发明表现在学术方面，第二项在战争方面，第三项在航海方面。从这里又引起无数的变化，以致任何帝国、任何教派、任何名人对人类事务方面似乎都不及这些机械发明更有力量和影响。①

培根在这里所谈的有益于全人类的重大发现，实际上正指的是

---

① 潘吉星：《中国古代四大发明——源流、外传及世界影响》，中国科学技术大学出版社2002年版，第576、577页。

中国北宋时期的三大发明。他本人写书时还不知道这些发明来自中国，但他清楚地认识到其世界历史意义，并给予高度评价。

而马克思在创作《资本论》的关键时期，他“四十不惑”时写下的《资本论》第二手稿《1861—1863年政治经济学手稿》“机器篇”中，先后两次评论这三大发明的世界历史意义，甚至称之为“最伟大的发明”。

第一次是在手稿“机器篇”，谈及近代世界科学技术创新历史轨迹后，马克思说到这三大发明破旧立新的世界历史意义：

火药、指南针、印刷术——这是预告资产阶级社会到来的三大发明。火药把骑士阶层炸得粉碎，指南针打开了世界市场并建立了殖民地，而印刷术则变成新教的工具，总的来说变成科学复兴的手段，变成对精神发展创造必要前提的最强大的杠杆。①

第二次，是在对近代世界历史科技创新轨迹作出理论总结和哲学概括时，马克思再次言简意赅、画龙点睛，称之为人类科学技术史乃至世界历史上“最伟大的发明”：

最伟大的发明——火药、指南针和印刷术——属于手工业时期，如同钟表（一种最奇异的自动机）也属于这个时期一样。哥白尼和刻卜勒在天文学方面最天才的和最革命的发现，同样也属于所有机械观测工具都还处于幼年阶段的时代。②

无独有偶，马克思主义的另一位主要创始人恩格斯，更从科技辩证法、历史辩证法、军事辩证法的独特视角，同样高度评价了火药等三大发明传入欧洲，引起破旧立新的世界历史性大变革。

中国的印刷术先传到伊朗，以后又传到非洲和欧洲，促进了文艺复兴的出现，对世界文化的发展作出了新贡献。火药和火炮传到阿拉伯，他们称之为“契丹火枪”和“契丹火箭”。14世纪欧洲

① 《马克思恩格斯全集》第47卷，人民出版社1979年版，第427页。
② 《马克思恩格斯全集》第47卷，人民出版社1979年版，第472页。

人才知道制造火药，恩格斯说：“在 14 世纪初，火药从阿拉伯人那里传入欧洲，像每一个小学生都知道的，它使整个作战方法发生了变革。”“以前一直攻不破的贵族城堡的石墙抵不住市民的大炮；市民的枪弹射穿了骑士的盔甲。贵族的统治跟身披铠甲的贵族骑兵队同归于尽了。”①

可见，中国的火药对欧洲市民战胜封建贵族起到了何等重大的作用。中国宋代发明的火药、指南针和纸币等，通过蒙古西征特殊途径和阿拉伯人，于 12 世纪末 13 世纪初先后传到了西方，促进了欧洲航海事业的发展，助力了哥伦布等人发现新大陆，促使欧洲进入了一个新时代。

指南针和中国远洋航船制造技术引进欧洲后，使欧洲船队得以远离地中海和大陆周边近海海域，深入大西洋、印度洋和太平洋，从事远洋航行、探险，导致美洲新大陆和绕过非洲南端通向亚洲的新航路的发现。一些欧洲国家凭借武力在非洲、美洲和亚洲开辟其产品的新市场，建立比其本土大许多倍的殖民地和附属国，对这些地区的资源和财富进行疯狂掠夺。这使资助地理大发现和向海外扩张的资产阶级的活动范围扩及全世界，使其聚敛的资本和财力骤然膨胀，对近代国家活动的影响力进一步扩大。各有关国家适应资产阶级的要求建立了资本主义的政治和经济制度。

因此我们看到，在欧洲发生的文艺复兴、宗教改革和科学革命的直接后果是军事贵族封建制的崩溃，随之而来的是近代自然科学和资本主义制度的兴起，“走出中世纪，走向近代化”。

---

① 《马克思恩格斯选集》第3卷，人民出版社1995年版，第510页。

二、李约瑟与汤因比
——从科技发明到文明形态

从 17 世纪培根到 19 世纪马克思、恩格斯，首先注意到了中国宋代三大发明的世界历史意义。而到 20 世纪，当代世界的两位“中国通”——李约瑟和汤因比，其思想轨迹则更明确地从中国科技史转向中华文明史，借以寻找中华文明的最大贡献及其未来意义。

先从李约瑟主要代表作英文原名与中文译名的微妙变化说起。

1989 年春节，时任中国科学院院长的卢嘉锡为李约瑟巨著所作的“中译本序”，具体交代了这两种书名的微妙变化过程：

李氏所著 *Science and Civilisation in China*，若直译应为《中国的科学与文明》或《科学与文明在中国》。我们在六十年代曾将其译为《中国科学技术史》，这是冀朝鼎博士（1903—1963 年）当初为原著题写的书名。在这次翻译出版新中译本过程中，我们专门就书名问题进行了讨论，又与李约瑟、鲁桂珍两位博士书翰往还并多次面商。我们认为，冀朝鼎博士的题名沿用已久，较其他译法切题，且符合作者的写作目的，因此决定仍采用《中国科学技术史》作为书名。

今天看来，《中国科学技术史》这个中文译名，或许很贴近今天普通中国人的学科分类与阅读习惯；而李约瑟著作的直译名《中国的科学与文明》，则聚焦于中国“科学”与“文明”两大焦点问题，更富于跨学科综合创新的意味，更符合作者的本意与创作初心。

1983 年 4 月 5 日，李约瑟在《〈大通史——东西方的科学与社会〉中译本序》中，再次重申了这种初心：

尽管如此，中国并没有特别产生现代科学，而欧洲却做到了。我们却因此不得不面对两个困惑人的基本问题。首先，为什么科学革命只发生于欧洲的文艺复兴后期，即从1500年左右开始，而在17世纪初的伽利略时代结局？其次，为什么在科学革命以前的14个世纪间，中国在获取自然知识及将之应用于人类社会的需要方面，会比欧洲更为成功呢？

但我也庆幸我不是自满的物质主义者，因为我的教养使我也能欣赏其他形式的人类经验，诸如宗教、历史与哲学；因此我也能接触道教的长老、历史学者与中国哲学家。也许更值得庆幸的是，我早就对科学与社会的关系感兴趣；换言之，我的立场是社会学的观点。

因此我很快明白，第一个问题只有对中国与西方这两个社会的一切差异作通盘考察，才能加以解答。后来的第二个问题亦复如是。我觉得，我们有必要权衡一下这两个文明间的一切智能差异，以便了解，不论在语言或逻辑方面，在对时间与变化的态度方面，或在对一神论与天性法的见解上，到底有什么东西可以解释我们所认识到的基本差异。不仅如此，我们也得很仔细地观察社会与经济方面的差异，以便了解，在两种形式的封建制度间，到底有没有什么区别，有多大的区别。[①]

追溯李约瑟的思想发展轨迹，是从科学史上升到文明史的：他在1900年出生，“三十而立”之年，1931年出版了三卷本跨学科综合的成名之作《化学胚胎学》，1934年又出版科学专著《胚胎学史》；因其生命观更接近自然主义的有机论，因而其灵魂深处趋向中国科学与文明，其中特别是老子与孔子的自然主义哲学、科学人道主义观念。

李约瑟的主要著作《中国科学技术史》，总体构想是七卷本，中间五卷是各门科学技术的历史，开头第一卷与最后第七卷，都是

① 王钱国忠编：《李约瑟文献50年（1942—1992）》，贵州人民出版社1999年版，第725、726、727页。

科学史与文明史的世界历史哲学综合研究，并不局限于单纯的科技史。

或许可以说，主要以中国科学技术史为物质技术基础，努力上升到经济、社会、文化、哲学的中华文明史综合研究——这才是思想大师李约瑟的创作初心与独特立意。

如果说李约瑟的风格具有英国剑桥大学特别重视科学的独特风范的话，那么比他更早一点的汤因比，则更具有英国牛津大学特别重视古典人文的独特风格，他一生的历史研究，更直奔文明研究主题，可称之为世界历史上的“文明形态比较研究”。

汤因比的世界文明比较研究，其最初的看家本领，还是古希腊罗马文明史研究，其心灵深处，原本也有西方中心论、欧洲中心论倾向——起初他对地处东方的中华文明并没有什么特殊好感。

为什么他晚年有一个幡然大悟，把希望的目光转向东方，转向中国，转向古老而常新的中华文明呢？

看来，根本原因还在于他从世界文明形态比较研究中得出的科学规律、科学结论。汤因比生于 1889 年，逝世于 1975 年，享年 86 岁。从 1912 年起，他起初担任古希腊罗马史教师，后来逐步转向世界文明史比较研究，总共有 60 多年之久。他先后比较研究了世界历史长河中 36 种文明的历史形态，把“环境挑战”与“文明应战”关系看成文明发展的主要动力机制，又把每个文明的历史规律概括为有普遍意义的四个阶段：文明起源—成长—衰落—解体。

汤因比一生著作等身，他生前写下的最后一部手稿，就是 1973 年写成的《人类与大地母亲——一部叙事体世界历史》，当时并未能及时出版，直至他去世后第二年，1976 年才由牛津大学出版社将这部手稿正式出版。正是在这里，他从两次世界大战、1973 年石油危机、20 世纪 70 年代开始的全球生态环境危机中，看到了从欧洲到美国，西方文明盛极而衰的必然趋势、历史征兆：

到1973年，人们仍能感觉到西方在世界范围内的优势之史无前例；但如今似乎又感到，这种优势也将像从前蒙古人、阿拉伯人、匈奴人、罗马人、希腊人、波斯人、亚述人和阿卡德人曾取得的规模稍小些的世界优势那样转瞬即逝。如果西方的优势只是昙花一现，人们就不能再把它看作是整个历史功德圆满的结局，历史的范围也就不能仅限于西方文明的历史履历。

在20世纪，当西欧人由于发动了两次自相残杀的战争而丧失了世界霸权后，主导权转移到了美国。在本书写作的年代，人们已经看到，美国在文明中心的优势似乎也将是昙花一现，就像蒙古人曾经取得的优势那样。未来是难以预测的，但在文明中心历史的下一个章节中，主导作用可能会从美洲转移到东亚。[①]

也正是在这里，汤因比发现，大多数其他文明形态，最多不过也只是千年王国，唯独中华文明，虽然也有起起伏伏、分分合合，却在上下五千年间保持长盛不衰，并且在20世纪后期，虽屡经磨难，却仍保持着巨大生机活力，恰好有助于回答西方近代工业文明400多年带来的全球危机问题：

至于东亚的历史，目睹1973年中国和日本现状的任何人都会认为，这两个国家的历史，其重要性自东亚进入新石器时代以来，决不稍逊于当代西方的历史。1897年的历史学家也许会弃之不顾的东西，到1973年已成为历史的重要内容，无法置之不理了。

中国的领袖们正在采取措施防止悲剧的重演。与中国过去的改革家们相比，中国领导人是否能获得更大成功，人们将拭目以待，但至少他们目前行动的魄力便是一个良好的征兆。

如果中国人真正从中国的历史错误中吸取教训，如果他们成功地从这种错误的循环中解脱出来，那他们就完成了一项伟业，这不

① [英] 阿诺德·汤因比：《人类与大地母亲——一部叙事体世界历史》，徐波等译，上海人民出版社2016年版，序言第3页，第37页。

仅对于他们自己的国家，而且对处于深浅莫测的人类历史长河关键阶段的全人类来说，都是一项伟业。[①]

可惜的是，这位世界文明史研究大家没有像李约瑟那样，点出中华文明对世界历史、未来世界最有意义的独特贡献究竟是什么？

三、堪比四大发明的最大贡献

——中华文明蕴含的四大哲学理念、文化基因及其四大创新

到底什么是中华民族对人类文明的最大贡献？

今天为了更好地回答这个问题，我们需要沿着培根与马克思、李约瑟与汤因比的科学思想轨迹往前走，不仅注意到中国古代科学技术史上的四大发明，而且深入发掘中华文明智慧结晶中蕴含的四大哲学理念、文化基因：

天人合一的世界观；

仁者爱人的互主体观；

兼容并包的文化观；

义利统一的价值观。

为什么说中华文明、中华智慧中的这四大哲学理念、文化基因，其世界历史意义堪比中国古代四大发明，甚至有过之而无不及呢？

或许，我们可以列出四条根据，足以说明这个问题。

（一）时间更久远，更有普遍意义

当我们说“中国古代四大发明”时，主要指称的是从2000年前的汉代到1000年前的宋代，大体上是1000年左右的时间：

① [英] 阿诺德·汤因比：《人类与大地母亲——一部叙事体世界历史》，徐波等译，上海人民出版社2016年版，序言第4页，第639页。

汉代蔡伦造纸，发生在大约2000年前的汉代。

其他三大发明，火药、罗盘、活字印刷术，大体上都集中发生在公元1000年前后的北宋时期。

其中，造纸术有助于古代文明走向高峰，火药、罗盘、活字印刷术的世界历史意义则在于提供一种历史引擎、历史动力，“走出中世纪，走向近代化”。

而中华智慧的四大哲学理念、文化基因，则自始至终地贯穿于中华文明上下五千年间，无疑具有更为广泛的普遍意义，更为长久的历史意义，更为深层的历史作用。

（二）更能显示中华文明的独特价值、普遍意义

当然，我们不能否认，造纸、火药、罗盘、活字印刷术——这中国古代四大发明，也是中华文明独特价值、普遍意义的集中反映，在世界历史长河中写下彪炳史册的光辉一页。

然而，同样不能否认的是，在不同历史时期，不同民族、不同文明，也有其领先于世的科技发明，如5000年前的两河流域文明、古埃及文明，3000年前的古希腊文明，1000多年前的伊斯兰文明，更不要说近500年间西方欧美文明在近现代科技革命中更是后来居上，几乎曾在近现代世界历史上独领风骚。

与此相比，天人合一的宇宙观、仁者爱人的互主体观、兼容并包的文化观、义利统一的价值观，这四大哲学理念与文化基因，成为中华智慧的哲学灵魂，支撑中华文明的精神思想系统，这在六大原创文明中则更是独一无二、独树一帜的。

也正是这四大哲学理念与文化基因，支撑中华文明形成多元一体的独特复杂系统结构，并由此支撑其形成多元一体、兼容并包、连续进化、万年不断的独特模式——这主要是中华文明的独特瑰宝，又是其在世界文明史上的普遍意义所在。

（三）更有助于克服西方近代工业文明造成的全球性危机及其哲学根源

西方近代资本主义工业文明由于受到资本逻辑制约、资本主义国家制度与社会制度的桎梏，因而必然造成全球性的生态危机、战争危机等七大全球性危机。科技工具理性膨胀，而人文哲学、价值理性短缺狭隘——这是当代西方文明的一大矛盾与突出缺憾。

在这七大全球性危机背后则是西方近现代哲学危机：到哪里去寻找超越西方狭隘价值观、单主体性观念的源头活水呢?

中华文明中包含的上述四大哲学理念与文化基因，无疑是一剂解药，一条思想出路。

（四）在创造人类文明新形态中的思想文化建构作用更突出

人类文明新形态——这座新时代文明大厦不能从天上掉下来，也不能是虚幻的“海市蜃楼”，必须有坚实的社会支柱，最主要的是建构起现代新型的四大主体关系：

人与自然和谐发展的新型关系；

国与国之间和平共处、和谐发展的新型关系；

文明与文明之间、族群与族群之间和谐发展的新型关系；

人与自我、身与心和谐发展的新型关系。

新型主体关系的建构与确立，需要现代新型的哲学理念作为坚实的哲学基础，否则如同建在沙滩上的楼阁，是难以持久保持的，更何谈可持续发展、永续发展?

到哪里去寻找这些哲学基础和文化基因呢?中华文明蕴含的上述四大哲学理念与文化基因，不就是最好的源头活水吗?

正因为有上述四大哲学理念、文化基因作为哲学基石，中国式现代化新道路，不仅努力构建物质文明、政治文明、精神文明、社会文明、生态文明“五位一体”的中国特色社会主义新型文明，而且还提出了构建新时代四大共同体的四大创新：

一是构建多元一体的中华民族共同体；

二是构建人类命运共同体；

三是构建人与自然和谐发展的地球生命共同体；

四是构建人机结合的新型全球网络共同体。

这不正是构建人类文明新形态的四梁八柱吗？

这不正是创造人类文明新形态的雏形吗？

这不正是开创人类文明新形态的基础工程、希望工程吗？

四、中国崛起，还是中华复兴？
——一个必须澄清的问题

如何看待中美关系实质、中美之争的焦点问题？这是一个今天我们无法回避，必须正视，作出公开回答的时代课题。

在国际学界，特别是西方思想界，特别流行的一种最新说法是：中国是一个后来崛起的新兴大国，美国是一个领先于世的守成大国，争论的实质就在于“基于规则的世界秩序”——西方民主与东方专制的价值观之争，这是民主国家与专制国家之争，这是维护进步人类世界秩序与野蛮邪恶破坏世界秩序之争。

这种西方流行说法，建立在四块理论基石的基础之上：

一是“中国崛起论”；

二是“世界秩序论”；

三是“民主专制两类国家对立论”；

四是“民主专制两种价值观之争论”。

实际上，不管以“中国崛起论”为代表的上述四种说法在西方世界多么流行一时，实质上却只是一种历史表象，是根本站不住脚的，完全没有科学依据、事实依据。

让我们先从国内外流行一时的“中国崛起论”说起。

所谓“近代崛起论”这种世界历史定位，实际上其适用范围只限于17世纪荷兰、18世纪英国这样的个别国家。17世纪荷兰，领土只有4万多平方千米，人口200来万；18世纪英国，本土面积也不过24万平方千米，人口2000来万。二者原来都是欧亚大陆西端在世界历史上名不见经传的小国，它们先后借助近代资本主义的领先发展，再加上对外扩张、对外殖民，以暴力强制战争手段，迅速改变了原有世界秩序，一跃成为霸权国家，称霸世界。

如果割断世界历史，仅仅盯着近现代一二百年，中国似乎也有某种相似之处：

1840年以来落后挨打，积贫积弱；20世纪以来100年，尤其是改革开放40多年，一举超过日本，跃居世界第二大经济体，直逼美国雄主地位。

割断整个历史，孤立地看近现代一二百年，好像“中国崛起”这个说法也有一定根据。然而，世界历史长河却是不能割断的，中国在世界历史中并不是一个突然崛起的后来者、暴发户：在5000年前，在黄帝为首的五帝时代，中国就成为世界文明史上的六大原创文明之一，并且体现出原创型文明、文明型国家、生态型文明“三位一体”独特格局；在近5000年世界文明史发展中，包括六大原创文明中，中国也是多元一体、综合创新、连续进化、从未中断的唯一典型。只是在1840—1940年这100年间，中国受到殖民主义、帝国主义侵略，一度陷入积贫积弱的地步，而在20世纪，尤其是改革开放新时代，中国迅速重回世界历史舞台中心。这意味着，中国回到了其在世界文明历史5000年长河中的原有地位、固有地位、应有地位。因而，只能说是“中华复兴”，绝不能说什么“中国崛起”！在世界历史、文明历史的舞台上，中华文明绝不是一个突然崛起的后来者、暴发户。

所谓“中国崛起”，只是一种历史表象，是割断世界历史的主观妄说，是对中华文明历史及其世界历史地位的无知偏见。

这个问题澄清了，其他问题皆可迎刃而解。

所谓“世界秩序论”。实际上，从大约5000年前，世界文明形成时代起，就形成“环地中海世界”与“环太平洋世界”，也就是国家体系与文明起源的东西两大源头、两大系统、两种秩序，中华文明代表了东方的主要源头、东方的世界秩序。在世界文明发展5000年历史长河中，“环地中海世界”的历史主体，是不断演化、迭代更新的，唯有中华文明自始至终是环太平洋国家与文明体系中心所在，东方世界秩序重心所在。

如果坦率地说，在“世界秩序”形成过程中，中华文明也有一个历史“缺环”，那就是1648年《威斯特伐利亚和约》签订后，确立了以欧洲为中心，以民族国家、主权国家为本位的近代世界历史新秩序，中国确曾一度缺席。但作为补偿的是，1945年联合国成立，战后当代世界秩序基本确立，中国是五个原始发起国、安理会常任理事国之一。

再看看所谓“民主专制两类国家对立论”。这种说法古已有之，于今为烈，实质上却是一种历史假象。西方自由主义对国家的定义，就是把国家作为暴力手段的垄断者。而在以中国为代表的东方国家中，在公共权力与暴力工具的国家二重性中，首先强调的重点却是公共权力这个前提，与西方国家恰恰形成鲜明对比。

所谓“民主与专制两种价值观之争论”。在走出中世纪，突破君主专制主义国家体系方面，以法国、美国为代表的欧美国家，的确曾经一度走在世界近代历史前列。然而，资本逻辑、全球霸权、帝国主义，乃至企图以金融资本垄断、独占全球霸权的新帝国主义，却使人权、民主、自由的成色大打折扣，甚至走向反面。而中国，自1919年五四运动、1921年中国共产党成立起至2022年党的二十大，一直高举民主的旗帜，并努力开创一种以人民为主体的人民民主、现代新型民主、全过程的人民民主，从根本上超越了受资本逻辑桎梏的、西方代议制民主制度的历史局限与历史缺憾。

今天，面对新世纪、新千年，有逆全球化、反全球化的一时逆流，而对中国来说，改革开放的大潮汹涌澎湃。中华文明立足自身，而又广泛吸收西方近代文明500年的一切有益成果，乃至人类文明5000年的一切有益成果，让它们在中华大地上开花结果，乃至长成参天大树。

至此，全书已到达尾声，很需要一个画龙点睛式的科学概括与理论升华。

到哪里去寻找这般理论总结的黄金话语？

“众里寻他千百度。蓦然回首，那人却在，灯火阑珊处。”我忽然发现，2023年2月7日，习近平总书记在学习贯彻党的二十大精神研讨班开班式上的重要讲话《正确理解和大力推进中国式现代化》中的警句，恰恰就是对本书探讨的这一重大课题的最好总结式回答，因而移植过来作为本书“代结语”的最后结语：

中国式现代化，深深植根于中华优秀传统文化，体现科学社会主义的先进本质，借鉴吸收一切人类优秀文明成果，代表人类文明进步的发展方向，展现了不同于西方现代化模式的新图景，是一种全新的人类文明形态。中国式现代化，打破了“现代化＝西方化”的迷思，展现了现代化的另一幅图景，拓展了发展中国家走向现代化的路径选择，为人类对更好社会制度的探索提供了中国方案。中国式现代化蕴含的独特世界观、价值观、历史观、文明观、民主观、生态观等及其伟大实践，是对世界现代化理论和实践的重大创新。中国式现代化为广大发展中国家独立自主迈向现代化树立了典范，为其提供了全新选择。[①]

让我们一起张开双臂，敞开胸怀，以中国式现代化新道路，共同迎接中华复兴的美好明天！

共同迎接“东方文艺复兴”的光明曙光！

共同迎接东西融合、全球一体、合作共赢的新时代、新希望！

共同迎接人类文明新时代、新形态！

---

① 习近平：《正确理解和大力推进中国式现代化》，《光明日报》，2023年2月8日。

读者须知

本书已接入版权链正版图书查证溯源交易平台，“一本一码、一码一证”。扫描上方二维码，您将可以：

1. 查验此书是否为正版图书，完成图书记名，领取正版图书证书。

2. 领取吉林人民出版社赠送的购书券，可用于在版权链书城购买吉林人民出版社其他书籍。

3. 领取数字会员卡，成为吉林人民出版社读者俱乐部会员。

4. 加入本书读者社群，有机会和本书作者、责任编辑进行交流。还有机会受邀参加本社举办的读书活动，以书会友。

5. 享受吉林人民出版社赠予的其他权益（通过读者俱乐部进行公示）。